De la mano del Maestro

Maestro

Lecciones para seguir el llamado de Jesús

Elizabeth Clare Prophet

y colaboradores de Summit University

De la mano del Maestro

Lecciones para seguir el llamado de Jesús

alamah ESPIRITUALIDAD

Título original: *Walking with the Master. Answering the call of Jesus* by Elizabeth Clare Prophet and staff of Summit University.

Copyright(c) 2002 Summit University Press. All rights reserved. This book was originally Published in English, printed in the U.S.A. This Spanish edition is published under the terms of a License Agreement between Aguilar, Altea, Taurus, Alfaguara S.A. de C.V. and Summit University Press. 1 East Gate Road, Gardiner, Montana 59030, U.S.A. Tel: 406-848-9500, fax: 406-848-9555, e-mail: rights@summituniversitypress.com,
website: http://www.summituniversitypress.com.

Copyright de la edición en inglés (c) 2002 Elizabeth Clare Prophet y Summit University Press. Todos los derechos reservados. Esta obra se publicó originalmente en inglés y se imprimió en los Estados Unidos. Esta edición en español se publica con base en los términos de un acuerdo entre Aguilar, Altea, Taurus, Alfaguara S.A. de C.V. y Summit University Press. 1 East Gate Road, Gardiner, Montana 59030, U.S.A. Tel: 406-848-9500, fax: 406-848-9555,
e-mail: rights@summituniversitypress.com, website: http://www.summituniversitypress.com. Summit University Press y el logo de la flama son marcas registradas.

Summit University Press, The Summit Lighthouse Library, Summit University, *Perlas de Sabiduría*, Guardianes de la Llama, y Science of the Spoken Word son margas registradas en varios países. Todos los derechos reservados.

alamah°

De esta edición:
D. R. © Santillana Ediciones Generales, S.A. de C.V., 2004.
Av. Universidad 767, Col. del Valle
México, 03100, D.F. Teléfono (52 55) 54 20 75 30
www.alamah.com.mx

- Distribuidora y Editora Aguilar, Altea, Taurus, Alfaguara, S. A.
  Calle 80 Núm. 10-23, Santafé de Bogotá, Colombia.
- Santillana Ediciones Generales, S. L.
  Torrelaguna 60-28043, Madrid, España.
- Santillana S. A.
  Av. San Felipe 731, Lima, Perú.
- Editorial Santillana S. A.
  Av. Rómulo Gallegos, Edif. Zulia 1er. piso
  Boleita Nte., 1071, Caracas, Venezuela.
- Editorial Santillana Inc.
  P.O. Box 19-5462 Hato Rey, 00919, San Juan, Puerto Rico.
- Santillana Publishing Company Inc.
  2043 N. W. 87 th Avenue, 33172. Miami, Fl., E. U. A.
- Ediciones Santillana S. A. (ROU)
  Cristóbal Echevarriarza 3535, Montevideo, Uruguay.
- Aguilar, Altea, Taurus, Alfaguara, S. A.
  Beazley 3860, 1437, Buenos Aires, Argentina.
- Aguilar Chilena de Ediciones Ltda.
  Dr. Aníbal Ariztía 1444, Providencia, Santiago de Chile.
- Santillana de Costa Rica, S. A.
  La Uruca, 100 mts. Oeste de Migración y Extranjería, San José, Costa Rica.

Primera edición: mayo de 2004 .
ISBN: 968-19-1344-2
Diseño de colección: ideograma (www.ideograma.com.mx), 2001.
Traducción: Eunice Cortés
D. R. © Diseño de cubierta: Antonio Ruano Gómez
Diseño de interiores: Times Editores, S.A. de C.V.

Impreso en México

Índice

Dedicatoria

Dedicatoria
Dedicatoria
Dedicatoria

A todos aquellos que desean ser discípulos de Jesús
y seguir sus pasos

De la mano del Maestro es un curso amplio y sin embargo práctico para quien es un sincero devoto de Jesucristo que aspira a llegar a ser su discípulo.

Junto con pasajes seleccionados de los discursos de Jesús, hemos compilado otras enseñanzas de los maestros y de su profeta Elizabeth Clare Prophet para explicar y ampliar los llamados de Jesús y su mensaje. Hemos añadido, además, comentarios y ejercicios espirituales que esperamos te resulten de utilidad al aplicar las enseñanzas de Jesús y responder a sus llamados en tu vida diaria.

Jesús nos llama a ser "pescadores de hombres", maestros que puedan compartir su enseñanza en un mundo todavía hambriento de su verdad y de su consuelo. Si deseas seguir los pasos del Señor, oirás su voz hablarte claramente a través de las páginas de este libro.

Summit University

Intr

In

Sobre este libro

Introducción

Introducción

Hace dos mil años, Jesús llamó a sus primeros discípulos con estas palabras: "Venid, dejad vuestras redes; yo os haré pescadores de hombres". El llamado fue escuchado por los doce, por los otros 70 y por muchos más durante la misión de Jesús en Galilea.

Hoy, en el cambio del siglo, Jesús abre la puerta a sus enseñanzas en una forma más que ordinaria. Jesús lanza el llamado a través de diecinueve poderosos discursos a sus discípulos en el mundo. Estos mensajes fueron dados a través de Elizabeth Clare Prophet, discípula de Jesús y profeta de los maestros ascendidos.

Jesús esboza aquí una sendero de discipulado que resulta práctica y accesible en el siglo XXI. Es un camino que exige mucho de nosotros, y sin embargo ofrece a cambio algo incomparable. Dar a conocer veintiocho llamados específicos, que representan una espiral de iniciación. La meta la esboza el propio Jesús: "El que crea en mí, hará él también las obras que yo hago, y hará mayores aún, porque yo voy al Padre".[1] Es éste un curso amplio de instrucción espiritual para aquellos que caminarán y conversarán con el Maestro en nuestros días, de manera constante y permanente hasta reunirse con el Padre.

El significado del discipulado

La misión de Jesús en Palestina modificó al mundo. Sin embargo, fue sólo después de tres cortos años que él ascendió de la colina de Betania. El mundo lo conoce desde entonces como un verdadero maestro, hoy ascendido, y su partida de esa escena no canceló la puerta al discipulado. Durante estos dos milenios, Jesús, el maestro ascendido, se apareció a muchos y los llamó a su camino. El primero de ellos del que contamos con algún registro es Pablo, quien fue confrontado por Jesús en el camino a Damasco y quien recibió su enseñanza directamente a lo largo de muchos años.[2]

A través de los siglos, muchos escucharon su llamado y lo atendieron. Jesús habló a San Francisco de Asís desde la cruz de San Damiano. Cuando Santa Catalina de Siena era una niña de sólo seis años tuvo una visión de Cristo Rey y a partir de ese momento conoció una relación muy personal con Jesús. Santa Teresa de Ávila experimentó un llamado interior del Maestro tan poderoso que determinó la trayectoria del resto de su vida.

El verdadero fundamento del cristianismo no tiene tanto que ver con que Jesús viviera en la Tierra hace dos mil años como con que vive aquí actualmente, y podemos tener con él una relación directa como la que conocieron los discípulos, los apóstoles y muchos otros.

¿Qué significa ser un discípulo del maestro en el sentido más pleno?

Quizás no lo sabremos realmente sino hasta que lo experimentemos en forma personal. Sabemos que esta relación y el amor del Maestro inspiraron algunos de los escritos más hermosos y profundos de los místicos cristianos. En ellos se habla de un amor más grande a cualquiera conocido en este mundo: una unión mística del alma con el amado, que se compara con un matrimonio, encontrando en ello quizás la aproximación más cercana en la experiencia humana a una dicha que no puede ser descrita con palabras en forma adecuada.

Jesús mismo habla de ello en metáforas. Habla de sí mismo como el buen pastor, el que ofrenda su vida por el rebaño. Se refiere a sí mismo como el sembrador de la buena semilla. Y utiliza la imagen del vino:

> Yo soy la vid; vosotros los sarmientos. El que permanece en mí y yo en él, ése da mucho fruto; porque separado de mí no podéis hacer nada... Si permanecéis en mí, y mis palabras permanecen en vosotros, pedid lo que queráis y lo conseguiréis. La gloria de mi Padre está en que deis mucho fruto, y seáis mis discípulos.[3]

Esta relación entre el maestro y el discípulo es de tal suerte que, de algunas maneras, se comprende mejor aún en Oriente que en Occidente. En India se conoce el camino para seguir a un maestro, o *gurú*, desde hace miles de años, y desde hace mucho se enseña que sólo como discípulo, o *chela*, de un verdadero maestro puede lograrse la salvación.

El mensaje de Jesús es el mismo. A menos que permanezcamos en él como la vid, como el maestro, como el gurú, nada podemos hacer. A menos de que nos convirtamos en discípulos, en chelas, a menos de que sostengamos una relación directa con el maestro, no haremos un verdadero progreso en el camino espiritual. No es suficiente conocer una enseñanza: debemos sostener un vínculo verdadero y vital con el maestro.

Nuestra esperanza al publicar este libro es que llegues a conocer personalmente al Maestro al caminar de su mano y hablar con él. Esperamos también que llegues a conocer a los ángeles y a otros maestros que están allí para sostener su misión de salvación del planeta Tierra.

Al estudiar estos llamados del Maestro, es posible que descubras la manera en que puedes responder a ellos personalmente y, así, llevar a cabo tu propio destino y tu misión en esta vida.

Capítulo 1

"¡Venid, dejad vuestras redes!
Yo os haré pescadores de hombres"

"Venid ahora mismo, razonemos juntos", dijo el SEÑOR.
"Así fueren vuestros pecados como la grana, cual la nieve
blanquearán."

Considerad, pues, los lirios del campo y la eterna blancura
del florecimiento de la Madre en vuestro corazón, ¡oh, hijos
del amor! Considerad, pues, y comprended que Dios os ha con-
vocado a un poderoso propósito: no a estar comprometidos
para siempre en la transmutación del pecado sino a hacerlo
con alegría y bienaventuranza, ¡sabiendo que éste no es el fin!
No, la meta que se planeó para vosotros es muy otra.

Estudiad la enseñanza y convertíos en ella para no ser por
siempre aprendices sin alcanzar nunca el conocimiento de la
Verdad. Porque éste tampoco es el fin: que todas las cosas con-
verjan a través de la asimilación del cuerpo y de la sangre de
Cristo, la universalidad del Dios Padre-Madre; que todas las
cosas lleguen a la quintaesencia de vuestro ser.

¿Cuál es esa meta de vuestro ser: limpio, purificado, enseñado por Dios, verdaderamente el Verbo presente? La meta,

amados, es que vosotros mismos seáis nuestro imán en la Tierra e imantéis a los pequeños, aquellos que están atrapados: atrapados verdaderamente en la intensa marea de las tentaciones del mundo, atrapados en el magnetismo de los sentidos. Ellos no son alimentados por Dios. Ellos no tienen la totalidad del Espíritu Santo; la buscan por medios externos.

Amados, aquellos de vosotros que conocéis las tentaciones y las experiencias de la vida entendéis bien en qué consiste esta atracción de la que os hablo. Es un contrapeso y un repelente del imán que representa todo el ímpetu del nihilismo —la negación de Dios Padre, del Hijo y del Espíritu Santo, así como de la Madre—, el contrapeso absoluto a aquellos que eligen el camino de la izquierda y roban la luz de la Madre para venerarla como una forma de muerte que muchos habrán de seguir.

Comprended, pues, que para rescatar las almas de esta fuerza de atracción, de esta marea del mundo y de la conciencia masiva, se requiere de cimientos de eternidad, de la Estrella Polar, del imán del Sol Central, tanto como de *vosotros* (vuestro corazón, vuestros chakras, vuestra alma, vuestro espíritu) para que, cuando encontréis almas en el camino de la vida y entren ellas a vuestra órbita, sean atraídas poderosamente por arcángeles y por la Presencia YO SOY para que se vuelvan a alinear con la Realidad.

Esto, amados, se conoce como poder de conversión —el poder a través del cual convertí a Saulo de Tarso, en el camino a Damasco, para reclutarlo como el apóstol Pablo, dándole también por consiguiente estas enseñanzas y esta lección a través de las cuales se transformó en ese imán y en el instrumento del SEÑOR, en un convertidor de almas—, que gira:

desimantándolos del error, del mal y de la ilusión, sujetándolos a Dios por medio de la poderosa cruz de Cristo. Es ésta la meta de vuestra lucha, de vuestro trabajo, de vuestro servicio, de vuestro aprendizaje, de vuestra purificación, de vuestra preparación.

No nos dejemos atrapar en el ritual. No permitamos que el ritual se vuelva mecánico. No nos demoremos eternamente en el proceso mismo, sino que debemos comprender que estamos en la vía más directa hacia nuestro Dios. ¡Avanzamos! Internalizamos la Verdad. Lo hacemos rápidamente porque las almas están atrapadas en la corriente que corre río abajo y necesitan ser rescatadas.

Por consiguiente, he venido este Día de Acción de Gracias de 1984 para hablaros personalmente, espíritus del fuego viviente, hermanos y hermanas de la llama eterna de Zaratustra, Melquisedec, Helios, serafines de Dios. Todos los santos son adoradores del fuego sagrado. Y en este corazón vengo: vengo y os llamo. Os llamo fervientemente como Jesús, vuestro hermano y vuestro amado.

YO SOY el Amado y YO SOY la rosa de Sharon, y fundo, uno con vuestra mensajera. No temáis porque seré —y ella lo será en mí— el instrumento para la elevación de las naciones de la Tierra, para realizar todas esas cosas que fueron prometidas. No temáis: no temáis el cumplimiento de mi misión a través de este cáliz. Porque ocurrirá y así será y nadie lo modificará. Pero temed esto, oh almas: temed que podáis perderos de vuestro propio llamado a ser también yo mismo.

Temed, pues, que en la hora del cumplimiento del santo propósito de Dios a través de esta misión de la Madre del Mundo, pudiérais ser sorprendidos por la oscuridad que se eleva desde las brumas del inconsciente. Temed, pues, y sabed que este temor es la sensación de asombro y la santidad de Dios en vuestra Presencia eternamente. Y experimentad el sentido del honor de Dios, temblando ante el fuego sagrado del Sinaí y sabiendo que en esta hora el SEÑOR vuestro Dios requiere de vosotros el cumplimiento de su santo propósito. Es ésta la razón de su llamado, de su bendición, de nuestro amor por Él.

Porque los ángeles han sido enviados por el Guardián de los Pergaminos, leyéndonos a nosotros los maestros ascendidos, los nombres de aquellos de quienes el SEÑOR requiere respuesta en esta hora, en esta década, en este siglo. Y a todos y cada uno de ellos enviamos legiones de luz para atraerlos al manantial de esta sabiduría, de este sendero y de esta enseñanza. Porque está escrito en el Libro de la Vida que el SEÑOR vuestro Dios requiere de vosotros, en esta hora, el cumplimiento de su santo propósito y de su llamado.

Su elección de estar aquí es la elección de cumplir un apasionado destino que ya no puede ser retrasado. ¡No será retrasado! Así, la puerta abierta de la oportunidad se ofrece al mundo de los portadores de luz cuyos nombres están escritos en el Libro de la Vida y a muchos más cuyos nombres no están inscritos allí… y deberían ser convertidos, deberían ser devueltos al Creador original, a los Elohim para que se arrepientan y sean salvados y así cumplan la condición para convertirse en Dios en lugar de hacerlo en antiDios.

Ha llegado la hora en la que el SEÑOR demanda que se cumpla la ley de vuestro ser. Así, en el caso de aquellos que han endiosado el mal como un "velo de energía", el SEÑOR Dios requiere de ellos este día que también cumplan su razón de ser. De esta manera, queda allí, manifestado y expresado, en su mundo, corazones amados de fuego vivo, ante sus propios ojos, de principio a fin (como destella allí ante el ahogado), el registro entero de la siembra de las semillas de las flores del mal.

Y pueden vivir en la gracia de Dios y convertirse y ampararse bajo el cetro y la sombra del Todopoderoso a través de la Presencia YO SOY, del ungido del SEÑOR, llama de la Madre y de quien la sostiene. Y si no aceptan la conversión del Espíritu Santo y de los ángeles santos y de la santa Madre, entonces el rigor de la Ley caerá sobre ellos como fuego de juicio abrasador mientras ellos y sus obras son juzgados por el fuego y son consumidos.

Comprended, amados corazones, que la oportunidad de los portadores de luz de ser todo lo que son realmente es una oportunidad que tiene un ciclo y una estación. A cada uno se le dan siete días, siete meses, siete años, siete siglos. Pero al final del ciclo, corazones amados, si aquellos de quienes el SEÑOR ha requerido el cumplimiento de Filiación niegan esa Filiación, su fuente en la Madre y en el Padre, entonces la Ley les exigirá cada jota y cada tilde de su karma, cada jota y cada tilde de su siembra maligna.[1]

Es ésta la ley de las eras. Pero al momento de ser pronunciada por boca de la mensajera, se convierte en un compromiso físico: un compromiso del alma con Dios para su liberación o el compromiso del alma con Dios para su perdición. Comprended, benditos, que, para algunos, el compromiso del alma con Dios es enorme inconveniente, una incomodidad, y gritan y patalean. Y lanzan coces en contra de la gran luz. Por consiguiente, esta resistencia a la fuerza impulsora del amor se convierte en su perdición.

¿No es acaso Dios el guardián de su universo? ¿No es éste el universo de Dios? Entonces, ¿acaso no tiene por consiguiente el SEÑOR vuestro Dios, el Santo Elegido de Israel, la libertad divina para determinar los ciclos de la aparición de sus hijos e hijas y de requerir frutos de una cosecha muy postergada y de liberar a su pueblo de esta batalla actual con fuerzas oscuras que sobrepasan su capacidad para superarlas? ¿Acaso no está Dios en su templo a través de Sanat Kumara y a través de los corazones de los suyos? Por consiguiente, Dios, que todo lo sabe, invoca los ciclos. Y felices sean aquellos que viven en el cumplimiento de mi era y en la inauguración de la era del séptimo ángel.[2]

Así pues, en este día, en pleno conocimiento y en la profunda conciencia de la Ley que subyace en estas palabras, digo a todos los enredados en el karma, en el culto a la personalidad y en el magnetismo del mundo: ¡Venid, dejad vuestras redes! Yo os haré pescadores de hombres.

Es éste un llamado directamente al corazón de cada pupilo de los maestros ascendidos. En nombre de Maitreya vengo a enseñaros los pasos del sendero de Maitreya, a enseñarles los pasos para ser Mediador, así como Moisés es el Mediador eterno; los pasos de su Yo Crístico, en la medida en que su Yo Crístico muestra los pasos del Mediador eterno; los pasos del Pastor y el modo del imán del Sol Central: el modo de ser el pilar en el templo de mi Dios[3] (es decir, la polaridad Alfa/Omega del imán), el modo de ser el instrumento del Espíritu Santo a través del cual ninguno podrá resistirse a mi presencia.

YO SOY Jesús, el Salvador de los hombres. Traigo la oportunidad de su salvación: la verdadera elevación del Yo Verdadero en vuestro interior para que podáis ser instrumento del Salvador de todos los hombres. Solicito que dejéis de separarme de mi mensajera, pero recordad que el cielo está mucho más cerca que esto.

Podéis fiaros de mi Palabra, no de la persona exterior de cualquiera. Podéis fiaros de mi Palabra y del Verbo hecho carne. Y podéis saber que conforme os transforméis en la Roca y alcancéis "la Roca", que como se dijo, "se alza lejos de mí",[4] seréis también instrumentos de mi amor.

Que reconozcáis el llamado y que sepáis que hay un ciclo para dejar las redes del mundo y apartarse de él. Y cuando el llamado es pronunciado, aquellos que responden reciben ángeles ministeriales para ayudarlos. El mundo debe recibir la noticia inmediatamente a través de la mensajera y a través de vosotros mismos en la indoblegable voluntad de Dios de que está cerca la hora del arrepentimiento y de la vida eterna, de que está cerca la hora de la apertura de las doce puertas de la ciudad, de que ha llegado la hora de la Verdad.

Esta dispensación se extiende ahora a todos, en todas partes del mundo. Que la escuchen a través de vuestros labios y de vuestro corazón, a través de vuestra conciencia en estricta meditación sobre la Palabra, en inquebrantable concentración. ¡Que se estremezcan los demonios! Y efectivamente se estremecen al sonido de mi avance a través de todos vosotros. Pero que vuestros corazones no se estremezcan de miedo sino de regocijo y dejen escapar un poderoso grito porque Dios os liberará a cada instante del tentador.

Conoced la Palabra. Conoced los secretos. Escribidlos en vuestro corazón. Y luego, cuando el diablo os acomete en el camino y a la hora del ayuno, la oración y el servicio, tendréis la respuesta. Está escrito: "No sólo de pan vive el hombre, sino de toda palabra que sale de la boca de Dios."[5] Es ésta su verdad sagrada: que todas "estas cosas", como el pan, son como ninguna. Porque la Palabra es vida y la Palabra proporciona vida y la Palabra proporciona todas esas cosas a aquellos que las requieren.

Ninguna otra mano os alimentará sino la mía. Ninguna otra mano os enseñará. Ningún otro corazón os amará. Ninguna otra mente os confundirá, pues la mente de Cristo estará con vosotros. Es el principio de la Ley del Uno.

Yo el SEÑOR vuestro Dios, soy un Dios celoso.[6] Merezco y deseo todo vuestro deseo, vuestro amor y vuestra vida: no a medias sino en su totalidad. Cuando os entregáis por entero, yo me entrego por entero. Y el Padre y el Hijo vivirán en vuestro templo.[7] Eso significa, amados, que ya no recorreréis la Tierra con la Presencia por encima de vosotros, el Yo Crístico por encima de vosotros; sino que el Padre en el cielo y yo mismo a través de la Presencia YO SOY y el Yo Crístico moraremos corpóreamente en vuestro interior. Hasta que esto ocurra, el Espíritu Santo en la plenitud del poder de la Fuente de Dios no podrá sobreveniros.

Así, luchad por *ser* la Presencia, por *ser* el Cristo. Y escuchad la voz interior que os guía. Antes de que habléis de un modo impío, la Presencia advierte: Refrenad vuestro discurso pues no agrada al SEÑOR. Cada acto, cada deseo, cada contemplación de engaño o ambición que proviene del que tienta es reprendido por el Cristo. Escuchad la voz interior y obedeced, y todo será bueno para vosotros, y la dicha de Dios caerá sobre vosotros. Y los santos ángeles velarán porque no se toque ni un solo cabello de vuestra cabeza.

Estad en paz en el llamado. Que aquellos que reciban tutoría en el camino que los convertirá en pescadores de hombres no teman la Palabra del SEÑOR y no teman su Obra. Hemos venerado este lugar para la *total* aparición de esa Palabra y de esa Obra en todos vosotros. Y digo *total* aparición. Y al decirlo, entended que la totalidad de Dios tiene necesidad de miles y miles de instrumentos, cada uno de los cuales muestre una faceta brillante del tesoro celestial. Así, reunimos a los poderosos, las águilas, lo mismo que a los tímidos de la Tierra. Dejad que la Palabra y la Obra de Dios en vosotros sean un monumento al testimonio de la Gran Hermandad Blanca a través de los mensajeros y de vosotros mismos: un templo construido sin manos, para siempre eterno.

Os contemplo aquí y ahora como santos: santos Arriba y abajo. Y contemplo vuestro destino como maestros ascendidos de la Gran Hermandad Blanca.* Yo, Jesús, os llamo a

---

* Los maestros ascendidos son nuestros hermanos y hermanas mayores en el camino de la Cristeidad personal. Habiendo equilibrado su karma y realizado su misión única, se han graduado en la escuela de la Tierra y ascienden a Dios.

Son parte de la Gran Hermandad Blanca, de la que se habla en Apocalipsis 7 como la gran multitud de santos "vestidos de blancos" que están delante del trono de Dios. (El término "blanco" se refiere no a una raza sino al aura de luz blanca que rodea a estos inmortales.) La Hermandad trabaja con ardientes buscadores y siervos públicos de todas las convertiros en pescadores de hombres con pleno conocimiento de que en ésta, vuestra sagrada labor, serán satisfechas las condiciones de vuestro ser. Y consagro a nuestra mensajera a ocuparse de los corazones de aquellos que así lo deseen, pues en esta respuesta sois efectivamente mis discípulos…

Venid ahora, pescadores de hombres, pues hay muchos modos de atrapar almas en la red de Dios. Es una red divina. Y cada uno debe acudir para saborear la oferta y ser atraído por esa dulzura especial, esa preparación especial de su corazón con mi corazón. Los dos caminando juntos… ¡he aquí!, ¡convirtamos al mundo!

ESTOY siempre con vosotros, incluso hasta el fin de este estado mundano de conciencia y desasosiego.[8] Y verdaderamente, amados, ¡terminará! La pregunta es *cuándo*. La respuesta de parte vuestra será determinante y hará la diferencia.

Venid a mí, vosotros que trabajáis y soportáis cargas pesadas. Mi carga es ligera. Mi yugo es fácil.[9]

Venid, discípulos de la Palabra eterna. Venid, dejad vuestras redes. Os convertiré en pescadores de hombres. ¡Transformaremos el mundo!

---

razas, religiones y caminos de vida para asistir a la humanidad en su evolución.

Entre estos santos están Gautama Buda, Maitreya, Jesucristo, el arcángel San Miguel, Zaratustra, Moisés, Melquisedec, Madre María, San Francisco, Saint Germain, El Morya e innumerables e innombrables corazones amorosos, siervos de la humanidad ascendidos al YO SOY EL QUE YO SOY y son parte del Dios viviente por siempre jamás.

En el nombre de la Madre, yo he venido. En el nombre del corazón de la Madre, yo he venido. En el nombre de la vida, la mente, el alma y la pureza de la Madre, yo he venido.

22 de noviembre de 1984
Día de Acción de Gracias
Royal Teton Ranch North
Cerca de Livingston, Montana

Comentario

Y Jesús, caminando por la ribera del mar de Galilea,
vio a dos hermanos, Simón, llamado Pedro, y su hermano Andrés,
echando la red en el mar, pues eran pescadores.
Y les dice: "Venid conmigo, y os haré pescadores de hombres."
Y ellos al instante, dejando las redes, le siguieron.[10]

El primer llamado de Jesús a sus discípulos está registrado en estos versos del Evangelio de Mateo.

En este dictado de Jesús experimentamos la intemporalidad de su enseñanza: Del mismo modo como llamó a sus discípulos a la orilla del mar de Galilea para que dejaran sus redes y lo siguieran, viene hoy con el mismo llamado: "¡Venid, dejad vuestras redes! Os convertiré en pescadores de hombres".

¿Qué hubiera ocurrido si los apóstoles no hubieran respondido al llamado de Jesús? Quizás habrían vivido su vida de pescadores. El mundo sería un poco distinto pues habrían seguido sus vidas y éstas probablemente habrían cambiado poco de principio a fin. En cambio ¡cuánto cambiaron sus vidas —y el mundo entero— al seguir a Jesús!

Tuvieron que decidir si respondían al llamado y lo seguían; nosotros tenemos la misma elección. ¿Cuál será nuestra respuesta?

Si fuéramos a dejar nuestras "redes" inmediatamente para seguir a Jesús, como lo hicieron los apóstoles, nos daríamos cuenta de que nuestra vida no volvería a ser igual. Es preciso un salto de fe, un salto a lo desconocido. Seguirlo… ¿a dónde? No lo sabemos. El único modo de averiguarlo es seguirlo.

Era evidente lo que Pedro y Andrés tenían que hacer para responder al llamado de Jesús, y su respuesta fue inmediata. Pero, ¿cómo respondemos a ese llamado actualmente? ¿Qué significa realmente seguir al Maestro? ¿Y cuáles son las redes que deberemos dejar atrás?

Jesús nos dice que estas *redes* representan los embrollos de nuestro "karma, en el culto a la personalidad y en el atractivo del mundo". Dejar atrás estas cosas no significa que tengamos que cerrar nuestro negocio o dejar nuestra ocupación o a nuestra familia. Es posible que tengamos responsabilidades que son lícitas y forman parte de nuestro plan divino. Sin embargo, significa que debemos dejar atrás nuestras preocupaciones y deseos *ilícitos* por los bienes de este mundo. Esto requiere un cambio de conciencia.

Él dice: "Cuando dais todo de vosotros mismos, doy todo de mí. Y el Padre y el Hijo viven en vuestro templo. Esto significa, amados, que ya no recorreréis la Tierra con la Presencia por encima de vosotros, el Yo Crístico por encima de vosotros; sino que el Padre en el cielo y yo mismo a través de la Presencia YO SOY y el Yo Crístico moraremos corpóreamente en vuestro interior". Esto significa que las tres imágenes en la

Gráfica de tu Yo Divino (véase página 563) se convierten en una.

Al responder al llamado, también debemos tratar de ser "pescadores de hombres". Debemos encontrar maneras de compartir las enseñanzas de Jesús con el mundo.

Una invitación a la relación gurú-chela

La mensajera explica la enorme oportunidad que Jesús abrió para nosotros en este llamado. Dijo: "Pronunció un llamado muy poderoso, tan poderoso como el día en que Jesús llamó a sus discípulos diciendo 'Venid, dejad vuestros embrollos kármicos'. En la instrucción misma está demostrando la relación gurú-chela. Él dice: 'Llevaré la carga de vuestro karma con sólo que os alejéis de ella'.

"Las redes son redes de enmarañamiento: el enmarañamiento kármico humano. A través del servicio al gurú, quien es la encarnación de la llama de Dios, equilibramos nuestro karma porque nuestro servicio beneficia a todas las corrientes de vida en el planeta. Así, ligados al corazón del gurú, la mediación del gurú mantiene suspendido vuestro karma mientras lo equilibráis en el servicio.

"'Venid, dejad vuestras redes; yo os haré pescadores de hombres'. Jesús está diciendo que hay dos caminos: puedes vivir tu vida a través de los embrollos del karma, equilibrándolos un poco cada día *ad nauseam* durante los próximos millones de años —allí es donde estuvimos durante los últimos millones de años— o puedes unirte a la Gran Hermandad Blanca, convertirte en un chela en el sentido más completo, más estricto y más antiguo del término, unirte a los maestros ascendidos, realizar su obra… Y puedes ser un chela y un pescador de hombres trabajando para Saint Germain [o para Jesús] en casi cualquier campo o deber que sea lícito y favorable para infundir espiritualidad en el mundo."[11]

Podríamos imaginar que, de haber estado allí, con Pedro y con Andrés, no habríamos vacilado. Con toda seguridad habríamos respondido tan entusiastamente como ellos lo hicieron al llamado del Maestro. Y, sin embargo, hoy mismo el Maestro nos está llamando, y descubrimos que a menudo no nos resulta fácil renunciar a nuestros deseos y ataduras mundanas a fin de responder al llamado interior, sea de un maestro o incluso de nuestra alma.

La mensajera habla sobre la importancia de responder rápidamente al llamado del Maestro: "Me encanta este momento en la Biblia porque creo que la rápida respuesta al Maestro es una clave extraordinaria en nuestra propia vida personal. No voy a entrometerme entre vosotros y vuestra relación con el Señor Jesucristo.

"Lo único que puedo afirmar que es verdad es lo siguiente: 'Aquel que vacila está perdido'. Y en todo aquello que seáis llamados a hacer, el llamado mismo contiene la voluntad de Dios, la fuerza impulsora, la dispensación tangible del Maestro mismo a hacer aquellas cosas que debéis hacer. Cuando uno intentó hacerse cargo de responsabilidades familiares antes de responder a Jesús —ir a casa y enterrar a un miembro de su familia— Jesús respondió: 'Sígueme, y deja que los muertos entierren a sus muertos.'"[12, 13]

Nos damos cuenta de que los ciclos de la vida no se detienen. Jesús tuvo tres cortos años para realizar su misión. ¿Qué hubiera ocurrido si uno o más de sus apóstoles hubieran pospuesto su compromiso? ¡Qué pérdida para él, o para ellos, y para el mundo!

Con cuánta frecuencia escuchamos a personas que se encuentran a la mitad de su vida o en los últimos años de su vida lamentar la elección que no hicieron, la oportunidad que no tomaron cuando estaba a su disposición. Aprovechemos las oportunidades de vida mientras están disponibles, puesto que ninguno sabe a ciencia cierta lo que traerá el mañana.

Preparación para el llamado

La atracción del mundo de la que nos libera Jesús proviene a menudo de nuestros deseos, sean éstos de comodidad, de placer o de compañía humana, o de cualquier otra cosa que podría constituir una distracción de nuestro llamado real y de nuestro deseo real. Y en ocasiones podemos albergar, en forma consciente, el deseo de seguir al Maestro, de servir a los demás, mientras otros deseos, de los que no estamos plenamente conscientes a otros niveles del ser, operan con un propósito contrario a nuestra elección consciente. Gautama Buda nos ofrece una clave para la resolución de nuestros deseos y nos convoca a orar para recibir el deseo de Dios a todos los niveles de nuestro ser:

"Os advierto que los pensamientos que albergáis en la mente exterior y las palabras que pronunciáis no reflejan necesariamente los impulsos de vuestro deseo inconsciente o el ímpetu de orgullo espiritual o incluso cierta rebeldía que os lleva en una dirección en la que Dios no os ha colocado. Por consiguiente, amados míos, no son las palabras que pronunciáis las que hablan sino la resolución en el centro mismo de vuestro ser, lo que debe ahora tomar su lugar, lo que habla.

"Por tanto, debéis orar con gran fervor para que lo que deseáis que sea vuestro deseo llegue a serlo verdaderamente. Rogad porque el deseo que Dios tiene para vosotros sea plantado en vosotros como el bulbo de una hermosa flor de primavera, para que el bulbo sea plantado a todos los niveles del subconsciente y del inconsciente a fin de que el deseo de Dios pueda ocupar la totalidad de vuestro ser y la flor pueda florecer y mostrarse como una flor angélica, una amarilis, floreciendo en toda su gloria al nivel consciente.

"Os diré, amados míos, que la alegría y la alegría perpetua en el Espíritu Santo es el signo de la resolución de vuestro deseo en el deseo de Dios a estos niveles más profundos del ser; mientras que la agitación, la ira, la depresión y el desaliento en el nivel consciente son signo de deseos ilícitos a los niveles subconsciente e inconsciente, los que no pueden ser completamente satisfechos, sencillamente porque son ilícitos.

"Ciertamente es la alegría del espíritu y del Espíritu Santo, y el amor eterno de ese Espíritu Santo en el corazón, lo que marca a aquellos que alcanzan la resolución interna. Todo su ser se estremece con la alegría y el deseo de hacer la voluntad de Dios. Y ese deseo se multiplica y crece hasta que la voluntad de Dios, como un haz de rayos desde el Sol Central, cubre enteramente a tal Elegido hasta que éste es perpetuamente animado por la alegría de su Señor."[14]

La llama violeta

Junto con el llamado, Jesús envía también el ímpetu de energía para liberarnos de nuestro karma y embrollos en el mundo. Pero también nosotros debemos liberarnos a nosotros mismos, y un modo de conseguirlo es usar la llama violeta para disolver y transmutar todo lo que podría atarnos a un camino inferior.

La mensajera explica que la llama violeta es una llave para ingresar al sendero de Jesús: "Cuando meditamos en el fuego sagrado que está en el corazón, pronto descubrimos que esta luz vibrante que tan claramente llega a nuestra conciencia se acelera hasta alcanzar una vibración que se lee como color violeta; de allí el término *llama violeta*. La llama violeta ha sido vista por visionarios, por místicos y por santos. Es la llama del Espíritu Santo y es también la llama que se revela en la era de Acuario. Es el séptimo rayo o aspecto del Espíritu Santo. Ha llegado el momento de la realización de la humanidad se dé cuenta y aplique esta llama. Y el maestro ascendido Saint Germain es quien patrocina que se dé a conocer.

"¿Cómo llega tu alma a Dios? Cuando invocas esta llama, cuando meditas sobre la llama, cuando bañas tu conciencia en la llama hasta que experimentas la transmutación —ese cambio de energía y conciencia que tan a menudo fue prometido por los profetas hebreos—: la promesa de perdón, la promesa de 'así fueren vuestros pecados como la grana, cual la nieve blanquearán…'[15]

"¿Cómo invocamos a la llama violeta? Bien, podemos pronunciar un simple mantra mediante el que afirmamos el nombre de Dios, YO SOY EL QUE YO SOY,[16] y declarar luego que ese YO SOY EL QUE SOY es la llama violeta justo donde nos encontramos. Es éste un mantra que me gusta repetir para aumentar la manifestación de la llama violeta en mi aura:

> ¡YO SOY un ser de fuego violeta!
> ¡YO SOY la pureza que Dios desea!

"Este pequeño mantra se convierte en una meditación y en una visualización que está anclada en el templo físico a través de la Palabra hablada. Poner palabras a nuestros pensamientos y a nuestros sentimientos a través del chakra de la garganta, es el medio a través del cual obtenemos una nueva dimensión para nuestras plegarias, para nuestras afirmaciones mentales, porque es a través del chakra de la garganta que ponemos en forma física lo que está en la mente y lo que está en el corazón.

"Es ésta la razón por la cual cuando las personas comienzan a repetir estos mantras experimentan una aceleración inmediata de la conciencia. La llama violeta, pues, es el primer paso en el camino de la iniciación con los maestros ascendidos, el primer paso hacia el punto del regreso del alma al Espíritu o a la Presencia YO SOY.

"Es interesante observar que el primer milagro que Jesús realizó fue en las bodas de Caná en Galilea, donde transformó el agua en vino. Esto simboliza la transformación del agua de la conciencia humana en el vino del Espíritu. Y es interesante que el vino mismo es de color púrpura o violeta. El que Jesús usara el séptimo rayo o aspecto del Espíritu Santo es una clave para aquellos de vosotros que sois místicos."[17]

Relaciones

En ocasiones, las redes de las que Jesús nos libera pueden distinguirse con toda claridad en algunas de las relaciones de nuestra vida, situaciones kármicas con gente que no parece ser saludable para, o nutricia con, el alma. ¿Cómo sabemos si una situación particular es tal que debemos alejarnos de ella o si representa parte de nuestra misión en esta vida?

Siempre comenzamos con soluciones espirituales. Podemos invocar la llama violeta para que penetre en la relación, el trabajo, la deuda o cualquiera que sea la situación kármica. La llama violeta disolverá y transmutará la negatividad y las condiciones limitantes. En ocasiones, esto es todo lo que se necesita para transmutar el karma de una situación específica y encontrar una nueva libertad. Pero no hay que descuidar los pasos prácticos: pide perdón si estás en un error, busca equilibrar el karma a través de prodigar amor y servicios, busca consejo si es conveniente.

En ocasiones, luego de hacer todo esto, el karma se equilibra y la relación entera cambia: deja de ser una red que te confina y te retiene. Se convierte, en cambio, en un apoyo y en una fortaleza para tu misión.

En ocasiones, la red del karma sencillamente se disuelve, y de golpe eres libre de seguir adelante.

En ocasiones, sin embargo, luego de hacer todo esto, las cosas no parecen estar a punto de resolverse y puede ser que necesites cortar el lazo y avanzar hacia un llamado superior.

Y en ocasiones, aun cuando el karma alcance su equilibrio y no haya necesidad de permanecer en esta situación, sigue habiendo cierta reticencia a continuar adelante: la situación resulta de algún modo cómoda y familiar y se siente miedo de avanzar y de ingresar a un territorio desconocido.

Estas decisiones e iniciaciones constituyen a menudo un reto y puede ser que no haya un signo exterior claro que nos guíe. Sin embargo, podemos avanzar a través de la fe y de la oración, buscando el bien superior y confiando en que Dios y los maestros nos ayudarán si tenemos fe en ellos.

Claves prácticas

Los maestros han brindado muchas claves espirituales para ayudarnos a superar las limitaciones de nuestra conciencia humana, y todo aquello que nos impide acometer nuestra misión. Cuando utilizamos estas claves, descubrimos también que abren la puerta a nuestra conciencia crística.

Quizás el más grande de los regalos que nos han brindado es la ciencia del mantra, la Ciencia de la Palabra Hablada. Practicar esta ciencia puede contribuir a espiritualizar nuestra conciencia y a prepararnos para responder al llamado del maestro.

El maestro ascendido El Morya ha dictado una serie de mantras que llamó los "Decretos de Corazón, Cabeza y Mano". Estos mantras representan diferentes etapas en la vida de Jesucristo y en su camino de iniciación. Comienzan con una meditación sobre el corazón y van llevando a través del corazón la energía que constituye la llama violeta: la energía del Espíritu Santo, del fuego sagrado, para la transmutación y el perdón. Estas iniciaciones culminan en la Transfiguración, la Resurrección y la Ascensión.

Los "Decretos de Corazón, Cabeza y Mano" son un modo eficaz de purificar tus chakras y de conectarte con tu Yo Superior. Conforme logras dar cada paso, estás en realidad ascendiendo (logrando que ascienda tu yo inferior) por grados. El cambio es sutil pero definitivo porque al pronunciar el mantra e invocar la luz de Dios puedes modificar realmente tu vibración. Este decreto, pronunciado de principio a fin, es una fórmula de los pasos y etapas de tu propia unión con Dios.

Al pronunciar nuestras oraciones y decretos, lo hacemos por otros lo mismo que por nosotros mismos, y esto puede ser también el principio de nuestro camino como "pescadores de hombres". El amado Helios nos dio el entendimiento de la importancia de nuestras oraciones por todos aquellos sobre la Tierra que padecen necesidades: "¡Dejad que el devoto me escuche! Comprended que Dios tiene enorme necesidad de vuestra devoción y de vuestras oraciones en beneficio de aquellos que son como corderos trasquilados. Sabed, pues, que vuestras oraciones pueden invocar la intercesión de huestes angélicas para la salvación de muchas almas que podrían perderse al finalizar una era, pues han perdido su chispa y su ímpetu divinos y sin embargo no son malas *per se*. Y ese llamado, esa intercesión para salvar las almas puede resultar en el equilibrio de vuestro karma y en vuestra victoria. Los hechos heroicos están a la orden, pero la oración es el mayor de los heroísmos en estos días.

"Vuestras oraciones han salvado muchas vidas por toda la Tierra y en esta guerra de portadores de luz en todos los frentes. Seguid manteniendo la vigilia por todos aquellos que no saben cómo orar, que no saben que la Ciencia de la Palabra Hablada debe ejercitarse en la octava física o, de lo contrario, según declara la Ley, aquellos de nosotros en el cielo no podremos interceder ni siquiera mínimamente.

"Orar es la clave de la salvación en esta era. Cuando la asociéis con buenas obras y la llama del honor cósmico resplandezca en vosotros por siempre, conoceréis una aceleración sin precedentes."[18]

"Pescadores de hombres"

Habiendo dejado atrás nuestras "redes", Jesús nos promete convertirnos en "pescadores de hombres". ¿Cómo es que ocurrirá esto?

En primer lugar, sabemos que será necesaria la preparación. Jesús nos habla sobre la "preparación de vuestro corazón con mi corazón". Hay una preparación interior conforme caminamos y hablamos con Jesús y buscamos esa unión con su corazón. Hay también una preparación externa que consiste en estudiar el mensaje de Jesús y las enseñanzas de los maestros ascendidos, a fin de que tengamos listo un bocado para dar a cualquiera que Dios traiga a nuestras puertas.

Al estudiar las palabras de los maestros, podemos obtener también una nueva conciencia sobre nosotros mismos. Podemos darnos cuenta de que hay cambios específicos que debemos emprender en nuestra vida. Si estamos dispuestos a observarnos honestamente y a recibir la iluminación a través de las palabras de los maestros, estaremos listos para impartir el mensaje de Jesús a los demás y también podremos encontrar las claves para liberarnos de todas las "redes" que nos retienen.

Jesús concluye su mensaje diciéndonos que es nuestra sagrada labor, nuestro plan divino, ser pescadores de hombres. Dice: "Contemplo vuestro destino en tanto maestros ascendidos de la Gran Hermandad Blanca. Yo, Jesús, os llamo a convertiros en pescadores de hombres en pleno conocimiento de que en esto, vuestra sagrada labor, cuyos requerimientos deben ser satisfechos... vengo a trabajar a través de vosotros para salvar todas las almas que se han extraviado... Es ésta una dispensación del momento, la hora y la década. Obrad con esta prudencia mientras tenéis la luz... Venid ahora, pescadores de hombres, porque hay muchos modos de atrapar almas en la red de Dios".

Las almas están a la espera de que establezcas contacto con ellas y les recuerdes el verdadero propósito de su estancia aquí en la Tierra. De hecho, hay algunas almas que te están esperando, específicamente a ti, porque tienes un vínculo kármico con ellas desde el pasado o incluso desde una vida previa. Los maestros han dicho que muchas veces trabajan durante años o encarnaciones para disponer que nos encontremos con una persona en particular a quien está dispuesto que proporcionemos las enseñanzas. Los ángeles conspiran y planean y finalmente consiguen que esta persona se encuentre justo a nuestro lado, en una parada de autobús o en cualquier sitio. Y ¿qué hacemos? La ignoramos.

No pierdas esas oportunidades sino, por el contrario, ora para estar alerta y siempre dispuesto a ser un "pescador de hombres". Nunca sabes cuándo una simple palabra y el don de la llama de tu corazón serán instrumento para la conversión de un alma.

Ejercicios espirituales

Los siguientes ejercicios espirituales te ayudarán a realizar este llamado de Jesús:

Ora fervientemente para que recibas el deseo de Dios

A fin de que te liberes de tus "redes" —embrollos del karma, culto a la personalidad y atractivo del mundo—, debes albergar el deseo de liberarte. Si descubres que careces de este deseo o que tienes deseos en conflicto, puedes orar para recibir su resolución. Puedes orar también para que tu deseo sea purificado y para que se convierta en el más elevado posible, el que corresponde al deseo que Dios tiene para ti desde el principio. Repite la siguiente oración:

Oración por el Deseo de Dios

En el nombre de Dios Todopoderoso, en nombre de Cristo, invoco la ley del perdón por mi rebeldía en contra de la ley de mi ser, la ley de mi karma, e invoco el fuego sagrado para la transmutación de la causa y del núcleo de los registros de tal rebeldía.

En nombre de Cristo, en nombre del Espíritu Santo, invoco la luz de Dios Todopoderoso. Llamo directamente al corazón del Padre para que libere esa energía en mis cuatro cuerpos inferiores, para que libere todo el poder de la llama violeta, para que la llama del honor cósmico y la llama del valor cósmico penetren ahora y liberen todas las energías que están encerradas en redes de deseo erróneo. Demando la demolición de los campos de fuerza de todo deseo erróneo de todas mis encarnaciones desde el día de la entrada de mi alma en la Materia.* Demando el resquebrajamiento de los campos de fuerza de deseo erróneo.

Demando que el Deseo de Dios penetre mi subconsciente, que sólo el Deseo de Dios sea el ímpetu y el motivo de mi vida. Demando que todo el poder del Espíritu Santo y del fuego sagrado me depure ahora de toda matriz errónea, de todo patrón erróneo, de toda red y campo de fuerza erróneos. E invoco en el nombre de Cristo a la Poderosa Astrea para que cierre su círculo cósmico y su espada de llama azul alrededor de la causa y el núcleo de todos los ímpetus y glóbulos de deseo que flotan en el plano astral que haya enviado alguna vez, sabiéndolo o no, en cualquiera de mis encarnaciones. ¡Demando que

---

* Materia es la *materia*-lización de la llama divina. El término se utiliza para describir los planes del ser que se conforman y comprenden el cáliz universal, o matriz, para el descenso de esa luz divina que es percibida como Madre.

esa energía sea atada en el nombre de Cristo! Demando que sea llevada ahora hacia la resplandeciente Presencia del Maha Chohán.

Demando que, en mi conciencia, en mi alma, en mi corazón y en todos mis chakras, se libere allí sólo el total ímpetu del Deseo de Dios para ser libre, para ser completo, para ascender, para resucitar, para amar libre la vida, para llevar la enseñanza y la Ley y para ser la totalidad del ejemplo divino para toda la humanidad. En el nombre del Padre, de la Madre, del Hijo y del Espíritu Santo, acepto que así sea en esta hora con pleno poder y estoy agradecido por la Presencia de Dios que desea en mí ahora.

Escribe una carta a Jesús

¿Quieres responder al llamado de Jesús y seguirlo? Escríbele para que conozca tu deseo y tu compromiso de responder a su llamado. Déjale saber que estás dispuesto a dejar atrás los embrollos del pasado a fin de seguirlo. Puedes también pedirle que te libere de tus cargas a fin de que estés en la mejor disposición posible de encontrar a tus hermanos y hermanas de luz y darles las enseñanzas de los maestros ascendidos.

Cuando hayas escrito esta carta, haz una copia que guardarás a fin de recordar tu compromiso con el Maestro. Quema una de las copias y pide a los ángeles que lleven la matriz etérica de esa carta al Maestro.

Decretos de Corazón, Cabeza y Mano

El Morya pidió que pronunciáramos estos decretos diariamente. Elige un lugar tranquilo donde no seas molestado. Pronuncia tus oraciones personales antes de que comiences con estos mantras y repítelos después en el favor del Verbo hablado.

DECRETOS DE CORAZÓN, CABEZA Y MANO
Por El Morya

Fuego Violeta

Corazón
¡Fuego Violeta, divino Amor,
Llamea en este mi corazón!
Misericordia verdadera Tú eres siempre,
Mantenme en armonía contigo eternamente. (3x)

Cabeza
YO SOY Luz, tú, Cristo en mí;
Libera mi mente ahora y por siempre;
Fuego Violeta brilla aquí
Entra en lo profundo de esta mi mente.

Dios que me das el pan de cada día,
Con fuego violeta mi cabeza llena
Que tu bello resplandor celestial
Haga de mi mente una mente de Luz. (3x)

Mano

YO SOY la mano de Dios en acción,
Logrando la Victoria todos los días;
Para mi alma pura es una gran satisfacción
Seguir el sendero de la Vía Media. (3x)

Tubo de luz

Amada y radiante Presencia YO SOY,
Séllame ahora en tu Tubo de Luz
De llama brillante Maestra Ascendida
Ahora invocada en el nombre de Dios.
Que mantenga libre mi templo aquí
De toda discordia enviada a mí.

YO SOY quien invoca el Fuego Violeta,
Para que arda y transmute todo deseo,
Persistiendo en nombre de la libertad,
Hasta que yo me una a la Llama Violeta. (3x)

Perdón

YO SOY el perdón aquí actuando;
Arrojando las dudas y los temores.
La Victoria Cósmica despliega sus alas
Liberando por siempre a todos los hombres.

YO SOY quien invoca con pleno poder
En todo momento la ley del perdón;
A toda la vida y en todo lugar
Inundo con la Gracia de perdón. (3x)

Provisión

Libre YO SOY de duda y temor,
Desechando la miseria y toda la pobreza,
Sabiendo ahora que la buena Provisión
Proviene de los reinos celestiales del Señor.

YO SOY la mano de la Fortuna de Dios
Derramando sobre el mundo los tesoros de la luz,
Recibiendo ahora la Abundancia plena
Las necesidades de mi vida quedan satisfechas. (3x)

Perfección

Vida de Dirección Divina YO SOY
Enciende en mí tu luz de la Verdad.
Concentra aquí la Perfección de Dios
Libérame de toda la discordia ya.

Guárdame siempre muy bien anclado
En toda la Justicia de tu plan sagrado,
¡YO SOY la Presencia de la Perfección,
Viviendo en el hombre la Vida de Dios! (3x)

Transfiguración

YO SOY quien transforma todas mis prendas,
Cambiando las viejas por el nuevo día;
Con el sol radiante del entendimiento
Por todo el camino YO SOY el que brilla.

YO SOY Luz por dentro y fuera;
YO SOY Luz por todas partes.
¡Lléname, sana, glorifícame!
¡Séllame, libera, purifícame!
Hasta que así transfigurado todos me describan:
¡YO SOY quien brilla como el Hijo,
YO SOY quien brilla como el Sol! (3x)

Resurrección

YO SOY la llama de la Resurrección,
Destellando la pura Luz de Dios
YO SOY quien eleva cada átomo ahora,
YO SOY liberado de todas las sombras.

YO SOY la Luz de la Presencia Divina,
YO SOY por siempre libre en mi vida.
La preciosa llama de la vida eterna
Se eleva ahora hacia la Victoria. (3x)

Ascensión

YO SOY luz de la Ascensión,
Fluye libre la victoria aquí,
Todo lo Bueno ganado al fin
Por toda la eternidad.

YO SOY Luz, desvanecido todo peso,
En el aire ahora me elevo;
Con el pleno poder de Dios en el cielo
Mi canto de alabanza a todos expreso.

¡Salve! YO SOY el Cristo Viviente,
Un ser de amor por siempre.
¡Ascendido ahora con el Poder de Dios,
YO SOY un sol resplandeciente!

Toma nota de los cambios que se operan en tu vida conforme repitas estos decretos regularmente.

Para aprender más sobre la ciencia de la Palabra hablada y el modo como puede transformar tu vida, véase *El poder creativo del sonido* de Elizabeth Clare Prophet, *The Science of the Spoken Word* de Mark L. Prophet y Elizabeth Clare Prophet.

Un llamado para la aceleración de la oveja perdida de la Casa de Israel

Cuando Jesús envió a sus discípulos a su primer recorrido misionero, les dijo que encontraran a "las ovejas perdidas de la casa de Israel".[19] Se trata de un grupo específico de portadores de luz que tienen un vínculo de corazón con Jesús y una conciencia interior del camino que él vino a mostrar. Muchas de estas almas siguen perdidas todavía y no saben quiénes son ni cuál es su misión. Podemos comenzar a responder al llamado que recibimos para convertirnos en pescadores de hombres orando para que sean aceleradas a una conciencia interior de las enseñanzas del sendero de Jesús y los maestros ascendidos.

Oración para la aceleración de los 144 mil

En nombre de mi poderosa Presencia YO SOY y mi Santo Ser Crístico, en nombre de Jesucristo, Gautama Buda y Saint Germain, invoco la liberación de los 144 mil y de todos los portadores de luz y pido para que sus recuerdos sean acelerados hacia sus experiencias en planos internos. Pido especialmente poder encontrarlos a fin de que pueda darles una gráfica de la Presencia tamaño cartera o alguna porción de las enseñanzas de los maestros ascendidos o cualquier cosa que sea adecuada a lo que deben ser dirigidos, que es ahora parte de su conciencia interior inmediata desde los planos internos.[20]

¿Cómo responderás al llamado de Jesús?

> "¡Venid, dejad vuestras redes!
> Yo os haré pescadores de hombres."

¿Qué significa para mí este llamado?
¿Qué haré para responder a este llamado?

Capítulo 2

*Tomad la espada del Espíritu y luchad por mi rebaño
antes de que se pierda en las garras de los traficantes de drogas
y de los traficantes del engaño y la aniquilación.*

Los cimientos del cristianismo que he colocado

En este mismo instante estoy presente en vosotros, amados, el Cristo resucitado. Venid a mí, oh amados míos. Llego con la susurrante esperanza de los fuegos de resurrección. Llego con la dulzura de la llama espiritual que alivia en esta hora todas vuestras preocupaciones y cargas de esta vida.

Corazones benditos, el camino no es pesaroso; tampoco es una lucha, salvo para aquellos que no desean renunciar al yo inferior. ¡La alegría de la aceleración de la luz es incomparable! Tan sólo mirad a aquellos que llevan mi fuego sobre sí mismos. Benditos, no pueden ser reconocidos por clasificación, etiqueta ni estándar externo alguno. Están en todas partes en el mar de la vida. De pronto veréis ese fuego y sabréis: Verdaderamente, este hombre, esta mujer es el hijo ungido de Dios.[1]

Podéis mirar millones de rostros pero llegaréis a aquel que es. Y aquí donde abunda la verdad —y la llama violeta y el Espíritu— no es poco común ver a muchos, amados. ¿Qué tan cierta es la Verdad para su propio testigo? Puesto que el fuego no puede negarse, tampoco puede el revestimiento, en tanto transparencia, dejar de mostrar falta de esmero en mi sendero.

Los ángeles comprenden pero la humanidad no conoce el signo. Nunca han visto la luz del ojo del que asciende. Bien, digo yo, amados, ¡hagamos de ella un espectáculo familiar! Dejemos que se regocijen al ver a los vivos: las piedras vivas[2] que tienen un testimonio.

Oh amados míos, a aquellos de vosotros que os habéis sumergido de nueva cuenta en una situación confortable, proponiendo incluso monumentos llamados focos y otros adornos para simular un campo de fuerza espiritual, yo os digo, ¡no hay campo de fuerza espiritual salvo el Sagrado Corazón! Desead, pues, que el SEÑOR los contemple y llame a vuestro corazón sagrado o inmaculado o magnánimo en Espíritu. Benditos, el sagrado corazón puede dotar a los alrededores con una santidad y una vibración que no pueden negarse, pero los alrededores nunca pueden entregar al individuo aquello que él debe buscar en su interior.

Así, la civilización y el bienestar modernos, que se pretendía fueran modelo de vida abundante compartida por todos de acuerdo con las bendiciones ordenadas por Dios, se convierten en un sustituto del verdadero camino de la espiritualidad. Y un ritual muerto ha sustituido el imperativo de corregir los errores de un antiguo karma y apresurarse a trasladar la vida eterna al aquí y ahora. Y una teología muerta dos veces, más de tres, sigue viva. Porque el hombre y la mujer están demasiado ocupados como para examinar y conocer la Verdad. Tampoco buscan mi voz en su interior.

Hablo a muchos, amados. No escuchan, no *escucharán*. Luego hablo nuevamente a través del niño que declara sencillamente la Verdad en su santa inocencia. Y los adultos, por su cuenta, sonríen y dicen: "¿Qué puedes tú saber? Eres demasiado joven".

Corazones benditos, mis ángeles y las huestes ascendidas han buscado verdaderamente y han perseguido todos los medios para llegar y establecer contacto con el corazón que está cautivado por la rigidez de un sistema de creencias que actualmente no tiene en cuenta la resurrección y el continuo y diario acrecentamiento del fuego de los rayos del arco iris de Dios.

Corazones benditos, propongo por consiguiente una convocatoria de arcángeles en esta hora —en tanto éste es mi día entre los días y puesto que muchos me envían en este día sus oraciones de un modo rara vez logrado excepto en la misa cristiana. Corazones benditos, estas oraciones, aunque basadas quizás en la ignorancia, son sinceras. La gente es sincera en su ortodoxia. ¡Oh amados, es una gran tragedia de errores!

Por consiguiente, digo, como respuesta a sus llamados, todos juntos en esta comunión y como uno solo respondamos a la oración invocando la intercesión de los arcángeles. Es esto lo que propongo, amados, ¡porque es miedo, es ira de parte de los caídos y su rebelión lo que se presenta ante mí cuando toco a la puerta del corazón, esa impenetrable pared de malgastado libre albedrío!

¡Ni siquiera el Hijo de Dios puede traspasar el umbral del libre albedrío! Comprended que es ésta la regla de nuestro Padre y que no debemos violarla.

Por consiguiente, somos libres, a través de la persuasión, a través de la oración, a través del amor y a través de la llama violeta, de intentar nuestra conversión para cambiar el alineamiento del libre albedrío igual que cambiaríamos, pues, el alineamiento de moléculas, iones, electrodos. Corazones benditos, el alineamiento es una necesidad universal, lo mismo en ciencia que en religión. Nada funciona sin alineamiento. Así, ¡dejad que descienda la Estrella Polar [de la poderosa Presencia YO SOY]!

Sabed, amados, que cuando oráis por otro, las oraciones son guardadas en el corazón del Santo Ser Crístico, quien atiende las necesidades del alma hasta la total extensión que la Ley permite. Algunos difunden la falsa doctrina de que no es legítimo invocar por otro la llama violeta. Yo os digo: Es ciertamente legítimo orar por dones y gracias para todos, pues cada llamado es adjudicado de acuerdo a por la voluntad de Dios. Cada llamado hecho en el nombre de Cristo desciende sólo a través de esa discriminación de Cristo que forma parte de la Presencia YO SOY de cada individuo y del Cristo Mismo.

Por consiguiente, amados, entendedme: el ímpetu de oraciones y gracias y luz está contenido, como lo estuvo, en una bóveda de seguridad, preparándose para descender como una música de encanto sobre el alma, que eleva finalmente, desesperada por las limitaciones de un sistema de creencias, su grito hasta Dios: "¡Oh SEÑOR, ayúdame ahora!" Y en ese momento los ángeles acuden y liberan el cúmulo de tu fuerza de oración en nombre de aquél.

Preciosos míos, la ayuda es para todos. Hay gracia para todos. Criminales invocan a Astrea y a la llama violeta y también obtienen resultados. Es ésta la garantía del decreto mismo. Sin embargo, la Gran Ley limita, incluso a través de la matriz de un mantra (pues el mantra es el poder de la Palabra), los ciclos repetitivos del derroche del agua de vida que se otorga libremente.

Por consiguiente, mi propuesta en esta hora, amados, es ofrecer mi mediación en este día para invocar que el Padre envíe legiones de ángeles para atar al Embustero, la mentira y a estos caídos que corrompen a mis hijos.

Les hablaría nuevamente, entonces, del camino de la iluminación: de ser el instructor mundial conmigo y con Kuthumi y comprender por consiguiente que, a la altura de la llama violeta, el Ritual de Exorcismo y el poder de la Divina Madre Astrea* para limitar las atrincheradas fuerzas de limitación, nada hay que pueda igualar la iluminación del Espíritu Santo o las enseñanzas verdaderas de mi corazón para una conversión absoluta del alma hacia la vida.

Me gustaría leerles mi enseñanza sobre el concepto del sacrificio para que comprendáis que podéis vivir una vida de sacrificio en abundante alegría. Me gustaría que conocierais la verdadera teología de la doctrina del perdón del pecado a través de la sangre de Cristo.

---

* Véase capítulo 12.

Benditos, escuchadme, pues. Habéis buscado y os habéis dedicado intensamente a favor de vuestro Señor. YO SOY, en verdad, Jesús. Estoy aquí, amados, en tanto YO SOY un espíritu libre ascendido. Y puedo ungir y ordenar a uno entre ustedes para que sea mensajero de mi Palabra, y ninguno puede negar mi derecho. Así, permaneced a salvo y seguros. ¿No debería, entonces, llamar a Marta, quien me sirvió en numerosas vidas, para que venga y os alimente como tan bien me alimentó?

Corazones benditos, YO SOY capaz. YO SOY capaz de construir en vosotros a través del Espíritu Santo esa instrumentación de mi doctrina, si estáis dispuestos a estudiar para mostraros probados.[3] Al percibir, por cierto, que algunos son negligentes en el aprendizaje de la verdadera teología, deberé leerles efectivamente pasajes de mi libro.

Benditos, comprended la necesidad y permaneced vigilantes. Aquellos asediados por la ortodoxia y las mentiras incorporadas en ella, no saben por qué creen en lo que creen ni tampoco quién fue el instigador de esta religión anti Cristo que pasa por ser la mía. Cuando los encontréis en el camino, debéis conocer cada punto de la Ley, lo mismo en la escritura codificada como en mis enseñanzas hoy expuestas.

Estudiantes es lo que debéis ser. Lo requiero, amados. Pues no cambiará la era ni será conquistada la libertad a menos de que mi Iglesia se funde sobre la roca de vuestra confesión del Cristo vivo en mí, en vosotros, en todos los hijos de Dios…

[Jesús lee *Corona Class Lessons*, capítulo 22.]

Amados, es éste uno de varios mandatos externados por Kuthumi y por mí bajo el encabezado "Pecado". Deseo que los estudiantes de mi vida y de mis enseñanzas sepan que este libro de la Ley os permitirá ser expertos en mi doctrina divina. Mi alma tiene hambre y sed de aquellos que me conocen verdaderamente y hablan de mí y de las palabras y enseñanzas que pronuncié hace dos mil años y no dejan de dar a mis santos, que conocen mi voz.

Éste es el trabajo de la doctrina en cuarenta y ocho lecciones que os dará un halo de luz cuando la conozcáis, la comprendáis, la enseñéis y la asimiléis. Deseo ver el halo de iluminación sobre vosotros. Deseo que seáis capaces, tan amable como firmemente, de deshacer sencillamente el presuntuoso enmarañamiento del dogma humano.

Corazones benditos, no me descuidéis. He sido descuidado durante dos mil años. En este día afirmo: ¡Mi misión no será abortada! Nunca más será abortada pues estoy aquí en la carne de mi sierva... y en vuestros corazones. Estoy *aquí*. He resucitado como también ustedes *pueden hacerlo*, lo *hacen* y lo *harán*.

Esta labor de Verdad absorberá el error. Y cuando se vea como la piedra angular de todas las enseñanzas de los maestros ascendidos, os proporcionará los fundamentos y una puerta abierta para hablar a las personas y a los grupos como proveniente el Espíritu Santo. Porque cuando la Verdad se instale en vuestro corazón, el Espíritu Santo interpretará sobre vosotros, como sobre un arpa eólica, melodías del Espíritu y un fuego para la conversión: conversión que os aleje del miedo y de la ira, de la rebelión y de la ignorancia.

¡Oh amados míos, *ha llegado* el momento!

Algunos no me creyeron cuando dije: "No he venido a traer paz sino una espada". A través de las eras, amados, otorgo en préstamo mi espada a iniciados especiales. La bien conocida leyenda de Arturo, quien sacó la espada de la piedra, deriva de una iniciación de la Escuela de los Misterios de Maitreya. Corazones benditos, llegó en efecto el momento en que dije a los discípulos que tomaran la espada.

Corazones benditos, no soy un defensor de la guerra física. Pero estoy totalmente comprometido a terminar con los demonios y desencarnados que me persiguen. Y estoy totalmente dispuesto a retar a poderosos, reyes y potentados. Estoy vivo por siempre jamás.

Por consiguiente, amados, buscad la iniciación de la espada.[4] Y comprended que es una vara de fuego sagrado diseñada por la Madre Divina a partir de vuestra propia fuerza vital sagrada, que surge del chakra de la base hasta el tercer ojo. Por consiguiente, amados, la espada que se sacó de la piedra de la Materia es fuego espiritual. La leyenda lo dice al afirmar que es una espada mágica.*

Amados, el fuego espiritual se disuelve al contacto con todo lo que es distinto a sí mismo. Sabedlo, entonces, mientras oro, pues también actúo para que vosotros podáis hacer otro tanto. Por consiguiente, digo:

Oh Padre mío, a través de tu Presencia, ¡envía a los arcángeles! Los ordeno en el Espíritu Crístico de cada alma sobre la Tierra. YO SOY en esta hora la realización de la oración del justo. Dejad ahora que la espada de Dios descienda para atar a

---

* "…Ahora, el que tenga bolsa que la tome y lo mismo alforja, y el que no tenga que venda su manto y compre una espada… Ellos dijeron, Señor, aquí hay dos espadas. Él les dijo, Basta." (Lucas 22, 36-38)

aquellos que arrebataron hace mucho tiempo la mía del altar de la Palabra viva.

Padre mío, en nombre de mi hermano Saint Germain, en nombre de Madre María, te pido —concédela— que haya una dispensación de legiones de luz que aclaren el camino para que la verdadera enseñanza y la verdadera Iglesia se manifiesten rápidamente.

Permite que los recintos de adoración, oh Padre, sean purificados por ángeles y serafines. Permite que millones de millones de ángeles desciendan a América y a la Tierra toda. Padre mío, éste es mi llamado, que responde a mis propias oraciones.

Permite que [la respuesta] llegue pronto como la espada de dos filos que ahora sostengo. Permite que Excalibur esté en la mano de los iniciados que se apresuran a recibir esta iniciación del Cristo Cósmico. Oh Padre, para ganar, para alcanzar nuestra victoria, necesitamos desesperadamente emprender una acción en América *hoy mismo*, como dijo Saint Germain.

Oh Padre, reúne a aquéllos en los campos que blanquean ya para la siega.[5] Reúnelos *ahora* y permite que se liberen. ¡Envíanos la luz, oh Padre!

Te veo levantando la mano derecha en este instante. De modo que levanto la mía. Y de este modo es hora, según lo dijo la Madre, para que la mano derecha del Hijo descienda sobre la Tierra. Acepto tus juicios, Padre mío. Los acepto, Madre mía.

Estoy en la Tierra y en el campo de batalla, en el lugar de trabajo, en la casa, en el nacimiento del niño y en la muerte del viejo. Estoy con los míos, oh Padre —lejos de ti, por así decirlo, por un tiempo y espacio— totalmente comprometido en hacer un sitio para una victoria que fue negada. No lo será, oh Padre, pues han surgido corazones fieles.

Tú conoces la oración secreta de mi corazón para todos y cada uno de los que están en la Tierra y me llaman, e incluso para los que no lo hacen. Permite que los ángeles registradores y el Espíritu Santo deliberen y me otorguen sus gracias para su cumplimiento...

Debéis saber, amados Guardianes de la Llama, que dediqué mi discurso en la Pascua de 1987 a esta causa, que consiste en rescatar a las almas de doctrinas de letra muerta y de toda forma de autoindulgencia, pues *hay una guerra*. Es permanente y continua. Y los diablos las destrozarán, extremidad por extremidad, hasta que sientan que están enloqueciendo y no tengan más corazón para la lucha.

Estoy aquí y convoco al arcángel Miguel. Convoco a todos los arcángeles a las órdenes de Dios y de Miguel, tu Príncipe de la Iglesia.

Oh santos de Dios, les ordeno desde el corazón del Padre: ¡Avancen! Libérenlas en los siete planos del ser. Libérenlas en todos los cuadrantes de la Materia. Que brille la luz de esta dispensación de cosmos. Y permítanles venir a la cena nupcial del Cordero.[6] Pues hay cortejo en el cielo esta noche. E invito a los mendigos y a los indigentes y a los huérfanos a mi mesa. Invito a todos los que no han sido tratados con justicia por el rico, el próspero y el orgulloso.

Corazones benditos, venid a la cena nupcial del Cordero. Venid, pues, todos aquellos de vosotros que necesitéis sellar vuestro corazón con mi sagrado corazón. Venid, pues, y convertíos en hermano mayor, hermana mayor de estos casi perdidos.

Corazones benditos, hace mucho dije: "Apacienta mis corderos".[7] Y también haréis esto. Pero en esta hora, os digo, tomad la espada del Espíritu y luchad por mi rebaño antes de que se pierda en las garras de los traficantes de drogas y de los traficantes del engaño y la aniquilación. Es éste mi clamor y mi ruego.

Ángeles de la Resurrección, ángeles del arcángel Uriel, Espíritu de la Resurrección, desciendan donde he colocado mi Presencia Electrónica las veinticuatro horas del día para rescatar a las almas. Envuélvanlos en el manto protector, color madreperla, en la presencia cálida y de consuelo de la llama de resurrección.

Es éste mi decreto, oh Dios. Te agradezco por escuchar mi llamado y por responder, incluso por la respuesta que vendrá a través de éstos, mis amados.

Los envío como rayos de sol de mi sagrado corazón a iluminar un mundo y a decir a todos que no hemos sido vencidos sino ataviados con sandalias, aladas sandalias de luz. Y seremos y somos legiones victoriosas ahora y para siempre. Así sea.

19 de abril de 1987
Dallas, Texas
Domingo de Pascua

Comentario

*Entended esto, amados, que el poder de mi Palabra
sale de vosotros todos, de cada uno de mis discípulos.
Y que la Palabra es una espada de dos filos.*

Jesús

Habiéndonos llamado para que seamos pescadores de hombres, Jesús nos habla en este dictado de las herramientas que necesitaremos para cumplir este llamado. De la mayor importancia es la "espada del Espíritu" que libera a los hijos de la Luz de todo lo que los mantiene atados y de todo lo que los separa de Dios. El segundo llamado de Jesús es un grito y un ruego a tomar "la espada del Espíritu y lucha[r] por mi rebaño antes de que se pierda en las garras de los traficantes de drogas y de los traficantes del engaño y la aniquilación".

Esta espada del Espíritu es una espada de Verdad que pone en evidencia las falsas doctrinas que mantienen a la gente en la ignorancia. Por consiguiente, Jesús nos llama a estudiar su enseñanza: las verdaderas enseñanzas de su misión en Galilea así como las enseñanzas que impartió al inicio de la era de Acuario. Nos refiere especialmente su libro *Corona Class Lessons* y nos pide que nos convirtamos en expertos en la verdadera comprensión de las doctrinas de Cristo que conlleva.

La *espada* es la *Palabra* sagrada.* Esta Palabra es la verdad de la enseñanza y es también la Palabra hablada de la oración, del decreto o del mantra. La espada es el fuego espiritual que invocamos en nuestros decretos y lanzamos como espada de verdad viviente que divide lo Real de lo irreal. Podemos convertirnos en esa espada viviente mientras seamos uno con Cristo y proyectemos la energía de Dios como relámpago azul para liberar a las almas —especialmente de nuestros niños y jóvenes— que están atrapadas en la cultura de las drogas y en toda forma de ilusión.

Vemos muchas almas cargadas con y deprimidas por el regreso del karma personal y planetario. Algunas de ellas son ovejas perdidas de Jesús. No han despertado de su letargo al conocimiento del karma, la reencarnación y la llama violeta, la llama de la transmutación y de la libertad.

Como carecen del entendimiento espiritual y de los recursos para lidiar con el dolor y los retos de la vida, se vuelven hacia el alcohol o las drogas como escape temporal a fin de anestesiar el dolor de su alma. Se sienten mejor por un rato pero, como no se resuelven los problemas fundamentales, algunos terminan atrapados en una red de ilusión y adicción. Sin la comprensión del camino espiritual y de las verdaderas enseñanzas de Jesús, la gente no alcanza una perspectiva supe-

---

* No resulta posible mantener intacto el juego de palabras en inglés: En la frase The *Sword* is the *sacred* *word*, la palabra 'espada' está formada por la 's' de sacred más la palabra 'word'. (N. de la T.)

rior ni las herramientas para lidiar con los retos de la vida, y muchos pierden la esperanza.

Hace dos mil años Jesús vino a la Tierra con una espada de dos filos de fuego sagrado para juzgar todo lo que es irreal. Dijo: "No penséis que he venido a traer paz a la Tierra. No he venido a traer paz, sino espada".[8] Hoy nos dice: "Buscad la iniciación de la espada. Y comprended que es una vara de fuego sagrado diseñada por la Madre Divina a partir de vuestra propia fuerza vital sagrada, que surge del chakra de la base hasta el tercer ojo. Por consiguiente, amados, la espada que se extrajo de la piedra de la Materia es un fuego espiritual... El fuego espiritual se disuelve al contacto con todo lo que es distinto a sí mismo. Sabedlo, entonces, mientras oro, pues también actúo para que vosotros podáis hacer otro tanto".

La Ciencia de la Palabra Hablada es la herramienta espiritual más poderosa con que contamos para lidiar con los retos que enfrentamos en nuestra vida y en el mundo. A través de la Palabra Hablada, podemos invocar la luz, y la oscuridad puede ser vencida. Una razón por la que es importante pronunciar la Palabra en voz alta es que el karma está volviendo físicamente al planeta. Vemos enfermedades, virus incurables, terremotos, guerras y hambrunas, signos todos de un antiguo karma que ya es necesario transmutar. Cuando permanecemos en el plano físico e invocamos la Palabra de Dios, un fuego espiritual desciende a enfrentar y vencer a la oscuridad. Dios necesita una intensidad de la Palabra Hablada en la octava física para luchar con las manifestaciones del Anticristo.

Los maestros ascendidos nos han rogado que entremos en acción y "lancemos el llamado", dar órdenes a las legiones de ángeles para que ingresen en esta batalla, que conocemos como la batalla de Armagedón. Los hijos e hijas de Dios recibieron autoridad sobre lo que ocurre en la Tierra,[9] y, según la ley cósmica, los ángeles y maestros no pueden ingresar a la octava física sin nuestra invitación. Cuando comprendemos esto realmente, nos damos cuenta de la enorme responsabilidad que tenemos para invocar diariamente la luz y la intercesión de maestros y ángeles. La Elohim Astrea nos dice:

"Necesitamos que aquellos encarnados físicamente pronuncien el decreto con el poder de la Palabra hablada… Si *vosotros* no lo hacéis, no estamos autorizados a ingresar a esta octava. Ésta es *vuestra* octava, esta octava física, y lo que ocurre en ella os corresponde, así como el llamado que hacéis. Dios os otorga dos cosas: el libre albedrío y el planeta Tierra. No os quitará ese libre albedrío entrando allí para hacer por vosotros las cosas que él os ha ordenado que hagáis."[10]

Cómo hacer un llamado en situaciones personales y planetarias

¿Cómo invitamos a ángeles y maestros a interceder en situaciones específicas en el planeta Tierra? Los mantras y decretos tienen ese propósito específico. Los maestros recomiendan que nos mantengamos al día con lo que pasa en el mundo y localmente a fin de que podamos determinar con exactitud cuándo es necesaria la intercesión de los ángeles. Puede ser útil llevar un cuaderno de anotaciones para llamados y asuntos específicos en los que te gustaría concentrarte al pronunciar tus oraciones y decretos.

El siguiente esbozo sugiere la manera de hacer un llamado para una situación específica, sea personal o relativa a tu ciudad o nación:

1. Determina con exactitud hacia qué situación te gustaría dirigir la luz de Dios. A partir de tu mejor y más elevada comprensión, formula qué acción deben emprender los ángeles y maestros para que se resuelva la situación. Si la voluntad de Dios en la situación específica no está clara, sólo pide a los ángeles y maestros que intervengan e instrumenten la voluntad de Dios. Entre más específica sea tu afirmación verbal, más específica será la respuesta que obtengas.

2. Comienza siempre tu llamado dirigiéndote a la Presencia YO SOY y al Santo Ser Crístico. Es a través de esta Presencia de Dios en nosotros que podemos hacer el llamado y obtener la respuesta de la luz de Dios.

3. Tu llamado debe ser conciso y sencillo, o puedes añadir más detalles, como nombres específicos de personas y situaciones. Por ejemplo, si quisieras orar por el restablecimiento de la salud de una persona, podrías decir:

En el nombre de mi poderosa Presencia YO SOY y Santo Ser Crístico, llamo a mi amada Madre María e invoco poder curativo de los ángeles para que envíen su luz y Presencia para el restablecimiento total de la salud de (nombre de la persona) de su (enfermedad o condición específica). Guíen y dirijan a todo el personal médico que colabora en este caso.

Que esta curación se realice de acuerdo con la voluntad de Dios.

Si desearas hacer un breve llamado en favor de los niños y jóvenes, podrías decir:

En el nombre de mi poderosa Presencia YO SOY y Santo Ser Crístico, llamo al arcángel Miguel para que libere a nuestros niños y jóvenes de las drogas y de toda participación en pandillas y violencia. Pido protección para los maestros y para todos los que trabajan con la juventud.

Amados ángeles, hágansе cargo de toda esta situación y bríndennos la solución divina a todos los problemas humanos que me aquejan y/o a mis seres queridos. En el nombre de la santa voluntad de Dios, así sea.

4. Pide siempre que tu llamado sea precisado y respondido de acuerdo con la voluntad de Dios. Esto reconoce la autoridad de ángeles y maestros de instrumentar tu llamado de acuerdo con el bien supremo, aun cuando no alcances a comprender completamente la situación ni puedas saber qué es lo que más convendría. Así, sabes que tienes que poner todo el asunto en manos de Dios y que él enviará la luz que invocas mediante mantras y decretos y que diriges hacia esa situación, en su propio tiempo y modo.

5. Luego de este llamado, pronuncia tus decretos al arcángel Miguel, a la llama violeta, o emprende cualquier acción que sea necesaria para esta situación particular.

6. ¡Observa los resultados! Observa cómo los ángeles responden amorosamente a tus llamados. Están ansiosos de ayudar y a la constante espera de que les encomendemos una tarea.

7. Manténte alerta a toda situación que requiera de tus llamados. Los maestros ascendidos nos dicen que somos responsables de dirigir la luz de nuestros decretos hacia asuntos sobre los que estemos pendientes en nuestras ciudades y naciones. Cuando diriges la luz de Dios a través de oraciones e invocaciones, puedes considerarte como las manos y los pies y portavoz del SEÑOR, de los maestros y de los ángeles.

El arcángel Miguel y su espada de llama azul

Del mismo modo como Jesús tiene una espada, también el arcángel Miguel tiene su espada de llama azul, que usa en su lucha contra las fuerzas oscuras del mundo. En ocasiones, los problemas con que tenemos que lidiar —como el problema de las drogas— parecen tan enormes que casi resultan irresolubles. El arcángel Miguel nos dice que invoquemos su intercesión y la de su espada de llama azul, que lo llamemos para alcanzar la victoria, aun cuando las cosas nos parezcan abrumadoras.

Nos dice: "Vengo a acentuar nuevamente el supremo y santo llamado. Vengo para dejar en claro que la batalla entre las fuerzas de luz —el arcángel Miguel y mis legiones de luz— y el dragón y los caídos está en pleno apogeo. Así, cuando venimos a dirigirnos a esta asamblea, nos vemos forzados a abandonar el campo de batalla por un momento para dirigirnos a vosotros, para animaros, para daros la palabra de luz y victoria y para decir: *¡A la carga! ¡A la carga! ¡A la carga* en la contienda! Y liberad la luz del Dios Todopoderoso, y venceréis.

"Cuando permanecí al lado de Juana de Arco en la campaña en contra de las fuerzas oscuras, le di la fortaleza y el valor y la determinación para seguir adelante cuando todo parecía perdido, cuando del lado de la justicia todo estaba a punto de la rendición, listo a retroceder. Fue entonces que murmuré en su oído: '*¡A la carga! ¡A la carga! ¡A la carga!*' Y de ese modo ella repitió la orden, y todo el poder de mi llama de fe convocó a las fuerzas de Francia en defensa de la llama de libertad. De ese modo, pues, os ofrezco la misma inspiración, las mismas palabras. Cuando todo parece equívoco, pesado y parece desintegrarse, ése es el momento de recordar ir *¡a la carga! ¡a la carga! ¡a la carga!* portando la luz y de hacer patente la victoria de la poderosa Victory y sus legiones.

"Elevo mi espada de llama azul. ¡La mantengo en alto! Y os muestro a niveles internos, a través del poder de vuestra alma y de vuestro tercer ojo, el resplandeciente brillo de la espada del arcángel Miguel, la sustancia precipitada de la Palabra sagrada. Os convoco este día a aferraros a esa espada y a usarla. ¿Creéis que las huestes de luz, que han dirigido el acceso a la conciencia de Dios, usarían una espada si ello no fuera eficaz, si no la necesitaran? Y yo os digo, necesitáis la armadura, necesitáis la espada del arcángel Miguel."[11]

Estudia *Corona Class Lessons*

Jesús nos llama para emprender el estudio de su libro *Corona Class Lessons*. Escrito con el maestro ascendido Kuthumi, a quien también conocemos como San Francisco, nos ofrece una profunda comprensión de las verdaderas enseñanzas del cristianismo. Simple a consecuencia de siglos de tergiversación, encontramos una fe viva que libera el espíritu del hombre. Es un libro de texto para los siervos ministrantes y para todos aquellos que llevarán el mensaje de Dios al mundo.

Jesús explica el modo como podemos abordar este libro y sus enseñanzas de la manera más completa: "Confío en que leeréis este libro lo mismo que mis *Lost Teachings*[12] en orden, pues los capítulos, cuando son leídos en orden, constituyen una espiral de conversión de los chakras. Una vez que hayáis leído los libros de principio a fin y los hayáis comprendido bien, se convertirán en escrituras; cuando abráis el libro y leáis lo que está ordenado y lo toméis como parte de una espiral, punto de una nueva aceleración de esa instrucción específica".[13]

"Leed un párrafo cada día de *Prayer and Meditation*,[14] de las *Corona Class Lessons*, de mis dictados o de los de mi amado hermano Kuthumi: un trozo de Verdad que podéis asimilar lentamente hasta que se haga uno con vosotros y vosotros os hagáis uno con él y de pronto veáis el mundo entero a través de ese lente de Verdad."[15]

"'No tenemos tiempo para estudiar, Señor.' Yo digo, levantaos quince minutos más temprano y, con la mayor concentración en mi enseñanza, tomad uno de mis libros. Leed durante quince minutos. Llevad con vosotros ese libro y recordad lo que habéis leído. Encarnadlo durante el día. Un trozo bastará para que se produzca la alquimia divina. Donde no hay ese trozo no tengo, pues, nada que multiplicar, no hay longitud de onda de meditación a través de la cual entrar… Las herramientas están ante vuestros ojos. No las dejéis oxidarse sobre la banca."[16]

Prueba lo siguiente durante dos semanas. Toma *Corona Class Lessons* o uno de los libros de Jesús y lee durante quince minutos cada mañana. Lleva el libro contigo a lo largo de todo el día. Piensa periódicamente en lo que leíste y pide a Jesús su ayuda para asimilar sus palabras y encarnar sus enseñanzas. Quizás hoy no puedas seguir físicamente a Jesús y escuchar su enseñanza como lo hicieron los apóstoles, pero, a donde quiera que te lleve la vida, puedes mantener tu conciencia en sintonía con él a lo largo de todo el día. Si lo haces, verás la alquimia que Jesús operará en tu vida.

Pronuncia el decreto al arcángel Miguel

San Miguel

En el nombre de la amada poderosa y victoriosa
Presencia de Dios YO SOY en mí, de mi muy amado Santo

Ser Crístico, de los Santos Seres Crísticos de toda la humanidad, del amado arcángel Miguel, del amado Lanello, de todo el Espíritu de la Gran Hermandad Blanca y de la Madre del Mundo, vida elemental —¡fuego, aire, agua y tierra!—, decreto:

[Pronuncia tu oración para que el arcángel Miguel interceda en una situación personal o mundial específica.]

1. San Miguel, San Miguel,
invoco tu llama.
¡Libérame ahora,
esgrime tu espada!

Estribillo: Proclama el poder de Dios,
protégeme ahora.
¡Estandarte de Fe
despliega ante mí!
Relámpago azul
destella en mi alma.
¡Radiante YO SOY
por la gracia de Dios!

2. San Miguel, San Miguel,
yo te amo de veras.
¡Con toda tu Fe
imbuye mi ser!

3. San Miguel, San Miguel,
y legiones de azul,

¡selladme, guardadme
fiel y leal!

Coda: ¡YO SOY, saturado y bendecido
con la llama azul de Miguel.
YO SOY ahora revestido
con la armadura azul de Miguel!
(se repite 3 veces la coda)

[Pronuncia esta parte del decreto tantas veces como lo
desees y luego pronuncia el cierre del decreto:]

¡Y con plena fe acepto conscientemente que esto se
manifieste, se manifieste, se manifieste! (se repite 3 veces),
¡aquí y ahora mismo, con pleno Poder, eternamente
sostenido, omnipotentemente activo, siempre expandiéndose
y abarcando el mundo hasta que todos hayan ascendido
completamente en la Luz y sean libres!
¡Amado YO SOY! ¡Amado YO SOY! ¡Amado YO SOY!

Puedes llamar también al arcángel Miguel a todo lo largo
del día. Cuando pienses en una situación o veas algo en las
noticias que requiera de la intercesión del arcángel Miguel,
pronuncia el llamado en ese mismo instante:

¡Arcángel Miguel, hazte cargo por entero de esta
situación!
¡Arcángel Miguel, ata las fuerzas de la muerte y del
infierno que amenazan a nuestros niños y jóvenes!

¡Arcángel Miguel, libera a todos aquellos que están destinados a ser discípulos de Jesús!

¡Arcángel Miguel, ayúdame, ayúdame, ayúdame!

¡Los mandatos rápidos son una manera excelente de saldar el karma y de poner a trabajar a un ángel subempleado!

¿Cómo responderás al llamado de Jesús?

"Tomad la espada del Espíritu y luchad por mi rebaño antes de que se pierda en las garras de los traficantes de drogas y de los traficantes del engaño y la aniquilación."

¿Qué significa para mí este llamado?
¿Qué haré para responder a este llamado?

Capítulo 3

Capítulo 3

El llamado al sendero de la ascensión.
Os llamo para que seáis maestros del mundo.

El llamado a los diez mil Guardianes de la Llama.

Desde los templos del amor
El llamado al sendero de la ascensión

Guardianes de la Llama de Mi Vida en la Tierra:

Os saludo en esta hora de mi victoria. Es una renovada victoria de la vida eterna, que intensifica hoy su luz sobre el altar de vuestro corazón.

Amados, no sólo os he llamado sino que YO SOY el Llamado. No sólo soy el Cristo vivo sino que YO SOY el Cristo de todos.

Por consiguiente, oh pueblo de luz, recibidme en esta hora como yo os he recibido, como yo os estoy recibiendo, como en efecto estoy entrando a vuestra vida, si respondéis a mi Llamado en forma más que ordinaria. Pues ahora soy enviado por mi Padre para la aceleración de diez mil santos en la Ciu-

dad Cuadrangular que señalo como los Estados Unidos de América.

Benditos corazones, es a estos estados y naciones de las tribus perdidas hoy reunidas que acudo, como envié mis apóstoles a las ovejas perdidas de la casa de Israel.

Sois descendientes de [el] Todo que es Real. Ahora *defended* [el] Todo que es Real. Pues este lugar, Norteamérica, es una tierra que se os prometió hace mucho, que a través de mi corazón, llamado el sagrado corazón por algunos cristianos devotos, ha sido consagrada al sendero de la ascensión.

Por consiguiente, es a todas luces conveniente que en esta ciudad, donde algunos de mis discípulos invitan a su mensajera a hablar, os diga en este momento de la aceleración de vuestra propia ascensión a través de la mía propia que el sendero hacia la semilla de luz, el sendero que es de naturaleza iniciática, puede recorrerse en este continente *porque*, amados, hay ciertos retiros en el mundo celestial llamado la octava etérica, en los que se consagra esta llama de la ascensión y el sendero que lleva a ella a los que sólo pueden ingresar por amor.

Por consiguiente, estimad el amor de Juan, mi bien amado, por la luz que estaba en mi interior. No sólo el amor de Juan sino la celebración de este amor entre vosotros y yo, amados, pueden tener lugar diariamente con sólo que apreciarais y contuvierais el sentido de autovalía allí donde el oro de la Imagen Divina y del alma en ascenso es digno verdaderamente de una relación íntima con mi corazón.

Amados, ha habido muchos acercamientos al cristianismo y a la religión pero es sólo a través del camino del amor que podréis ingresar en él. Cuando a este amor se añade sabiduría y regocijo en la entrega del ser y ese ser se vacía y se llena con el Ser, que colma el interior y que llena por completo, amados, ¡este amor, que se intensifica como el ardiente corazón que consume la densidad y la conciencia del ser irreal, se expande y expande hasta que la unidad del yo y del ser queda envuelta y contenida en esta viva presencia de amor!

Y en esta cita de amor, amados, ¿podéis determinar quién es vuestro Cristo y quién mi Cristo? Amados, yo y mi Padre somos uno, yo y mi discípulo somos uno. Cuando os fundís con ese Cristo, ¡atención!, permaneceré con vosotros por siempre, incluso hasta el fin de esta era y de todas las eras por venir.[1]

Así, amados, muy cerca de esta ciudad, comprendiendo una extensa superficie, está el retiro de los poderosos arcángeles del amor, Chamuel y Caridad. ¡Oh amados!, su retiro sobre San Luis se expande en forma muy amplia.

Los arcángeles son maestros de cristeidad por excelencia. Y cuando visitéis incluso los retiros de los señores de los siete rayos, quizás seáis por suerte invitados a una serie de estudios en los retiros de los arcángeles. Ésta, amados, es mi oración al Padre, quien ha respondido diciendo: "Hijo mío, deja que se prueben a sí mismos con tus hermanos los siete maestros de luz, y entonces verdaderamente conocerán el intercambio divino con los arcángeles".

Así, amados, regocijaos que no sólo el arcángel Miguel, quien os ha llamado a su servicio, sino posiblemente todos los siete, os hospedarán un día en su retiro para que tengan lugar las aceleradas iniciaciones de vida hacia la eternidad. Este retiro, pues, de Chamuel y Caridad, es uno de los varios retiros en la octava etérica sobre Norteamérica…

Así, amados míos, hay un foco de Pablo el Veneciano, Señor del Tercer Rayo, anclado firmemente sobre la ciudad de Washington, D.C. Está el gran retiro de Heros y Amora, Elohim del Tercer Rayo, sobre Canadá y Winnipeg. Corazones benditos, son estos templos poderosos. Muchos de vosotros aquí ya habéis viajado allí mientras dormía vuestro cuerpo.

Corazones benditos, como sois actuales estudiantes de los misterios internos, habéis traído de vuelta de la experiencia a este templo interior una conciencia de lo que significa decir: "El amor es el cumplimiento de la Ley".[2] Es la Ley íntegra, amados. Pero incluso el chakra del corazón debe ser purificado pues el amor humano reside allí. Y el amor divino lo desplaza poco a poco hasta que aparece ese amor divino, oh amados, para que el fuego blanco también descienda.

Ángeles de la cruz cósmica de fuego blanco, yo, Jesús, hago el signo de la cruz sobre esta Norteamérica, pues, a través del rayo rubí y del fuego blanco, los portadores de luz puedan ser infundidos con mi cuerpo y mi sangre para la protección de un sendero que se forjará y ganará para obtener la paz del corazón.

Benditos, sobre el estado de Arizona hay un templo de Eriel de la Luz y está el retiro de mi amado Juan. Estos retiros son antiguos; no aparecieron repentinamente. Hay retiros por todo el mundo pero elegí hablaros este día, el de la conmemoración de mi ascensión, sobre estos retiros en Norteamérica que facilitan un camino que algunos deben ganar, un camino de amor divino.

El amor, pues, es muy mal comprendido y descalificado. Porque cuando el amor de Dios llega a un individuo que todavía no ha buscado un sendero, ese amor puede terminar calificado por la emoción humana y por conceptos sobre el amor que no son la abundancia de la copa que os ofrezco.

Nadie tiene mayor amor que el que da su vida por sus amigos.[3] Benditos, no es de muerte de lo que hablo sino de una vida vibrante vivida con toda verdad para llevar el fuego de mi corazón a todos. Es éste el significado de ser un discípulo al que se llama apóstol, instrumento y mensajero de luz, portador de esa luz, amados.

De modo que, amados, aprended también el misterio del amor. Incluso el signo de la Estatua de la Libertad señala hacia un templo de luz de una madre divina, un ser que ha encarnado y dado a vida a la llama de la libertad y a partir del amor mantiene esa llama para todos aquellos que se han abierto paso hasta este continente.

Porque, amados, debéis comprender que ingresar a esta tierra es emprender un camino que puede culminar en la ascensión del alma. Incluso los conceptos de libertad y de libre empresa, todos ellos, amados, revelan las iniciaciones de la abundante vida en la que cada individuo con el máximo de independencia y de libertad puede probarse en Dios, y en Cristo reprender al yo inferior y aprender diariamente la sabiduría del corazón.

Por consiguiente, amados, comprended que aunque el Retiro Royal Teton en la zona del Grand Teton es famoso como un templo de sabiduría, verdaderamente todos aquellos que ascienden lo han hecho a través del amor, sirven a los siete rayos en amor, enseñan en amor, dan en amor, inician en amor. El amor puede ser un fuego corrector que apresura la separación del alma del error y de la ilusión.

Así, sin amor en tanto corrector, no hay verdadera compasión. Dejad que el maestro sea firme aunque flexible, tolerante aunque estricto cuando señale la Ley inmutable, que es la única y verdadera salvación. La salvación a través de la Ley de Dios, amados, puede alcanzarse entrando en contacto con la misericordia, así como con la justicia de esa Ley, y adoptándolas.

Así, entendéis la gran necesidad, para la humanidad, del Mediador, del Intercesor, del Abogado. Esta Persona de Dios que defiende a aquellos que se apartaron del Camino, que suplican piedad para el ignorante ante las cortes celestiales, esta Persona, amados, es el Cristo Universal que YO SOY, que sois vosotros o en lo que os convertiréis, cuya Presencia puede descender justo por encima de vosotros conforme vuestras vibraciones se eleven, resuciten, se aceleren a través de la gran ciencia de la Palabra hablada, que nosotros enseñamos.

Entended, amados, que el significado del cargo de Instructor Mundial, que ocupo y comparto con mi amado Francisco de Asís, es para que ese intercesor traiga iluminación lo mismo que consuelo, para que aquellos que están en la oscuridad puedan ver una luz, y una gran luz, y caminar en ella.

Os llamo a ser maestros del mundo. Os llamo a entender —puesto que tenéis entendimiento, puesto que tenéis gnosis interior, puesto que habéis caminado a mi lado por siglos— la Realidad, amados, de que ésta es la hora de exigir el manto del mediador, de exigir el manto aquí abajo de vuestro Santo Ser Crístico y de tomar vuestra posición a través de la oración y de la invocación, a través de decretos dinámicos al Padre, para que la gracia y la misericordia y la luz inunden esta

Norteamérica; y para que la Tierra entera se ponga en contacto con esos seres que poseen y les transfiera incluso el fuego sagrado de la Palabra; para que pueda haber aquí abajo una manifestación de luz aumentada para sostener el equilibrio frente a la oscuridad que, con seguridad, sobrevendrá a esta Tierra a menos de que la gente vire rápidamente hacia la luz y a menos de que millones, amados, terminen por percibir al Dios que está dentro, lo mismo que al Dios que está en el cielo.

Corazones benditos, he venido, pues, a haceros un ruego y a enviar a mi mensajera a recorrer este continente para reunir a los diez mil que se llamarán a sí mismos Guardianes de la Llama de la Vida, quienes comprenderán que yo, Jesús, los llamo, pues yo fui llamado por el Padre, por los Hijos-siervos, por Saint Germain y las huestes celestiales a establecer una enseñanza, un camino e incluso la Fraternidad de los Guardianes de la Llama; para que estas lecciones pudieran ser estudiadas, para que los decretos diarios pudieran ser pronunciados, para que la luz pudiera ser anclada y la luz misma pudiera ser el Mediador para erguirse en medio de un pueblo, de un mundo, de un continente y del regreso de su propio karma.

Habéis oído decir que el Hijo de Dios vendría a cargar los pecados del mundo. YO SOY ese avatar para este ciclo de dos mil años, amados. Pero ha llegado la hora, amados, como lo habéis comprendido y visto en el extranjero —por cuanto cargué los pecados del mundo o el karma mundial—, que sobrevendrá la transferencia de ese karma de vuelta a aquellos por quienes lo soporté.

Entended esta ley, amados, y atended esta enseñanza. El perdón es el modo de hacer a un lado el karma, o pecado, y ese hacerlo a un lado es un periodo de oportunidad. Durante dos mil años, amados, este planeta tuvo la oportunidad de reconocer al Cristo en mí y en muchos santos y maestros de oriente y occidente que me antecedieron.

Porque no estoy solo en el cielo como algunos pensaron. Y puesto que muchos ascendieron por la misma ley a través de la cual fui bajado de la cruz y colocado en la tumba a fin de mostrar el inicio de la resurrección, también vosotros deberíais mostrar esta gran ley del Espíritu de la Resurrección.

Por consiguiente, amados, entended que a estas horas muchos han internalizado porciones, mayores o menores, de mi cristiedad, así como de la suya propia. Y muchos prestaron oídos sordos al mensaje. Así, amados, el día del juicio al que se refieren los profetas como el día de la venganza de nuestro Dios es el día en que esa oportunidad finalizará y todos los hombres deberán llevar su propia carga.[4] (Y estas palabras también están en las escrituras.) Así, la carga del karma está recayendo diariamente, uno a uno, sobre el justo y sobre el injusto, amados.

Pero la gracia y la piedad de la Ley y de todas las huestes celestiales y del Padre han sido el regalo del Espíritu Santo: el don de la llama violeta a través del cual, mediante la invocación de esa llama violeta, intensa y diariamente, ese karma que desciende a nivel personal y a nivel planetario, puede ser efectivamente transmutado o equilibrado. Este proceso tiene lugar a través del fuego sagrado de Dios, que todo lo consume a través de la Persona del Espíritu Santo. Es, si así lo deseáis, un bautismo de fuego.

Esta depuración, amados, permitirá consecuentemente a los hijos de Dios en la Tierra —y a todos los que atenderán el mensaje de mi hermano y amigo Saint Germain sobre el uso y la aplicación de la llama violeta— acelerar en el camino de la ascensión por amor, pues la llama violeta es perdón que todo consume.

Este amado hermano que estuvo conmigo como mi padre José (y por lo cual le he llamado, amados,) fue un adepto del séptimo rayo y del uso de la llama violeta por decenas de miles de años y más allá. Éste ha sido su llamado en Dios. Éste es su regalo del Padre y su regalo a los hijos del Padre.

Entended, pues, que, en los actuales ciclos de dispensaciones de dos mil años, es la era de Acuario y del séptimo rayo la que desciende a la Tierra, coincidiendo, así, con las décadas finales de Piscis.

Por consiguiente, en este altar veréis nuestra unión, nuestra unión en la medida en que juntos prestamos ayuda a las evoluciones de la Tierra, para que se realice la transición hacia una era de libertad, alcanzada a través de la libertad de la llama a la que se da el nombre de llama violeta, donde es posible que las almas que tienen todavía un karma por equilibrar no hayan resistido a la tentación, no hayan sido derribadas por ese karma, y que tampoco el mundo mismo haya sido destruido o llegado a su fin. ¡Porque habrá unos cuantos y luego muchos más en este planeta que oirán mi voz y la Suya, que conocerán la Verdad y la confirmarán en su corazón; e invocarán a esa llama violeta, amados, hacia la victoria de la cristiedad individual y la conciencia planetaria del Cristo Cósmico!

Yo, Jesús, predico este mensaje para *vosotros*, amados. Es un mensaje urgente. Aquellos de vosotros que tenéis una conciencia interior no neguéis los signos de los tiempos, no neguéis las señales en la Tierra ni mis propias profecías escritas en las escrituras que ya tenéis en vuestras manos.

Es el fin de una era en que debe darse entrada a una nueva vibración, a una nueva oportunidad. Y la pregunta es, amados: ¿Serán suficientes los portadores de luz en la Tierra que reconocerán esta vibración del séptimo rayo y se darán cuenta de que es la clave para cerrar este ciclo de dos mil años?

Benditos, esta Norteamérica, sitio consagrado por el amor a la reunión de las almas con Dios, es un lugar en el cual, si los portadores de luz responden y *hacen el llamado*, incluso mientras yo os llamo esta noche, debería quedar establecida incluso la luz blanca sobre el continente para protegerlo de las calamidades de los Cuatro Jinetes, que podrían aparecer en efecto a falta de mediadores en la Tierra.

Entended, amados, que los mediadores que deben permanecer entre un pueblo y un planeta y su karma deben estar encarnados físicamente. Si leéis mis palabras, encontraréis que dicen: "Mientras estoy en el mundo, soy luz del mundo".[5]

"Mientras estoy en el mundo…". Amados, estoy en las octavas de luz ascendidas; YO SOY el Maestro Ascendido Jesucristo. Y estoy en el mundo sólo cuando estoy [cuando mi Presencia YO SOY está, cuando mi Cristo está] en los míos, cuando el templo está preparado, cuando el Ser Crístico es invocado y cuando la llama violeta depura los cuatro cuerpos inferiores para preparar una vía más directa [un túnel de luz] para el descenso de Dios hacia la forma.

Deseo entrar a vuestro templo, amados, y estar en vuestro mundo. Y en consecuencia, cuando me sintáis entrar a vuestra casa en esta Segunda Venida, comprended que vosotros en mí y yo en vosotros, puesto que somos uno, haremos la misma declaración: "Mientras estoy en el mundo, soy la luz del mundo".

Corazones benditos, reconoced el llamado. Vuestras almas son antiguas. Ha llegado vuestra hora y el momento de vuestro destino. Reconoced, pues, que el llamado a ser el Mediador Divino debe responderse antes de que la Tierra cambie lo que debe llegar a ocurrir y cobre su precio de un modo cataclísmico; o quizás por medio de la guerra, incluso esa guerra profetizada por mi Madre en Fátima.

Corazones benditos, la elección es todavía para los corazones libres y para los libres pensadores que reconocerán los vientos de Acuario y serán los Guardianes de la Llama de la Vida en la Tierra. Así, no caigáis presas de una sensación de predestinación o de pronosticación psíquica a través de la cual lleguéis a creer que todo lo que debe ocurrir ocurrirá y nada podéis hacer para cambiarlo. No se os enseña el verdadero significado de la profecía, que es mostraros sobre la pantalla de la vida lo que *podría* tener lugar *si* no intercedéis.

Corazones benditos, lo que veis en el tercer ojo puede ser neutralizado por decisión y libre albedrío. No necesitáis llevar a cumplimiento pensamiento, idea o sentimiento alguno que sea negativo. Pero, amados, cuando veáis la proyección sobre la pantalla del mundo de aquello que puede calcularse fácilmente a partir de los signos de los tiempos, esto, entonces, deberá transmutarse, porque estaréis viendo una profecía de retorno del karma.

Por consiguiente, tomad la llama violeta; invocadla. Llamadme y llamad a todos los santos celestiales y todos los poderes de los ángeles para que intercedamos, para que el fuego sagrado pueda consumir el karma planetario, y para que el arcángel Miguel y sus legiones luchen y aten a los ángeles caídos y espíritus malignos que poseerían, destruirían y mancillarían incluso a las almas que están en camino de resistir a la tentación.

Benditos, algunos de entre vosotros aprendisteis que el mal no es real. Y, en efecto, no es real en Dios. Pero no podéis negar que hay perjudicadores en la Tierra que desencadenan sus holocaustos sobre millones. No podéis negar que en el corazón de algunos hay voluntad para hacer el mal.

Debéis entender que esta inquina debe ser frenada por aquellos que conocen la Ciencia de la Palabra Hablada. Pues la Palabra misma devorará la apariencia del mal. Prestad atención, pues, a que la apariencia y la ilusión no devoren a las almas antes de que éstas se den cuenta de la Verdad que vosotros conocéis: que en el sentido absoluto de la afirmación científica del ser, *el mal no es real.*

El Armagedón todavía debe ser combatido por los arcángeles y las legiones de luz y por el Fiel y Verdadero y por los ejércitos celestiales. Sin embargo, ha llegado vuestra hora de hacer el llamado. Aquel que comprenda el llamado de la Tierra al cielo y el llamado del cielo a la Tierra, llegará al punto de unión en que se encuentran cielo y Tierra en el llamado divino y en la Vocación.

Amados, os dejo, pues, con este encargo: aseguraos de vuestra vocación y de vuestra elección. Pues millones que habitan todavía en la ignorancia *requieren de vuestra intercesión.* En el nombre de YO SOY EL QUE SOY, en el nombre de Cristo en vosotros, os digo ¡*guardad* la llama!

28 de mayo de 1987
Jueves de Ascensión
Centro de Conferencias Regency Park
Overland Park, Kansas.

Nadie tiene mayor amor que el que da su vida por sus amigos.

Jesús[6]

"YO SOY el Llamado. No sólo soy el Cristo vivo sino que YO SOY el Cristo de todos." Al ponderar estas palabras del Maestro y comprender que él es uno con nuestro propio Santo Ser Crístico, volvemos a darnos cuenta de lo que significa verdaderamente la Segunda Venida de Cristo.

Jesús es un maestro alquimista. Nos dice: "Éste es mi cuerpo, que se da por vosotros".[7] Vemos el milagro de los panes y los peces. Él parte el pan de su conciencia crística y se multiplica en cada uno de nosotros a través de nuestro propio Santo Ser Crístico. ¡Éste es el milagro más grande de Jesús! Pero, para que esta alquimia tenga lugar por completo, debemos hacer nuestra parte. Él cuenta con que nosotros le recibiremos en esta hora y que permitiremos que Cristo descienda a nuestro ser. Es éste el milagro que se espera manifestemos en esta era: recorrer la Tierra como Cristos.

El arcángel Gabriel, en un dictado dado a través de la mensajera, nos habló del enorme poder de que dispone nuestro

Ser Crístico para desplazar a la oscuridad de la Tierra. Dijo: "El ungido, el que reclama su cristiedad y llama al Padre y al Hijo para que hagan de su templo su morada, ése puede desplazar la oscuridad de diez mil veces diez mil individuos".[8]

A partir de la afirmación de Jesús "Me ha sido dado todo poder en el cielo y en la tierra",[9] tenemos una idea del poder de Dios que se concentra en aquel que encarna al Cristo. Y en esta era, Jesús llama a muchos a recorrer la Tierra como Cristos.

El alma viaja a los retiros de la Hermandad

Jesús habla de los retiros de la Gran Hermandad Blanca en Norteamérica y en todo el mundo. Se trata de grandes templos de luz localizados en el mundo celestial o plano etérico.

Cuando nuestro cuerpo descansa durante el sueño, los maestros ascendidos nos invitan a viajar a sus retiros etéricos en el vehículo de nuestra alma y de la conciencia de nuestra alma. Allí asistimos a clases en las universidades del Espíritu y recibimos enseñanzas para nuestro sendero espiritual. En ocasiones, las personas vuelven del sueño con vívidos recuerdos de haber sido instruidas por los maestros. Con mayor frecuencia, sin embargo, no queda memoria externa de estas experiencias, excepto un aviso, una sensación o una dirección interior sobre decisiones que debemos tomar en la vida.

El 1º de enero de 1986, Gautama Buda anunció que él y los Señores del Karma habían accedido a la petición de los siete chohanes para acudir a las universidades abiertas del Espíritu en sus retiros etéricos, para que decenas de miles de estudian-

tes siguieran el camino de la maestría sobre los siete rayos.
Gautama Buda esboza el curso de estudio que pueden seguir
los estudiantes en estos retiros etéricos.

"El plan, pues, se diseña para que los estudiantes pasen catorce días en Darjeeling y catorce días con Saint Germain en el
Retiro Royal Teton y para que alternen estos catorce días a
medida que alcanzan un equilibrio y restituyen su compromiso del inicio [el primer rayo] y del final [el séptimo rayo] de
los ciclos de vida.

"Una vez cursados con éxito ciertos niveles, que si bien es
cierto son niveles iniciales son, no obstante, niveles de habilidad intensivos en el uso de estos rayos, tendrán también una
oportunidad con el Señor Lanto [chohan del segundo rayo de
la sabiduría divina] y con Confucio, aquí en el Royal Teton, y
con Pablo el Veneciano [chohan del tercer rayo del amor], quien
prefiere usar en esta hora el Templo del Sol de la Diosa de la
Libertad, que es la Madre Divina del amado Pablo, y anclar esa
acción en el Monumento a Washington, pues ya ha anclado
allí un foco de la llama trina proveniente del Château de Liberté.[10]

"Amados, este entrenamiento, pues, será para precisar la
llama trina en la sabiduría del Sendero y especialmente en el
desarrollo del sendero del sagrado corazón, de la expansión
del amor, a fin de que eliminéis el miedo y la dureza de corazón de vosotros mismos, así como los registros de muerte que
rodean ese corazón.

"Luego, como veis, viene el sendero de la dedicación y el
servicio [el sexto rayo], que es la manifestación lógica del amor
y una llama trina equilibrada. A través de la dedicación y del

servicio en el retiro de Nada en Arabia, encontraréis, pues, un lugar en que podéis pronunciar los mismos decretos dinámicos que pronunciáis aquí en beneficio de todas aquellas condiciones adversas de la región del Medio Oriente. Y ésta será vuestra tarea en los niveles internos, incluso mientras estudiáis el verdadero camino de Jesucristo en ese sexto rayo, como nunca antes se os enseñó.

”Una vez que habéis estado en estos retiros, os encontráis listos para bañaros en la pureza de los fuegos sagrados del templo de ascensión [el cuarto rayo] para un curso de principiante y para el primer bautismo de agua de la Madre Divina. Entonces, procedéis a Creta con Pablo el Apóstol y allí Hilarion [chohan del quinto rayo] os muestra la Verdad de todas las eras, y la ciencia del Ser se despliega capa tras capa.

”Así, habiendo completado una vuelta por todos estos retiros —recorriendo ciclos de catorce días, algunos repetidos en el mismo retiro, algunos intercambiando— volvéis nuevamente al segundo y al tercer niveles de entrenamiento de esos siete rayos.”[11]

En la sección de Ejercicios Espirituales hay una oración breve que puedes pronunciar antes de ir a dormir para solicitar se te lleve a los retiros de los chohanes para estas sesiones de entrenamiento de dos semanas. Haz este llamado por la noche y observa cómo los ángeles te llevan rápidamente, envuelto en tus cuerpos más sutiles, al salón de clases de los maestros ascendidos para que aprendas importantes lecciones sobre el alma.

El sendero de la ascensión

Jesús nos ofrece tres llamados específicos en este dictado. El primero es hacia el sendero de la ascensión. La ascensión es la meta última de nuestra vida. Al inicio, salimos como almas del corazón de Dios en nuestra Presencia YO SOY y, al final, es nuestro destino volver a la Presencia nuevamente. Es éste el camino que Jesús recorrió y él nos pide que sigamos sus pasos *todo el camino*.

La ascensión es una meta alcanzable. Es un camino científico y práctico, una vereda diaria de aspiración y oportunidad que tenemos frente a nosotros. San Pablo nos dijo: "Muero diariamente".[12] Conforme recorremos el Sendero cada día, también nosotros podemos arrojar una porción de nuestro yo irreal dentro de la llama. Al mismo tiempo, diariamente podemos vestirnos con otra porción de nuestro Yo Real. El maestro ascendido Lanello nos ofrece una maravillosa visión de cómo podemos hacerlo: "¡Ascendéis diariamente! Es como subir un tramo de la escalera. No conocéis la cuenta porque los escalones representan cada paso que debe darse en la vida. Ascender es llegar al escalón superior al final de esta encarnación".[13]

A continuación nos da los siguientes consejos prácticos:

1. **Asume cada día como un ciclo de iniciación.** "Debéis dar un paso cada día, donde un día corresponde a un ciclo de una iniciación que debería perdurar semanas o meses. Pero si no tomáis las medidas adecuadas cada día, las que tan bien conocéis en términos de mantener vuestra armonía, el fuego de vuestra dedicación, de vuestros de-

cretos entretejidos con meditación en Dios, aun cuando invoquéis y meditéis, visualicéis y afirméis la Palabra simultáneamente… si no cumplís en el ciclo de un día la exigencia de un cierto paso, será mucho más difícil cumplirla después."

2. **Lleva una tabla en la que señales las tareas realizadas durante las horas de tu día.** "Vuestras tareas y obligaciones y responsabilidades cotidianas tienen todo que ver con vuestras iniciaciones en esta escalinata de la vida."

3. **Asume el control de tu día y usa tu tiempo sabiamente.** "¡Vigilad vuestro tiempo!… Pues el tiempo es en efecto un elemento de eternidad, en la medida en que la eternidad tiene compartimentos de medición… ¡Anotad una victoria cada día!"

4. **Planea el día siguiente desde la noche anterior.** Dedica el final del día "a organizar lo que haréis: a qué hora os levantaréis, a quiénes veréis y a quiénes no podéis ver. Establece metas y ¡alcánzalas a toda costa!"

5. **Sé compasivo.** "Los compasivos consiguen alcanzar su victoria y realizan también sus tareas cotidianas."

6. **Cultiva la alegría.** "No descuidéis las horas. Llenadlas de alegría. La alegría es el primer principio de la ascensión… ¡La alegría es la clave para la curación! ¡La alegría es *vida*! Cultivar la alegría significa atender las propias necesidades de los cuatro cuerpos inferiores pero sin preocuparse demasiado. La alegría reviste el sentido del compromiso con Dios y permite que Dios barra lo que no es alegría a través de esa cascada en descenso del poderoso río de la vida."

7. **Usa la espada del arcángel Miguel.** Usa la espada del arcángel Miguel todos los días para liberarte de todas las cargas y de todo lo que estorbaría tu alegría y tu victoria.

8. **Controla tus deseos.** "¡Atajad vuestros deseos erróneos, amados, y haced que sean devorados por el fuego sagrado! Porque si no lo hacéis, sólo crecerán, incluso al nivel subconsciente, y pronto serán ellos los que devorarán.

"Es éste el único factor que aleja a las personas del camino de iniciación: el deseo erróneo. Orad a vuestro Santo Ser Crístico para que seáis capaces de reconocer el deseo erróneo y la ociosidad de la mente y el desaprovechamiento del tiempo y del espacio. Orad para que sepais reconocerlo. Orad para que tengáis ese Cristo en mente. Orad para que tengas la Presencia del Señor, Justicia Nuestra.

"El deseo correcto puede ser reconocido, amados, en cualquier circunstancia. Por consiguiente, buscad primero el reino de Dios y su justicia, y todas esas cosas se os darán por añadidura."[14, 15] (Véase Oración por el Deseo de Dios en los Ejercicios Espirituales del capítulo 1.)

Serapis Bey, jerarca del Templo de la Ascensión en Luxor, disipa cualquier duda sobre alcanzar nuestra ascensión si lo deseamos y estamos dispuestos a luchar por conseguirla. Dice: "Yo, Serapis, llevo mi cuaderno de notas. Tengo vuestros nombres, amados, pues algunos de vosotros sois candidatos a la ascensión, y algunos de vosotros sois precandidatos en preparación para ser aceptados como candidatos. Algunos de vosotros sabéis cuánta preparación es necesaria para ingresar a las mejores escuelas y universidades de aprendizaje en esta Tierra. Del mismo modo, amados, os preparáis también como candidatos para nuestro retiro y para esta victoria.

"Os digo que la ascensión es posible para muchos más que para aquellos que la alcanzan. Quienes no lo intentan son aquellos que piensan que todavía son demasiado humanos o están demasiado poseídos u obsesionados por su creación humana. Amados, ¡no es así! Debéis saber y comprender que todos vosotros podéis alcanzar vuestra ascensión, si así lo deseáis. Podéis comenzar este día con vuestras resoluciones acordes a las prioridades establecidas.

"Amados, la más elevada de las prioridades es la ascensión. La tarea inmediata son los medios: los medios para la preparación de todas las facultades. Realizar, pues, esta tarea en curso y no verla como el medio para lograr el fin es una lástima. Esta preparación no es un fin en sí misma…

"Las posibilidades son prácticamente infinitas acerca de lo que podéis realizar en el curso de vuestra vida. Muchos más de los que creéis que estáis incluso en esta vía podéis lograrlo. ¡Pero no os engaño! Requiere de todo vuestro esfuerzo, de vuestro amor y de vuestra confianza. Es una confianza que dice: 'Sé que mi Dios hará lo mejor por mí si tengo el valor de enfrentar mi karma y de cumplir con mi deber.'

"Benditos, hay un dicho en nuestro retiro entre los sabios que han tenido amplia experiencia conmigo: 'Si hacemos nuestro mejor esfuerzo, Serapis hará el resto.' Hay una enorme confianza en este compromiso del gurú con el chela y del chela con el gurú. Y aquellos que demuestran esta Ley una y otra vez no temen esforzarse al máximo pues saben que recibirán la recompensa con la misma seguridad con que oscila el péndulo de la vida."[16]

Quizás desees poner por escrito lo que estos sabios dicen de Serapis y colocarlo en tu espejo para leerlo a menudo: "Si hago mi mejor esfuerzo, ¡Serapis hará el resto!"

Los mensajeros han esbozado los requisitos para lograr la ascensión: "El ritual de la ascensión es la meta para todos los que entienden su razón de ser. Esta iniciación puede llegar, y llegará, a cualquiera —incluso a un niño pequeño— cuando esté listo: cuando equilibre su llama trina, cuando sus cuatro cuerpos inferiores estén alineados y funcionen como cálices puros para la llama del Espíritu Santo en el mundo de la forma, cuando alcance un equilibrio de maestría en todos los rayos, cuando alcance la maestría por encima del pecado, la enfermedad y la muerte y por encima de cualquier condición externa, cuando lleve a cabo su plan divino a través del servicio rendido a Dios y al Hombre, cuando salde al menos el 51 por ciento de su karma (es decir, cuando el 51 por ciento de la energía que reciba en todas sus encarnaciones haya sido calificada constructivamente o transmutada) y cuando su corazón mire hacia Dios y hacia el Hombre y aspire a elevarse hacia la luz siempre brillante de la Presencia de Dios eternamente en ascenso".[17]

Convertíos en maestros del mundo

El segundo llamado de Jesús es verdaderamente un vehículo para que realicemos nuestra misión: "Os Llamo para que seáis maestros del mundo".

Quizás te preguntes: "¿Qué significa ser maestro del mundo? ¿Cómo puedo ser un maestro del mundo?"

Jesús y Kuthumi comparten el puesto en la jerarquía de Instructores Mundiales, y están en busca de discípulos que sirvan bajo su autoridad. Al servir con ellos, podemos ser sus representantes y llevar al mundo las verdaderas enseñanzas de Cristo. Es éste el verdadero significado del llamado de Jesús a "apacentar mis ovejas".[18]

Quizás también pienses: "Con toda seguridad este llamado está más allá de lo que soy capaz de realizar". Bueno, la verdad es que es Dios *en ti* quien es capaz, no el pequeño tú, tu ego.

Jesús nos dice que nos está llamando a ser maestros del mundo "puesto que tenéis entendimiento, puesto que tenéis gnosis interior, puesto que habéis caminado a mi lado por siglos". En ocasiones olvidamos que nuestra alma es antigua y que hemos tenido contacto anteriormente con los maestros y sus enseñanzas. Ha llegado la hora de sacar a la superficie estas pasadas experiencia y realización, para reclamar el manto del Mediador.

Nuestra verdadera realidad es que somos grandes seres espirituales. Al darnos cuenta de ello y hacernos más de ello en manifestación, nos damos cuenta de que Dios es el hacedor. Conforme permitimos que entre en nosotros nuestra realidad divina, ¡descubrimos que con Dios todo es posible!

Podemos usar las palabras del llamado de Jesús como afirmación de nuestra voluntad de responder al llamado:

En nombre de mi poderosa Presencia YO SOY y Santo Ser Crístico, digo con Jesús:

Reclamo el manto del Mediador. Reclamo el manto,

aquí abajo, de mi Santo Ser Crístico. Asumo mi lugar a través de la oración y de la invocación, a través de decretos dinámicos al Padre, para que la gracia y la compasión y la luz inunden esta Norteamérica y para que la Tierra entera se ponga en contacto con aquellas almas que poseen una gran luz y les transfiera incluso el fuego sagrado de la Palabra.

Durante muchos años los maestros ascendidos pidieron que acogiéramos el llamado de dar a conocer la Palabra. Los arcángeles Jofiel y Uriel han dicho: "Corazones amados, sabed esto: para que la gente sea instruida en Dios, debemos tener maestros... No podéis descuidar el llamado del transmitir el conocimiento que tenéis sobre quién y qué sois y el conocimiento sobre esta Tierra y sobre lo que lo ha desviado...

"Benditos, es grande la responsabilidad confiada a esta comunidad. No habrá iluminación del mundo sin maestros del mundo. No se trata de dejar migajas de pan en el bosque como señales para Hansel y Gretel. Las evoluciones del planeta merecen más. Y *vosotros* merecéis que una mayor parte de vuestra divinidad funcione a través vuestro. Así, reuníos unos con los otros a fin de intercambiar la enseñanza. Uno enseña al otro, el otro enseña al amigo. Y así, compartís los recursos y vuestra investigación y reunís lo que es absolutamente esencial para rescatar a las naciones."[19]

La Diosa Sarasvati también nos llama a enseñar: "Es requisito para todos los discípulos de la Madre Divina que transmitan su talento a la siguiente generación antes de que emprendan su partida de esta octava.

"Así, amados, antes del día y la hora de vuestra transición a otros planos, recordad depositar en muchos corazones vuestra habilidad, vuestra creatividad, vuestro arte, vuestra ciencia, la melodía de vuestra alma, el tesoro de vuestro corazón. ¡Y no penséis ni por un solo momento que no tenéis nada que enseñar! Si no tenéis nada de lo que habéis aprendido, amados, entonces enseñad compasión, enseñad amor, enseñad alegría, enseñad gratitud, enseñad a todos los niños de todas las edades a alabar al Señor en su corazón."[20]

Todos y cada uno tenemos una llama de Dios única, distinta a la de cualquier otra persona en el planeta. Todos tenemos un don que podemos transmitir a otro, incluso si es tan simple y dulce como la cualidad de la gratitud divina. Y sabemos que el mejor maestro es el que enseña a través del ejemplo.

¿Qué nos ocurre cuando enseñamos? En tanto representantes de los Instructores Mundiales, no buscamos transmitir un conocimiento intelectual de sus enseñanzas sino transferir la *Palabra* como una llama viva. Al atravesarnos esa llama y esa luz, descubrimos que nosotros mismos nos hemos transformado. Al vaciarnos y permitir que el Espíritu Santo obre a través de nosotros, nos inundamos nuevamente con su gracia.

Lanello señala a San Francisco, nuestro amado Kuthumi, como uno de los que fueron maestros de la Palabra a través del ejemplo: "Caminemos juntos tras las huellas de San Francisco y nuestro querido Señor y démonos cuenta de que vosotros y yo somos llamados juntos, en esta hora de la victoria de nuestro amor sublime, a convertirnos en maestros de la Palabra mediante el ejemplo. Cuando se nos llama a enseñar la Palabra, no hay necesidad de temer o de experimentar inquietud alguna por no ser capaces de colocarnos frente a un grupo para ofrecer las enseñanzas de los Instructores Mundiales. Porque, amados, el mejor maestro entre vosotros es el mejor ejemplo.

"¿Cómo, pues, enseñar la Palabra de la mejor manera? Convirtiéndonos en la abundancia de ese Cristo que moraba corporalmente en San Francisco y en tantos más que han recorrido el Camino antes que nosotros. Permitamos que los demás sepan de él a través de la emanación luminosa de nuestro corazón, a través de palabras dulces de consuelo y a través de la firmeza en contra de aquellos que desean robar las letras de fuego vivo que arden en nuestro propio corazón: YO SOY EL QUE YO SOY."[21]

Cuando hagamos el compromiso de ser maestros del mundo, los ángeles y los maestros vendrán a ayudarnos y a darnos fortaleza. El cielo está a la espera de ayudar pero debemos hacer el compromiso de realizar nuestra parte. Jesús nos habla del compromiso que él hace con aquellos que se prepararán y responderán a su llamado:

"Este voto lo hago ante vosotros y ante Dios Todopoderoso: Cuando os paréis frente al mundo para brindar la abundancia de mi llama y de mi enseñanza, en el momento en que abráis vuestra boca para hablar, entonces el Espíritu Santo se posará sobre vosotros hasta que entreguéis toda la luz de mi Sagrado Corazón, que envié para ser transmitida en esa ocasión."[22]

Diez mil Guardianes de la Llama

La última solicitud de Jesús en este dictado es el Llamado a los diez mil Guardianes de la Llama. Dice Jesús: "He venido a haceros un ruego y a enviar a mi mensajera a recorrer este continente para reunir a los diez mil que se llamarán a sí mismos Guardianes de la Llama de la Vida y quienes comprenderán que yo, Jesús, los he llamado".

El Morya habla de los propósitos de la Fraternidad de los Guardianes de la Llama y de las oportunidades disponibles para quienes desean formar parte de este deber, apadrinados y apoyados por Saint Germain:

"La Fraternidad de los Guardianes de la Llama es una orden espiritual universal que se dedica a la fe eterna, a la constancia inquebrantable y a la armonía infinita con el amor de Dios, que por siempre es la llama radiante llamada vida. Los Guardianes de la Llama viven para la llama de vida, y los Guardianes de la Llama son las piedras vivas en el templo de nuestro Dios.[23] Ellos sostienen la llama de vida mientras la llama trina resplandece al interior de su corazón, una concentración de victoria para contrarrestar las espirales de muerte personal y planetaria, la desintegración y la descomposición…

"Los Guardianes de la Llama son los responsables frente al consejo espiritual de la fraternidad, encabezado por el Maha Chohan, el Guardián de la Llama, y el Caballero Comandante, Saint Germain. El consejo de directores está compuesto por siete chohanes, quienes dirigen varios aspectos de la revelación de la Ley a través de la instrucción impresa y a través del entrenamiento individual que los Guardianes de la Llama han recibido en los retiros etéricos de la Gran Hermandad Blanca. Un Comité especial para la Guía del Niño, formado para la preparación de los padres de las almas que nacen y para la adecuada educación de los niños, es encabezado por los Instructores Mundiales Jesús y Kuthumi, junto con Madre María...

"Desde la fundación de la fraternidad, el consejo espiritual, con la asistencia de toda la Gran Hermandad Blanca, ordenó y dedicó las Lecciones de los Guardianes de la Llama como canal oficial que debía servir para proporcionar una mayor iluminación a la humanidad y para derrotar a la ignorancia mediante la luz y el poder de la llama de Dios. Y se tomó la determinación en la mesa del Consejo de Darjeeling de que el conocimiento sagrado de la llama que los maestros están comprometidos a ofrecer en estas lecciones, debía proporcionar una plataforma segura para las almas en ascenso: un camino tan bien iluminado que nadie que estudie las enseñanzas y las siga con objetividad en el corazón debería vacilar nunca para atravesar el umbral hacia la vida eterna y hacia la verdad que liberará a toda la humanidad.[24]

"Quienes han servido fielmente a la causa de la Hermandad apoyando a la Fraternidad de los Guardianes de la Llama, han sido ampliamente recompensados con incontables bendiciones. Todos y cada uno, aunque a veces en forma desconocida para su conciencia exterior, han tenido la oportunidad de asistir a clases cerradas en los retiros de los maestros, lo mismo que en nuestras conferencias trimestrales, y de equilibrar una extraordinaria cantidad de karma a través de su aplicación a la llama violeta, multiplicada por los patrocinadores de la fraternidad (los miembros del consejo espiritual), quienes establecen una relación directa e íntima con cada chela dispuesto a asumir el compromiso requerido."[25]

La llama violeta

En este dictado, Jesús habla de la importancia de utilizar la llama violeta en este momento de la historia terrestre. Es el fin de una era y una época en que el karma de ciclos pasados viene directamente en busca de resolución.

La mensajera explica el modo como funciona la llama violeta sobre la sustancia del karma: "¿Cómo funciona la llama violeta? Permítanme utilizar una analogía. Como lo saben los expertos en el antiguo arte oriental del Feng Shui, el desorden y la disposición de nuestro ambiente físico determinan el flujo de energía en nuestro ambiente. Y ese flujo de energía afecta poderosamente nuestra salud, nuestra abundancia, nuestras relaciones: el propio curso de nuestra vida. De la misma manera, hay desorden kármico en nuestro cuerpo, en nuestra mente y en nuestras emociones. Puede hacer que la energía en nuestro interior y a nuestro alrededor se paralice.

"Todos tenemos un poco de desorden kármico. Así como hemos hecho mucho bien en nuestra vida, también creamos energía negativa. Esta energía se deposita y luego se calcifica en nuestro cuerpo físico, en nuestro cuerpo mental, en nuestro cuerpo de deseo e incluso al nivel de nuestra octava etérica. Como resultado de este karma, no nos sentimos tan livianos, libres, felices, vibrantes y espirituales como podríamos. La llama violeta puede consumir literalmente los restos al interior y entre los átomos de nuestro ser.

"Cada mañana un ángel nos trae nuestro karma para ese día. Eso significa: nuestro karma sin transmutar del pasado. Podría ser el karma de ayer o podría ser el karma de hace quinientos o diez mil años, de hace once mil años en la Atlántida o la Lemuria... Si lo primero que hacemos por la mañana es pronunciar decretos de la llama violeta, como muchos gustan de hacer a las 5 a.m., nuestro día transcurrirá mucho más apaciblemente. Tendremos más éxito porque ya habremos transmutado el karma del día... La llama violeta nos permite transmutar lo negativo y capitalizar lo positivo."[26]

Ejercicios espirituales

Las universidades del espíritu

Si deseas aprender más sobre los chohanes de los rayos, sus retiros y las enseñanzas que ofrecen en las Universidades del Espíritu, lee *Lords of the Seven Rays* de Mark L. Prophet y Elizabeth Clare Prophet. Conforme estés en sintonía con los maestros y sus retiros, encontrarás más fácil viajar hasta allí mientras duermes.

Se recomienda evitar alimentos pesados en las horas previas al sueño para que las funciones del cuerpo reposen y el alma pueda ascender más fácilmente a las octavas más elevadas. También es preferible evitar películas o programas televisivos violentos o negativos en las horas previas al sueño, porque pueden magnetizar el alma a niveles inferiores de conciencia en lugar de hacerlo a los niveles elevados del etérico. Es útil disponer de un periodo de sintonía espiritual antes de dormir, leyendo quizás las palabras del maestro, para ayudar a la conciencia a sintonizarse con el destino pretendido. El punto en que nos encontremos en la conciencia antes de dormir determinará a menudo el sitio al que vayamos.

Puedes pronunciar la siguiente oración justo antes de dormir:

Padre, en tus manos encomiendo mi espíritu.

Poderosa Presencia YO SOY y Santo Ser Crístico, llamo al arcángel Miguel y a sus legiones de ángeles de relámpago azul para que protejan y transporten mi alma revestida en sus cuerpos más sutiles al retiro del maestro ascendido _____ en _____ esta noche. Escóltenme, instrúyanme, guíenme y protéjanme mientras me esfuerzo por liberar la vida entera en la Tierra. Ruego que así sea de acuerdo con la santa voluntad de Dios.

Mantén un cuaderno al lado de tu cama y escribe en él cualquier impresión o idea que te llegue mientras estás despierto.

Reflexiona en lo que puedas enseñar

Jesús nos ha llamado a ser maestros del mundo. ¿Qué podemos enseñar en esta hora? Sarasvati explicó que si no tenemos otra cosa, podemos enseñar amor, alegría, compasión, gratitud. Todos tenemos dones únicos y algo que podemos enseñar.

1. Tómate un momento para reflexionar en tus habilidades, talentos y cualidades personales. ¿De qué dispones que puedas transmitir a otro?

2. Si nada se te ocurre, pregunta a un buen amigo. ¡Quizás te sorprenda la retroalimentación que recibas!
3. Haz una lista.
4. Manténte alerta a las oportunidades para enseñar estas cosas a los demás.

Los diez mil Guardianes de la Llama

Si todavía no eres uno de los miembros de la Fraternidad de los Guardianes de la Llama, considera unirte. Tú mismo podrías ser uno de los diez mil Guardianes de la Llama que Jesús convocó. Si deseas averiguar más sobre la fraternidad escribe a: Keepers of the Flame Fraternity, PO Box 5000, Corwin Springs, MT 59030, USA.

Si ya eres miembro de la fraternidad, considera qué puedes hacer para responder al llamado de Jesús. Hay muchas personas que entienden lo que significa mantener la llama espiritualmente en la Tierra y que sin embargo nunca escucharon hablar de la fraternidad. ¿Qué puedes hacer para ayudarles a averiguarlo?

Algo que siempre podemos hacer es orar por ellos. Quizás desees incluir la siguiente oración en tus rituales diarios:

En el nombre de mi poderosa Presencia YO SOY y Santo Ser Crístico, amados Jesús y Kuthumi, amados Saint Germain y Portia, amada Poderosa Astrea, amado arcángel Miguel y los siete amados arcángeles: a través del poder de la luz de Dios que nunca falla, liberen a los diez mil

Guardianes de la Llama de la Vida en nombre de Saint Germain. Protéjanlos y envuélvanlos en el relámpago azul de la mente de Dios y denles la visión de su realidad manifiesta divina en su propio y amado Santo Ser Crístico.

Y luego, no te olvides de dar pasos prácticos para que la gente se entere sobre la existencia de la Fraternidad de los Guardianes de la Llama.

Llama violeta

Los maestros que sirven en el séptimo rayo, el rayo violeta, nos entregan muchos mantras que podemos usar para invocar esa luz. La mensajera explica un aspecto de esta ciencia: "Cuando el rayo desciende del corazón del Gran Sol Central o del corazón de nuestra Presencia YO SOY, ésta va como un rayo a través del plano del Espíritu hasta que llega al lugar en el cual se le invoca: el plano de invocación. Cuando el rayo desciende y entra en contacto con ese plano, estalla como una llama.

"Cuando llamamos a la llama violeta desde el corazón de Dios, ésta llega como un rayo de luz. Cuando alcanza este punto de reunión —el punto al centro de la cruz en que se encuentran Espíritu y Materia, el punto de la conciencia crística—, el rayo se convierte en la llama."[27]

Pronuncia el siguiente decreto de la llama violeta y visualiza la luz violeta descendiendo como un rayo, encendiéndose como una llama que ilumina todo a tu alrededor o hacia cualquier parte del mundo en que dirijas esa luz.

YO SOY LA LLAMA VIOLETA

En nombre de la amada, poderosa y victoriosa Presencia de Dios, YO SOY en mí, mi propio amado Santo Ser Crístico, Santos Seres Crísticos de toda la humanidad, amado Lanello, todo el Espíritu de la Gran Hermandad Blanca y la Madre del Mundo, vida elemental —fuego, aire, agua y tierra—, yo decreto:

YO SOY la llama violeta
en acción en mí ahora,
YO SOY la llama violeta
sólo ante la luz me inclino.
YO SOY la llama violeta,
en poderosa fuerza cósmica,
YO SOY la luz de Dios
resplandeciendo a toda hora.
YO SOY la llama violeta
brillando como un sol,
YO SOY el poder sagrado de Dios
que libera a todos hoy.

Y con plena fe acepto conscientemente que esto se manifieste, (se repite tres veces) aquí y ahora mismo con pleno poder, eternamente sostenido, omnipotentemente activo, siempre en expansión y abarcando el mundo hasta que todos hayan ascendido completamente en la Luz y sean libres. ¡Amado YO SOY! ¡Amado YO SOY! ¡Amado YO SOY!

¿Cómo responderás al llamado de Jesús?

El llamado al sendero de la ascensión.
Os llamo a ser maestros del mundo.
El llamado a los diez mil Guardianes de la Llama.

¿Qué significan para mí estos llamados?
¿Qué haré para responder a estos llamados?

"Os llamo a ser mis discípulos."
"Pido que renovéis vuestro compromiso a velar conmigo,
a sostener mi 'Vigilia de las Horas'."

El llamado del Cristo Cósmico
El discipulado con el maestro ascendido Jesucristo

Deseo atraeros a la totalidad de la luz, amados míos: no a la luz parcial, no a la incertidumbre entre la oscuridad y la luz del día. He venido a esta ciudad muy personalmente a llamar a mis propios discípulos.

Mi corazón está abierto, abierto nuevamente por el Padre para llamar a los míos a un camino por el que encarnarán mi Palabra, mi enseñanza, mi carne y mi sangre.

El discipulado en esta era es el llamado del Cristo Cósmico.

Oh almas que subís la escalera espiral hacia el cielo donde vuestro Cristo os espera, YO SOY Jesús y os llamo a ser

ahora la encarnación de todo lo que YO SOY y a recibirme para que sostengáis conmigo de ahora en adelante la relación más directa.

Os llamo con un propósito y es éste la contención paso a paso de la luz. Os llamo a mi redil no en el sentido general sino en el sentido específico de saber que una enseñanza, un modo de vida, un espíritu de la resurrección no puede perdurar en la Tierra a menos que verdaderamente diez mil tomen la determinación, en esta hora de mi aparición, de encarnar la totalidad de mí mismo. Ciertamente respondo al llamado del niño y del adolescente que piden ser mis discípulos.

Corazones benditos, con diez mil os mostraré, como a Saint Germain, lo que podemos hacer juntos para dar un vuelco a la marea. Nuestro Dios lo ha decretado y la Trinidad encarna su voluntad, pero aquí abajo, para que ese reino se manifieste, deben estar verdaderamente aquellos que pueden ser pilares de sostén para la nueva ciudad, la Ciudad Santa, la octava etérica de luz que baja a la Tierra. Permitid que la nueva Jerusalén sea vista y compartida, sea tomada por los míos.[1]

Os recibiré, entonces, en mi retiro en Arabia[2] [en el plano etérico] para ser vuestro tutor como lo fui para mis apóstoles Pablo y Juan y para incontables otros a través de las eras, que vinieron a ser iniciados en los ritos secretos que se ofrecen a quienes son capaces de ingresar al círculo interno. Benditos, esa puerta está abierta para todos los que califiquen. Por consiguiente, no es una entrada exclusiva, sino la suspensión de una gracia divina hasta que seáis capaces de beber este vino fuerte del Espíritu.

Corazones benditos, el círculo interno consiste en los anillos de luz de los cinco rayos secretos que rodean mi sagrado corazón y que existen como configuración prototipo alrededor de vuestro propio chakra del corazón. Estas esferas de luz han estado ocupadas por vuestra creación humana. Por consiguiente, la invitación a ser mis discípulos está abierta a todos y cada uno: para todos aquellos que comprendan el autovaciamiento por amor a fin de que puedan ser llenados nuevamente con estas cinco frecuencias de luces esféricas que deben estar presentes alrededor del chakra del corazón, si la plenitud de mi sagrado corazón ha de morar en vosotros.

Que se reconozca, pues, que soy yo quien os llama para que traigáis a los diez mil Guardianes de la Llama al corazón de Saint Germain. Ser un Guardián de la Llama —de la luz en el Faro del Ser— es el primer paso hacia el discipulado.

Una vez que hayáis satisfecho de ese modo los requerimientos básicos de estas lecciones, entonces llegaréis al momento, amados, en que desearéis estudiar los misterios bajo la tutela de Maitreya. Y los Instructores Mundiales se os acercarán para que podáis saber que os ofrecemos un sendero de iniciación que os lleve paso a paso a su corazón. Ha llegado la hora del cumplimiento de todas las promesas.

Si la luz acumulativa de todas las eras y avatares ha de ser traída al frente y a la octava física de la nueva era, entonces los precursores de la era —aquellos que han vivido en la Tierra (y siguen viviendo en ella) llevando consigo los signos de dispensas previas— deben estar dispuestos a ingresar a esta era en la plenitud de mi cristiedad y de la suya [su cristiedad] y que va surgiendo en su interior. ¿Dónde, pues, habrá un camino de ascensión o de gracia redentora excepto en vosotros que sois la luz del mundo, y en la ciudad situada en la cima de un monte y que no puede ocultarse?[3]

Que se sepa, pues, para siempre, que se sepa que en esta hora de máximo karma en descenso, diez mil escucharon mi voz y comprendieron que donde quiera que esté el Ungido [El Señor Justicia Nuestra,[4] el Santo Ser Crístico elevado en el interior del individuo], estoy en ese corazón y el Padre está conmigo. Tomamos por morada a aquellos que están en armonía con el amor, sin ofender nunca la propia luz. Así, Padre e Hijo habitan en vuestro templo y en los míos.

Conoced, pues, el significado de la expansión del fuego del corazón allí donde, casi con dolor, el aumento del fuego sagrado crea la [sensación de] quemadura, la expansión incluso del cáliz [chakra del corazón] hasta llegar a la totalidad del Cristo.

Por consiguiente, en este cuerpo, [convertido en] mi cuerpo, YO SOY.

Estoy en cada discípulo que conoce el sendero de los misterios internos. Y he venido a enseñar a aquellos que los anhelan. Recibid, pues, todo lo que ofrezco, todo lo que ha sido escrito y pronunciado. Y permaneced listos a toda hora; pues el novio, vuestro Ser Crístico, acude a llevar al alma de la mano hacia el lugar secreto. Y allí vendré a iniciaros.

En este momento, amados, los ángeles del Espíritu Santo y de nuestro Señor, el Maha Chohan,[5] están conmigo. Por el Espíritu Santo y el intenso amor de las huestes angélicas, este día hay una aceleración de los doce pétalos del corazón, como si nueva vida estuviera floreciendo: y estimulan el tallo verde y el brote verde.

Y la fuente de la Madre Divina se eleva en vuestro interior para que podáis realizar un trabajo para nuestro bendito San José en su día. Llamado Saint Germain en esta hora, mi padre —y también vuestro— reaparece para presentarse ante mi Madre María, mis hermanos y hermanas, todos y cada uno de vosotros.

Corazones benditos, en ocasiones es cierto, aunque prosaico, que la luz más grande atrae a la mayor oscuridad. Y, por consiguiente, a partir de nuestra luz en la Tierra, la oscuridad es atraída hacia los fuegos y altares sagrados de transmutación que habéis erigido a través de la invocación de la llama violeta.

En consecuencia, amados, la presencia de la mayor oscuridad en la Tierra os fuerza, a través del amor, a externar la más grande luz. Y así hay quienes necesitan ver y conocer el sufrimiento humano para que el deseo de sanar y de convertirse en el instrumento de curación se encienda hasta que se vuelva un fervor candente que es magnetizado por el Espíritu Santo en la plenitud de su aparición divina.

Sabed, pues, amados, que cuando todo está bien en un nivel de mediocridad en la Tierra, no hay aguijón para el progreso espiritual. Y en eras pasadas, cuando la propia conquista de la Tierra —para hacer durar una existencia, para forjar nuevas civilizaciones— era la demanda, nuevamente sólo unos cuantos buscaban la vida interior.

Pero en esta hora, amados, aquellos de entre vosotros que sois "verdaderamente mis discípulos"[6] habéis bebido el cáliz, incluso la escoria de todas las actividades del movimiento pendular que rige el surgimiento y caída de las civilizaciones, continentes y ciclos planetarios una y otra vez. No hay nada nuevo bajo el sol[7] en esta Tierra vuestra, pues la experiencia acumulativa del karma y el mundo lo han visto todo. Y vosotros mismos buscáis nuevos mundos que conquistar. Y sin embargo, sin alas, ¿cómo puede volar el alma hacia la Fuente y hacia su Dios?

He venido, pues, a daros alas, a enseñaros a volar hasta el corazón del Padre. He venido y estoy listo a colocaros la corona de la vida eterna[8] cuando hayáis triunfado sobre la naturaleza inferior y cuando del amor, del más puro amor, hayáis magnetizado el contenido de la Palabra, del Espíritu Santo, del agua de vida y de la sangre que es mi Existencia, mi Ser.[9]

Corazones benditos, es un camino de amor lo que traigo, amor iluminado por la sabiduría y que a la sabiduría ilumina en el camino. El fuego del corazón, que no tiene otro propósito que estar en la Presencia misma del YO SOY EL QUE SOY, es un fuego que impulsa al alma como ninguna otra cosa puede hacerlo.

Por consiguiente, con todo vuestro acopio[10] en el camino de la maestría y el conocimiento, os digo que: amar a otro profundamente como yo os he amado[11] en los lugares secretos del Altísimo,[12] es la clave para un camino acelerado en el cual volverse experto es un subproducto del amor, de las buenas obras, de la pureza interior y de los motivos divinos, más que la meta.

Buscar ser maestro, pues, o discípulo sin preocuparse demasiado por aquellas cosas que están en la Tierra y que vendrán a la Tierra, no tiene sentido y no encuentra equilibrio en la ecuación de la vida.

El amor, pues, es ese fuego sagrado que ofrece su vida por el amigo y vuelve a tomarla.[13] Y en cada ocasión en que ofrendáis la vida aumenta vuestra cristiedad. No hay sensación de pérdida en tanto las antiguas vestimentas son hechas a un lado y desciende a vosotros el manto de cristianización. Por consiguiente, cada vez que hacéis a un lado lo familiar, comenzáis a familiarizaros con la corte externa del reino y con las esferas sucesivas de conciencia divina, en que nuevos amigos y nuevos ángeles moran y aguardan vuestra llegada.

Oh bendito, ¿acaso no es verdad que El Himno de la Perla[14] despierta la memoria divina de otros años y esferas perdidas y de un canto que ha entonado el alma y de un himno coral que no ha resonado recientemente? Así, dejad que la campana que tañe no lo haga por los muertos sino por la vida eterna.

Y en el proceso de la convicción interior, y sabiendo que "subo a mi Dios y vuestro Dios",[15] que haya un cierto abandono en el servicio de nuestro Dios, nuestro SEÑOR, nuestro Salvador. Que tengáis la sensación en todas vuestras horas de vigilia de que, de no ser por vuestro ministerio, algunas pobres almas podrían estar perdidas. Omitid a los "vacuos", a quienes el Padre mismo no desea convertir, pero acudid a los "pobres de corazón". Acudid a los simples en lugar de hacerlo hacia quienes hacen gala de pompa, historia y majestad, que se mezclan con los príncipes de este mundo y no desean comulgar conmigo una sola hora.

Pido, pues, que renovéis vuestro compromiso de velar conmigo, de sostener mi "Vigilia de las Horas". Y de ese modo conseguiréis que yo esté entre vosotros, amados, al ofrecer semanalmente este servicio de oración en mi nombre. Podéis ofrecerlo a solas, unidos a mí, con la grabación proporcionada.

Y, por consiguiente, sabed que no hay límite a la expansión de las cinco esferas de los cinco rayos secretos alrededor de vuestro corazón. Y cuando esté cerca, lo más cerca de vosotros en vibración —porque me habréis llamado a través del imán de vuestro amor y de vuestras oraciones devotas—, os prometo que todos los que se comprometan a ser mis discípulos como Guardianes de la Llama, obtendrán la sobreimposición de mis esferas de luz y de mi sagrado corazón sobre sí a través de esta vigilia semanal.

Es mi deseo, pues, que en 52 sesiones, que me gustaría fuesen de 90 minutos de duración (o más), experimentéis tal renovación y tal autotrascendencia al concluir esa vigilia a mi lado durante un año, que sabréis efectivamente que he venido a la Tierra a llevar a los míos al gran ritual de la resurrección y la ascensión.

Corazones benditos, vengo con un llamado simple y con un plan. Y sin embargo sigo atento a los acelerados y complejos requerimientos que la Ley coloca sobre vosotros cuando invocáis a los arcángeles para que participen en el Armagedón a fin de vencer a aquellos que devorarían a las almas de la Tierra.

Por consiguiente, la vigilia misma es para que se abra el corazón y haya una puerta, por la que yo entraría y a través de la cual liberaría luz y Presencia renovadas hacia la Tierra, amados, para que podáis comprender que por medio de vosotros yo deseo —yo, Jesús, vuestro hermano, deseo— incrementar la conciencia crística en la Tierra; para que, a partir de estos fundamentos, todos los demás hijos-siervos del cielo y huestes celestiales puedan construir en efecto una nueva era, magnetizar a los niños pequeños y acabar con la oscuridad externa.

Corazones benditos, la mayor persecución que sufro en esta era es la persecución a mi mensaje y a aquellos que pronuncian la Verdad en las verdaderas enseñanzas que les he transmitido. Por consiguiente, como en los días de Jeremías, son los falsos profetas de la paz, los falsos pastores de Cristo,[16] quienes traicionan mi Palabra —aquellos que hablan de mí y sin embargo no tienen mi Presencia en su corazón—; es su mensaje y su ejemplo lo que falsea el verdadero camino del discipulado.

Y, en consecuencia, para remediar esto elijo —entrar a un renovado nivel de llamado y dispensación de mi Padre— una relación lo más íntima posible con todos aquellos que no sólo me llaman con sus labios, sino que también entran a mi corazón al abrazar la enseñanza de la llama violeta de Saint Germain y familiarizarse con mi Madre María y no rechazarla. Además, elijo entrar en esta relación con todos aquellos que llamarán a San Miguel el arcángel para que defienda tanto la Iglesia como el Estado y a exorcizar estos dominios de Alfa y Omega de todos los ángeles caídos, que han llegado a arrancar lo mejor de los corazones de los hombres.

Benditos, daos cuenta de que este sendero de discipulado tiene sus fundamentos en mi misión en la Tierra y su culminación en la completud de mi enseñanza de la Nueva Era.

Hablaba, pues, de mi profeta Marcos, quien escribió el Evangelio que lleva su nombre y reencarnó en esta era como mi mensajero[17] para fundar la organización de la que recibís ahora nuestras gracias y dones en abundancia. El llamado de esta alma y la respuesta que dio en soledad cuando respondió a mi corazón, ha significado para todas las huestes celestiales una puerta abierta en esta actividad que es absolutamente esencial a la supervivencia de los portadores de luz en este siglo.

Deseo que entendáis que mi persecución es [la persecución de mi cristiedad se manifiesta como] la limitación de mi Presencia, mi Palabra y vida, dondequiera que estén aquellos que limitaron a los míos a comulgar conmigo y a recibir mi revelación progresiva del Espíritu Santo. Por consiguiente, pocos serán los que hayan retenido la integridad de nuestro mensaje y promovido en detalle un mosaico divino de todo lo que he enseñado.

Así, amados, así como un solo individuo puede ser la llave para abrir la puerta a través de la cual pueda pasar toda la humanidad, que es el caso de mi discípulo Mark, del mismo modo os digo que no es distinto en vuestro caso. Ha llegado la hora de decidir si, en vuestra soledad, unidos a mí y al Padre, seréis pues una llave para millones de almas que traspasarán la puerta que vosotros habréis abierto.

Sea, pues, que abracéis mi enseñanza y que reconozcáis que la persecución de los misterios sagrados y de aquellos que los guardan en esta era, requiere de que todos los que comprenden el espíritu del mensaje aquí enunciado se reúnan por consiguiente y se presenten como un movimiento de luz que no pueda hacerse a un lado; cuyos miembros por separado podrían ser sometidos o perseguidos pero, en tanto un solo corazón ferviente, un corazón sagrado dedicado a mi madre a través mío, podría ser un imán que imantara a todo un mundo para literalmente levantarlo y alejarlo del viejo magnetismo de los bajos niveles de ortodoxia que verdaderamente me sepultaron dejándome crucificado en la cruz, y luego han dejado a mis hijos e hijas crucificados en una cruz de hierro y acero y una civilización de Caín con todas sus cargas.

¿Cómo pueden aquellos que son verdaderamente cristianos o seguidores de Cristo, de cualquier religión del mundo, dejar por un momento de lado su preocupación y su activismo para defender la vida que no ha nacido, la vida que debe reencarnar para que las almas y un mundo puedan continuar? ¿Cómo puede cualquiera que conozca el verdadero camino permanecer sentado mientras el mundo podría ser devorado por las llamas del Comunismo Mundial y por la traición de todos aquellos que en occidente lo hicieron posible?

Corazones benditos, es esto por lo que he hablado del fervor del corazón. Pues aquellos que aman no se quedan de brazos cruzados mientras la juventud y los niños son destruidos y las civilizaciones se desmoronan. Más bien, se alejan de sus púlpitos y se dirigen a las calles y rescatan la vida, no en un sentido humanista sino porque recibieron ese poder de lo alto y, por consiguiente, por el poder que les confiere la Trinidad, pueden actuar en nuestro nombre para defender a una nación, a un pueblo, a una familia, a una única alma de un karma recurrente demasiado pesado de soportar.

He aquí la razón y el propósito de llamaros a ser mis discípulos en el más serio de los esfuerzos, en todas vuestras encarnaciones, para que reconozcáis que en vuestra propia carne veréis a Dios y seréis mi Ser.[18] Y sólo así este mundo será dotado con una suficiencia y una Presencia [de mi cristiedad] en lo físico que detenga la mano de la oscuridad venidera.

Los corderos han sido despojados no sólo de su identidad sino de una enseñanza que pudo haberles permitido darse cuenta de esa identidad. Han sido desviados por todos los falsos profetas, los falsos pastores y los falsos gurúes. Corazones benditos, para cada vicio hay un falso profeta que lo encarna. En cada falsa enseñanza, sea en economía o en arte o en ciencia, están los caídos que la encarnan...

Que se comprenda que cada aspecto de la vida debe suponer allí la presencia de mi discípulo sosteniendo la llave que abra el misterio de la Palabra y el Camino por el que cada rama de servicio y conocimiento y esfuerzo podría volver a ser imbuida con la llama de Gautama Buda, Padma Sambhava, Sanat Kumara, Señor Maitreya, mis hermanos, mis amigos, mis cohortes de luz.

El cielo está repleto con el testimonio de la gloria no sólo de mi venida sino de Su aparición. Por consiguiente, amados, no busco preeminencia en la cadena jerárquica del ser, pues YO SOY EL QUE SOY, YO SOY Alfa y Omega, el principio y el fin. Y mis palabras son el Logos eterno, quien YO SOY, quien vosotros también podéis ser y sois. Porque en los planos más elevados de vuestro ser, oh amados, yo, Jesús, lo afirmo: ¡Sois el Cristo vivo!

Ahora me dirijo a vuestra alma, en ocasiones completamente despierta y no tanto en otras, y os imploro, mi alma, mi novia, que vengáis ahora y determinéis y deseéis con todo vuestro ser convertiros en ese Cristo que sois: aquí en carne, aquí en forma. Este mundo os necesita. Ocupáis en efecto los cielos y las estrellas. Ocupad ahora la Tierra hasta que yo venga en la total gloria de la manifestación física esperada hace mucho por muchos. Ocupadla hasta que vuelva, amados.[19]

Y cuando estéis en mi lugar, siendo mi Ser en forma y encarnando mi luz, entonces vendré a vosotros: Jesús, vuestro maestro, y yo os patrocino, amados. Y así conoceréis un patrocinio nunca antes conocido. Porque mis legiones de ángeles están listas y esperando a los más de diez mil que me escucharán, porque vengo a defender la causa de Saint Germain y la libertad del mundo.

Sin esta victoria, pues, de una defensa espiritual y física para las naciones, no será presenciada en la Tierra una nueva era, ni siquiera un nuevo día. Por consiguiente, actuad velozmente y apresuraos, pues os he llamado. Os he llamado.

4 de octubre de 1987
Hotel Penta
Ciudad de Nueva York

Comentario

*Os llamo a ser mis discípulos en el más serio de los esfuerzos,
en todas vuestras encarnaciones, para que reconozcáis que en vuestra
carne veréis a Dios y seréis mi Ser.*

Jesús

Hay muchos seguidores y alumnos de Jesús en el mundo pero, en este dictado, Jesús nos llama a un nuevo tipo de relación: ser su discípulo. Hay aquí una diferencia importante y un paso clave en el Camino. El profeta explica que, en tanto alumno, "el individuo estudia y se convierte en un estudiante de las escrituras y de las enseñanzas del maestro. Es libre de ir y venir en su comunidad disfrutando de la camaradería con sus seguidores y de los frutos de su dedicación, pero sin declarar una responsabilidad particular hacia la persona del maestro. No ha tomado los votos, no ha hecho un compromiso, pero puede estar estudiando para 'demostrarse probado'[20] a fin de ser aceptado como siervo o coservidor (conocido también como 'chela'), y compartir la alegría de la misión del maestro en el mundo."[21]

En la relación de discípulo, sin embargo, "el individuo desea establecer un lazo con el maestro: ser enseñado directamente por el maestro en lugar de hacerlo sólo a través de sus escritos publicados... El discípulo recibe la iniciación del Cristo Cósmico mientras rinde su servicio al maestro; su corazón, su mente y su alma comienzan a desplegar un amor más grande como apreciación y gratitud por las enseñanzas recibidas en el nivel previo de estudiante. Este amor se traduce en acción como autosacrificio, desprendimiento, servicio y entrega a la Persona del Cristo, el Sol del maestro detrás del Hijo del hombre".[22]

¿Qué significará ser un discípulo, o chela, de Jesús? El maestro ascendido El Morya explica la comprensión oriental de esta relación, a partir de la cual podemos obtener una nueva comprensión de lo que significa ser un discípulo del Maestro:

"*Chela* es un término que significa estudiante o discípulo de un maestro religioso. Deriva del hindi *celā*, que es tomado del sánscrito *ceta*, que significa esclavo. En la tradición oriental del discipulado, reconocida durante miles de años como la forma de adquirir maestría e iluminación, una persona que desea adquirir los misterios de la ley universal que le son impartidos se consagra al maestro, conocido como el gurú, quien es considerado un maestro (a través de las eras los verdaderos gurúes han incluido tanto a los maestros ascendidos como a los no ascendidos), para servir a ese maestro hasta que demuestre poder recibir las llaves de su propia realidad interior...

"En la tradición oriental, el chela es el esclavo de su maestro por una buena razón: no para que pierda su verdadera identidad sino para que reemplace la seudoimagen con la Verdadera Imagen de su ser. El chela, por sumisión, día a día va tejiendo en la conciencia los hilos del ropaje de su maestro. El ropaje de su maestro (como la muy buscada túnica de Cristo) es sinónimo de la conciencia del maestro.

"A cambio de la obediencia iluminada y del amor sacrificial, el chela recibe incrementos del talento del maestro: de la propia realización del Ser Real del maestro. Al aceptar la palabra del maestro como impoluta, al chela se le imparte la conciencia crística de su maestro, que a su vez es el medio por el cual los elementos básicos del subconsciente del chela y los impulsos de su karma no transmutado son fundidos por el ferviente calor del fuego sagrado que comprende la conciencia del maestro.

"Así, al dejar de lado libre y voluntariamente las incitaciones de su conciencia humana, el chela descubre que éstas son reemplazadas muy pronto por la maestría de su maestro, la que, cuando la hace suya, sirve como el imán para imantar su propia conciencia y talento superiores."[23]

Jesús y Kuthumi incluyen seis capítulos sobre el asunto del discipulado en su libro *Corona Class Lessons*. Explican que el propósito de su instrucción sobre este asunto "es dirigirse a aquellos que aprenden a enseñar a otros el Camino y encuentran de esta manera una mayor iluminación y formas de servicio para su propia misión...

"Un discípulo es quien es disciplinado y cuyo curso es paralelo al mío. A cada uno de éstos le llamo amorosamente hermano, hermana. Bienvenidos a la familia de aquellos que conscientemente se presentan a la voluntad y el propósito eternos diciendo, con Isaías, '¡Aquí estoy, enviadme!'"[24, 25]

En este dictado, Jesús nos hace saber que espera que sus discípulos hagan más que sólo aceptar sus enseñanzas y contribuir a difundirlas. Dice: "YO SOY Jesús y os llamo a ser ahora la encarnación de todo lo que YO SOY y a recibirme para que podáis tener conmigo de ahora en adelante la relación más directa".

El profeta explica que la relación gurú-chela es fundamental, no sólo para el camino espiritual, sino también para la vida misma. "La relación gurú-chela sostiene en realidad todo el cosmos de Materia. Sin este intercambio de corazón a corazón entre el maestro y los discípulos, el mundo, las estrellas, las galaxias no existirían porque todo es la interacción de Alfa y Omega en la cadena universal del ser, la cadena universal de jerarquía".[26]

En este dictado, Jesús revela algo de esta cadena jerárquica que nos conecta de vuelta hasta llegar al Gran Sol Central del cosmos. Nos introduce a su gurú, el maestro ascendido Maitreya, quien ocupa el cargo de Cristo Cósmico en la jerarquía espiritual de este planeta.

Jesús explica que su gurú, el Señor Maitreya, estaba muy presente con él en su misión por Galilea: "Vine, pues, a este mundo enviado por Aquel que me envió, y cuando dije 'Yo y el Padre somos uno',[27] hablaba del Padre de todos y de la viva Presencia YO SOY y de su representante, el único que debería ejercer la responsabilidad de gurú. Así, el único que me envió en la cadena jerárquica de los ancianos no fue otro que Maitreya...

"Corazones benditos, la continuidad del mensaje de Maitreya vuelve a vosotros en esta hora, no en un solo individuo elegido sino a través de vosotros y a través de esa llama crística...

"Venid a mi corazón y conocedme, pues, como el Hijo, el 'fulgor' de Maitreya. Sabed, pues, que mi misión, que consistió en ir delante de él, incluso como Juan el Bautista fue delante de mí fue la de purificar el camino para la venida de este Cristo Universal en todos los hijos de Dios en la Tierra."[28]

Aun cuando Jesús no reveló el nombre de su gurú a los apóstoles —al menos no en las escrituras que sobreviven hasta nuestros días—, su relación con el gurú es clara en la Biblia. La mensajera explica: "Como está registrado en el Nuevo Testamento, Jesús habló a menudo del Padre que lo había enviado. Son de notar sus palabras después de su triunfal entrada a Jerusalén el Domingo de Ramos, sólo unos días antes de su celebración de la Última Cena. En este llamado oímos gritar a Jesús, casi con desesperación, para que sus discípulos lo conozcan como mensajero del Cristo Cósmico, su amado gurú Maitreya.

Jesús lloró y dijo, El que cree en mí, no cree en mí, sino en aquel que me ha enviado.

Y el que me ve a mí, ve a aquel que me ha enviado…

Porque yo no he hablado por mi cuenta; sino que el Padre que me envió me ha mandado lo que tengo que decir y hablar.

Y yo sé que su mandato es vida eterna. Por eso lo que yo hablo lo hablo como el Padre me lo ha dicho a mí.[29]

"Jesús quería que sus apóstoles conocieran al que él llamaba Padre como el maestro ascendido Maitreya, quien puso su presencia sobre él como su gurú a lo largo de su encarnación final. Y quería que lo conocieran a él mismo como el enviado de Maitreya. Porque de ese modo no adorarían su carne y su sangre sino que adorarían la continuidad del Verbo Encarnado, que estuvo en el origen con Dios y con el Señor Maitreya y sus predecesores, el Señor Gautama Buda y el Señor Sanat Kumara, como ahora estaba en Jesucristo.

"Lo que es más, el maestro quería que los suyos conocieran el Verbo Encarnado en él como la 'Luz' misma que, dijo a Juan, 'era la luz verdadera, que ilumina a todo hombre que viene a este mundo.'" [30, 31]

Jesús quería que lo conocieran como el avatar de la Era de Piscis y como un vínculo en la cadena jerárquica de los Budas y de los Cristos Cósmicos. La mensajera explica el significado interno de sus palabras y de la declaración de su misión: "Así, el Maestro habría dicho a los suyos:

"Si me habéis visto, habéis visto al Señor Maitreya, habéis visto a Gautama Buda, habéis visto a Sanat Kumara, porque cada uno en su turno y época ha encarnado al Padre. Y no sólo habéis visto a los representantes del Padre en aquellos que han patrocinado mi cristiedad y mi misión, sino que también habéis visto al Padre como la poderosa Presencia YO SOY sobre mí e ingresando a mi templo:

"'Pues yo y el Padre somos uno.' [32]

"'El Padre que mora dentro —en tanto Presencia YO SOY y gurú viviente— dicta las palabras que yo pronuncio y las obras que realizo...

"'Y como 'subo a mi Padre y vuestro Padre, a mi Dios y vuestro Dios', [33] os patrocinaré en este camino de los discípulos del Cristo Cósmico que se convierten en los bodhisattvas del Buda Maitreya. Como YO SOY, también vosotros podéis llegar a ser. Si no elegís este llamado que os ha enviado vuestro Padre y vuestro Dios a través de mi mensaje, entonces habré fracasado en mi misión y vosotros habréis fracasado en la vuestra.'

"Explicó entonces Jesús a sus discípulos el poder sin límite del Padre que está investido en su nombre. Prometió transferir este poder a sus discípulos, al hacer 'todo lo que pidáis en mi nombre', para que el Padre fuera glorificado en el Hijo".[34, 35]

Así, entendemos que para realizar nuestra misión y alcanzar la victoria, debemos también nosotros pasar a formar parte de esta cadena jerárquica. Debemos acudir al llamado de Jesús para convertirnos en sus discípulos: los disciplinados.

"Yo y mi Padre somos uno"

Una de las claves que Maitreya dio a Jesús cuando éste se encontraba en el Oriente,[36] fue el uso del mantra "Yo y el Padre somos uno". Maitreya explica:

"'Yo y el Padre somos uno' es el mantra de la protección de la relación gurú-chela que di al Hijo del Hombre. ¡Yo y el Padre somos uno! Cuando pronunciáis estas palabras, el linaje de vuestros maestros ascendidos está contigo, la Presencia Electrónica de Jesús está sobre ti, tu propia Presencia YO SOY y el Ser Crístico están allí y yo estoy allí: al instante…

"Pues, verás, el mantra 'Yo y el Padre somos uno' es en realidad un llamado. Es un llamado que puedes hacer en momentos de peligro, de caos, confusión, accidente, enfermedad o cualquier necesidad, siempre y cuando tengas la percepción de que el llamado no puede fracasar y no lo hará mientras comprendáis quién es el Padre. El SEÑOR Dios Todopoderoso es el Padre, y sus emisarios, a quienes ha dado el manto de su Presencia YO SOY para enseñar a la humanidad, son el Padre. Así, el mantra 'Yo y el Padre somos uno' utiliza el nombre YO SOY para confirmar el lazo de nuestra unidad.

"Por ley cósmica no puedo dejar de responder al llamado de este mantra. La única variación en mi respuesta está en vuestra vibración. Porque aunque puedo estar con vosotros, es posible que no lo sintáis hasta que hayáis sofocado la turbulencia de vuestras emociones."[37]

"Yo y el Padre somos uno" es un mantra que puedes pronunciar a todo lo largo del día. Puedes colocarlo en tu escritorio o en tu espejo para que te recuerde tu unión con Jesús en tanto su discípulo y para que recuerdes pronunciar el mantra frecuentemente.

El retiro de Jesús en Arabia

En este dictado, Jesús nos invita a viajar a su retiro localizado en la octava etérica sobre el desierto de Arabia Saudita, al noreste del Mar Rojo.[38] Nos promete que, si acudimos a su retiro, será nuestro tutor en los misterios secretos, cara a cara, del mismo modo como fue tutor de los apóstoles Pablo y Juan.

En Gálatas 1, 17, Pablo habla de su viaje a Arabia: "Sin subir a Jerusalén donde los apóstoles anteriores a mí, me fui a Arabia, de donde nuevamente volví a Damasco".

La mensajera explica el significado de este pasaje: "Pasó tres años en el desierto de Arabia Saudita, donde comulgó con Cristo. Quizás no sepamos lo que hizo allí pero sabemos que el retiro etérico del maestro ascendido Jesucristo está sobre Arabia Saudita en la octava etérica. De modo que podemos ver al apóstol acercarse a este retiro tanto como pudo y comulgar con Jesús, quien le entregó los misterios, misterios de los que Pablo dijo no era legítimo que pronunciara un hombre.[39] Jesús le entregó las llaves internas para la vida, enseñanzas sólo reveladas hasta hoy, enseñanzas muy adelantadas para su época, enseñanzas que fueron una gnosis o autoconocimiento.

"Y así, Pablo obtuvo los misterios interiores lo mismo que los rituales externos. E instauró una regla y un orden y, a través de sus epístolas, amonestaciones para el manejo de las iglesias. Pero tuvo también, para los iniciados, aquellos sagrados misterios y un camino de iniciación."[40]

Los Ejercicios Espirituales del capítulo 3 incluyen una oración para ir a los retiros etéricos. Puedes usar esta oración o formular la tuya propia para pedir a los ángeles que te lleven al retiro de Jesús mientras duermes.

Madre María

En este dictado, Jesús llama a sus discípulos a "familiarizarse con mi Madre, María, y no rechazarla". Un modo de hacerlo es recitando su oración, el "Ave María", y el rosario.

La mensajera ha explicado que el "Ave María" no es sólo una oración a María sino una plegaria universal a la Madre Divina: "[María] me dio un rosario nuevo y una nueva meditación sobre la llama de la Madre. Me explicó que el nombre *María* significa 'rayo de la Madre' y que toda la gente, hombres y mujeres por igual, deben meditar en este rayo de la Madre, esta llama de la Madre, quien es una fuente de fuego vivo en nuestro interior. Es una fuente de pureza. Debe ser avivada, elevada y liberada.

"Cuando la Madre adquiere preeminencia y preponderancia al interior del templo de nuestro ser, aviva a Dios Padre, Dios Hijo y Dios Espíritu Santo. Vemos, pues, que la Madre en la Tierra es quien nos ayuda a comprender al Padre y nos enseña sus leyes. Nos permite comprender la sabiduría del Hijo y nos muestra la manera en que el amor de Dios es la acción de la labor sagrada en el Espíritu Santo.

"Y de ese modo María Madre me dijo que el rosario no es una adoración idólatra de su persona. Es tan sólo la entrega de la propia energía a través de la Ciencia de la Palabra Hablada a la Madre del universo, la Madre del cosmos y la fuerza de la Madre, la fuerza vital que nos habita. El avivamiento de esta energía desemboca en la reunión del alma con el Padre.

"Madre María... desea que entendamos que el término *Madre de Dios* significa a la que nutrirá la llama de Dios en la Tierra y en el cielo, pues patrocina a la vida al hacerse cargo del cuidado de los niños y de proyectos creativos y del trabajo que es necesario aquí. Y así me dio el 'Ave María' para todos los que están entrando en la Nueva Era y se dan cuenta de que la era de Acuario es la era en que la Madre abre la llave al Espíritu Santo:

Ave María

Ave, María, llena eres de gracia
el Señor es contigo.

Bendita eres entre todas las mujeres
y bendito es el fruto de tu vientre, Jesús.
Santa María, Madre de Dios,
ruega por nosotros, hijos e hijas de Dios,
ahora y en la hora de nuestra victoria
sobre el pecado, la enfermedad y la muerte.

"Madre María quiere que entendamos que Dios no nos aprisiona en un puño mortal de pecado y de sentido del pecado, sino en la visión inmaculada de su Ojo Omnividente, como el hijo y la hija que son el fruto de la unión de Dios Padre-Madre."[41]

"Velad conmigo una hora"

La siguiente solicitud que hace Jesús es: "Pido que renovéis vuestro compromiso a velar conmigo, a sostener mi 'Vigilia de las Horas'".

Este servicio de oraciones, cánticos y decretos conmemora la vigilia que guardó Jesús en el Huerto de Getsemaní mientras sus discípulos dormían. Hoy nos dice, como dijo entonces a sus discípulos, "¿Con que no habéis podido velar una hora conmigo?"[42]

Jesús está presente mientras ofrecemos semanalmente este servicio religioso en su nombre. También nos ofrece que todos aquellos que se comprometan a ser sus discípulos como Guardianes de la Llama, tendrán sus esferas de luz y su Sagrado Corazón sobreimpuestos sobre su cabeza a través de la vigilia semanal.

La mensajera describe lo que experimentó una noche con la presencia de Jesús mientras realizaba este servicio: "Sentí que Jesús colocaba su Presencia Electrónica sobre mí. Fue tan físico que podía ver el hermoso color dorado de su cabello, su piel y su Presencia entera." Dijo que "para lograr sostener su Presencia, se necesita de mucha concentración y meditación. Mientras su Presencia está sobre nosotros, él está tejiendo una filigrana de luz a nuestro alrededor que tiene lugar conforme Jesús viene a fundir su cuerpo de luz con el nuestro. Está tejiendo su cuerpo al nuestro ayudándonos a remendar los agujeros y desgarraduras de nuestras propias vestiduras y a curar las cargas de nuestra alma y de nuestros cuatro cuerpos inferiores".[43]

Es por esta razón que, cuando realizas este servicio semanal, deberías buscar un lugar en el que no seas molestado. El Maestro dijo que es cuando se entona el cántico de apertura que él coloca su Presencia Electrónica sobre aquellos que están a la espera de lo que él llamó su "Misa de Noche de Miércoles". Al terminar este cántico, debes sellar tu habitación y entrar en meditación y concentrarte totalmente en el servicio y en la Presencia de Jesús en ti.

La mensajera prosigue: "Jesús me reveló que una vez que construye un campo de fuerza con los ángeles y con todos aquellos que invocamos a nuestro alrededor durante el servicio una hora de "Velad Conmigo", es entonces el momento de nuestra mayor receptividad a su Madre, María… Durante la primera hora estamos saturados por el Sagrado Corazón de Jesús, en la energía de filigrana que él construye dentro de nuestro campo de fuerza, la que se multiplica cada semana si realizamos con regularidad la vigilia. En ese momento podemos beber de la totalidad de la Madre bendita. Al rezar el rosario, Madre María ancla su enorme amor y entonces funde su Presencia Electrónica con nuestra Presencia, y nos vestimos con la llama de la Madre como polaridad de la llama de Jesús...

"Nuestro 'Velad Conmigo' Vigilia de las Horas de Jesús, es una ocasión muy santa. Recuerda meditar profundamente cuando veles, no sólo pronunciando las palabras sino entrando verdaderamente en un estado de profunda meditación, y mantén los ojos cerrados cuando hayas memorizado las lecturas, los cánticos y los decretos. Cuando participamos en este ritual estamos sellados como si estuviéramos en el Aposento Alto con Jesús y sus discípulos. Las puertas están selladas y Jesús entra."[44]

Escribe una carta a Jesús
y pídele que te acepte como discípulo

Quizás desees escribir una carta a Jesús pidiéndole que te acepte
como discípulo. Los maestros nos han dicho que podemos es-
cribirles y luego consignar nuestra carta al fuego físico.

Llama a Jesús para invitarlo a entrar
al templo de tu cuerpo

"Como os he dicho, 'Ocupad hasta que vuelva', así os digo ahora,
permitidme ocupar. Pues debo contar, amados, con vuestro
consentimiento, vuestro asentimiento para entrar a cualquier
parte secreta, sagrada de vuestro ser que hayáis mantenido en
la mayor privacidad: compartimentos de vergüenza o de va-
nagloria o de autocondenación. Sea como sea, amados, os pido
(pues vuestro libre albedrío debe ser tomado en cuenta) que
digáis sencillamente:

¡Jesús, te pido entres en todo mi templo ahora!
¡Por mi libre albedrío, por mi dominio divino, te doy
la bienvenida!
Y me despojo de todo, mi Señor.

"Así sea. Está hecho y estoy entrando, amados. Si pronunciáis esta orden con regularidad, entonces cada vez que vuestro cuerpo pase a través de los fuegos purificadores de mi corazón y sea lavado por las aguas del Verbo encarnado, encontraréis una y otra vez la oportunidad de recibirme... Así, cada vez que vuelva, incluso cuando ingreséis al 'Velad Conmigo', la Vigilia de las Horas, podéis decir esto y yo podré entrar en vosotros a niveles más profundos y realizar otras purificaciones."[45]

"Yo y el Padre somos uno"

Recuerda pronunciar el mantra de Jesús, el que recibió de su gurú, Maitreya. Al pronunciar este mantra, afirmas tu propio lugar en la gran cadena jerárquica.

Yo y el Padre somos Uno.

Medita semanalmente con Jesús realizando su servicio "Velad Conmigo", Vigilia de las Horas.

Donde quiera que estés, puedes cumplir con este llamado del Maestro. Todo lo que necesitas es el cuadernillo "Velad Conmigo" y un lugar en el que nadie pueda molestarte. Si tienes la grabación del servicio, puedes realizar este hermoso servicio curativo en tu propia casa, acompañado por la mensajera y por muchos otros discípulos.

¿Cómo responderás al llamado de Jesús?

"Os llamo a ser mis discípulos."
"Pido que renovéis vuestro compromiso
de velar conmigo, de sostener mi 'Vigilia de las Horas.'"

¿Qué significa para mí este Llamado?
¿Qué haré para responder a este Llamado?

¡Convertíos en ese Cristo!…
Ha llegado la hora de que seáis verdaderos pastores
y ministros.

El día de vuestra cristeidad
Mantened la llama de la vida eterna

Vengo de la luz, nunca ausente sino siempre haciéndoos conscientes, amados, de mi llegada, para que podáis daros cuenta de que vuestra propia proximidad con el Cristo Universal tiene que ver efectivamente con los preparativos de la novia. Conforme invoquéis diariamente este traje nupcial por la ciencia del sonido, sabed que éste es el cáliz que requiero [para] entrar a vuestro corazón y a vuestro ser, para habitar en vosotros, para caminar con vosotros, para ser parte del gran estallido de esta era.

Permitid que mis discípulos, pues, cumplan la Palabra de luz y la Ley del Uno. Porque yo, Jesús, en tanto el Novio, deseo que mi perfecto amor [esté] con vosotros para daros esa unión de Cristos que vuestras almas han anhelado y clamado.

Corazones benditos, debe haber un sostén, un flujo continuo de luz. Permitid que el discipulado, pues, sea vuestra razón de ser, y vuestra meta, alcanzar el Absoluto.

Nuestro deseo, como huestes ascendidas de luz, es trabajar diariamente con vosotros [a fin de] que esta alma en vuestro interior sea formada y reformada por los fuegos sagrados del Espíritu Santo….

Corazones benditos, ha llegado la hora y el día de indicar el momento: 1º de noviembre de 1987.[1] Indicadlo bien, amados, porque es una fecha escrita en el Libro de la Vida. Y por esta razón y en esta fecha vengo a estas Ciudades Gemelas [Minneapolis y Saint Paul] a celebrar nuestras llamas gemelas, todos y cada uno de vosotros como Alfa y Omega.

He venido a traeros, pues, la Palabra de nuestro Padre, y es ésta: Ha llegado la hora de que comprendáis, amados, que nada excepto la venida de Cristo será suficiente como el cumplimiento o requerimiento de la Ley. Demasiado tiempo y el suficiente habéis sido bendecidos y alimentados por otros ungidos, durante demasiado tiempo habéis venido a recibir el servicio en vuestras iglesias, en vuestras sinagogas, templos y mezquitas.

Daos cuenta, pues, que aquellos que reciben una luz, un testigo, un testimonio de las huestes ascendidas, aquellos que conocen ahora el verdadero camino de la geometría de Dios, aquellos que hace tiempo debían haber internalizado la Palabra, han recibido la señal en esta hora. Y es la señal del Espíritu Santo. Es éste el día en que el camino de vuestra cristiedad debe comenzar con sinceridad. No [lo pospongáis] hasta mañana sino hoy mismo, mi Cristo, vuestro Cristo.

Si consideráis éste como el primer día —si así lo deseáis— de un sincero discipulado en mi llama y en mi corazón, os atraigo si queréis ser atraídos. Os recibo y en efecto seréis recibidos. Por consiguiente, amados, sabed que yo, Jesús, declaro este día, formalmente con mi Padre, como el comienzo de un camino de portadores de luz del mundo que saben que en mi manto y en mi incentivo hay un don por recibir: por merecer y por ganar.

Yo, Jesús, vengo a vosotros, amados, en esta hora a impulsaros. Pues no os abandonaré excepto a explícita solicitud vuestra. Y por consiguiente seré como el "sabueso del cielo".[2]

Demasiados continúan durmiendo y a pesar de haber sido despertados prefieren sin embargo dormir. Apresuraos, amados, y sabed que la responsabilidad es vuestra de hoy en adelante, y que la Ley la exige para vuestra salvación, para la supervivencia misma de la propia alma.

Los ciclos cósmicos han cambiado. Y en su curso, incluso los días y las horas de vuestra vida ahora contadas deben estar llenas de luz y la copa ser llenada diariamente. Porque, amados, si no me prestáis atención, os encontraréis al finalizar esta vida requiriendo la luz necesaria para hacer la transición a octavas más altas.

Tal como preveo la situación el mundo, no os recomiendo en el total honor cósmico que planeéis reencarnar nuevamente en esta Tierra.

¡Ha llegado la hora de vuestra realización! Vuestra cristiedad está próxima y ha estado tocando a la puerta durante muchos años y muchas vidas. Y algunos que conocen este camino y han recibido, como ocurrió en efecto, una

resucitación boca a boca mediante los chakras de la mensajera, han retenido la luz y sin embargo no buscaron la maestría de la luz, el autoperfeccionamiento en la luz, la protección de la luz y la voluntad de ser como ES DIOS.

Así, nos ocupamos de vosotros. Ahora decimos: ¡Convertíos en ese Cristo! Recibid a vuestro Señor y vuestro Dios en vuestro templo. Y yo, Jesús, como vuestro hermano, caminaré a vuestro lado, conversaré con vosotros, os aconsejaré. Y me conoceréis en el amor que compartí con Juan, mi amado. Conoceréis la intimidad de la comunión del amor y de la iniciación del amor.

Llevad a vuestro corazón, pues, las lecciones dadas por Saint Germain. Resolveos a conservar la llama de vida que es vuestra propia cristiedad, porque sólo en esa llama crística tendréis la vida eterna.

Benditos, vuestra vida eterna no es algo para dejar de lado, como un vestido, o para delegar al cielo. Necesitáis una lámpara en la que una llama de vida eterna arda continuamente. Porque el día o la hora en que sobrevenga la noche oscura del Espíritu, o incluso la noche oscura del alma, es esta luz la que alumbrará vuestro camino y la que os guiará a vuestra casa.

Uno y varios, muchos y miles dependerán de esta luz. Y el día de vuestra aparición en este Cristo estaréis agradecidos con Dios de haberme escuchado y atendido a mi palabra. Pues de ese modo veréis que diez mil pueden ser salvados porque la llama de vida eterna arde brillante en el templo del ser.

Sentidla ahora, amados, pues hago uno mi sagrado corazón con el vuestro, uno solo para el ímpetu del equilibrio de la llama trina, uno solo para el ímpetu de los doce pétalos del chakra del corazón a fin de proporcionaros ahora, una a una, las iniciaciones de las doce puertas del templo, incluso los siete chakras y el octavo y los cinco chakras de los rayos secretos. Así, el decimotercero es la liberación del Todo hacia todos vosotros. Por el sendero del sagrado corazón, por el sendero del rayo rubí, triunfad de ese modo con gracia y con buenas obras, triunfad de ese modo con bondad y desprendimiento.

Yo, pues, predigo vuestro futuro. Porque en este día he estudiado el registro del Libro de la Vida para todos y cada uno de las corrientes de vida que vienen a este seminario y para todos los individuos que son llamados Guardianes de la Llama en todo el mundo. Mi predicción, pues, dados los sucesos venideros, dado vuestro propio karma, es que el único camino para salir del dilema de la ecuación humana es actuar ya.

¡Escuchadme, amados! Nunca fui más sincero. He clamado al SEÑOR a favor vuestro. Y los emisarios de Dios han traído luz y enseñanza abundantes.

¡Escuchadme, amados! Pues incluso mi súplica es mesurada. Porque el Padre me ha dicho: "¿Cuántas veces suplicarás por su propia causa de vida eterna, Hijo mío?" Así, la Ley y la dispensación del karma lo permite pero no por siempre.

Por consiguiente, ¡escuchad mi clamor hacia vuestra alma! Escuchad mi clamor para levantaros, para encenderme en favor de vuestra devoción y vuestro fervor, para conocer la vida interior, para desear sentir el flujo del fuego sagrado en vuestro ser y para desear esto hasta que, gracias a que lo imploréis, como en la parábola del juez injusto,[3] responda Dios.

Porque el alma que mortifica al SEÑOR recibe verdaderamente su recompensa. Si vuestro deseo es sincero e imploráis a Dios diariamente, os digo, amados, que el Padre no os privará de todas las pruebas e iniciaciones, de todas las enseñanzas y correcciones interiores, de todas las indicaciones que demandéis a la fuente del conocimiento, incluso de la gnosis, incluso de mis propias enseñanzas perdidas.

¡Amados, escuchad, pues, la Palabra del Hijo de Dios y vivid! YO SOY vuestro hermano de luz. Vengo a vosotros en tal realidad con mis ángeles en esta hora. Vengo para rescataros. Y vengo para que vuestro rescate pueda a su vez rescatar a otros. Ha llegado el momento de que seáis verdaderos pastores y ministros, ministrando la Palabra en el altar y de que cuidéis a las almas que tienen necesidad de esa luz…

Sabed, amados, que abandonar el cuidado de la llama de la vida eterna es el primer acto de suicidio. Que no se diga de esta generación que perdió la Palabra, tan presta a descender a sus templos para salvar un planeta y un pueblo. No puedo hablar de un modo distinto ¡porque os corresponde la misión mesiánica! La palabra *mesías* significa sencillamente "líder". Algunos se deben elevarse y dirigirse.

He aquí a la Madre Divina, quien os conduce por la escalera espiral. Seguid, pues, a la Madre Divina hasta vuestra propia corona de vida. Seguidla, pues. Al marcar el paso, siendo como son las modas en este mundo, muchos os seguirán. Parece una locura en sí misma que la gente siga a otros para hacer casi cualquier cosa, incluso cuando se trata de algo evidentemente ridículo o de una profanación de la vida.

El ejemplo puesto por la luz en vosotros debe ser una aceleración. Os dirijo, pues, al ejemplo de mi mensajero Mark, quien hoy ascendió a mi lado. Éste que vivió entre vosotros tenía verdaderamente el carisma del Espíritu Santo, que es la presencia en el aura del magnetismo del amor. Esa presencia se convirtió en un perfil de cristeidad impreso en los éteres de la Tierra. Hay muchos que caminan siguiendo ese perfil actualmente, aunque no saben que lo siguen.

Daos cuenta, amados, de que todas las almas de la Tierra leen vuestras huellas. Y aquellos iluminados que desean conocer a la Gran Hermandad Blanca e ingresar en ella siguen a los que se llaman discípulos a sí mismos. Por consiguiente, no seáis más discípulos sino ungidos. ¡Yo, Jesús, lo declaro! Os conmino y os comando como míos. Asumid la dirección. Porque muchos deben seguiros, y ello rápidamente, antes de que la era le cierre las puertas a mi dispensación.

YO SOY Jesús de Nazaret. YO SOY de vosotros. Recibidme ahora y recibid la porción de la sagrada Comunión como signo y como promesa de que os doy de mi esencia de vida, de mi fuego espiritual, de mi cuerpo en tanto Madre.

Que mi Alfa y mi Omega logren en vosotros la aceleración. Devolvédmelo luego multiplicado y con buenos frutos. Tal es el requerimiento de la Gran Ley y del Gran Gurú, nuestro Dios.

Os veo ahora y a vuestra llama gemela en el cielo. Y mi ojo interior está fijo en vosotros y en vuestro amado complemento que reside en vuestros cuerpos interiores de fuego blanco. Retengo esta imagen en mi visión interna hasta que rechacéis mi sendero, mi consejo y mi consuelo.

YO SOY vuestro Jesús. Ahora os digo: ¡sed mi Cristo!

Con el signo de nuestra Unión y la Ley de la Palabra, YO SOY con vosotros siempre… hasta el fin de vuestras tribulaciones en esta era.

AUM AUM AUM

En la Unión del Todo, YO SOY vuestro Verdadero Ser.

1º de noviembre de 1987
Día de Todos los Santos
Hotel Hilton de Minneapolis
Minneapolis, Minnesota

Comentario

Daos cuenta, amados, de que todas las almas de la Tierra
leen vuestras huellas.
Y aquellos iluminados que desean conocer a la Gran Hermandad
Blanca e ingresar en ella siguen
a los que se llaman discípulos a sí mismos.

Jesús

En este dictado Jesús intensifica su Llamado hasta convertirlo en orden: "¡Convertíos en ese Cristo!" y nos dice que si recibimos al SEÑOR en nuestro templo, él caminará a nuestro lado como un hermano, hablará con nosotros y nos aconsejará.

Nos dice: "Corazones benditos, ha llegado la hora y el día de indicar el momento: 1º de noviembre de 1987. Indicadlo bien, amados, porque es una fecha escrita en el Libro de la Vida [...] He venido a traeros, pues, la Palabra de nuestro Padre, y es ésta: Ha llegado la hora de que comprendáis, amados, que nada menos que la venida de Cristo será suficiente como el cumplimiento o requerimiento de la Ley. [...] Es este el día en que el sendero de vuestra cristeidad debe comenzar con sinceridad".

La mensajera explica el significado de este llamado para todos nosotros, hayamos estado presentes o no para recibir el dictado. "Cualquiera que sea el día en que escuchéis este dictado o lo leáis, en ese día se vuelve realidad para vosotros y sabéis que es el día en que el sendero de vuestra cristeidad debe comenzar con sinceridad. Debéis señalar ese día y esa fecha.

"La sinceridad en ese camino significa aceleración. Es un deseo ardiente en tu corazón, y un cosmos responde y ustedes están verdaderamente comprometidos con la cristeidad personal. Hay una diferencia entre comprometerse y no comprometerse del mismo modo en que hay una diferencia entre la asimilación —la total digestión de la Palabra hasta que reside en cada célula de sus cuatro cuerpos inferiores— y el hospedaje, cuando haces espacio para ello en tu vida pero no permites que ingrese verdaderamente.

"Las personas que hospedan la Palabra son aquellas que observan los rituales de la Iglesia y afirman su creencia en una cierta doctrina y un cierto dogma, pero nunca asimilan realmente la Palabra que estaba encarnada en Jesucristo. Así, hacen sitio para ello en su vida pero no en su conciencia ni en su ser interior.

"El compromiso es una cierta concentración de la mente en Dios, y la propia mente jamás abandona a Dios, jamás abandona la mente de Dios, y el propio oído interno escucha permanentemente el llamado de Dios o el llamado de aquellos necesitados en la Tierra. Uno está perpetuamente a disposición de Dios cuando se está en el sendero de la cristeidad. Uno ve todas las experiencias como parte del ritual del perfeccionamiento de la Palabra en él, su asimilación. Y sólo entonces, por supuesto, podemos tener el perfeccionamiento del trabajo externo, que es resultado de la Palabra interna y su asimilación."[4]

La fecha en que recibes este Llamado del Maestro puede ser una fecha clave en tu vida. Como lo explica la mensajera: "Estoy segura que Jesús señaló esta fecha porque quería que la señaláramos en el reloj cósmico[5] y que estudiáramos la astrología de esa fecha, la yuxtaposición de fuerzas de luz y oscuridad debido a la cual nos llamó nuestro Señor en ese momento porque nos necesitaba, y nos necesita todos los días del resto de nuestra vida tal y como nosotros lo necesitamos a él. Y así, ese momento, según se configure en tu carta astrológica, te revelará el perfil de tu cristeidad que manifestarás en esta vida si pones tu mente, tu corazón y tu alma en ello. Nada en este mundo puede impedir que manifiestes tu cristeidad excepto tú mismo.

"Puedes tener varias metas en tu vida actualmente y una meta central que te apasiona por completo. Te invito a que ores para saber cómo pueden converger todas tus metas en el sendero de la cristeidad. Para ti, convertirte en ese Cristo puede significar ser ama de casa y tener una familia e hijos o ser un profesional o hacer todo tipo de cosas que son necesarias para manifestar impulsos positivos de karma y para saldar el karma negativo. Todas estas cosas pueden converger.

"No tienes que renunciar a nada, sólo si cae en la categoría de un modo de vida incorrecto [u otras actividades que no son compatibles con el Sendero Óctuple del Buda]. Todo aquello que sea recto en la pureza del Cristo y del Santo Ser Crístico, todo aquello que sea recto para la manifestación búdica en tu interior —que es amor, alegría y desprendimiento del ser— todo ello puede convertirse en parte de tu cristeidad. Pero renuncia a cualquier otra cosa que estés haciendo que no sea parte de tu cristeidad. Sencillamente tírala...

"No necesitas tener una parte de ti mismo en el plano astral para ser feliz. Quizás pienses que sí porque te has hecho dependiente de las vibraciones del plano astral y de la gente, que es una parte del plano astral, o del peso de tu karma y de tu propio cuerpo emocional.

"Pero si realmente deseas ser libre, debes saber que el verdadero sacrificio es cuando conservas toda esa basura y todo ese equipaje. Es un sacrificio en la medida en que estás sacrificando tu cristeidad a ese sucio revoltijo que nada significará para ti en lo que toca al continuo proceso de vida eterna. No es un sacrificio ser el Cristo. Es la más grande de las alegrías y el mayor de los dones que Dios nos ha dado...

"De modo que reconozcamos que al hablar de un sendero de entrega, sacrificio, desprendimiento y servicio, no se trata de un sendero de autonegación. Es un sendero de afirmación del Ser Verdadero y de desprendimiento de todo aquello de nosotros mismos que no es real. Éste elixir que les doy en este momento es un elíxir tan importante e intenso como para que te desprendas para siempre de esas cosas a las que sigues regresando y a las que te sientes apegado, cuando todas las cosas que son verdaderamente importantes en la vida ya son tuyas en abundancia, en alegría, en felicidad, en gloria.

"No existe un sendero de sufrimiento. No hay un sendero de pesares. No lleves a cuestas la carga de la persecución. Viene incluido en el paquete. ¿Y qué? Ten compasión por aquellos que en su ignorancia no saben lo que hacen. Y cuando sepas de ellos, envíales el poderoso amor de tu corazón. O funcionan el rayo de amor y el rayo del rayo rubí, o no funcionan. Y sabemos que funcionan. Permite que consuman el odio y la generación de odio, el malentendido.

"Cuando sepas de estas cosas, no te salgas del centro de tu cristeidad. No seas desplazado. No te alteres. No caigas en vórtices de miedo... no permitas que los diablos te estremezcan. No les permitáis azoraros. No les permitáis que os hagan vacilar. No les permitas que te confundan y te hagan sentir mal y deprimido respecto a ti mismo. Sabe sencillamente que cuando surja esa luz, vendrá la oscuridad, y viene para la transmutación. Y así, tienes que suspender lo que estás haciendo y durante cinco minutos dar fíats poderosos al SEÑOR, y luego continuar con lo que estás haciendo. Que no te muevan. Todos los problemas en tu vida pueden ser resueltos y lo serán en tanto no te salgas de alineación con el Cristo vivo."[6]

Hilar el traje nupcial

En el primer párrafo de este dictado, Jesús se refiere a nuestra alma como su novia y dice que debemos esforzarnos para ser esa novia de Cristo. El alma es el potencial femenino del ser, tanto en el hombre como en la mujer, en el sentido en que es la parte de nosotros que ha descendido del Padre, la Presencia YO SOY, para evolucionar en los planos de la Madre, que también es materia. Así, al acercarnos a nuestro Ser Crístico, o a Jesús como representante de ese Cristo, lo hacemos como la "novia", la polaridad femenina. Y esto es cierto, así portemos un cuerpo físico masculino o un cuerpo físico femenino en esta vida.

Jesús habla también del "traje de boda" que debemos invocar diariamente a través de la Ciencia de la Palabra Hablada. Es éste el término que encontramos en la Biblia, en la parábola de Jesús del festín de bodas.[7] Los maestros se refieren también a este traje de boda como el "manto sin costuras" o el "cuerpo solar inmortal". Hilamos este ropaje de luz a nuestro alrededor cuando invocamos la luz diariamente a través de nuestros decretos. Este receptáculo de luz se convierte en el cáliz que Jesús puede usar para entrar a nuestro corazón, y es también el ropaje de luz pura que viste nuestra alma a la hora de nuestra ascensión.

¿Cómo nos convertimos en el Cristo?

La maestra ascendida Porcia dice: "No aceptéis que son necesarios muchos años o muchas vidas para lograr vuestra cristeidad , como tampoco cultivéis la locura de que el logro de la cristeidad se obtiene fácilmente. No es fácil obtenerlo, amados, pues de ser así hace mucho lo habríais obtenido, ya que muchos de vosotros sois devotos de gran fervor".[8]

Convertirse en el Cristo es un proceso, algo en lo que debemos comprometernos día tras día. La mensajera nos dice: "El Morya afirma que antes de la venida del Cristo, el discípulo se convierte, en ocasiones o a menudo, en el receptáculo de ese Ser Crístico.[9] Así, primero somos el receptáculo, y en el proceso de ser el receptáculo del amor de Cristo, la verdad de Cristo y las cualidades de Cristo, estamos poniéndonos esa unción de verdad, esa unción de amor. Vamos saturándonos con él y comenzamos a asumir sus características. Comenzamos a pensar como piensa Jesús. Y cuando decimos '¿Qué haría Jesús?' sabemos exactamente lo que haría y, en consecuencia, lo que haremos. Es un proceso muy gradual. No ocurre de la noche a la mañana, y por ello deben estar atentos día tras día hilando el traje nupcial".[10]

Los arcángeles Jofiel y Cristina nos ofrecen una clave para evaluar nuestro progreso en el proceso de nuestra cristeidad: "Cuando os escuchéis a vosotros mismos decir cosas que sabéis que vuestro Santo Ser Crístico no diría, entonces sabéis que ese Santo Ser Crístico ha ascendido muy alto por encima de vuestra propia cabeza y no puede entrar. Cuando decís cosas con un tono de voz condescendiente, crítico, con pesar o deprimido, sarcástico o desequilibrado por la vibración del chisme, entonces sabéis que vuestro Santo Ser Crístico no puede entrar; porque ésa es la Ley de Dios.

"Por consiguiente, seguid el camino de la imitación de Cristo. Hablad como si supierais o creyerais que es Cristo el que habla: con amor pero con firmeza, con severidad cuando sea indispensable, con piedad cuando haga falta, con dulzura cuando sea necesario, con la intensidad del fuego sagrado con que se despierta a un alma que no será despertada. Benditos, hablad como si Cristo hablara, y Cristo hablará a través vuestro…

"Pensad como si Cristo pensara, y Cristo pensará a través vuestro, y la mente de Dios se hará congruente con el receptáculo físico. Y no habrá separación, pues las cosas que son iguales a una tercera son iguales entre sí: ¡un solo Cristo, un solo Señor, una sola manifestación al interior de vuestro templo!…

"Cuando albergáis sentimientos que no son los sentimientos del Cristo compasivo, entonces sabéis que Cristo no está en vosotros. ¡Apresuraos, apresuraos a vuestro altar! Llamad, pues. Afirmad. Reemplazad. Practicad tener dulces pensamientos, dulces sentimientos, dulces palabras, y pronto saldrán naturalmente. Mostradlos a vuestros hijos, entre vosotros, y otros hablarán como vosotros habláis; porque todos los humanos son imitadores por naturaleza… Finalmente, amados, realizad obras que sabéis que Cristo realizaría, y rechazad aquellas en las que Cristo no incurriría."[11]

Escucha la voz de Dios que habla en tu interior

Obediencia a la voz de Dios que habla en tu interior es el primer precepto del sendero de la cristeidad. Es una habilidad que tenemos que desarrollar al seguir este sendero. La mensajera explica: "Si vas a obedecer la voz interior de Dios, ¿qué tienes que hacer? Escuchar. Algunas personas no escuchan porque no quieren oír. Algunas personas se vuelven de hecho físicamente sordas porque vida tras vida se niegan a escuchar la voz de Dios, y así Dios les ha quitado su oído externo como karma para que aprendan a buscarlo y deseen volver a tener el oído.

"Jesús dijo a sus discípulos: 'Si me amáis, guardaréis mis mandamientos'.[12] El maestro ascendido Jesús dice: 'Escuchad la voz interior que os guía… Escuchad la voz interior y obedecedla y todo será bueno para vosotros'".[13, 14]

¿Cómo aprendemos a discernir la voz interior, la voz de nuestro Santo Ser Crístico? Hay un enorme estruendo en el mundo que proviene de los mensajes de los medios de comunicación, así como de los pensamientos de otras personas; la conciencia de masas que incide sobre la nuestra. Está también el parloteo de la mente externa.

La mensajera explica el modo como podemos aprender a reconocer la voz interior y evitar el error de no seguirla cuando la escuchamos: "Quizás has tenido la experiencia de oír la voz interior pero la has ignorado… Conozco esa experiencia y sé cómo se manifiesta. Ocurre porque la voz interior es subjetiva. Es discreta. Es sutil. Te dice que hagas algo, y tú crees que es tu propia mente. Piensas que es una decisión que puedes obedecer o no, para que hagas o no algo, porque es una idea que surgió en tu cabeza y que puede ser o no correcta.

"Bien, hay circunstancias e ideas que surgen en tu cabeza, y se espera que las pongas a prueba a partir de todo lo que sabes acerca de la Ley. Pero cuando llegas en verdad a conocer la voz interior, la llama interna, ésta es inconfundible. La sientes en el chakra de la sede del alma. Cuando intentas ir en su contra, sientes dolor en el chakra del alma.

"Ahora bien, así de sensible debes volverte. Y mides la corrección o la incorrección de cada una de tus acciones a partir de que tu alma realmente experimente, o no, ese dolor porque estás actuando en conflicto con la voz interior del Ser Crístico. El alma oye esta voz y quiere obedecer pero en ocasiones permites que tu mente exterior o tus sentimientos exteriores caigan en un estado de racionalización… El alma te dará una lectura precisa de si estás siguiendo o no las órdenes de tu Ser Crístico."[15]

Ejercicios espirituales

Para discernir la voz interior

Aprender a discernir la voz interior es un proceso. Requiere de práctica y de experiencia. Podemos acelerar nuestro aprendizaje si lo hacemos conscientemente y permanecemos alerta a nuestros éxitos y fracasos. He aquí algunos pasos que pueden ayudarte a ello:

1. Al finalizar el día, saca tu diario y escribe todas las ocasiones en que escuchaste una voz interior hablándote. ¿Cuándo ocurrió? ¿Dónde te encontrabas en ese momento? ¿En qué pensabas en ese momento? ¿Cómo te llegó la voz?

2. ¿Cuál fue la indicación que recibiste? ¿Fue consistente con las enseñanzas de los maestros? ¿Fue práctica? ¿Cuál fue la vibración de la comunicación? ¿Cómo te sentiste al respecto en ese momento?

3. ¿Seguiste la indicación? ¿Por qué la seguiste o por qué decidiste no seguirla?

4. ¿Qué ocurrió como resultado?

5. ¿Qué aprendiste de la experiencia? ¿Provenía esta comunicación de los maestros, de tu Yo Superior, de tu yo humano o de alguna otra fuente?

6. ¿Qué harías distinto la próxima vez?

He aquí otra clave de la mensajera respecto a escuchar la voz interior: "¿Escuchas la indicación de tu Ser Crístico? ¿Eres obediente a la voz interior o siempre estás discutiendo y diciendo 'Esto es más lógico' y por tanto estás de esa pequeña forma teniendo un poquitín de fricción con tu ser interior o con tu voz interior? Cuando eso te ocurre, sabe que no has aprobado tus pruebas de sintonía o de obediencia, de modo que tu luz está limitada como consecuencia".[16]

Meditación para atraer el propio resplandor crístico

Hay un ejercicio simple proporcionado por el maestro ascendido Kuthumi que puede ayudarte a responder el llamado a "¡Convertirte en ese Cristo!". Dice Kuthumi: "Al meditar en la luminosa aura de un santo, de un maestro ascendido o de un ser cósmico, y al visualizar esa luz alrededor de vosotros con la mayor concentración, podéis aumentar la intensidad de vuestro propio resplandor crístico almacenado en vuestro cuerpo causal".[17]

Tómate cinco minutos para realizar esta meditación.

1. Siéntate en una postura que te permita meditar con la espalda recta. Puedes hacerlo en una silla con los pies apoyados en el suelo o sentado en flor de loto.

2. Cierra los ojos y centra tu atención conscientemente en tu corazón.
3. Elige un maestro ascendido o un ser cósmico con quien tengas afinidad y concéntrate en él.
4. Visualiza el aura del maestro a tu alrededor, rodeándote y envolviéndote en un resplandor de luz. (Si tienes problemas para visualizar, sólo piensa en este maestro y mantén la mente en una luz blanca.)

Una vez que termines el periodo de meditación, escribe la experiencia en tu diario.

¿Cómo responderás al llamado de Jesús?

> "¡Convertíos en ese Cristo!"… Ha llegado la hora
> de que seáis verdaderos pastores y ministros."

¿Qué significa para mí este llamado?
   ¿Qué haré para responder a este llamado?

Capítulo 6

Capítulo 6

El llamado a ser verdaderos pastores de los hijos de Dios.

El llamado a los verdaderos pastores
para andar entre la gente y pastorearla
La restauración de tu herencia divina

He aquí que vengo entre vosotros, oh pueblo de enorme fe. Oh mis hijos e hijas de la llama viva de la Verdad Cósmica, estoy entre vosotros en esta hora a partir del profundo amor del Padre y del Hijo por vuestra devoción a la Madre Bendita, por vuestra devoción a la vida y a la verdad, sea cual sea el curso al que [vuestra devoción] os haya llevado.

Sabed, pues, que en la plenitud de la alegría de los ángeles vengo a reunir a los míos hacia la victoria de la vida eterna, a llamaros y a volver a llamaros para que volváis a mi corazón y para que me veáis como YO SOY verdaderamente en la victoria de la ascensión: uno que anda en medio de aquellos que son iluminados y no necesariamente entra a esos caminos de religión y ortodoxia organizadas, [cuyos jerarcas] han encerrado mi corazón y mi enseñanza detrás de sus muros fortificados, donde se vuelven inmunes a los gritos de la gente o al papel que deberían desempeñar retando al malhechor.

¿Qué ha ocurrido al "Militante Eclesiástico"[1] en la Tierra que defiende la vida, cuando la muerte y el infierno se mueven en contra de las almas de un pueblo? ¿Dónde, pues, están los santos de ahora? Están fuera de sus muros, os digo, pues los verdaderos santos reconocieron hace mucho que esos muros no pueden contener ni albergar mi enorme cuerpo causal.[2]

Y, por consiguiente, debo en protesta venir de nuevo a volcar las mesas de los cambistas en el templo.[3] Son estos los que conspiran con movimientos mundiales de totalitarismo, los que aceptan prebendas y cuestionan y niegan el verdadero camino de la libertad del alma individual y de la correcta herencia de todos los hijos de Dios para caminar y hablar conmigo y comulgar conmigo como caminé y hablé con mis discípulos durante tantos años, incluso muchos años después de mi resurrección. Pues permanecí en la Tierra, y el texto gnóstico *Pistis Sophia* es en efecto testigo de ello, incluso como lo hace el Padre de la Iglesia Irineo al comentar que yo enseñaba bien entrado el [quincuagésimo año. Y así era].[4]

Benditos, los misterios que enseñé han sido prohibidos y denunciados como herejía y, por consiguiente, vosotros sois hoy como corderos trasquilados al haber aceptado la mentira ortodoxa del pecado y la condena.

En consecuencia, llegados el momento y la hora de una era de destino, cuando los poderes oscuros de este mundo están determinados a hacer la guerra para destruir y tomar este continente por entero, os digo que como ellos no os transmiten la gran enseñanza de mi corazón, entonces los verdaderos pastores no se alzan. Así, los lobos disfrazados de ovejas[5] en la Iglesia y en el Estado arrebatan a los míos efectivamente la gran Verdad de las eras.

Pero YO SOY vuestro hermano y vengo a vuestro lado en esta hora de necesidad y de crisis mundial. Os llamo no sólo a ser mis discípulos, [sino] os llamo [también] a ser pastores y a alimentar mis ovejas, a devorar rápidamente a través del Espíritu Santo la enseñanza que ya está dispuesta y, en consecuencia, asumir y recibir la responsabilidad del apostolado: que debéis conoceros a vosotros mismos en tanto pastores y debéis alimentar a los hijos de Dios en mi nombre —con ese trozo de pan bocado a bocado, con esa copa de agua fría—, lo que les devolverá la fuente interna de luz, la fuente de esa santa cristeidad y la Presencia de YO SOY EL QUE YO SOY.

Esto debe hacerse rápidamente, amados, pues los ángeles caídos saben que no disponen de mucho tiempo sino de unos pocos años para moverse en contra del mundo, que está a punto de liberar* el mandato del Cristo Universal nación tras nación.

Benditos, es una hora de enorme peligro para las naciones de Europa, y vosotros debéis comprender que es así debido a la ausencia de los Cristos. Cada uno de los que me siguen se convierte en ese Cristo, y es éste el mensaje escrito por mis apóstoles, como Tomás y Felipe y María Magdalena,[6] que ha sido perdido o suprimido. Sabed, pues, amados, que lo que requiere esta hora es que los ungidos, ungidos de luz, que son llamados *Cristos*, anden entre la gente y la pastoreen.

---

* Un mundo que los portadores de luz están a punto de liberar.

Que sea dicho, pues, que esta nación que recibió un regalo tan magnífico como las visitaciones en Fátima de mi Madre, deberá recibirme también en esta hora y saber que aparecerme a vosotros es tan personal, tan presente, tan visible y tan inteligible como la visitación en Fátima.

Benditos, sabed, pues, que vengo a esta nación a cuidar de los pobres de espíritu que deberán recibir por completo los frutos de mi ser, que deberán saber verdaderamente que el Espíritu de Dios está en ellos y, por consiguiente, que son iguales a la tarea de cuestionar a aquellos falsos jerarcas, impostores de mi nombre tanto en la Iglesia como en el Estado.

¡Se hace tarde! Y tantos se han acostumbrado a la opresión de estos falsos jerarcas que dan por sentado los controles que se les imponen.

Corazones benditos, cuando expandáis el fuego de Dios que ya está en vosotros, cuando os sea restaurada vuestra herencia divina, sabréis que no es el humano sino yo con vosotros y en vosotros, Dios en vosotros y con vosotros, quien será el libertador de las naciones. Así, está por hacerse transparente para Aquel que os envía, que es la meta de este camino en lugar de cometer el error fatal de creer que un ser humano es el ungido.

El alma es ungida y así os convertís en instrumentos de Dios. Por siempre instrumentos, no fallaréis. Pero debéis consideraros como el origen de la luz; recorreréis también el camino del orgullo, el orgullo espiritual de los ángeles caídos que se ha enraizado en este continente desde tiempos remotos.

Corazones benditos, éste mi dictado, pues, es pronunciado para el mundo. Estoy por consiguiente llamando a los pastores para que se alcen rápidamente y comprendan la gran

escasez de enseñanza verdadera y de maestros verdaderos, la escasez de líderes y de liderazgo. Comprended, amados, que la gente requiere de vosotros un ejemplo, un ejemplo de alguien que es positivo en el camino de la enseñanza y que sirve al SEÑOR en ese altar y sale, pues, a cuestionar las condiciones sociales.

Benditos, estoy aquí para cuestionar también la falsa enseñanza que proviene de Oriente en el sentido de que aquellos que son espirituales no manchan sus manos [o sus ropajes] por ingresar a la arena de la política o del gobierno. Yo os digo: es la retirada de los portadores de luz de esas áreas lo que ha brindado el reino absoluto a los ángeles caídos para apoderarse de vuestras naciones, vuestros destinos y vuestros sistemas monetarios.

Así, es ciertamente un área de baja vibración y luchas de poder. Pero es enteramente posible para aquellos iluminados ingresar en esos campos y hacer su pronunciamiento nuevamente como los grandes profetas de antaño, [del mismo modo] como aquellos que han buscado ser estadistas en todas las naciones se levantan y dedican en consecuencia sus imperios, sus naciones y sus civilizaciones a una causa más elevada…

Sabed esto, amados, que los juicios descienden ya sobre los caídos, pero son los falsos líderes en la Iglesia y en el Estado quienes impiden que descienda ese juicio, que sigue consumiendo luz [como energía divina] y dinero de la gente para impedir que sus sistemas se desmoronen.

Sabed, pues, amados, que son los verdaderos pastores, vosotros mismos, a quienes llamo este día a participar y a estableceros donde debéis estar, donde los ángeles caídos os

han robado vuestros asientos de autoridad, y a defender a un pueblo que os necesita en esta hora. Así, permitid que este dictado descienda como el llamado a los verdaderos pastores de los hijos de Dios.

Os estoy llamando como los verdaderos pastores en todas las naciones del mundo y digo: ¡Ya era hora de que reconocieseis que ya no permitiréis más a los caídos encaramarse y abusar y oprimir a los hijos de Dios! ¡Oídme, amados! De entre aquellos que fueron esos pastores en el pasado, muchos ascendieron y algunos siguen todavía entre vosotros.

Comprended que hay tal corrupción entre los gobiernos de las naciones que definir dónde comenzar se convierte en el reto del momento; pero os diré dónde. Ese comienzo está en el surgimiento de la verdadera luz [como la llama trina] en vuestro corazón. Ese comienzo es conocerme, conocer mi Palabra y convertirse en ella: y no temer asimilar mi Cuerpo y mi Sangre, la totalidad de la conciencia Omega-Alfa del Dios Padre-Madre. No temáis, pues, hacer a un lado las cosas anteriores e ingresar en la renovación del Espíritu.

Lo segundo, en consecuencia, es pararse delante del altar de Dios que erigís en vuestra propia casa e invocar diariamente, hora a hora, el poder y la intercesión de Dios, solicitando ser su instrumento e invocando a los siete arcángeles y a los señores de los siete rayos. Invocadnos a todos en el cielo y acudiremos a vuestro lado para abriros el camino y servir a vuestras naciones y comunidades. Se hace tarde; sin embargo, todos deben dar todo de sí a este llamado…

Comprended pues, amados, que de la decisión de los verdaderos portadores de luz de Acuario —que son quienes comprenden mi verdadera venida— y de que os convirtáis en un Cristo y no sólo en cristiano,pende, como escribió Felipe, amados, el hilo del futuro. Por consiguiente, digo: Que seáis la compensación del SEÑOR para aquellos que han descuidado tanto una salvación, [para] aquellos que tienen una chispa divina y no actúan, no prestan servicio ni ven y en cambio siguen a los caídos en vez de finalmente darles la espalda y volverse hacia la luz y caminar hacia el Sol.

Os entrego ahora mi Cuerpo y mi Sangre. Os doy el vino y el pan de mi ser. Bendigo la ofrenda de la Comunión, amados, y por tanto sabed que yo, Jesús, he venido a vosotros, como en el ritual del sacramento de la Última Cena tomé la hogaza de pan y la partí, enseñando a todos que "Éste es mi cuerpo de sustancia luminosa universal,* que es partido para vosotros."

Por consiguiente, este día ofrezco nuevamente esa porción de mi cristiedad universal, no sólo a doce sino a doce millones y más. Pues llamo a mis almas iluminadas en todas las naciones y el llamado es fuerte, es persistente y es diario; y en tanto el Padre me dé su venia, yo, el Hijo, seguiré a los míos.

En consecuenica, sentid la intensidad del amor de mi Sagrado Corazón que os doy en esta hora y bebed el vino de mi Sangre, luz esencial de mi Ser, que seguramente es derramada por vosotros en esta hora, como fue derramada hace dos mil años.

Amados míos, puedo venir con vosotros y puedo hablaros y ninguna ortodoxia me impedirá comulgar con los míos, pues ésta es la comunión de los santos. Y yo estoy en el centro de la

---

* Esencia crística.

verdadera Iglesia Universal y Triunfante en el cielo, y estoy en el centro de vuestro corazón, y no será negada la unión con mis pequeños. Y, así, ninguna cantidad de doctrinas y de dogmas modificará nunca la Verdad inmortal de que sois hijos de Dios: en este día el SEÑOR os ha engendrado, y en este día tomaréis la decisión de cumplir vuestra verdadera razón de ser.

Venid a mí, todos vosotros que estáis cansados por la carga de la ortodoxia y las leyes de la mortalidad, pues en la luz de mi Presencia os daré vida. Recordad: YO SOY siempre vuestro hermano. Llamadme y responderé. Tocad a la puerta de mi corazón y abriré. Y prometedme esto, amados, que cuando toque a la puerta de vuestro corazón también vosotros abriréis y me permitiréis entrar para usaros en un momento de crisis personal o nacional en vuestra nación, en vuestro planeta, pues necesito de vuestras manos y de vuestro corazón. Necesito de vuestros templos para la liberación de las almas y necesito de vuestra voz a fin de pronunciar para ellos la palabra de consuelo.

Recibidme ahora, amados, incluso como yo os recibo. Y así, seamos uno y seamos uno en la hermosa plegaria que ha descendido a través del mensajero Mark*: "Bebedme mientras estoy bebiéndoos"; es éste el intercambio divino que me fue enseñado por Maitreya. Por consiguiente, del mismo modo que Arriba, así abajo, conforme el discípulo se vacía de sí mismo, el maestro entra en él, y el maestro y el discípulo se hacen uno, y el discípulo declara: "Yo y el Padre somos uno." Y, en

---

* Mark L. Prophet, mensajero de la Gran Hermandad Blanca, ahora el maestro ascendido Lanello.

consecuencia, hay un intercambio divino, del mismo modo que en el cielo, así en la Tierra experimentamos a Dios a través de los vehículos de otros.

Os sello y os bendigo para la victoria de vuestra vida entera día tras día. Y los ángeles registradores delinean para vosotros lo que es ese llamado justo, perfecto y santo para vuestra vida en esta hora. Día a día hasta el final, hasta el fin de la mortalidad, ¡hasta la inmortalidad del alma! ¡Día a día, pues, el SEÑOR os llama! ¡Responded, responded y sed libres!

Oh pastor de almas, oh Cristo Universal, desciende ahora y sé para ellas su divina Realidad.

28 de febrero de 1988
Cine Alvalade
Lisboa, Portugal

Comentario

Llamadme y os responderé.
Llamad a la puerta de mi corazón y os abriré.

Jesús

Jesús envía un fuerte mensaje a elevar y reclamar los lugares que son nuestros por derecho en tanto verdaderos pastores de la gente. Nos llama a cuestionar a aquellos en la Iglesia, y en el Estado que niega el verdadero camino de la libertad del alma individual y "esclavizan y encarcelan a los hijos de la Luz en sus instituciones y organizaciones". Se dirige a nosotros en este llamado con un enorme sentido de urgencia: "Os Llamo no sólo a ser mis discípulos, sino os llamo también a ser pastores y alimentar a mis ovejas".

¿Quiénes son las ovejas de Jesús? Son los hijos de Dios que aceptan las limitaciones de la ortodoxia debido a que no tienen pastores que les ofrezcan las verdaderas enseñanzas. No han tenido verdaderos líderes que les digan que su herencia lícita es caminar y hablar con Jesús y comulgar con él.

Quienes hemos recibido estas verdaderas enseñanzas del Maestro somos llamados a asumir nuestro papel como pastores y andar entre la gente. Nuestra misión es encontrar a nuestros hermanos y hermanas y recordarles la chispa divina de su corazón, esa llama crística que los conecta con el corazón de Jesús.

¿Quiénes son los que niegan a la gente las verdaderas enseñanzas? Jesús habla de ellos como de lobos con piel de corderos. Los maestros ascendidos los exponen como los ángeles caídos y como aquellos que los han seguido.

La estrategia de los ángeles caídos ha sido dirigir a los hijos de Dios hacia caminos pecaminosos a fin de convencerlos de que son "pecadores" y, por tanto, no merecen seguir los pasos de Jesucristo. Apartan de los hijos de Dios la verdadera comprensión de que Dios ha hecho a cada uno de acuerdo con su Imagen Divina. En su lugar, les enseñan que están manchados por siempre por el "pecado original" y nunca podrán llegar a ser como Cristo ni realizar su propio potencial crístico.

Los ángeles caídos promulgan así la falsa doctrina de que, debido a que los hijos de Dios son pecadores, sólo pueden ser salvados por la gracia, negándoles así la necesidad de que cada uno "trabaje en las obras del que me ha enviado", como declaró Jesús de su propia misión.[7]

Jesús nos llama a asumir la responsabilidad del apostolado y a atender el llamado a ser pastores de la gente. El papel del pastor es alimentar a las ovejas, "alimentar a los hijos de Dios —con ese trozo de pan bocado a bocado, con esa copa de agua fría— en mi nombre". Si vamos a dar estas enseñanzas a otros, primero debemos aprenderlas nosotros mismos, y nuestro aprendizaje tiene que ser algo más que un estudio intelectual de las enseñanzas. Jesús nos dice que debemos "devorarlas" a través del Espíritu Santo.

El llamado del Maestro para hacernos pastores es urgente porque ve la agenda de los ángeles caídos y sus conspiraciones y planes para destruir la Tierra como plataforma para que los portadores de luz equilibren su karma, cumplan su dharma y asciendan de vuelta a Dios. Saben que queda poco tiempo antes de que se levanten los portadores de luz y "liberen el mandato del Cristo Universal". Cuando esto ocurra, los caídos ya no serán capaces de controlar y de manipular a la gente, y serán juzgados.

¿Qué nos impide convertirnos en pastores?

¿Por qué hay escasez de verdaderos pastores en la Tierra? Muchos de los que han sido previamente llamados no respondieron a ese llamado. ¿Por qué?

Una razón puede ser el miedo. Miedo a lo desconocido, miedo a la muerte, miedo a la persecución, miedo al cambio, miedo a la pérdida de un modo de vida al que nos hemos acostumbrado: todos estos miedos pueden impedirnos dar el siguiente paso y responder al llamado de Cristo.

Tenemos que superar nuestro miedo, y hay un maestro ascendido que puede ayudarnos a encarnar la llama de la temeridad. Su nombre es Rayo de Luz, y nos da una clave para enfrentarnos al miedo que podría apoderarse de nosotros o impedirnos responder al llamado del Maestro.

"He aquí la clave, pues, para superar ese miedo que atiesa el cadáver mismo, ese miedo que atiesa el flujo de vida, el miedo que en última instancia es la muerte de la conciencia de uno mismo. La clave es ¡*seguir avanzando*!

"Cuando os encontráis en una tormenta de nieve o en una ventisca, no os hacéis un ovillo al lado del camino porque sabéis instintivamente que os congelaríais hasta morir. Os *seguís moviendo*. Es ésta la clave para sobreponernos a todos los miedos. ¡*Seguir avanzando*! ¡Avanzad a través de los elementos, avanzad a través del espejismo del miedo! ¡*Penetradlo!* con vuestra espada y descubrid la isla en el sol, el lugar de luz, el Jardín del Edén."[8]

Si sencillamente seguimos avanzando, un paso a la vez, un paso cada día, podemos superar nuestro propio miedo así como las proyecciones de miedo que podrían embargarnos. Al mismo tiempo, podemos realizar el trabajo espiritual para acabar con nuestro propio impulso al miedo, que incluye pronunciar el decreto "Despójanos de toda duda y temor". (Véase Ejercicios espirituales.)

Curar el alma

Algunos de aquellos que deberían ser pastores se resisten a su llamado a través de limitaciones en su psique. Algunos no se sienten merecedores. Algunos carecen de fe en Dios y en el poder del Espíritu Santo para hablar a través de ellos.

Si descubrimos que hay un elemento faltante del yo, algún asunto no resuelto del pasado o de nuestra psique que nos coarta a responder plenamente a nuestro llamado, es indispensable la curación. Los maestros pueden ayudarnos. Es importante que el alma sea curada en cada etapa de desarrollo, desde la concepción hasta el presente, y Jesús ha ofrecido ayudarnos en este delicado proceso:

"Podéis llamarme en los pasos y etapas del desarrollo de mi ser libre en Dios, desde el niño en el vientre hasta el Hijo de Dios, desde el Cristo infante recién nacido hasta el niño de siete o doce años. En todos estos pasos podéis llamarme, pues cada paso de mi iniciación corresponde a un paso de la vuestra... Algunos de los pasos han sido saltados como resultado del karma, a partir del cual, como consecuencia de vuestras propias acciones o inacciones, no se os permite recibir esas iniciaciones. Otros han sido saltados debido a la ignorancia o la malicia de las almas oscuras, individuos en vuestra vida que os niegan el pan de vida, el agua y el vino. Al transmutar vosotros el karma, cada uno de estos pasos se os hace posible."[9]

Jesús está pidiéndonos que invoquemos su Presencia a nuestro lado en cualquier edad en que el desarrollo de nuestra alma necesite curación. La mensajera explica el modo como podemos responder a este Llamado. "¿Qué es lo que él está diciendo? ¿Tuviste una experiencia traumática a los cuatro años y medio? 'Invocad sobre vuestra alma, sobre vuestro niño interior, la Presencia de mí mismo cuando tuve cuatro años y medio. Y mi Presencia, pues YO SOY la imagen y semejanza de Dios, será transformada, y sanaréis el patrón interior y restauraréis el patrón interior de la edad de la inocencia y la inocencia de vuestro propio niño interior.' Si no sabéis qué edad teníais exactamente, decid a Jesús: 'Ve a mi niño interior cuando experimentó tal y cual cosa.' Jesús sabe cuándo fue".[10]

Continúa Jesús: "A medida que paséis por cada nivel de vuestro desarrollo, invocadme a ese nivel. ¡Invocad mi correspondencia! ¡Invocad mi Alfa sobre vuestro Omega!... Os llevaré a niveles interiores a través de las distintas etapas del desarrollo desde la concepción de vuestro cuerpo físico en el vientre. Os llevaré por esos pasos que os habíais saltado hasta que vuestra alma esté satisfecha de que realizasteis cada paso que Dios ha ordenado para vosotros como vuestro derecho inalienable. Sabed que mi amor os basta para que resolváis todos los problemas no resueltos".[11]

El maestro ascendido Krishna también se ofrece a ayudarnos en este proceso de curación de nuestra alma. La mensajera explica: "Krishna promete también que allí donde el desarrollo de vuestro niño interior fue suspendido por algún problema o trauma, él curará de esa herida. Dice que debes tratar de recordar la edad aproximada que tenías cuando ocurrió el problema. Luego, invoca la Presencia Electrónica de Krishna como niñito de esa misma edad para que sea colocada sobre tu niño interior.

"Puedes hacer esto sistemáticamente. Puedes invocar la Presencia Electrónica de Krishna como embrión, como bebé formándose en el vientre a cada trimestre, para que sea colocada sobre ti. Paso a paso, día tras día, desde la concepción hasta tu edad presente, el Señor Krishna entrará a tu templo en cada etapa de tu desarrollo para curarte.

"Nuestras almas no reflejan la verdadera imagen de Dios sino la imagen de padres imperfectos o la imagen de nuestro karma o la de nuestro tirano ego, el morador en el umbral, de muchas encarnaciones pasadas. Conforme te esfuerzas para resolver problemas psicológicos, estás realizando en verdad una cirugía en ti mismos. Y hasta que llegues a su resolución, puedes atravesar por enorme dolor. Mientras estás atravesando este proceso, Krishna puede entrar a tu templo para curarte. La fortaleza y el amor del Señor Krishna son mayores que el morador en el umbral, el conglomerado del ser irreal de todas tus vidas pasadas. Dios es más grande que todas las cargas de tu alma. Dios es todavía más grande que ellas."[12]

Jesús ha comparado también el proceso de curación del alma a la reparación de una tela dañada: "Aquello que está perdido, incompleto y fragmentado, como lo estáis vosotros, debe entender que la vida es el proceso del hilandero cósmico que hila día tras día reparando, tejiendo, sacando las hebras erróneas, insertando nuevas hebras hasta que el ropaje vuelve a ser perfecto y el remiendo no tiene error. Y el ropaje, como nuevo, cosido por ángeles que utilizaron hebras de vuestro propio fuego Kundalini, aparece nuevamente como un manto sin costuras".[13]

La vida es un proceso de remoción de lo antiguo para reemplazarlo por lo nuevo. Conforme trabajamos con nuestra psique, podemos usar este ejercicio espiritual para traer curación al alma y una nueva completud a la vida; y conforme resolvemos nuestros problemas psíquicos y nos identificamos cada día más con la llama crística, somos capaces de sentir confianza para avanzar hasta asumir el papel de pastor.

Dice Jesús que hay tal corrupción en los gobiernos de las naciones que resulta difícil incluso ver dónde comenzar esta tarea. Sin embargo, ofrece dos claves. La primera es conocerlo y convertirnos en su Palabra, asimilar su Cuerpo y su Sangre.

La segunda es el trabajo en el altar de oración e invocación. Podemos estudiar, aprender y desarrollar una estrategia sobre el modo como promoveremos el cambio en las naciones, y especialmente el modo como llevaremos el conocimiento de las enseñanzas a aquellos que lo esperan.

Jesús nos dice que el hilo del futuro pende de nuestra decisión.

Pronuncia el decreto para consumir el miedo

Llama a Jesús diariamente y pídele que te ayude a ganar maestría sobre el impulso negativo del miedo, de la duda, de la muerte y de la ansiedad que podrían impedirte responder al llamado a ser pastor. El decreto "Despójanos de toda duda y temor" es específico para contribuir a liberarnos de estas energías negativas:

Despójanos de toda duda y temor

Amada, poderosa y victoriosa Presencia de Dios YO SOY en mí, ¡oh inmortal y victoriosa llama trina de Verdad eterna dentro de mi corazón!, Santos Seres Crísticos de toda la humanidad, amado Saint Germain, amado El Morya, amado Jesucristo, amada Madre María, amado Ciclopea, Gran Vigilante, Silencioso, amada Amerissis, Diosa de Luz, amado Gran Director Divino, Poderosos Hércules y Arcturus, Maestro Ascendido Cuzco, amado Ray-O Light, amada Poderosa Astrea, el Ser Cósmico Victory, amado Lanello, todo el Espíritu de la Gran Hermandad Blanca y la Madre del Mundo, vida elemental: ¡fuego, aire, agua y tierra!

En nombre de la Presencia de Dios que YO SOY y a través del poder magnético del fuego sagrado del que estoy investido y que estoy cualificando conscientemente con la llama de la valentía, yo decreto:

> Despójanos de toda duda y temor, (3 x)
>> Amado YO SOY.
>
> Despójanos de toda duda y temor, (3 x)
>> Con océanos de valentía inúndanos.
>
> Despójanos de toda duda y temor, (3 x)
>> Elimina causa y núcleo humanos.
>
> Despójanos de toda duda y temor, (3 x)
>> Infundénos fe nunca antes conocida.
>
> Despójanos de toda duda y temor, (3 x)
>> Concédenos la libertad del rayo violeta.
>
> Despójanos de toda duda y temor, (3 x)
>> En la luz de Victory sostén nuestro poder.
>
> Despójanos de toda duda y temor, (3 x)
>> Manifiesta tu deseo por el fuego YO SOY.
>
> Despójanos de toda duda y temor, (3 x)
>> Ordena la liberación de la Tierra, ahora.
>
> Despójanos de toda duda y temor, (3 x)
>> Asciéndenos a todos hasta ti.

¡Y con plena Fe acepto conscientemente que esto se manifieste, se manifieste, se manifieste! (3x), ¡aquí y ahora mismo con pleno Poder, eternamente sostenido, omnipotentemente activo, siempre expandiéndose y abarcando el mundo hasta que todos hayan ascendido completamente en la Luz y sean libres!

¡Amado YO SOY! ¡Amado YO SOY! ¡Amado YO SOY!

Nota: Siempre que sea apropiado, puede reemplazarse la palabra "duda" en este decreto por "muerte".

Un ejercicio para curar al niño interior

Jesús y Krishna han ofrecido ayudar a curar a nuestro niño interior y así resanar las fisuras en el desarrollo de nuestra alma en esta vida, desde el nacimiento hasta el presente. Toma unas cuantas hojas de papel limpias y escribe en ellas sucesos significativos de tu vida comenzando desde el nacimiento. En particular, escribe sucesos o circunstancias dolorosas o difíciles, cualquier cosa que sientas que podría haberte dejado una cicatriz o una sensación de incompletud.

Coloca esta lista frente a ti mientras haces sonar la audiocinta dedicada a bhajans Krishna.[14] Los bhajans están grabados en orden en la cinta a partir del nacimiento de Krishna y hacia delante, y cada bhajan celebra un atributo o elemento distinto de su ser y una etapa diferente de su vida. Mientras escuchas los bhajans de la cinta, pide a Krishna y a Jesús que coloque su Presencia Electrónica sobre ti, particularmente en aquellas edades en que haya elementos en tu ser que necesiten ser curados.

"Bebedme mientras yo os bebo"

Jesús nos dice que somos uno con él en la hermosa oración "Rayos de Luz Esencial". Al pronunciarla experimentamos el divino intercambio entre el maestro y el discípulo. Conforme el discípulo se vacía de sí mismo, el maestro entra en él, y el maestro y el discípulo se hacen uno.

La mensajera nos ha dado una meditación y una visualización que podemos usar en combinación con este decreto. "Cuando repetimos este mantra se convierte en un llamado al Cristo Cósmico y al Cristo que mora en nuestro interior para aumentar su intensidad, para que se manifieste en conciencia física. La absorción de Cristo físicamente no sólo es posible sino que es parte del proceso de ascensión: absorción de luz al interior de las células puesto que las células son un espejo perfecto de la Persona de Cristo y del cuerpo causal. Esto se produce a través de la armonía. Y la llama de la resurrección restaura la armonía divina. Vemos la opalescente luz madreperla que invocamos para que llene millones de células dentro de nuestro cuerpo físico".[15]

Visualiza esta luz llenando tu cuerpo mientras pronuncias este decreto:

Rayos de luz esencial

Amada, poderosa y victoriosa Presencia de Dios, YO SOY, en mí, mi muy amado Santo Ser Crístico y Santos Seres Crísticos de toda humanidad:

Por y a través del poder magnético de la inmortal, victoriosa llama trina de amor, sabiduría y poder anclada dentro de mi corazón, YO SOY quien invoca la Llama de Resurrección desde el corazón de Dios en el Gran Sol Central, desde los amados Helios y Vesta, amado Ciclopea, Gran Vigilante Silencioso, amados Paz y Aloha, amada Maestra ascendida Nada, amada Kuan Yin, amado Señor Maha Chohan, jerarcas de los elementales y fuerzas de la naturaleza, amado Jesucristo, amada Madre María, Arcángel Uriel, Arcángel Gabriel, y todos los que sirven a la Llama de la Resurrección, amado Lanello, todo el Espíritu de la Gran Hermandad Blanca y la Madre del Mundo, vida elemental: ¡fuego, aire, agua, tierra!

Acepto amorosamente vuestro impulso acumulado de la Llama de Resurrección conscientemente expandida sin límites por toda la Tierra, infinitamente, ahora y siempre:

1. Bendita Llama de la Resurrección,
   Llama de sustancia blanca y arco iris,
   Restaura en mí la plenitud de mi parte divina.

Estribillo: Oh Espíritu Unificador de la Gran Hermandad Blanca,
   Opalescente madreperla,
Leche y miel de la alegría de la Resurrección,
   Bébeme mientras yo te bebo.

2. Bendita Llama de la Resurrección,
   Esplendor que brilla a través de mí como una nube solidificada,
   Consuélame con la Realidad Crística de tu resplendor.

3. Bendita Llama de la gloria de la Resurrección,
   Esperanza radiante y espléndidas alegrías futuras
aparecen prometedoras,
   YO SOY el que está lleno con tus rayos de Luz esencial.

4. Madre María, bendito Jesús querido,
   manténme en la blancura de tu gloria celestial,
   Deja que las sombras de la Tierra se desvanezcan:
   ¡Oh, Luz viva de Dios, aparece!

   Y en plena fe…

¿Cómo responderás al llamado de Jesús?

El llamado a ser verdaderos pastores de los hijos de Dios.

¿Qué significa para mí este llamado?
¿Qué haré para responder a este llamado?

Os Llamo a la Casa del SEÑOR,
vuestra poderosa Presencia YO SOY.

El celo de mi casa
Mantened ardiendo sobre este altar
la llama del Arca de la Alianza

¡Salve a la luz de los santos de Dios aquí abajo que reflejan al Santo de Dios arriba!

Oh tú, YO SOY EL QUE YO SOY, revélate ahora en esta forma. Revélate para que todos puedan saber que el SEÑOR Dios [la poderosa Presencia YO SOY] ha brillado sobre los suyos en esta hora y no dejará a su pueblo sin consuelo. He aquí que yo envío a mi mensajero a allanar el camino delante de mí, dijo el SEÑOR.[1] Y por consiguiente, atestiguad a la mensajera de Dios y sabed que, incluso como el Santo de Dios arriba, muy limpia es de ojos para mirar el mal;[2] así, amados, vuestros ojos no pueden mirar todavía —pues son de la carne— la imagen pura de fuego sagrado del YO SOY EL QUE SOY en esta octava.[3]

En consecuencia, enviamos un mensajero de Dios a la Tierra a proclamar la venida de esa Presencia en todos vosotros. Así, cuando lo tengáis entre vosotros, podréis conocer el acuerdo interno de la armonía de esa divinidad que es el Ser Real arriba y reconocer que es una señal, incluso un sello para el pueblo de Dios, de que Dios también habita entre vosotros en esta hora cuando, amados, debéis cumplir con todo, con todos los asuntos de la Gran Ley, con todos los asuntos de la condición kármica, y [cuando] todo termina en efecto por relacionarse con el centro del yo, como los anillos de la causa y el efecto enredan, enroscan y retraen aquello que ha sido producido hacia todos los puntos en el aura, hacia el campo electromagnético [y] hacia los cuatro cuerpos inferiores.

Así, la gente habla de presión y habla de tensión. Que se sepa, amados, que éste es karma personal recurrente, si bien podríais identificarlo como condición y circunstancia o como resultado de la mano de otro.

Que se sepa este día, amados, que la llama violeta elevada dentro de vosotros por amor y por adoración es capaz de brindaros esa protección y esa armadura, vena púrpura con la cual se puede consumir aquello que proviene de fuera y aquello que haría erupción desde dentro. Así, el aislamiento de la llama violeta como piel adicional del yo, como una armadura de sustancia parecida al metal, impenetrable, que proviene del mundo celestial, os brinda el tranquilizador consuelo de la transmutación perpetua.

Sin embargo, amados, sólo esa llama violeta que es invocada en absoluta adoración y obediencia al Cristo interior, al Universal, al Santo de Dios, al YO SOY EL QUE SOY, puede aseguraros la presencia viva del, por así decirlo, manto envolvente del Dios del séptimo rayo.

Benditos, dejad que el amor llene toda palabra, toda sílaba. Dejad que la atención fluya hacia el corazón de vuestra Presencia YO SOY y hacia mi amado Saint Germain, a Porcia, a todo el Espíritu de la Gran Hermandad Blanca…

Así pues, Maitreya vive y camina entre vosotros. No temáis, no gruñáis, no os preocupéis. No os abandonéis a una conciencia apocalíptica, sino reconoced que nunca hubo un momento en vuestra historia personal, y os hablo a cada uno, a todos los portadores de luz del mundo, a todos los Guardianes de la Llama, en que hayáis podido intensificar hasta este punto la espiral interior del ser.

¡*Os ruego, amados,* para que no percibáis [el riesgo] en la hora del descenso de vuestro karma y en la noche oscura del alma! Y por eso traigo una luz para iluminar la cueva misma de vuestro mundo para que podáis ver y saber que ese karma pasará, pero no sin esfuerzos heroicos, sin medidas heroicas.

Benditos, la puerta tiene una resquebrajadura. Yo, Jesús, puedo abrirla para vosotros. Por consiguiente, sufrid profusamente en vuestra propia alma pero no permitáis que vuestra alma sufra o se harte, sea de placer o de dolor. Subid con alas como de águilas.[4] Subid por la espiral ardiente del ser y desead más luz de la que tenéis y sabed que es esa luz la que devorará la oscuridad.

¡Que descienda sobre vosotros entonces el celo de mi casa en esta hora! ¡Que el celo del Espíritu Santo descienda sobre vosotros![5]

Yo, Jesús, os digo que ese celo que os doy es del fuego del Sol. Y aunque quizás no os hayáis percatado, amados, he viajado hasta el mismo Sol Central esta semana, allí he recogido ese fuego del SEÑOR Dios que los míos en la Tierra desean recibir de mí, y de mi propio corazón, como una aceleración, como un fervor: o ver en mi Presencia y en mi aura este día algo que nunca antes habíais visto, incluso los fuegos crepitantes de los altares de ese mismo centro de un cosmos espiritual.

Yo, por consiguiente, os traigo noticias de Alfa y Omega. Os traigo la presencia de anillo sobre anillo de serafines de Dios para ¡*despertaros*! Oh, ruego a Dios que comprendáis cuán grande es la salvación que tenéis a la mano, cómo se os ofrece y cómo la oscuridad que desciende os hace una y otra y otra vez caer en estos desgastados ciclos de conciencia kármica.

Por lo tanto, nuevamente digo a propósito de vosotros, amados: "Padre, Madre, perdónenlos porque no saben lo que hacen".[6] Sin embargo, amados, cuánto más debo pronunciar esta oración de los iluminados a quienes se les ha dicho y se les ha vuelto a decir y, sin embargo, a la hora del descenso de la densidad misma del karma, están envueltos en ella y están inmersos incluso en su degradación, y, amados, [esto] después de tanto, tanto tiempo de participar de esta sagrada comunión de [los dictados de los maestros ascendidos por medio del Espíritu Santo] que compartimos.

Así, amados míos, sabed este día que yo, Jesús, he implorado ante Alfa y Omega [para que puedan] darme ese fuego por medio del cual, en el celo del SEÑOR [la poderosa Presencia YO SOY] y por el fuego de esa Presencia con vosotros, podais conocer los medios y los instrumentos para resistir espiritualmente y para ser imbuidos y revestidos de poder desde lo alto[7] como lo ha sido mi mensajera por mi mano esta misma semana.

Benditos, conoced pues al SEÑOR. Sabed pues que algunos deben calificar. Y, amados, gracias a Dios, gracias a Dios que uno de los llamados está todavía aquí; pues yo os digo, la hora de la noche oscura del alma para vosotros, para cada uno, debe ser enfrentrada: ¡y esa hora ha llegado! Y podéis llorar y gemir y huir y dividiros y permitir la ventilación de toda ira en el subconsciente o podéis venir e hincaros y arrodillaros ante el altar y prendaros a la llama del fuego sagrado que arde sobre él.

Benditos, esa noche oscura del descenso del karma debe llegar, pues si no llegara no podríais soportar ni la luz [de la conciencia del Cristo Universal] ni la noche oscura del Espíritu [i.e., la ausencia de luz], que debe sobrevenir a este planeta antes de que aparezca el nuevo día.

Y que aquí quede asentado que ojalá podáis comprender que la noche oscura del alma es el periodo en que el alma gime al parir su propio karma. Y es conveniente. Y en esa hora contáis con el refuerzo de ángeles y de santos, de mí mismo y de los maestros ascendidos y de los seres cósmicos. Es una hora en que permanecéis sujetos a la Ley, y si lo hacéis, amados, podréis ser salvados por la Ley misma que demanda [que] corrijáis todo lo erróneo contra esa Ley.

Así, amados, este camino es conocido, el camino del karma equilibrado por fervientes corazones que han querido, *que han determinado* acabar con el deseo desmesurado. Porque por esto, y por esto solo, sufriréis calamidad.

Así, amados, tomad en serio las enseñanzas de Buda, de Maitreya. Y permitid que todo vuestro deseo sea el siguiente: superar esas condiciones kármicas que en cualquier momento, por la condición del karma planetario, solar y galáctico, podrían alejaros del centro mismo de vuestro primer y mejor amor.

Así, habiendo atravesado esta noche oscura del alma, como todos vosotros habéis observado a la mensajera atravesarla durante los largos años de servicio, llegaréis a la hora en que habréis internalizado que Cristo y vosotros debéis ser capaces de sostener ese impulso de cristeidad. [Esta iniciación del Cristo Cósmico es llamada la noche oscura del Espíritu.] Y éste es el eclipse del Sol de la Presencia YO SOY. Y en efecto tiene lugar, amados, precisamente bajo las condiciones en las cuales os encontráis en este planeta: la marea astral subiendo, el derrame [del pozo que está abierto][8] y el escurrimiento de la conciencia astral, y vosotros aquí abajo en encarnación física.

Y, por consiguiente, el plano astral presenta esa separación entre la automaestría externalizada y la Presencia YO SOY. Y si no hubiera automaestría for falta de amor al Cristo y a mí, vuestro Amado, entonces en la noche oscura del Espíritu, amados, estaríais aislados, y es la noche oscura cuando ninguno puede extender esa mano, pues habéis tenido vuestra oportunidad para manifestar una luz que nunca brilló sobre tierra o mar.[9]

Entended, pues, amados, trabajad mientras es de día.[10] ¡Trabajad en vuestro karma! ¡Trabajad en vuestro celo! ¡No os satisfagáis con vuestra mediocridad! Trabajad mientras hay una mano física extendida hacia vosotros y sabed que esa mano es la mejor mano que podemos ofreceros. Y, por consiguiente, a través de ese amor constante, podréis recibir esa impartición y esa nueva iluminación de la Palabra…

Habrá algunos de entre vosotros que, desde que ingresasteis a este camino, en efecto habéis encendido una chispa divina que no teníais. Todo es posible. Pero cuando escucháis acerca de la posibilidad de fracasar, os hundís nuevamente en esa sensación de fracaso en lugar de daros cuenta de que la posibilidad de victoria está presente siempre que es posible fracasar.

¿Por qué, pues, caer en la valoración negativa de uno mismo? ¿Por qué no percibir con la visión interna? ¿Por qué veis con una conciencia de carne y hueso y por tanto os condenáis a esa conciencia *ad infinitum*?

Dejad que los santos de Dios sean verdaderamente más santos. Pues aquellos que tienen esa llama deben hacer más en lugar de menos esfuerzo hasta que la luz brille tanto en vosotros que vuestros ojos sean como estrellas y vuestra aura sea tan poderosa que ninguno pueda negar que ha sido verdaderamente conquistado un sendero de cristeidad. Y, en consecuencia, los menos dotados abrigan la esperanza de seguir vuestros pasos.

Derribad los ídolos de vuestra conciencia mortal, pues aquellos que adoráis no son el Cristo vivo. Benditos, no adoréis sino amad la luz. Amad la luz y no coloquéis sobre pedestales a ser humano alguno. En efecto estáis en un error por no entender las escrituras.[11] En efecto erráis, al sostener la idolatría del yo.

Vengo para romper los cántaros.[12] Vengo para romper los receptáculos que no os sirven más. Elevo mi báculo y digo: ¡que sean rotos por el cetro de fuego! Yo, Jesús, lo decreto para que podais manifestaros como, hijos e hijas libres en Dios.

Benditos, *¡sed pilares de fuego en la Tierra!* ¡Sed pilares de fuego en la Tierra, amados, y *atended* el llamado! Atended el llamado de luz…

Yo, Jesús, os hablo y vosotros sabéis de quién y de dónde hablo. Y, así pues, hay algunos que deberían avergonzarse de presentarse ante mi Presencia y hay otros que han conservado la llama como santos de Dios.

Así, os llamo a la Casa del SEÑOR [vuestra poderosa Presencia YO SOY]. Conoced ahora esa Comunión de mi corazón. Conocedla, amados…

Mantened mi llama en esta comunidad, amados, pues he dado más de mí de lo que conoceréis a la presencia misma de mi Iglesia en este lugar. Y no me será conferida para que pueda comenzar de nuevo o empezar otra vez. Con Dios Todopoderoso [y] todos los santos celestiales que se han ido antes que vosotros, digo: *en esta comunidad no debemos fracasar*. Que no haya fragmentación o división, sino sabed que vuestra lealtad es hacia la llama que arde sobre el altar porque el SEÑOR Dios os ha enviado una mensajera que es capaz, por su gracia, de mantener la llama. Y conforme sostengáis vuestras devociones, la llama será mantenida en esta octava. Es una luz para el mundo, amados, y ese fuego sagrado es vuestra salvación en esta octava…

Amados, cuando la Ley exija que yo deba alejarme de vosotros por un tiempo a fin de que vosotros en vuestra soledad podáis elegir ser todo lo que YO SOY, recordad entonces, *oh recordad*, que mi fervor y mi amor están esperando, esperando vuestra decisión, que podría acercarme nuevamente.

Pues veréis, amados, hay algunas pruebas que debéis pasar en la soledad del aura y del campo electromagnético que vosotros mismos habéis creado. En esa hora, pues, os digo: confiad. Confiad y no claudiqueis. Confiad y recordad: YO SOY vuestro hermano.

YO SOY Jesús, vuestro amor, vuestro perfecto amor. Y estoy mirando desde lejos vuestra victoria. Oh, arrancadla de los dientes mismos de la derrota de la muerte e infierno. ¡Arrancad vuestra victoria, amados! *¡Arrebatádsela!* a esos caídos que desean robar[la] en la noche y os la roban.

Benditos, todo está en orden divino para que cumpláis todas las cosas.

Hacedlo, digo. Hacedlo en aras de nuestro amor.

24 de noviembre de 1988
Día de Acción de Gracias
Rancho Royal Teton
Park County, Montana

Comentario

En casa de mi Padre hay muchas mansiones: si no fuera así, os lo habría dicho. Voy a prepararos un lugar para vosotros.

Jesús[13]

En este dictado Jesús nos llama "a la Casa del SEÑOR, vuestra poderosa Presencia YO SOY". Y también nos llama a "conocer la comunión de mi corazón".

Jesús dice que habla a todos los portadores de luz del mundo. Su Llamado no está dirigido sólo a los cristianos sino a todos los que se conviertan en el Cristo. Este Cristo existió mucho antes del cristianismo, como afirma Jesús: "Antes de que Abraham existiera, YO SOY".[14] Y la misión de Jesús es universal pues abre la puerta para todos los que encuentran a Cristo en sí mismos.

El maestro ascendido El Morya nos ofrece una nueva percepción sobre esta misión: "Algunos siguen pensando que pueden dejar de hacer las paces con Jesús. Os digo que no es así. Él es el Hijo de Dios a quien Dios ha enviado. Dios lo envió para la resolución de todas las almas en la Tierra con Dios Padre y

Dios Madre. Es a través de su corazón, el corazón de este Hijo de Dios, que encontraréis esa resolución. Esto no significa que debáis adorar a Jesús exclusivamente, sino que debéis reconocer el ministerio mediante el cual restaura en favor vuestro el vínculo de vuestra alma con el corazón de vuestro Santo Ser Crístico y así a su propio corazón.

"Algunos de vosotros tienen tanto karma entre el chakra de la sede del alma y el chakra del corazón que, sin la intercesión de Jesús, no podríais ser vinculados al corazón de vuestro propio Santo Ser Crístico, aunque podéis pensar que estáis muy vinculados a ese corazón. Sabed por favor, amados, que no es realista pensar así mientras tenéis todavía ira en vuestro corazón y mientras tengáis falta de resolución en vuestro ser y en vuestro corazón frente a vuestro Creador y su creación.

"Así, Jesús ocupa el cargo del que restaura el alma al nivel en que las nupcias con el Novio es una opción. Que ninguno dé por descontado que este vínculo ya tuvo lugar pues, amados, cuando tiene lugar, no puede ser nunca deshecho. Es el primer paso de la ascensión. Significa que el así bendecido recorre ahora la Tierra como un Cristo. Por consiguiente, no recibiréis este vínculo hasta que alcancéis resolución del corazón con el Sagrado Corazón de Jesús. Y como muchos de vosotros no lo habéis logrado, muchos aspectos de vuestra vida interior siguen necesitando atención.

"Por consiguiente, tened remordimiento este día. Tened humildad. Entrad y sabed que aquellos que no han asegurado esa Unión con Jesús pueden obtenerla a través de Padma Sambhava, el gran devoto de Jesucristo y de Gautama Buda. Y pueden comenzar por permitir que su corazón cante el Mantra

Dorado mientras se dedican a sus tareas: teniendo cuidado de escuchar cuando el mantra vuelva como un eco a ellos desde la cámara secreta del corazón."[15] (Véase Ejercicios espirituales.)

La tarea más importante de nuestra vida

Los maestros nos dicen que la tarea más importante de nuestra vida es vincularnos con el corazón de Jesucristo y con nuestro propio Santo Ser Crístico.

La mensajera nos dice que todos nosotros estamos a varios niveles de alcanzar esa meta. Dijo: "Es más que tener una llama trina. Es el establecimiento de confianza: confianza entre vosotros y El Morya, el gurú que os ha patrocinado. El Morya os guía a los pies de Jesucristo. Es vuestro tutor, vuestro confesor. Él os lleva a ese lugar donde podéis ser aceptados para ingresar en ese vínculo...

"Encontramos este concepto de vínculo en el decreto 'Bebedme mientras yo los bebo'. Es el intercambio divino de Alfa y Omega. Es ésta la misma enseñanza que Jesús nos da: 'Si no coméis la carne del Hijo del hombre, y no bebéis su sangre, no tenéis vida en vosotros'.[16]

"Dios envía al mundo al Cristo, su único Hijo, en la persona de su Hijo Jesucristo, para que nos dé la vida eterna, la vida última del YO SOY EL QUE SOY, porque en este momento no estamos llevando por nosotros mismos una porción suficiente de esa vida. No podemos ir solos todavía. No somos todavía independientes. Somos dependientes de ese Señor y Salvador, de nuestros gurúes, de los maestros ascendidos, de nuestra poderosa Presencia YO SOY… Como entendemos esto, tenemos que entender que no nos encontramos por completo en una zona de seguridad. No será sino hasta que recibamos ese vínculo que estaremos a salvo."[17]

Para responder este llamado a acudir a la Casa del SEÑOR, debes buscar este vínculo con tu Santo Ser Crístico y tu poderosa Presencia YO SOY, y reconocer la necesidad de reconciliarte con todo aquello que te separa del corazón de Dios, todo lo no resuelto. Si tienes un problema con la ira, si eres orgulloso, si te irritas con los demás o permites que la oscuridad se apodere de ti, puedes romper el delicado hilo de contacto y la delicada presencia de la llama trina.

La noche oscura del alma y la noche oscura del Espíritu

Jesús habla en este dictado de dos iniciaciones en el camino de la cristeidad: la noche oscura del alma y la noche oscura del Espíritu. El comprenderlos y el prepararnos frente a ellos puede significar la diferencia en nuestra victoria. La mensajera explica la dinámica de estas dos iniciaciones:

"La noche oscura del alma es la prueba del encuentro del alma con el retorno del karma personal, el que, si el alma no conserva sus lámparas (chakras) rebosantes de luz,[18] puede eclipsar la Luz (conciencia crística) del alma y, por consiguiente, su discipulado bajo el Hijo de Dios. Ésta precede a la noche oscura del Espíritu, la prueba más grande de la cristeidad, cuando el alma es, por así decirlo, separada de la Presencia YO SOY y debe sobrevivir sólo a partir de la Luz (conciencia crística) acumulada en el corazón, mientras sostiene el equilibrio para el karma planetario.[19]

"Jesús ya había atravesado por la noche oscura del alma cuando llegó a la cruz. Y la noche oscura del Espíritu fue esa experiencia en que todo lo divino le fue retirado escepto esa porción de Dios que él había manifestado como la llamada dentro. Sin embargo, el contacto con el Padre, el contacto con la jerarquía fue interrumpido por un breve instante como parte del plan, como parte de la iniciación. Ya que la culminación de todas vuestras pruebas es de esa naturaleza, por un breve instante, sin apoyo alguno, podéis permanecer solos y aun así elegir la luz y aun así elegir a Dios."[20]

Vemos la experiencia de Jesús al pasar por esta iniciación registrada en las escrituras: "Y en la novena hora Jesús gritó en voz alta diciendo, *¡Eloi, Eloi! ¿lema sabactani?*, que quiere decir: ¡Dios mío, Dios mío!, ¿por qué me has abandonado?[21]

"Por medio de la purificación que llega con la noche oscura del Espíritu, el alma está al fin lista para entrar en la cámara nupcial. La descripción de los místicos de su pacto de amor con el Amado ha producido algunas de las expresiones más exaltadas de amor jamás escritas."[22]

Jesús nos da claves para atravesar la primera noche oscura: el fervor del corazón, el sofocamiento del deseo desmesurado, el apego permanente a la Ley. Y el requisito para atravesar la noche oscura del Espíritu es la internalización del Cristo.

Pronuncia el Mantra Dorado y busca la unión con el corazón de Jesús

De acuerdo con la tradición, Padma Sambhava enseñó que su Mantra Dorado debería ser usado cuando viniera una época de disturbios, durante la cual aumentarían la guerra, la enfermedad y la pobreza. Dijo que el mantra sería un antídoto para la confusión y para la frustración de esa era oscura. La amada Durga nos ha dicho: "Qué cerca de vosotros y de esta mensajera está Padma Sambhava". Por consiguiente, no descuidéis su mantra...

Om Ah Hum Vajra Guru Padma Siddhi Hum.

"Es vuestra clave a este nivel de servicio para ingresar a los corazones de todos aquellos Budas y Bodhisattvas cuyo linaje se remonta al Gran Sol Central, al corazón de la Fuente de Dios."[23]

Escucha el album de audiocintas
The Living Flame of Love

San Juan de la Cruz nos ofreció profundas enseñanzas relativas a la noche oscura del alma, la noche oscura del Espíritu y la realización última del matrimonio alquímico con el Señor. Para aprender sobre este camino y comprender el proceso de vinculación con el corazón de Jesús, escucha las enseñanzas de Elizabeth Clare Prophet sobre la obra maestra del místico San Juan de la Cruz, *The Living Flame of Love*.[24]

¿Cómo responderás al llamado de Jesús?

"Os llamo a la Casa del SEÑOR, vuestra poderosa Presencia YO SOY."

¿Qué significa para mí este llamado?
¿Qué haré para responder a este llamado?

Capítulo 8

Capítulo 8

Os conmino a permitir que Cristo descienda a vuestro templo.

La segunda venida de Cristo
"Recibidme y convertíos en quienes sois"

YO SOY Cristo, vuestro Señor. Vengo a recibir a mis novias.

¡Oh almas mías, vosotros que sois el espejo de la Imagen Divina de mi Ser y de vuestro Ser Crístico para todo el mundo, sabed, pues, que el mundo entero ve esa Imagen Crística a medida que toco a todos en los niveles internos!

Y todos los ojos me ven frente a frente y en el espejo de vuestra alma: en vosotros, que habéis preparado y pulido verdaderamente el espejo del ser [a fin de] que el viajero cansado o el dudoso o el que se pierde o incluso aquellos que propugnan por la causa del mal, puedan mirar vuestra alma, amados, y ver la verdadera imagen, la Imagen Divina a partir de la cual están hechos todos los hijos y las hijas de luz. Llevad con vosotros esta imagen solar. Llevad con vosotros mi Ser.

Vengo, pues, en la apariencia profetizada[1] y vengo una y otra y otra vez, amados míos, por lo que de este modo la llamada Segunda Venida ocurre y recurre. Comprended pues, amados, que estoy en la Tierra como se predijo y estoy aquí para realizar la profecía de que todos los ojos me vean.

Corazones benditos, os llamo a ser míos, mis discípulos, mis apóstoles. Os llamo a ser el Cristo. Os he llamado, amados, para que la multiplicación de mi Cuerpo, que ha sido partido para vosotros,[2] sea tal que mi Presencia Electrónica se desplace en la Tierra por medio de vosotros y para que mi Sagrado Corazón sobre vuestro sagrado corazón pueda amplificar esa llama trina y esa puerta abierta del corazón por medio de la cual a través nuestro, uno a uno, mi Ser sobreimpuesto [al vuestro], las almas de la Tierra puedan ingresar al sendero del discipulado de acuerdo para el mismo cumplimiento de la Ley que vosotros estáis realizando y habéis realizado en alguna medida.

Ha llegado la hora, amados, en que los muertos oirán la voz del Hijo de Dios, y los que oigan mi voz y me vean vivirán.[3] Porque ver la verdadera imagen de Cristo, incluso con el ojo interior, es verdaderamente la aceleración, la resurrección. Esa imagen es para tomarla en uno mismo; porque lo que el ojo retenga de mí, amados, queda impreso instantáneamente en todas las células y en todos los átomos del ser.

Que así sea, amados, pues todos deben recibir al Cristo del corazón —Jesús del Sagrado Corazón— y vivir; de lo contrario, al ver[lo] pueden elegir negar a ese Cristo y [en consecuencia] comprometer su alma instantáneamente a la oscuridad exterior.[4]

Amados, negar al Cristo en uno mismo, cuando ese Cristo viene como yo he venido a entrar en el templo, es la muerte repentina para esa alma.[5] [Porque] aunque el cuerpo puede continuar [teniendo vida y] moviéndose [hasta que se desgaste la fuerza vital y la muerte le sobrevenga], el alma que ha negado a Cristo [con decisión] niega su propia inmortalidad, su vida eterna y, ay, su razón de ser, [y, por tanto, cualquier posibilidad para la existencia continua].

Es por esto que la Segunda Venida de Cristo es un suceso apocalíptico, amados. Porque en la primera venida [del avatar de la era] la oportunidad de ser o no ser está dada: abrazar la luz o no abrazarla. Y todos los habitantes de estos varios mundos recibieron dos mil años, amados [y, en verdad, muchos eones antes de mi advenimiento], para elegir ser en Cristo la plenitud de la vida eterna y la fuente de la juventud y de la llama de la resurrección para todos. Por consiguiente, al final [de la era de Piscis] esa Segunda Venida denota en efecto para muchos elecciones finales, [incluso para los ángeles caídos cuyo tiempo ha terminado].[6]

Benditos, me sirven de dientes para afuera. Pretenden mirar hacia el reino venidero y [hacia] su ingreso en él como la meta de la vida pero por dentro son lobos rapaces.[7] Son la semilla de Satán sembrada[8] en el cuerpo de Cristo y en las iglesias del mundo. Cuando me ven, amados, frente a frente, rechazan a ese Cristo y esa luz. Niegan [mi Segunda] Venida [aunque la han anunciado con bombo y platillo durante mucho tiempo; niegan mi] Persona y, sobre todo [niegan] la Imagen Divina que nuestro Dios Padre-Madre ha puesto en todos vosotros.

[Es debido a que la Segunda Venida es también para el juicio de la semilla del Malvado, que está escrito: "Mirad, viene acompañado de nubes; todo ojo le verá, hasta los que le traspasaron, *y por él harán duelo todas las razas de la Tierra. Sí. Amén".*][9]

Ahora bien, igual que la semilla de Satán se desplaza hacia arriba y hacia abajo de la Tierra, del mismo modo yo vengo. Y vengo hasta la primavera y más allá, hasta el momento del fin profetizado de la era de Piscis. Y desde ahora hasta esa hora, amados, os aseguro que me habré aparecido a todos en cada plano de este hogar material y en otros mundos cuya hora haya llegado también para mi Segunda Aparición.

Esto, pues, debe preceder —aun cuando algunos consideran que debe ocurrir después— ese momento [y esa hora] en que hay una bifurcación en el camino en la escala planetaria, cuando esa luz se encarne en todos aquellos que elijan ser ese Cristo y entren en el ritual de la unión alquímica, y cuando tal oscuridad descienda [de tal manera] que resulte en la segunda muerte de las almas.

Allí, amados, está la alquimia. Allí, amados ocurre la transformación del mundo. Allí, amados, sois felices, centrados en la llama violeta, centrados en el Espíritu Santo, encontrando vuestra morada en el corazón de la Tierra, de tal suerte que la oscuridad quede atrás y llegue el amanecer de luz...

Sabed, corazones amados, que a cada paso del camino debéis ver el llamado como aquello que une los corazones de los portadores de luz con los corazones de aquellos iluminados y con nuestro Dios en el Gran Sol Central, con nuestro Dios, quien es vuestra Presencia YO SOY con vosotros a toda hora.

Sin embargo, los impulsos de este mundo se interponen entre vosotros y vuestra poderosa Presencia YO SOY muy a menudo, más a menudo de lo que deberían.

¿Lo veis, amados? Mantener la luz en un mundo que se oscurecerá antes de que se ilumine, es un llamado de tiempo completo. Es un regocijo. Es una emanación de amor en vuestros corazones conforme amáis y amáis y amáis a vuestro Dios y a los suyos, conforme oráis por ellos y los exhortáis, como a la Madre Divina, a mantener perpetuamente abierto [un pasaje al plano etérico], al menos en este lugar de la Tierra, en el que puede no haber interferencia desde la octava física hasta los altísimos reinos de luz...

El mar astral se eleva. Aseguraos que vuestro tubo de luz lo mantenga en efecto alejado. Aseguraos, entonces, que atajeis vuestro propio cuerpo astral [a medida que desafiais a vuestro morador en el umbral, los patrones de vuestro cinturón electrónico y los arquetipos del Mal Absoluto en el inconsciente] que no debería haber [encontrado allí] un punto de resonancia con el mar astral exterior.

Permitid, pues, que el cuerpo de los deseos se llene con vuestro deseo de Dios. Que seáis llenados vosotros también con ese deseo que conocí cuando, como David, escribí los Salmos de mi comunión con Dios [el deseo que experimenté] cuando clamé [a] Dios para que mi ofrenda pudiera ser aceptable a su vista.[10] Había sido y siguió siendo el fervor de mi corazón y mi razón de ser para muchas vidas.

Así, amados, ese deseo que se convierte en el celo de vuestra casa,[11] ese deseo que se convierte en el celo del Señor vuestro Dios *devorará* la sustancia no transmutada de [no desear en] el cuerpo astral. Y entonces conoceréis lo que es recorrer la Tierra como el llamado Enoc [recorrió la Tierra].[12]

Ved, amados, cómo esa fortificación [del celo del SEÑOR] os da protección física, protección espiritual, la protección del alma que tiene un solo sentido, que toda se colma en su deseo de ser Dios, Dios, Dios en la Tierra, de permanecer como esa Presencia de Dios, esa manifestación de Dios, entre las multitudes de los hijos de luz y la oscuridad que se acerca y que deben enfrentar.

Muchos de ellos estarán desnudos, amados. No han hilado el cuerpo solar inmortal. Orad por ellos pues los amo, y son los hijos de mi corazón extraviados por falsos pastores que nunca les dieron el verdadero entendimiento de los misterios sagrados…

He dicho "Apacentad mis ovejas"[13] y mis así llamados representantes en el mundo de la cristiandad no los alimentaron [con el buen trigo] sino con las cáscaras. No les dieron mi Cuerpo y mi Sangre como plenitud de la comprensión divina [de] nuestro Dios Padre-Madre. No les permitieron experimentar [ni] los misterios ni [el] dolor ni [la] bendición [del sendero de la cristeidad personal]… El cristianismo se ha convertido en una religión del culto al placer y de[el] evitamiento [metafísico] de aquello que debe ser experimentado [en la psique] como dolor [: pues el crecimiento y la resolución lo requieren].

Me explico, amados. No necesitáis tener un complejo de mártir para anticipar la experiencia del dolor. ¿No experimentáis y soportáis dolor cuando estáis en la labor de parto para parir a vuestros hijos?[14] ¿Es dolor o es dicha, amados? ¿No experimentáis dolor cuando la luz entra al cuerpo, cuando las toxinas son eliminadas e ingresa la luz? ¿No hay la sensación de dolor y no os regocijáis en ella sabiendo que entrará una mayor luz en vosotros y un rejuvenecimiento [físico] y una resurrección [espiritual]?

¿Hay alguna creación, amados, que carezca de dolores de parto? Os digo que no. Elevarse significa experimentar la pena de la pérdida, el dolor de la separación cuando algunos son tomados y otros dejados.[15] Corazones benditos, el dolor no es difícil de soportar cuando entendéis que en algunos casos es parte necesaria de la alquimia de la transmutación.

¡Bienvenida sea la adversidad! ¡Bienvenido el reto! Bienvenido todo aquello que nuestro Dios os envíe, porque si no fuera necesario yo os lo habría dicho.

Y por consiguiente os diré lo que no es necesario. Vuestra autoindulgencia no es necesaria. Vuestra postergación no es necesaria. Vuestra fatiga no es necesaria. Vuestra indolencia no es necesaria. Los devaneos y los coqueteos de la mente con todo tipo de cosas de esta octava no son necesarios cuando la mente puede fácilmente permanecer en Dios. No es necesario tomarse una eternidad para convertirse en el Hijo de Dios...

Corazones benditos, uníos en la defensa del alma de luz. Llamadme con mi visión Crística y llamad a Ciclopea. Llamad a Madre María para que podáis saber si hay un alma [entre vosotros] que no sea de luz. Y así [os daréis cuenta de que] el que no tenga fidelidad a la luz no será salvado por vuestro esfuerzo.

No desperdiciéis tiempo y energía preciosos que deberían ser dedicados a la salvación de los hijos de Dios en asuntos como éstos, porque os sentís halagados por su presencia, por su atención, por su aparente brillo intelectual [o incluso por su dinero]; y sin embargo no son sino polvo.[16] Nada vital o integrado hay [en los impíos][17] ni tampoco son capaces de realizar [las] obras del Padre.

Pues él me ha enviado y debo llevar a cabo las obras del que me envió.[18] Realizo las obras de Maitreya. Realizo las obras de Gautama. Realizo las obras de Sanat Kumara. ¡Y, amados míos, realizo las obras de vuestro Santo Ser Crístico cuando vosotros mismos os rehusáis a ser el instrumento de ese Santo Ser Crístico! Y es así como tanto os he amado: en lugar de veros perder puntos en la Ley, vengo y realizo esas obras. Y hablo a vuestra alma y os regaño, os reprendo y os conmino a permitir que Cristo descienda a vuestro templo.

Benditos, recordad ese mantra "Debo llevar a cabo las obras del que me envió". ¿Quién os envió? Vuestro Santo Ser Crístico os envió como una emanación de luz y una extensión del Santo de Dios, vuestra poderosa Presencia YO SOY.

Encarnad las obras, amados, y sed acelerados por la Palabra. No os satisfagáis en ese estado de conciencia que está en algún punto entre el cuerpo astral y el mental, en algún punto cercano a la línea de las seis en punto [en la gráfica de vuestro reloj cósmico], anegados por un mar de indecisión y autocompasión, y toda esa autojustificación.

Corazones benditos, os mostraré cómo deshaceros de la autojustificación. Es tan simple como tener la nariz sobre el propio rostro. ¡Sencillamente deshaceos del yo! Luego podréis dedicar vuestra vida entera a justificar a vuestro Ser Crístico, a justificar a vuestra Presencia YO SOY, a justificar su confianza en vosotros, su amor en vosotros, [vosotros que sois] esa alma de luz arrojada al mar como una perla brillante. No temáis, amados. Seréis sanados. ¡Permitid que descienda vuestro Dios!

Así pues, deseo traeros la visión que os permitirá ver las vestiduras manchadas,[19] las vestiduras manchadas en las que todavía permitís a vuestro ser [*i.e.*, vuestra alma] quedar envuelto. Os permitiré ver al morador que es [también] vuestro ser; [porque es] creación de vuestro *ser*.

Os permitiré ver la fealdad [de la bestia] para que podáis desear la belleza [del Cristo], para que podáis desear la Realidad, para que podáis desear la Verdad y para que podáis decir: "Tomo la espada de Cristo mi Señor, mi Caballero, mi Defensor, y tomo esa espada y la dirijo hacia el centro mismo de esta personalidad dividida, este Dr. Jekyll y Mr. Hyde.[20] ¡Tomo esa espada y la parto en dos! Y no tomaré ni al Dr. Jekyll ni a Mr. Hyde sino que tomaré al Cristo, quien se manifestará; incluso como poderosa ave fénix se elevará en esta era de las cenizas de un yo anterior, que es anterior y al que debe permitirse permanecer anterior."

YO SOY vuestro Cristo. YO SOY vuestro Señor. YO SOY vuestro Salvador. Recibidme en mi Persona, en mi Sagrado Corazón y en vuestro Santo Ser Crístico. Recibidme en Maitreya ¡y realicemos las obras de esta era!

Amados, si lo hacéis, si triunfáis, Saint Germain será redimido y será posible una era dorada. Si no lo hacéis, si no triunfáis, entonces la posibilidad de una era dorada será incierta y puede no llegar. Así, amados, olvidad las propias preferencias. ¡Lanzaos y haced que suceda!

Yo, Jesucristo, os doy ahora más que la Palabra hablada. Os doy mi amor y os doy *todo* mi amor. Os doy la Comunión.

Os doy el vino de mi Espíritu, el pan de mi vida eterna y os llamo a que volváis a Casa mientras la puerta sigue abierta. Os llamo a pasar por alto todo lo humano, incluyendo lo propio. Y amaos unos a otros pues habito en vosotros. Amaos unos a los otros pues mi rostro está reflejado en el espejo de vuestra alma.

Yo, Jesús, vivo en vuestro corazón. ¿No recordaréis [esto], amados, y no me recibiréis y os convertiréis en lo que sois? Es ésta mi Oración de Acción de Gracias, mi Llamado de Acción de Gracias.

Oh amados míos, anticipad que necesitaréis toda vuestra fortaleza, todas vuestras fuerzas, toda vuestra integración en Dios. ¡Ánimo, amados! Porque entre más de Dios haya en vosotros, menos probablemente seréis tocados por las venideras profecías cumplidas.

Preparaos para la batalla. Preparaos para la victoria. Nuestro ojo está en el Ojo Omnividente de Dios. Que vuestro ojo esté también en él, pues en ese Ojo, amados, retenéis la imagen de Dios como Elohim, igual que en vuestro chakra del alma podéis mirarme cara a cara.

23 de noviembre de 1989
Día de Acción de Gracias
Rancho Royal Teton
Park County, Montana

Benditos, soy crucial en esta era y en la conclusión de la era, y soy la piedra angular en el Arca de la jerarquía de Sanat Kumara que cuida la Tierra. Y gracias a mi corazón, ese Sagrado Corazón de Dios que he hecho el mío propio, está la puerta abierta a través de la cual podéis pasar hacia la gloria de vuestra propia cristeidad.

Jesús[21]

En este mensaje sentimos la urgencia del llamado de Jesús. En sus primeros dictados nos llama a ser sus discípulos y a convertirnos en ese Cristo. Ahora nos dice: "Hablo a vuestra alma y os regaño, os reprendo y os conmino a permitir que ese Cristo descienda a vuestro templo". Viene con un intenso amor de fuego rubí y con la intención de penetrar la densidad de nuestra mente exterior y de despertar nuestra alma a la necesidad del momento.

Saint Germain nos permitió echar un vistazo inolvidable a las labores del cielo respecto a las diferentes formas en como se da un dictado: "En ocasiones después de haber dado un dictado ante la humanidad, nos reunimos en una pequeña habitación cósmica y repasamos los dictados punto por punto y nos decimos unos a otros 'Sí, creo que habríamos alcanzado mejor la humanidad diciéndolo de este modo.'

"De modo que deseo entendáis que, incluso a nuestro nivel de pensamiento y de sentimiento, hay un esfuerzo cósmico en beneficio de la humanidad, y ese esfuerzo es efectivamente muy real. No es en realidad una aleatoria reunión de conceptos para después arrojarlos, literalmente, sobre la conciencia de la humanidad. Es una manifestación de fortaleza cósmica y de sabiduría cósmica enormes. En ocasiones permanecemos en el ámbito espiritual el equivalente a doce años de vuestro tiempo produciendo un discurso que durará 30 o 40 minutos."[22]

Jesús explica que tenemos un horario que cumplir mientras permanece abierta la puerta de la oportunidad. No podemos darnos el lujo de quedarnos atorados en la postergación o la indecisión. Jesús dijo a sus discípulos: "Caminad mientras tenéis la luz".[23] Ahora nos está dando el mismo mensaje. La oportunidad está aquí, y no sabemos lo que traerá el mañana. Dice: "Os llamo a que volváis a Casa mientras la puerta sigue abierta. Os llamo a pasar por alto todo lo humano, incluyendo lo propio. Y amaos los unos a los otros pues habito en vosotros. Amaos los unos a los otros pues mi rostro está reflejado en el espejo de vuestra alma. Yo, Jesús, vivo en vuestro corazón. ¿No recordaréis esto, amados, y no me recibiréis y os convertiréis en lo que sois?"

La Primera y la Segunda Venidas de Jesucristo

Un elemento clave en este dictado es la enseñanza de Jesús sobre la Segunda Venida. Nos explica que la Segunda Venida de Cristo se manifiesta hoy a través de los Santos Seres Crísticos, de los portadores de luz sobre el planeta Tierra, a través de aquellos que aceptan su luz crística y determinan asimilarla y convertirse en ella. Esta Segunda Venida "es también para el juicio de la semilla del Malvado", aquellos que, cuando lo vean cara a cara (o en uno de sus verdaderos devotos), rechacen esa luz crística.

En un dictado titulado "La Segunda Venida de los Santos", Kuthumi habló de la Segunda Venida y de cómo los santos no ascendidos apoyan también a Jesús en esta alquimia. Dijo:

"Por consiguiente, luego de mucha discusión y de mucha deliberación y de oraciones, fue la amada Madre María quien vino y ofreció su sugerencia en el sentido de que en esta hora de la Segunda Venida de su Hijo Jesús, todos los santos debían del mismo modo ingresar en su propia 'Segunda Venida' aparecer con él; dar testimonio de él y de su gloria; desplegar esa porción de su propia cristeidad manifestada, para que de ese modo todos aquéllos en cada camino de la vida puedan tener la convicción de su propia cristeidad potencial y elevarse a fin de aclamar al Señor y Salvador y para abrazar el camino de la luz; para repudiar el mal y, con suprema confianza en Dios, alejarse de toda atadura previa con los caídos, aunque sutil, como las sutilezas de fino polvo que comienzan a reducir los vibrantes colores de las vestiduras que usan...

"Así, los santos que se reunieron respondieron a la Madre Bendita diciendo 'Si acudimos también y nos mostramos a niveles interiores a todas las corrientes de vida en la Tierra a quienes se aparecerá nuestro Señor, quizás a través de nuestro testimonio de la universalidad de la luz crística y mayor cercana proximidad a esta evolución por la naturaleza de nuestros logros menores, podríamos inspirar a aquellos que de lo contrario rechazarían abrazar al Señor y aceptar su gracia a fin de que, ellos también, pudieran recorrer todo el camino de vuelta al Sol siguiendo los pasos del Salvador y quizás los suyos propios.'

"Así, amados, podéis ver que en esta hora los miembros no ascendidos de la Gran Hermandad Blanca se ofrecen como voluntarios. Y son aceptados por el Señor Maitreya y por Gautama y por Sanat Kumara para hacer esto mismo que se ofrecen a hacer y, al hacerlo así, asistir también al arcángel Rafael y a Madre María, específicamente en el rescate de almas de luz que ya casi han perdido toda la luz que tuvieron alguna vez.

"Amados, vosotros mismos sois parte de estos grupos. Y vengo a decíroslo a fin de que podáis izar las velas de la mente y del corazón, conscientemente, cuando abandonéis vuestro cuerpo por la noche y viajéis en vuestro cuerpo etérico, mientras muchos duermen, hasta hacer contacto con ellos en los niveles más profundos del ser a fin de que puedan ver la perfección manifiesta del Cristo en vosotros al tiempo que observan también cómo siguen existiendo niveles de imperfección.

"Así, os habéis ofrecido a darles corazón, a darles valor, a darles el testimonio de que, aunque el Sendero sea arduo, aunque requiera de un aquietamiento de la mente y de perpetua vigilancia para que ningún pensamiento cruel o cosa inmunda ingrese a esa mente, las recompensas son, sin embargo, infinitas y la gracia está en el terreno de lo inefable. Y la victoria es nada menos que la declaración de vuestra alma ligada a Cristo para esa absoluta victoria de Dios en beneficio de todas las otras semillas de Cristo en todo el cosmos."[24]

Es ésta una tremenda oportunidad para que nuestra alma esté con Jesús en niveles internos y sea testigo de la universalidad de su luz crística en él, en nosotros y en las almas que buscamos rescatar. Jesús tiene un enorme deseo de llegar a los suyos mientras haya todavía oportunidad.

El problema de la postergación

Jesús nos exhorta a que permitamos al Cristo entrar a nuestro templo. Nos dice que no podemos postergar o quedarnos atorados en la indecisión: ¿nos decidiremos o no a convertirnos en el Cristo?

La postergación es una técnica de evasión. Sabemos que la venida de Cristo a nuestro interior ocasionará cambios en nuestra vida. Nos preguntamos si estamos listos para ello. Y así sencillamente hacemos de lado la decisión. Al hacer esto seguimos viviendo en un estado intermedio que no está completamente comprometido con ninguna dirección. Sin embargo, Jesús nos dice que ya no podemos retrasarnos más.

La mensajera dice lo siguiente sobre la postergación: "Hay una enfermedad en la tierra… Se llama postergación. Es la incomprensión del Ahora Eterno. ¡Ahora es el momento aceptado! ¡Ahora es el día de la salvación! ¡Ahora es el momento de actuar! ¿Os dais cuenta de que no poseéis ningún otro momento sino el ahora? No poseéis el pasado y no poseéis el futuro. Sin embargo, justo en este momento podéis estar centrados en Dios. Justo ahora podéis entrar en acción. El ahora es muy valioso. Deberíais valorarlo y no desperdiciar más tiempo. El ahora es sagrado… El ahora es el momento aceptable. No hay mañana. Es hoy cuando creamos nuestro mañana."[25]

Gautama Buda ofrece su fórmula para superar la enfermedad de la postergación: "El Sendero es una espiral que se mueve hacia el centro del núcleo de fuego blanco. Muchos no entran allí durante muchas encarnaciones. Porque mientras avanzaban en el sentido de la espiral, que es el fuego que se envuelve a sí mismo, llegaron a un alto, un pasaje angosto en las rocosas alturas. Volvieron sobre sus pasos y dijeron: 'El aire es demasiado puro. No puedo respirar la atmósfera del Espíritu. La inclinación es demasiado pronunciada y mi carga es demasiado pesada. Me quedaré en este nicho de conciencia y realizaré el viaje a la cima en otra ocasión.'

"Las falsas ilusiones de tiempo y espacio son siempre las armas de engaño empleadas por el caído. Y sus emisarios dicen siempre al alma que se mueve hacia el centro del ser: 'Otro día, otro año es propicio para la entrega. No es necesario que soportes tanta presión indebida. Aléjate por un tiempo de esos fanáticos, esos devotos de la llama. Tu camino no es su camino. Hay muchos caminos. Tómatelo con calma. Descansa de vez en cuando. Te has ganado y te mereces un reposo muy necesario.'

"Ésta es la línea de los caídos. Y a ella agregan cualquier otra línea de razonamiento que orille más a la rebeldía y a la perversidad del ser irreal. Dicen: 'Tómate un tiempo fuera del Sendero para que mimes a tu familia y a tus amigos. Porque si no lo haces, ellos te maldecirán, te abandonarán. Y entonces estarás solo, y sabes bien que no puedes tú solo.'

"¿Qué responderéis cuando las mentiras del malvado lleguen como humo que se cuela a través de las ranuras de las ventanas y por debajo de la puerta? Si inhaláis el hedor del Mentiroso y la mentira os encontraréis retrasando la superación hasta que seáis apabullados por el retraso. Pues el retraso es la disminución de la energía que debería estar concentrada en el crisol. Pero aquel que es la llama de la verdad viva ha proclamado 'Vengo pronto'.[26] El juicio por fuego debe ser administrado por ángeles de fuego que quemen rápidamente la conciencia humana, como los ángeles de la cosecha queman el rastrojo del campo para liberar al alma de los restos de carnalidad y limpiar el terreno para una nueva siembra.

"La rápida y repentina venida del rayo de la mente de Dios es el instrumento del SEÑOR para aquellos que desean alcanzar la victoria sobre los caminos del tentador. Pues en el momento de la victoria, debe mantenerse intenso el fuego del alma. Y se espera que se mantenga así este fuego y que no se disperse porque, una vez que el fuego es dispersado, se pierde la capacidad de invocar la totalidad de la fortaleza requerida y tenéis que esperar otro ciclo para la concentración de la energía.

"Los caídos saben que los ciclos de vida, de acuerdo con la ley del yang y del yin, se alternan concentrando el poder divino en el rayo masculino de la Fuente de Dios y liberando después ese poder a través del Huevo Cósmico en el rayo femenino. Las victorias se ganan en el núcleo concentrado de fuego blan-

co del rayo masculino (el yang). Luego viene el ritual de soste-
nimiento a través del cual la victoria inunda el cosmos con la
luz de la alegría, como un estallido de vida desde el corazón y
la realización femenina (el yin) de que YO SOY Dios aquí y
ahora y en todo lugar."[27]

Serapis Bey habla del peligro de caer en la postergación:
"Recordad, pues, benditos. Hubo una hora en que el Mar Rojo
fue dividido y todos los hijos de la Luz lo atravesaron. Si algunos se hubieran distraído y dicho 'Bien, el mar ha sido dividido, lo atravesaré mañana" habrían quedado atrapados como
lo fueron los persecutores egipcios y habrían sido tragados por
las aguas.

"Comprended, pues, el momento del milagro y de la oportunidad y daos cuenta de que también respetamos las fechas.
El camino *ha* sido abierto. Atravesad mientras permanezca
abierto todavía y encontrad vuestro sitio en el sol: ¡dónde
mantener la llama es, por encima de todo, la más sagrada de
las artes!" [28]

El Morya afirma su perspectiva sobre este asunto de manera muy sucinta: "La postergación es una enfermedad que es la
muerte del chela".[29]

El Morador del umbral

En este dictado, Jesús nos permite mirar hacia nuestro yo irreal.
Llamado el morador del umbral, es la creación del *ser* que se ha
convertido en el impostor del Ser Crístico. El morador del umbral —y el impulsor de esta creación humana— se convierte en

otra voz que nos habla, la que describió el apóstol Pablo de esta manera: "Puesto que no hago el bien que quiero sino que obro el mal que no quiero y, si hago lo que no quiero, no soy yo quien lo obra, sino el pecado que habita en mí".[30] Pablo nos hace saber que también sintió un enfrentamiento entre dos leyes en sus miembros y que eso le significó una carga.

La mensajera describe esta mente carnal, este morador, de la siguiente manera: "El morador del umbral es el punto focal de la conciencia que está detrás de la creación humana: la mente detrás de la manifestación. Este término ha sido adoptado por la Hermandad porque da a entender el significado de que esta creación reside en el umbral de la autoconciencia, donde los elementos del subconsciente cruzan la línea desde el inconsciente hacia el mundo consciente del individuo, y el yo irreal desconocido se vuelve conocido. Una vez en la superficie, el morador ingresa al ámbito de la voluntad consciente donde, a través de la facultad de la mente y del corazón para tomar decisiones, el alma puede elegir 'encarnar' o acabar con los componentes de esta antítesis de su Yo Verdadero...

"Bien, allí llega un momento en la vida del individuo, cuando entra en contacto con el Sendero, con los maestros o sus representantes, en que se encuentra cara a cara con Cristo y con el Anticristo (Cristo en la persona del hombre de Dios y Anticristo en su morador del umbral personal en su propio interior)... Esto puede ocurrir en cualquier punto del Sendero. La gente siente esto y, en consecuencia, evita todo contacto con la Gran Hermandad Blanca o con sus representantes. Incluso toman armas en su contra pensando que están obstruyendo la Ley y evitando el inevitable Día del Juicio.

"Fue así en el caso de Saulo en el camino a Damasco. En este caso fue el Maestro Jesús quien forzó el encuentro y cegó a Saulo en el proceso alquímico de la luz que confunde a la oscuridad. Jesús hizo que Saulo eligiera entre su morador, el Anticristo o antiYo que estaba persiguiendo a los cristianos, y su Yo Verdadero personificado y representado en el maestro ascendido Jesucristo.

"Cuando eligió a su Señor, eligió el camino del discipulado que lleva a la cristeidad individual. Y el Maestro ató a este morador hasta que él mismo pudiera vencerlo 'en el último día' de su karma. Imbuido con el poder de Cristo en su gurú Jesús, Saulo, ahora llamado Pablo (hecho a un lado el antiguo hombre y retomado el nuevo) fue más allá a fin de testimoniar la Verdad que lo había liberado de su propio ímpetu de creación humana y de la mente humana que lo había creado, el morador del umbral.[31]

"A partir de su confrontación personal y de su conversión por el Señor, Pablo fue capaz después de decir a los romanos con la convicción que proviene sólo de la experiencia: 'Pues las tendencias de la carne son muerte; mas las del espíritu, vida y paz, ya que las tendencias de la carne llevan al odio a Dios: no se someten a la ley de Dios, ni siquiera pueden...'[32]

"Llega un momento en que los individuos que están en el Sendero han alcanzado la plenitud de la enseñanza, de la luz, de los maestros y del amor en la comunidad. Y la plenitud no se define por los años sino por la evolución de la corriente de vida. Puede ser un año, pueden ser tres años, pueden ser veinte años, pueden ser muchas encarnaciones. Pero llega un punto en que el individuo tiene plena conciencia del Cristo en los maestros, en la mensajera; total conciencia de lo que es la oscuridad y de lo que es la mente carnal. Y debe llegar al punto en que se decida a favor o en contra de su poderosa Presencia YO SOY, de la Hermandad, a favor o en contra de la falsa jerarquía. Esto es conocido como la Y. La Y en el Sendero es el momento de la iniciación en que uno se convierte realmente en Cristo o en el Anticristo.

"Uno puede rehusarse a entregar ese morador: a atarlo, aplastarlo y enviarlo a juicio de antemano —*i.e.*, antes de que el alma deba rendir cuentas al Consejo Kármico al finalizar su vida. Jesús enseñó esta ley del karma a Pablo, quien escribió al respecto a Timoteo: 'Los pecados de algunas personas son notorios aun antes de que sean investigados; en cambio los de otras, lo son solamente después.'[33]

"En lugar de entregarlo en el punto Y, el iniciado puede, en cambio, asimilar al morador. En lugar de comer la carne y de beber la sangre del Hijo de Dios (asimilando la Luz de Alfa y Omega en el Cuerpo de Cristo), bebe literalmente la copa de la blasfemia de los ángeles caídos y come a sus expensas la infamia de su antiPalabra.

"Al tomar el camino equivocado, el iniciado se pone, personifica, se identifica con y se convierte finalmente en el morador del umbral encarnado. El alma y el cáncer de la mente carnal han crecido juntos y no pueden ser separados. Un individuo tal estaría entonces en el camino de la izquierda. Su voluntad, no la de Dios, es suprema."[34]

Jesús nos ha dado un decreto que podemos pronunciar para invocar la intercesión del Señor a fin de arrojar al morador del umbral. (Véase Ejercicios espirituales.) Así, día tras día, al pro-

nunciar este decreto, podemos entregar una porción de ese
morador y hacer espacio en nuestra conciencia para otro incremento del Cristo. Si hacemos esto a conciencia y entrega-
mos diariamente ese yo irreal, si no lo alimentamos más con
nuestra energía y nuestra luz, gradualmente disminuirá y, cuando llegue el momento de la elección final, de la confrontación
final con el morador, su estatura se habrá reducido considera-
blemente.

Lee los Salmos

Jesús habla de su vida como David, el salmista y rey de Israel. Dice: "Que seáis colmados también con ese deseo que conocí cuando, como David, escribí los Salmos de mi comunión con Dios". Conforme somos llenados con este deseo verdadero, la enorme energía del cuerpo de los deseos puede ser aprovechada para impulsarnos a avanzar en el Sendero. Conforme leas los Salmos, pide a Jesús que coloque su Presencia sobre ti y que transfiera directamente a tu corazón este enorme deseo de ser uno con Dios.

Muéstrame tu camino, Yahveh,
enséñame tus sendas.
Guíame en tu verdad, enséñame,
que tú eres el Dios de mi salvación.
En ti estoy esperando todo el día.

SALMO 25

Como jadea la cierva,
tras las corrientes de agua,

> así jadea mi alma,
> en pos de ti, mi Dios.
> Tiene mi alma sed de Dios,
> del Dios vivo;
> ¿cuándo podré ir a ver
> la faz de Dios?

SALMO 42

Llama a Ciclopea

En este dictado dice Jesús: "Llamadme con mi visión crística y llamad a Ciclopea". Ciclopea es el Elohim del quinto rayo, que corresponde al tercer chakra, el del ojo. Ciclopea concentra el Ojo Omnividente de Dios, el poder de la visión. Al invocar a Ciclopea podemos fortalecer nuestra propia visión espiritual, que Jesús dice que es tan importante para nuestro Camino.

Amada Ciclopea, que observas la perfección

Amada, poderosa y victoriosa Presencia de Dios, YO SOY en mí, Santos Seres Crísticos de todos los que evolucionan en la Tierra, amadas Ciclopea y Virginia, amados Helios y Vesta, Lanello y K-17, todo el Espíritu de la Gran Hermandad Blanca y la Madre del Mundo, vida elemental: ¡fuego, aire, agua y tierra! En nombre de la amada Presencia de Dios que YO SOY y por y a través del poder magnético del fuego sagrado del que está investida la llama trina que arde en mi corazón, yo decreto:

1. Amado Ciclopea,
Observador de la Perfección,
Entréganos tu Divina Dirección,
Despeja para todos el camino de escombros,
Mantén el pensamiento Inmaculado para mí.

Estribillo: YO SOY quien observa Todo,
Mi ojo es único mientras imploro;
Elévame ahora y libérame,
Que tu santa imagen pueda ser.

2. Amado Ciclopea,
En tu visión todo lo abarcas
Con tu Luz mi ser moldea,
Mi mente y sentimientos depura,
La Ley de Dios mantén segura.

3. Amado Ciclopea,
Ojo radiante de Antigua Gracia
Con la mano de Dios su Imagen traza
Sobre todo el tejido de mi alma,
Elimina los venenos y mantenla sana.

4. Amado Ciclopea,
La Ciudad Cuadrangular por siempre guarda,
Mi plegaria realiza y escucha,
Mi Victoria por los aires proclama,
Mantén la pureza de la Verdad justa.

¡Y con plena Fe acepto conscientemente que esto se manifieste, se manifieste, se manifieste! (3x), ¡aquí y ahora mismo con pleno Poder, eternamente sostenido, omnipotentemente activo, siempre expandiéndose y abarcando el mundo hasta que todos hayan ascendido completamente en la Luz y sean libres! ¡Amado YO SOY! ¡Amado YO SOY! ¡Amado YO SOY!

Llama al Sagrado Corazón de Jesús para que se coloque sobre tu corazón

Jesús nos dice: "Así, en Occidente se habla de mi corazón como del Sagrado Corazón y sin embargo aquello que he realizado y manifestado en mi corazón es algo que también vosotros podéis hacer. Vuestro corazón es el sagrado corazón puesto que Dios ha hecho sólo corazones sagrados, no de otros. La llama trina de vuestro corazón es esa sacralidad. Sentirla y reconocerla como tal no requiere más que la intensificación de la dimensión de ese sol ardiente de realidad divina.

"Es sólo mediante incrementos que podéis pensar en mi corazón como el Sagrado Corazón y en el vuestro como en proceso de convertirse en él; sin embargo devilo ante vosotros la llama trina del corazón de vuestro Santo Ser Crístico. Develo ante vosotros la llama trina en el corazón de vuestra Presencia YO SOY. Es éste el sagrado corazón y, en la realidad divina, es vuestro, vuestro propio corazón."[35]

Pronuncia diariamente el siguiente llamado:

En nombre de mi poderosa Presencia YO SOY y de mi Santo Ser Crístico, invoco el Sagrado Corazón de Jesús para que se coloque sobre mi chakra del corazón. Le pido que fortalezca y proteja mi corazón puesto que estoy determinado a convertirme en el Cristo.

En el Sagrado Corazón de Jesús yo confío. (se repite tres veces)

Invoca a los maestros ascendidos para que arrojen al morador del umbral de todos los que se oponen a tu cristeidad

Podemos utilizar el siguiente decreto de Jesús para que interceda a fin de atar y arrojar al morador del umbral, el ser irreal de nuestra propia creación humana. Antes de asumir esta tarea es importante invocar la protección y el sello del alma y la conciencia en la luz de Dios. Invoca tu tubo de luz (véase "Decretos de Corazón, Cabeza y Mano", página 48) y pronuncia el decreto al arcángel Miguel (véase página 76).

"¡YO ARROJO AL MORADOR DEL UMBRAL!"
por Jesucristo
En el nombre YO SOY EL QUE SOY ELOHIM
Saint Germain, Porcia, Guru Ma, Lanello
Padma Sambhava, Kuan Yin y los Cinco Budas Dhyani.
En el nombre de YO SOY EL QUE SOY SANAT KUMARA
Gautama Buda, Señor Maitreya, Jesucristo

OM VAIROCHANA, AKSHOBHYA, RATNASAMBHAVA
AMITABHA AMOGHASIDDHI VAJRASATTVA OM
YO ARROJO AL MORADOR DEL UMBRAL de ―――――

Haga oraciones personales

En el nombre de mi amada Poderosa Presencia YO SOY
y de mi Santo Ser Crístico, Arcángel Miguel y las huestes
del SEÑOR, en el nombre de Jesucristo, yo desafío al
morador del umbral personal y planetario y digo:

¡Tú no tienes ningún poder sobre mí! Tú no me puedes
amenazar ni puedes manchar la faz de mi Dios dentro de
mi alma. Tú no te puedes burlar ni puedes tentarme con
el pasado o el presente o el futuro, porque YO SOY el que
está escondido con Cristo en Dios. YO SOY su novia. YO
SOY aceptado por el SEÑOR.

¡Tú no tienes ningún poder para destruirme!

Por lo tanto, ¡sé atado! por el SEÑOR mismo.

¡Se acabaron tus días! Ya no puedes habitar más en este
templo.

En el nombre YO SOY EL QUE SOY, ¡sé atado! tú,
tentador de mi alma. ¡Sé atado!, ¡tú, punto de orgullo de la
caída original de los caídos! Tú no tienes ningún poder,
ninguna realidad, ningún valor. Tú no ocupas ni el tiempo
ni el espacio de mi ser.

Tú no tienes ningún poder en mi templo. Ya no puedes
robar más la Luz de mis chakras. Ya no puedes robar la
Luz de la llama de mi corazón ni de mi Presencia YO SOY.

¡Sed atados!, entonces, ¡oh Serpiente y su semilla y todas
las implantaciones de la fuerza siniestra, porque ¡YO SOY
EL QUE SOY!

YO SOY el Hijo de Dios este día y ocupo este templo plena y enteramente hasta la venida del SEÑOR, hasta el Nuevo Día, hasta que todo sea cumplido y hasta que pase esta generación de la semilla de Serpiente.

¡Arde a través, oh Palabra Viviente de Dios!

Por el poder de Brahma, Vishnú y Shiva, en el nombre Brahmán:

YO SOY EL QUE SOY y estoy de pie firmemente y arrojo al morador.

¡Que sea atado por el poder de las huestes del SEÑOR! Que sea consignado a la llama del fuego sagrado de Alfa y Omega, para que no pueda salir a tentar a los inocentes y a los infantes en Cristo.

¡Destella el poder de Elohim!

Elohim de Dios, Elohim de Dios, Elohim de Dios.

Descended ahora en respuesta a mi llamado. Según el mandato del SEÑOR —como Arriba, así abajo—, ocupad ahora.

¡Atad al yo caído! ¡Atad al yo sintético! ¡Fuera, pues!

¡Atad al caído! Porque ya existe más remanente o residuo en mi vida de ninguno o ninguna parte de aquél.

¡He aquí, YO SOY, en el nombre de Jesús, el victorioso sobre la Muerte y el Infierno! (2x)

¡He aquí, el YO SOY EL QUE SOY en mí —en el nombre de Jesucristo— es aquí y ahora el victorioso sobre la Muerte y el Infierno! ¡He aquí!, hecho está.

Un mantra de Jesús

"Dios nos envía una y otra vez para que terminemos la obra, su Obra en la Tierra. 'Debo llevar a cabo las obras del que me envió.' ¿Acaso no es un maravilloso mantra de Jesús? Él lo dijo. Y es por eso que estáis aquí. Dios os envía a realizar su Obra. Y el modo de hacerlo mejor es incrementar la luz a través de su nombre, de su Palabra, del uso del mantra. De modo que tomáis el mantra de Jesús y decís:

> **En el nombre de mi poderosa Presencia YO SOY, en**
> **el nombre del Hijo de Dios y del amado Jesucristo,**
> **YO SOY el que lleva a cabo las obras del que me envió.**
> **¡aquí y ahora!**
> **YO SOY el que lleva a cabo las obras del que me envío.**
> **¡en el modo mismo de Dios!**
> **YO SOY el que lleva a cabo las obras del que me envío.**
> **¡a través del sagrado fuego abrasador del Amor!**
> **YO SOY el que lleva a cabo las obras del que me envío.**
> **¡por el deseo divino de Cristo!**

"El mantra es una fórmula verbalizada que expresa devoción a Dios. Es una matriz de energía que sostiene las cualidades invocadas por la ciencia del sonido y el ritmo. Es una oración pero es también un decreto dinámico. Es también una afirmación. La oración contiene el patrón de aquello que deseáis manifestar en la Tierra mediante la autoridad del libre albedrío que Dios os dio, por medio de esa chispa divina que está en vuestro corazón y mediante vuestra amada Presencia YO SOY."[36]

¿Cómo responderás al llamado de Jesús?

"Os conmino a permitir que ese Cristo descienda en vuestro templo"

¿Qué significa para mí este llamado?
¿Qué haré para responder a este llamado?

Asumid nuevamente el karma que he
cargado por vosotros estos dos mil años.

¡El camino está despejado
para que los santos ocupen la Tierra!
Asumid nuevamente el karma
que he cargado por vosotros estos dos mil años

¡Aquí viene el Señor con sus santos! Aquí viene el Señor Sanat Kumara con diez mil de sus santos en este cuarto día de la Misa de Cristo.

Yo, Jesús, vengo a vosotros; pues os digo, el camino está despejado. A partir de este día, uno a uno los santos de la octava etérica lo ocuparán hasta que vuelva[1] en total manifestación divina, cuando todos los santos de la Tierra se hayan elevado hasta ese nivel de manifestación etérica que fue el Jardín del Edén.

Uno por uno los santos descienden para habitar. Pues con el despejamiento de este día, amados, hay una línea que ha sido dibujada y ésta [es la] suficiencia sobre la marca del 51 por ciento [a partir de la cual los santos pueden ocupar la Tierra]. Así, día a día se dará la ocupación de la Tierra.

Benditos, hay espacio para un número limitado de santos en la cabeza de este alfiler llamado planeta Tierra. Por consiguiente, conforme los santos la ocupan, los sitios de los caídos son tomados. Y deben vaciar sus sitios y someterse a los santos. Pues este día declaro que "¡La Tierra es del SEÑOR y todo lo que hay en ella!"

En consecuencia a vosotros os digo, oh santos que moráis en la octava física, que sois el cuerpo místico de Dios: dad la bienvenida a vuestro Dios, el Señor Sanat Kumara, quien ha permanecido, quien ha habitado, quien no os ha fallado, sino que ha cumplido su Palabra eterna...

Por consiguiente, amados míos, sabed esto, que vuestro corazón está convirtiéndose en un cáliz de cristal para que el fuego de Dios arda en él, y lo haga intensamente. La llama trina es en efecto el regalo de la chispa divina. Sin embargo, habéis visto mi retrato donde la llama trina envuelve en efecto la totalidad de mi ser. Es éste el signo del Cristo Cósmico, amados.

Y un día, luego de que hayáis hecho de vuestra actual llama trina un cáliz para la llama de Dios, y conforme pasen los años, las décadas y los siglos, incluso en las actividades que llevéis a cabo como maestro ascendido—, una vez que os hayáis graduado de este salón de clases, sabréis que podréis experimentar también la plenitud de esa llama de Dios envolviéndoos una y otra vez. Amados, así, al equipararla con la llama trina, entendéis el significado de las palabras de Moisés todos vosotros: "He dicho que sois dioses y que todos vosotros sois hijos del Altísimo".[2]

En este lirio de mi llama trina, os amo, os acaricio, os envuelvo, os sano, despejo todo temor y toda duda. Pues YO SOY el que ha venido, el Buen Pastor, y vengo a alimentar a mis ovejas, que están convirtiéndose en cabezas de rebaño y en pastores ellas mismas...

Corazones benditos, mis ovejas conocen mi voz.[3] Y por consiguiente sois míos, y algunos de vosotros son aquel a quien he ido a buscar dejando a las 99 restantes.[4] Sí, he ido a buscaros y os he traído a lo largo de muchas vidas hasta este momento en que podéis ver, saber y comprender (con el ojo interior abierto, el oído interior atento al sonido interno, el alma familiarizada con la vibración). Os he pastoreado, amados. He pagado también el precio. Porque a fin de que vuestros sentidos espirituales pudieran ser avivados, yo, Jesús, tomé sobre mí algunos de las porciones de vuestro karma.

Ahora os digo, amados, estáis seguros aquí. Habéis hecho el contacto. Os habéis ligado a mi Sagrado Corazón. Así, os pido este día que consideréis lo siguiente: que volváis a asumir en estos días que quedan del año, y a través de la conferencia de Año Nuevo, el karma que he cargado por vosotros. Porque, amados, continuáis bajo la dispensación de Hércules, quien puede cargar vuestro karma.[5]

Pero os digo esto, si asumís nuevamente ese [karma] que he cargado [por vosotros estos dos mil años], por el cual he pagado el precio, y lo equilibráis, y a partir de ello crecéis en vuestra cristeidad, solicitando con toda libertad la ayuda de Hércules cuando la necesitéis, entonces, lo veréis, quizás os deje como a las 99 y vaya entonces en busca de [aquellos] otros, otras mil almas que [me] necesitan [para] llevar su

carga; los sentidos de cuyas almas podría avivar para que pudieran oír mi Palabra por encima de los ataques de los medios y de los detractores, y de todos aquellos que intentan proyectar sombras y calumnias sobre esta comunidad, esta mensajera y esta enseñanza.

Ya lo véis, amados, en el proceso de [hacer] esto tan pequeño que os pido [pues vosotros tenéis también la llama violeta], también vosotros os estáis convirtiendo en salvadores del mundo; pues en un sentido estáis permitiéndome llevar el karma de otros. Así vosotros mismos lo cargaréis, ¿os dais cuenta?

Benditos, digo que es [para vosotros] algo muy pequeño. Pues cuando tenéis tal presencia y tal fuerza unidas en este mismo lugar [para realizar los trabajos de Hércules], podéis hacer que el trabajo de saldar ese karma sea ligero [a través de buenas obras cósmicas como éstas y] rodeándolo [con el círculo de Astrea y la espada de llama azul].[6] Y recordad esto, a través [de vuestro karma] tenéis una llave y un lazo con el mundo y los lugares en que ese karma se produjo. Así, tenéis autoridad para invocar el juicio [a través del Señor Cristo] y la atadura [a través del arcángel Miguel] de esas fuerzas que os metieron en ese problema y en ese lío hace tanto tiempo que el hilo de contacto con la jerarquía se ha vuelto tan delgado que puede romperse.

Así, amados, considerad esto [la solicitud que os hago] este día y respondedme por escrito luego de atenta reflexión [si asumiréis nuevamente el karma que he cargado por vosotros] y entonces continuaremos nuestras obras más allá del Día de Año Nuevo, recomenzando en el principio de esta conferencia...

Comprended, amados, que el mensaje de la Segunda Venida de Cristo es un mensaje de resurrección para los portadores de luz, y de juicio para la semilla del malvado. Es un mensaje y un evangelio: de juicio y resurrección. Y aquellos discípulos resucitados del Señor, amados, son los que se sientan conmigo en la gloria y en la gloria de esta corte al reuniros. ¡Pues seguramente la gloria del SEÑOR es para vosotros! Y en esa gloria cumplís con las palabras que dirigí a mis discípulos: ¿No sabéis que os sentaréis y juzgaréis a las doce tribus y que juzgaréis también a los ángeles caídos?[7]

Esta profecía tuvo lugar y es realizada por el Espíritu Santo. Así, amados, como habrá el juicio de los caídos que tomaron la luz del fuego sagrado, de la llama trina de los portadores de luz, veréis, al llegar su momento y al ser legal el juicio, que esa luz os será devuelta y vuestra resurrección aumentada. Pues ellos invirtieron el poder de la resurrección, el poder del nombre YO SOY y el poder de mi propio nombre para realizar sus actos impíos.

Por consiguiente, esta noche, antes de que cerréis vuestros ojos [al dormir], leed el Evangelio de Judas. Es sólo un capítulo, amados, y debéis recordarlo y permitid que se inscriba en vuestro corazón; porque allí [encontraréis lo que] he dado a Judas [para que lo registrara como] la descripción de los caídos [hace dos mil años y] en esta era. Y en los trabajos venideros de la conferencia nombraré esos tipos que son descritos, incluso esos predicadores y príncipes apóstatas que vienen en esta hora. Que así sea, pues, amados, que lidiéis con todas las categorías de pecado y de pecadores que pertenecen a los ángeles caídos (y no a los hijos de la Luz) de los que se habla en ese evangelio.

Benditos, vengo en nombre de Enoc. Vengo en nombre de Sanat Kumara. Vengo en nombre de los primeros padres y de los últimos. Vengo en nombre del Dios y la Diosa Meru.

Vengo en vuestro nombre, amados, pues llevo vuestros nombres conmigo en mi corazón y los inscribo en oro en mi pequeño libro. Pues tengo también un pequeño libro, y esos nombres que están en caracteres dorados tienen la cualidad de registrar diariamente el estado de vuestra conciencia y de vuestra necesidad, los niveles de vuestros altibajos.

Esta [lectura] queda registrada pues en mi cuerpo causal, en mi cuerpo de luz de maestro ascendido, y envío desde mi corazón rayos como agujas para que os alcancen con el antídoto para esa condición de conciencia en que podéis encontraros y que puede ser ligeramente inferior a la plenitud de vuestra cristeidad. Esto, amados, ocurre instantáneamente cuando la cruz cósmica de fuego blanco es el transmisor de la mente de Dios.

Así, comprended cómo el Pastor conoce a sus ovejas, incluso cómo las ovejas conocen al Pastor. Estoy ligado a todos aquellos que en la Tierra han tocado el vestido, aun el borde del vestido de su propia cristeidad, a través de cualquier religión, incluso de una religión que no reconoce mi nombre o mi victoria. Aquellos que verdaderamente se acercan a su Santo Ser Crístico, yo, con Kuthumi, puedo cuidarlos de un modo extraordinario. Predicamos la poderosa Palabra del Cristo vivo, Maitreya.

Así, como Instructores Mundiales, estamos enviando continuamente rayos como agujas de iluminación a fin de que cuando haya un estado [de] peligro [en vuestra relación con el Santo Ser Crístico], el individuo pueda aprender pronto cuál es la causa de esa condición y cuál es el verdadero camino [a nuestro corazón] y pueda razonar en su corazón, pues [está escrito]: "Venid, pues, y razonemos juntos —dice Yahveh—: Así fueren vuestros pecados como la grana, cual la nieve blanquearán".[8]

Así, amados, sabed que [en] esa enorme verdad está la comprensión de la transmutación del pecado como karma; y la llama violeta es seguramente el antídoto cósmico [para el pecado, para el karma]. La transmutación llega porque la mente ha visto la fuente del error, la reconoce y domina el deseo erróneo de estar involucrado en ese error, ha abandonado[tanto el deseo erróneo como el error] y ha deseado seguir adelante con fortaleza, con carácter, con determinación y con la promesa a Dios de dejar atrás estas cosas, estas cosas inferiores, y de abrazar a ese Cristo.

Corazones amados, cuando tomáis esa decisión [abandonar el pecado y el sentido pecaminoso], en ocasiones no me encuentro a más de 30 metros de vosotros. No os haría falta sino dos zancadas para que estuvierais en mis brazos. De modo que no temáis dar esas zancadas, esos saltos, amados. Pues yo os digo que cuando toméis esa decisión de dejar atrás las cosas inferiores, os fortaleceré directamente a través del cuerpo y de la sangre de mi ser, a través de mi sagrado corazón, y de mi amor que todo lo envuelve. Vuestra decisión abre la puerta.

Todo el tiempo que estáis en ese estado de indecisión que dice, "¿Haré a un lado o no haré a un lado este asunto en este día?", estáis, amados, solos en vuestro valle de indecisión. Es necesario, de acuerdo con la ley del libre albedrío, que tengáis un cimiento de decisión antes de que un maestro ascendido pueda brindaros su determinación divina y el impulso de su cuerpo causal.

Por consiguiente os digo a vosotros todos, mis más queridos, ¡corregid vuestra vida! *¡Corregid vuestra vida!* Corregid vuestra vida. Pues distinguís el bien del mal. Lo intuís en vuestro corazón. Lo intuís en vuestro Ser Crístico. Os fortaleceré una vez que hayáis puesto firmemente vuestros pies en el camino de la decisión...

Avanzad, amados. Ya no regreséis al hombre viejo y a la mujer vieja[9] de la última y de las encarnaciones anteriores.

YO SOY Jesús. YO SOY el Salvador entre vosotros. Doy mi vida por mis ovejas. Doy mi vida entera...

No existe ningún límite para aquello que podéis alcanzar en esta vida. Pues, amados, algunos de vosotros tenéis talentos que ignoráis, y mientras tanto os esforzáis como siervos humildes y no miráis vuestros logros, sino sólo aquello que todavía debéis hacer para aligerar la carga de la comunidad, de la mensajera y de los maestros.

Es verdad, por consiguiente, que ningún hombre conoce su propia medida, y está bien. Pues el siervo que sufre, el siervo humilde y quien lleva a cuestas las cargas, despertarán con toda seguridad en la gloria de las vestiduras del Hijo de Dios. Y como he prometido, al que supere la prueba daré la corona de la vida.[10]

Que superéis todas aquellas pruebas a que os enfrentaréis porque podéis, puesto que conocéis la Palabra que estuvo con Brahmán en el principio, puesto que tenéis el fíat de luz, y contáis con todos los recursos y la enseñanza.

25 de diciembre de 1989
Navidad
Rancho Royal Teton
Park County, Montana

YO SOY Jesús. YO SOY el Salvador entre vosotros.
Doy mi vida por mis ovejas.

La siguiente solicitud que hace Jesús a aquellos de nosotros que contamos con las enseñanzas de los maestros ascendidos para la era de Acuario es "asumir nuevamente ese karma que he cargado por vosotros estos 2000 años".

Es interesante observar que este Llamado fue pronunciado sólo un mes después de su llamado previo "¡Os conmino a permitir que Cristo descienda a vuestro templo!" Al tomar la determinación de responder a su llamado anterior y de esforzarnos para integrarnos más con nuestro Ser Crístico, hemos incrementado la luz y la capacidad de asumir nuevamente parte del karma que Jesús ha cargado por nosotros. Jesús nos llama a un nivel de mayor responsabilidad en el Sendero.

Quizás sientas alguna preocupación para responder a este llamado y pienses "¿Cómo puedo asumir nuevamente el karma que Jesús ha cargado por mí cuando ni siquiera puedo manejar el karma con el que estoy lidiando en este momento?" Quizás estés preguntándote "Si hago lo que Dios me pide, ¿cómo me afectará?" La mensajera explica de la siguiente manera cuál es el papel de Jesús y en qué consiste nuestra responsabilidad en el equilibrio de este karma:

"Jesucristo fue y es el avatar de la era pisceana. Cargó, en efecto, el pecado del mundo y ha llevado nuestras cargas. Lo ha hecho por muchas razones. Pero en cada era hay un avatar que lleva las cargas del karma mundial. Y tiene muchos discípulos que lo ayudan a cargar alguna parte de ese karma.

"De ese modo formamos parte de aquellos por los que Jesús cargó el karma. Sin embargo él nos dijo que debemos comprender que, puesto que tenemos la llama violeta, puesto que tenemos la capacidad para invocar a todo el Espíritu de la Gran Hermandad Blanca y al Gran Sol Central, contamos con el conocimiento para equilibrar nuestro propio karma y deberíamos llevar ahora esa carga. Deberíamos retomar esa carga a fin de que él pueda trabajar con otros cuya teología y tradiciones en las eras de Aries y Piscis no les permitieron aceptar las enseñanzas de los maestros ascendidos como lo hicimos nosotros.

"Además, Jesús desea que nos convirtamos en adeptos, no sólo para recibir sus dones, sino para alcanzar la maestría y ascender; no sólo porque seamos buenas personas, sino porque se nos enseñó la alquimia de nuestra esencia. Tenemos la llama violeta. Sabemos cómo invocar a los incontables santos vestidos de blanco que están en el cielo. Los maestros ascendidos nos han brindado enseñanzas que podemos aplicar para convertirnos en adeptos."[11]

Jesús expresa un cierto nivel de confianza en nosotros pues tenemos las herramientas, las enseñanzas y la capacidad para elevarnos a un mayor nivel de responsabilidad en nuestro sendero y soportar nuestra propia carga kármica. Si deseamos responder a este llamado, el uso consistente de la llama violeta puede contribuir a transmutar esta carga en luz. Hay también otros maestros que se han ofrecido a ayudarnos a llevar nuestras cargas.

Jesús habla de una dispensación particular de Hércules a través de la cual él podría llevar nuestras cargas kármicas en ese momento específico. Aun cuando esta dispensación pueda no tener ya efecto, podemos seguir pronunciando el decreto a Hércules, Elohim del primer rayo, solicitándole que nos ayude a soportar nuestra carga y nos dé fortaleza para hacerlo. (Véase Ejercicios espirituales.)

Aun cuando Jesús nos pide que llevemos más de nuestra propia carga, sigue ofreciéndose a caminar a nuestro lado y consolarnos mientras lo hacemos: "YO SOY Jesús. YO SOY el que es, que era y que va a venir en vuestra vida.[12] Me conocéis desde siempre, como yo os conozco. Por consiguiente, venid a mi Sagrado Corazón este día pues os llevaré a mi corazón y os libraré de vuestras cargas de muerte e infierno...

"Vengo a vosotros para consolaros. ¡Sentid consuelo entonces! Pues, veréis, puedo llenar todos los espacios, todos los huecos y el vacío exterior. Puedo llenar el templo del cuerpo con nuestro amor.

"Ahora debéis decidir si me tendréis como vuestro amigo para consolaros; pues la decisión implica, amados, vuestro compromiso, vuestro deseo de deshaceros de todas las heridas, de todos los encuentros negativos de este mundo que han llegado a convertirse en excusas para no abrazar a vuestro propio Santo Ser Crístico.

"Vengo como alguien que conocéis o que debíais conocer a partir de vuestras lecturas y oraciones. Vengo como alguien que está más allá de todo tiempo y espacio ofreciéndoos en efecto mi mano de amistad.

"¿Me comprendéis, amados? Lo pondré bien claro: Si podéis recibirme de ese modo, entonces el proceso mismo de recibirme supondrá el desprendimiento del resto de las personas, consideraciones y experiencias que desembocan en decepciones, penas, vacío, desilusión, cinismo, desesperanza...

"Así, os digo, antes de que podáis recibirme en el ofrecimiento de mí mismo, debéis desear tener el tipo de amigo que soy yo, el tipo de consuelo que yo os brindo. Si estáis listos para una amistad tal y para tal consuelo, entonces, amados, no necesitaréis regresar a revolver los antiguos registros que os mantienen atados al mundo de la nada y del ser irreal, que os impiden las nupcias con el Novio.

"Y así, amados, llegaréis al punto —en efecto, lo haréis si aceptáis mi regalo— en que no desearéis más este tipo de satisfacción sino que desearéis verdaderamente la satisfacción de Dios, en tanto Camino verdadero, amigo verdadero y verdadero consuelo. Vuestra propia disposición a aceptarme o la falta de ella os revelará lo mucho que estáis aferrados a, o libres de, todo lo que se ha ido.

"Ahora bien, os ofrezco mi amistad y la presencia de mi consuelo para este fin: que os pueda dar el regalo que sólo puede recibirse de un amigo que os consuela.

"El regalo, amados, es una porción magnífica de la llama de la resurrección que deseo colocar en vuestro corazón en este día a fin de que podáis reunir los fuegos del corazón con este fuego sagrado de la llama de la resurrección; utilizarlos para equilibrar y expandir la llama trina y para incrementar la llama crística del corazón hasta el día y la hora de vuestra prueba al nivel de los dos tercios de la pirámide, que es el punto en que arde la llama de la resurrección.

"Sin embargo, la llama de la resurrección, amados, es una manifestación de la llama trina que ha comenzado a rotar y a girar. La llama de la resurrección es una versión acelerada de la llama arco iris de Dios. La llama de resurrección es una radiación color madreperla. Y así, escuchadme: a fin de tenerla, a fin de pasar la iniciación de ese nivel, deberéis haber equilibrado vuestra llama trina, pues no puede haber rotación de la llama cuando las tres plumas son desiguales."[13]

Puedes decir una oración a Jesús justo en este momento para pedirle este regalo: que se ancle una porción de la llama de resurrección a tu corazón. Esta llama es para el equilibrio y para la expansión de tu llama trina a fin de que contribuya a soportar y transmutar esa porción de karma que te corresponde soportar.

Incluso mientras soportamos nuestra carga, Jesús puede seguir caminando a nuestro lado para fortalecernos e incluso para ayudarnos a soportarla. Nos dice: "Si últimamente os habéis vuelto débiles en vuestra fe y perdido la visión, os digo, venid a mí. Mi corazón está abierto. No os condeno. Mi carga es ligera. Permitidme llevar la vuestra por un rato hasta que os recuperéis gracias a la gran fuente de agua viva. Sin embargo ofrendad esa agua, amados, para que quien de ella bebiere viva por siempre. Es el agua de mi vida. Es el agua de vida que proviene del corazón y de la Fuente.

"No os sintáis sobrecargados porque atraveséis un periodo de pesadez, cargas y oscuridad. Allí estoy. Allí estoy, amados. Pensad que estáis en un viaje conforme recorréis el camino de la vida. Hay días que son oscuros, amenazadores. Las nubes están cargadas. La niebla es densa. Luego llegan el trueno, el rayo y las lluvias torrenciales y no alcanzáis a ver más allá de vosotros. Así es como es, amados. Los patrones del tiempo os dicen lo que está ocurriendo al interior de vuestra alma. Sale el sol. Tenéis contacto con la Presencia. Estáis alegres en esa presencia de Helios y Vesta. Son esos los días en que debéis internalizar el Sol y convertiros en el Sol porque volverán los días de oscuridad. Tal es el movimiento pendular de vuestra vida. Acostumbraos a él, amados. No sólo juguéis en el verano sino preparaos para el invierno."[14]

El Señor Maitreya ofrece también ayudarnos a soportar las cargas de la vida: "Ahora pronunciad mi nombre silenciosamente en vuestro corazón: Maitreya. En mi nombre envolved la carga de vuestra alma, el problema actual. Envolvedlo con cuidado en mi nombre pues me alzo ahora ante vosotros en el Gran Silencio, listo a recibir ese paquete dirigido a mí...

"Venid a mí todos los que estáis fatigados y sobrecargados, y yo os daré un descanso. YO SOY la luz que todo lo consume. La luz que todo lo consume es mi yugo. Por consiguiente, tomad sobre vosotros mi yugo, y aprended de mí. Os demostraré la alquimia gracias a la cual vuestra carga será ligera,[15] vuestra luz será una espada flamígera y vuestra espada será para la liberación de las naciones.

"Por la llama de Saint Germain, Jesucristo y vuestro propio querido nombre escrito en el cielo, declaro ante vosotros que ¡ha llegado la llama de la victoria! En mi mano izquierda tomo el paquete dirigido a mí por parte de cada uno de vosotros. Y con mi mano derecha hago mi voto. Y empuño la antorcha de la Victoria y digo: 'Tomad, llevad la antorcha del fuego victorioso y yo llevaré la carga de vuestro día.'

"Ésta es mi promesa. Tomadla e incorporadla en vuestro ritual matutino. Saludad, pues, al alba y haced vuestro paquetito, sea pequeño o grande. Selladlo con mi nombre. Mis ángeles tomarán ese paquete y os darán la antorcha de la Victoria para vuestro día, para todos y cada uno de los días hasta vuestra ascensión en la luz."[16]

La alquimia de juicio

Jesús explica que si respondemos a este llamado a asumir nuevamente nuestro karma, también habremos ampliado la oportunidad de servicio, específicamente para el juicio de las fuerzas oscuras. Dice: "A través de vuestro karma tenéis una llave y un lazo con el mundo y los lugares en que ese karma se produjo. Así tenéis autoridad para invocar el juicio a través del Señor Cristo y la atadura a través del arcángel Miguel de esas fuerzas que os metieron en ese problema y en ese lío, hace tanto tiempo que el hilo de contacto con la jerarquía se ha vuelto tan delgado que puede romperse".

Jesús nos ha dado un decreto que podemos usar para invocar que su luz descienda a la Tierra en la acción del juicio. El llamado a juicio de Jesús, "No pasarán" (véase Ejercicios espirituales), invoca la luz del Cristo Cósmico para separar la luz de las tinieblas. Hace dos mil años Jesús habló de la separación de la cizaña del trigo,[17] y este ciclo llega al final de una era, después de dos mil años de oportunidad para servir a la luz. La cizaña es la semilla del malvado, el trigo son los hijos de la Luz y los recolectores son los ángeles. El juicio y la separación son llevados a cabo por los ángeles. Nuestra tarea es hacer el llamado para que ellos ingresen a esta octava.

Escribe una carta a Jesús y consígnala al fuego físico

Jesús nos dijo cómo le gustaría que respondiéramos a este Llamado. Dijo: "Así, amados, considerad la solicitud que os hago este día y respondedme por escrito luego de atenta reflexión si asumiréis nuevamente el karma que he cargado por vosotros".

Si deseas asistir a Jesús en su misión como Salvador del Mundo y acelerar el equilibrio de tu karma y vestirte con tu cristeidad, quizás quieras escribirle una carta sincera respondiendo a su solicitud y luego consagrarla y consignarla a un fuego físico. Si sientes que todavía no estás listo para asumir todo tu karma de golpe, puedes pedir a Jesús que te lo devuelva en parcialidades a fin de que puedas transmutarlo poco a poco con la llama violeta. Recuerda pedir que tu oración sea ajustada de acuerdo con la voluntad de Dios.

Llama a Omri-Tas para que multiplique tus decretos de llama violeta

Al considerar asumir la carga de nuestro karma nuevamente, Jesús habló de la importancia de usar la llama violeta para enfrentar este reto. El maestro ascendido Omri-Tas nos pidió dedicar cada día un mínimo de quince minutos a los decretos de llama violeta y dijo que si lo hacemos él multiplicaría nuestro ofrecimiento: "Si con toda reverencia, con sintonía interior, con una percepción de vosotros mismos en vuestro Ser Crístico como sacerdote o sacerdotisa del fuego sagrado, si con todo vuestro corazón y desde el fondo de él dedicáis, pues, quince minutos al día a profundas y amorosas invocaciones a la llama violeta en mi nombre (y, por favor, recordad usar mi nombre pues soy aquel por cuyo cuerpo causal proviene esta dispensación), entonces aceptaremos ese ofrecimiento, medida a medida, con el verdadero peso de su poder y de su luz de acuerdo a la devoción, la profundidad y la sinceridad que pongáis en él. Por consiguiente, de acuerdo con su calidad, ¡será multiplicada en vuestra vida diez veces!"[18] Si aprovechamos esta dispensación, nuestra capacidad para lidiar con el karma que cargamos se verá enormemente multiplicada. Puedes pronunciar la siguiente invocación para pedir esta dispensación luego de tus quince minutos dedicados a la llama violeta:

En el nombre de mi poderosa Presencia YO SOY y mi Santo Ser Crístico, llamo al amado Omri-Tas para que acepte mi ofrecimiento de quince minutos de invocación a la llama violeta y, con el verdadero peso de su poder y de su luz, y, de acuerdo con su cualidad y a la devoción, la profundidad y la sinceridad que haya puesto en él, lo multiplique en mi vida diez veces.

Pronuncia el decreto a Hércules

Pide a Hércules que te ayude a cargar el karma que has asumido nuevamente a fin de que Jesús pueda ayudar a otros.

Oh Hércules, oh Elohim

En el nombre de mi amada, poderosa y victoriosa Presencia de Dios, YO SOY en mí, mi propio amado Santo Ser Crístico, Santos Seres Crísticos de toda la humanidad, amados Poderosos Hércules y Amazonia, amado Lanello, todo el Espíritu de la Gran Hermandad Blanca y la Madre del Mundo: vida elemental ¡fuego, aire, agua y tierra!, yo decreto:

> 1. Oh Hércules, tú Elohim,
> YO SOY un hijo del amor,
> Ven y sella mi ser
> Con todo el poder de Dios.
>
> Estribillo: Al igual que un rayo de relámpago azul,
> Que destelle ahora el poder de Dios,
> Asume el control de todo mi ser,
> Me inclino ante ti por tu Luz y tu Amor.

Protege mi alma y purifica mi ser,
Por tu ojo de gracia que todo lo ve,
Revísteme tú con poder verdadero,
Infúndeme ahora el sagrado celo.

La voluntad de Dios yo vengo a hacer
Dame la gracia para poder
Cumplir con el plan del Hijo del Cielo,
Unido a tu Luz yo vivo y me entrego.

2. Oh Hércules, tu resplandor
Destroza el fracaso y la obstinación
Abre el camino en Amor Divino
Séllanos a todos en un manto cristalino.

3. Oh Hércules, libérame,
Invoco fuerza, fe y poder;
Eleva el cetro de la fe
Que triunfe Dios sobre mi ser.

4. Oh Hércules, amado ser,
Con tu sol brillante coróname;
Sobre mi frente tu mano pon,
Elévame ahora a la Perfección.

Y con plena fe...

CAPÍTULO 281

Dispensación de El Morya para asumir nuestras cargas personales

El Morya nos ha dicho que quiere asistirnos con nuestras cargas kármicas personales de tal forma que nos veamos libres de realizar el trabajo espiritual en situaciones mundiales. Nos dio una forma sencilla de invitarlo a hacer esto por nosotros cuando damos nuestros decretos:

1. Haz una lista de tus necesidades y problemas personales en papel. Pon el papel boca abajo sobre tu rodilla derecha. Toma una imagen de tamaño bolsillo de El Morya y colócala boca abajo encima de tu lista. Luego pon tu mano derecha encima de la imagen de El Morya y de tu lista.
2. Haz un llamado rápido para recibir la resolución de tus necesidades y problemas.
3. Luego, al dar tus decretos y oraciones a El Morya y otros maestros, ofrécete por completo a trabajar sobre las condiciones mundiales y confía en que El Morya se hará cargo de tus necesidades y problemas personales.

A fin de que nos asista con nuestras cargas, El Morya nos ha pedido también que hagamos su decreto "YO SOY la voluntad de Dios".

Yo soy la voluntad de Dios

En el nombre de la amada, poderosa y victoriosa Presencia de Dios YO SOY en mí, y de mi propio amado Santo Ser Crístico, llamo al corazón de la Voluntad de Dios en el Gran Sol Central, amado arcángel Miguel, amado El Morya, amado Poderoso Hércules, todas las legiones de relámpago azul y los Hermanos del Corazón Diamantino, amado Lanello, todo el Espíritu de la Gran Hermandad Blanca y la Madre del Mundo, vida elemental: ¡fuego, aire, agua y tierra! para que aviven la llama de la Voluntad de Dios por mis cuatro cuerpos inferiores y respondan este mi llamado infinitamente, ahora y por siempre presente :

1. YO SOY la Voluntad de Dios manifestada en todas
     partes,
YO SOY la Voluntad de Dios incomparablemente perfecta,
YO SOY la Voluntad de Dios de tanta justicia y belleza,
YO SOY en todo lugar la generosidad de Dios anhelante.

Estribillo: Ven, Voluntad tan verdadera de llama azul,
     Manténme siempre tan radiante como tú.
     Voluntad de llama azul de la Verdad viviente,
Llama de bondad de la eterna juventud,
¡Manifiéstate, manifiéstate, manifiéstate ahora
     en mí!

2. YO SOY la Voluntad de Dios que ahora sume el mando,
YO SOY la Voluntad de Dios que hace que todos
     comprendan,

Capítulo 283

YO SOY la Voluntad de Dios cuyo poder es supremo,
YO SOY la Voluntad de Dios que cumple el sueño del
   cielo.

3. YO SOY la Voluntad de Dios protegiendo y bendiciendo
   aquí,
YO SOY la Voluntad de Dios desechando todo temor,
YO SOY la Voluntad de Dios en acción bien hecha aquí,
YO SOY la Voluntad de Dios con victoria para cada quien.

4. YO SOY el relámpago azul que destella el amor de la
   Libertad,
YO SOY el poder del relámpago azul celestial,
YO SOY el relámpago azul que libera a la humanidad,
YO SOY el poder de la llama azul derramando el bien.

¡Y con plena Fe acepto conscientemente que esto se manifieste, se manifieste, se manifieste! (3x), ¡aquí y ahora mismo con pleno Poder, eternamente sostenido, omnipotentemente activo, siempre expandiéndose y abarcando el mundo hasta que todos hayan ascendido completamente en la Luz y sean libres!
   ¡Amado YO SOY! ¡Amado YO SOY! ¡Amado YO SOY!

Haz el llamado a juicio de Jesús

Haz este llamado una vez que te hayas puesto toda la armadura de Dios: el Tubo de Luz y las invocaciones al arcángel Miguel.

El llamado a juicio
"¡No pasarán!"
por Jesucristo

En el Nombre del YO SOY EL QUE SOY,
Yo invoco la Presencia Electrónica de Jesucristo:
¡No pasarán!
¡No pasarán!
¡No pasarán!
Por la autoridad de la cruz cósmica de fuego blanco
será:
que todo lo que se dirija en contra del Cristo
dentro de mí, dentro de los santos inocentes,
dentro de nuestros amados mensajeros,
dentro de todo hijo e hija de Dios...
Se torne ahora
por la autoridad de Alfa y Omega,
por la autoridad de mi Señor y Salvador Jesucristo,
¡por la autoridad de Saint Germain!

YO SOY EL QUE SOY en el centro de este templo
y declaro en la plenitud de
todo el Espíritu de la Gran Hermandad Blanca:
que los que practican la magia negra
en contra de los hijos de la Luz...
sean atados ahora por las huestes del SEÑOR,
que reciban ahora el juicio del Señor Cristo
en mí, en Jesús,
y en todo maestro ascendido,

que reciban ahora la plena retribución
multiplicada por la energía del Cristo Cósmico
de los actos nefastos que han practicado
desde la encarnación misma del Verbo.

¡He aquí, YO SOY un Hijo de Dios!
¡He aquí, YO SOY una Llama de Dios!
¡He aquí, yo estoy de pie firmemente en la roca de la
Palabra viviente!
Y declaro con Jesús, el Hijo viviente de Dios:
¡No pasarán!
¡No pasarán!
¡No pasarán!
Elohim. Elohim. Elohim. (Se canta la última línea.)

Para tu diario

¿Cómo responderás al llamado de Jesús?

> "Asumid nuevamente el karma que he cargado por vosotros estos dos mil años."

¿Qué significa para mí este llamado?
¿Qué haré para responder a este llamado?

"Os llamo a una vida en el Espíritu Santo."
"Os llamo a mi templo de iniciación."
"Por encima y más allá de todo aquello por lo que os he llamado,
...sed todo amor."

A los llamados de Dios conmigo
en el templo de iniciación
El sendero de la Cruz Rosa

Hablo a los llamados de Dios que están conmigo en el templo de iniciación. Y hablo a aquellos que *desean ser* los llamados de Dios y que *desean estar* en el templo de iniciación.

Contemplemos los misterios de la autotrascendencia en el aceite sagrado, en la santa llama y en el Santo de Dios.

Algunos han escuchado el llamado. Algunos han llegado verdaderamente al momento de la perforación del corazón y de la colocación de la corona de espinas. Algunos han comprendido los misterios de los rayos secretos y de lo que se requiere para ser el cáliz del sagrado corazón.

YO SOY ese cáliz. Quisiera que fuerais ese cáliz.

Sufrir y el sufrimiento son la naturaleza de la carne. Y en el proceso de traslación en el punto en que el Cristo se encuentra entre un cosmos espiritual y un cosmos material, hay un momento, amados, en que el dolor de la entrega de la luz misma [por parte de los cuatro cuerpos inferiores que ya no pueden contenerla] a un receptáculo superior es experimentada para la bienaventuranza del Dios único.

Algunos se quedan, en mi nombre, en ese punto de la cruz durante siglos. No cuentan el tiempo pues los he llamado. Han escuchado. Y por consiguiente diariamente, hora a hora, deben lidiar con el ímpetu mundial de la fuerza del Anticristo que no se detendrá, que no permitirá que el bendito se convierta en la totalidad de mí hasta que ellos [las legiones del Anticristo] ya no puedan tocarlo, porque ese bendito no sólo ha resucitado sino que ha ascendido en la luz y es totalmente libre.

Los santos se han comprometido a quedarse [conmigo sobre la cruz de la vida]. Y se han permitido a sí mismos ser el blanco de los caídos, quienes creen que al atacar a los santos hacen daño a la Divinidad. Pero por el contrario, es esta aflicción lo que produce una destilación a través del cual el alma del individuo y el espíritu se hacen uno como un Alfa y Omega en esta octava.

Hablo del espíritu aquí abajo, no de [el Espíritu del SEÑOR, quien es] la Presencia YO SOY. Por consiguiente, escuchad bien. [El ritual] es para el ser andrógino, a través del cual vuestro espíritu fiero [el aspecto masculino, o yang, del yo] y vuestra alma [el aspecto femenino, o yin, del yo], a medida que la esencia y corazón del que evoluciona, se funden. Y así hay una totalidad, hay un ser y hay el profundo deseo de extenderse hacia esta octava, incluso porción a porción del Ser Infinito. Pues en este proceso, amados, muchos son sanados, mucho es consumido por el fuego sagrado.

Así, sabed y comprended que ésta es la iniciación del templo interior, sin embargo se pasa por ella en el mundo exterior en estos días.

Que se sepa, pues, que cuando sois llamados para esta bendición, cuando sois llamados para ser los benditos que reciben fuego por fuego para devorar los violentos ataques que parecen perpetuos, está bien responder y decir:

Oh Señor, mi Dios, yo no soy capaz pero tú eres capaz en mí.

Puesto que has llamado, responderé,

con la confianza de que tú conoces con seguridad la capacidad

de mi alma y de mi espíritu para tomar mi lugar, para realizar mi parte

y así incrementar las oportunidades para que los pequeños de Dios

sean atraídos por la corriente misma del Espíritu Santo

que me rodeará conforme entre en consonancia

con este punto de iniciación de la rosa del corazón.

El símbolo de la rosa es el signo de este sendero, amados: el símbolo de la rosa. Así, la rosa del corazón debe aumentar sus pétalos, y Rosa de Luz os ha ofrecido su asistencia. Y del mismo modo habéis recibido también las iniciaciones del corazón, las meditaciones del corazón por parte de mi padre bendito, Saint Germain.[1]

Al emprender, pues, la comprensión de este llamado, podréis comenzar a examinar y a discernir todos los sucesos de vuestra vida que os han llevado a él y comprender que cualquier otra iniciación, el equilibrio de karma y el aumento de la llama del honor cósmico [han tenido lugar a fin de que podáis] llegar a ese lugar donde seguramente el ímpetu mismo del regocijo de la rosa del corazón substituye a la transmutación que puede ser experimentada [si bien momentáneamente] como dolor o pena o carga. E incluso en el momento, en un abrir y cerrar de los ojos de Dios, una vez más, *una vez más* habréis pasado por otra ronda de transmutación mundial, de conflagración mundial, de fuego sagrado.

Bendecid a Dios. Bendecid al enemigo. Bendecid la adversidad y al adversario, como habéis escuchado hablar y decir al Amado.[2] Pero sentid la bendición del amor del Espíritu Santo que os atraviesa, como un fuego que todo lo consume a partir del cual el ardor del corazón, de acuerdo al movimiento pendular, os eleva hacia el éxtasis del Espíritu Santo.

Oh benditos, verdaderamente es una bendición tener la oportunidad y libertad cierta que viene con este sendero para regocijarse en la gloria del SEÑOR y para saber que en el plano etérico uno lleva los estigmas.[3] Y así, la luz que fluye, como el torrente sanguíneo de Cristo y la sobreposición de mi cuerpo sobre vuestro [cuerpo] os permite estar en la Tierra y en el cielo al mismo tiempo, pero más especialmente en el punto del nexo donde [el] uno se convierte en el otro.

Así, permanecéis visibles en el mundo pero todos los que os ven comenzarán a ver a través vuestro hacia los portales del cielo y obtendrán un entendimiento de lo que es la vida universal y triunfante y que la Tierra proporciona peldaños para avanzar. Y aquellos que pueden ser exaltados y aquellos que pueden recorrer un cierto trecho del Sendero de la Cruz Rosa pueden aparecer en la Tierra como Santa Teresa de Lisieux, como una poderosa presencia, ascendida y no ascendida al mismo tiempo.

Hay metas a las que podéis aspirar, metas que podéis establecer. El alcanzarlas depende del anhelo del corazón, de la voluntad de padecer el trabajo de parto para que el Espíritu Santo pueda hallar su morada al interior de vuestro templo. Y al amor: ¡Oh el amor y el deseo de llenar y llenar nuevamente el vacío, la incompletud, de darle la Presencia YO SOY a aquellos que no saben quiénes son o quién YO SOY a fin de ser verdaderamente el instrumento para el anclaje de la Palabra![4]

Por consiguiente, hay trabajos sagrados del corazón que los santos han ganado. Y si no hubiera sino uno entre vosotros que estuviera listo para esta iniciación, hablaría a ese uno este día pues he hablado para [los] muchos en ocasiones anteriores. Sin embargo os digo que hay más de uno. Y aquellos que reciben el incremento del fuego mediante el aumento del deseo por Dios, como ha sido dicho, "Jadea mi alma en pos de ti, mi Dios",[5] recibirán mi respuesta cuando llamen en respuesta a mi llamado.

Muchos son llamados pero pocos son elegidos.[6] Así pues, os llamo a todos pero elijo a aquellos que cumplan con los prerrequisitos. Y os llevo [a mi corazón] como [llevé a los discípulos y a las santas mujeres] al círculo interior de antaño donde di mucho.

Corazones benditos, comprended que hay entre vosotros [aquellos] que, gracias a Saint Germain y a dos mil años del incremento de la luz [en vuestro templo] y a [las] dispensaciones de Dios [para vosotros], han ido más allá incluso de los logros de los doce, quienes, amados, a la hora de mi partida de esa parte del mundo siguieron cayendo en la incredulidad, en las dudas y en los cuestionamientos humanos. Y así, para algunos de ellos mis palabras finales y de partida fueron la recriminación de su dureza de corazón.[7] Podéis comprender, amados, que aquellos que han tenido por décadas la llama violeta y el llamado deberían estar más allá de este punto de estar en mi presencia y 'sin embargo' seguir dudando de que soy el representante del Cristo Cósmico.

Miedo y duda son como [un] desierto de desolación. Dejan desolada el alma pues el alma no puede asir la Realidad cuando se encuentra atrapada por el miedo y la duda de sí. Por tanto, siempre vengo como Maestro Pisceano e Iniciador y os advierto que esa maestría divina sólo vendrá a aquellos que abandonen sus dudas, que abandonen sus miedos y los arrojen al fuego.

¡Oh la maestría de la llama del amor!
¡Oh la presencia de la llama del amor!
¡Oh el poder de la llama del amor!
¡Oh la sabiduría de la llama del amor!

Yo, Jesús, os hablo del corazón y de la esencia del amor como la realización de toda la ley.[8] Y os hablo de todas estas cosas del mundo como despreciables delante de los tesoros del Espíritu y los dones del Espíritu que otorgamos.

Ha llegado la hora de vaciarse y de volver a llenarse. Ha llegado la hora de reducirse, de ser el espíritu del Dios viviente yuxtapuesto contra el telón de fondo del Espíritu Cósmico del Dios viviente. Ha llegado la hora de despreciar cualquier otra cosa. Ha llegado la hora de conocer el verdadero significado del corazón de San Francisco.

Benditos, aquellos que pertenecen a las órdenes de Francisco y Clara ven la pobreza externa como el vacío a través del cual podrían ser alcanzadas las riquezas internas del Espíritu. Dejan "todas esas cosas",[9] y así nada, nada queda entre ellos y mi presencia.

Os llamo a una vida del Espíritu Santo. Algunos de vosotros habéis estado aquí desde los días de Mark* ¡y sin embargo no habéis recibido todavía al Espíritu Santo! Y camináis entre nosotros como seres vacíos. ¿Y por qué? Porque habéis preferido vuestro estado de ego independiente/dependiente. Os habéis erguido aparte. No me habéis permitido abrazaros. No me habéis permitido atraeros hacia mí, respirar sobre vosotros el aliento del Espíritu Santo sino que, por el contrario, os erigís como los acusadores de vuestros hermanos en la Tierra[10] y en juez de uno o de otro o de otro...

Que ninguno se atreva a medir su sitio sino, en su lugar, que se sepa que esta vida es de perpetua búsqueda y encuentro, de autovaciamiento y de aumento del Espíritu Santo. No intentéis fijar vuestra posición en el Sendero sino pedidme guía a través de mi mensajera o a través de vuestro Santo Ser Crístico. No busquéis respuestas definitivas o promesas o compromisos por par-

---

* Mark Prophet, fundador de The Summit Lighthouse, quien ascendió en 1973.

te de Dios sino buscadlos en vuestro propio corazón, en vuestra propia alma.

No temáis permanecer en vuestro Ser Crístico para ordenar a vuestra alma que salga de las cloacas de negatividad y se eleve a nuevos planos del ser. No temáis en el espíritu ser fieros con la manifestación inferior del yo y conminar el ascenso [del alma] a Dios, del mismo modo en que habláis firmemente al niño o a alguien que ha sido confiado a vuestro cuidado.

Muchos santos han recorrido la Tierra, y entre los muchos santos sólo uno ha sido llamado aparte para convertirse en la rosa del corazón. ¿Cuál es la diferencia, amados? ¿Qué hace que un devoto sea recibido en las cortes del reino celestial y que otro que trabaja lado a lado con aquél vuelva a encarnar?[11]

Es la calidad del corazón. Es la calidad de la gracia. Es la calidad del perdón y de la clemencia. Es la calidad del amor descubierto en todas las millones de facetas de su expresión potencial. Es cuidado y atención, y los aspectos escabrosos de la voluntad humana se vuelven llanos[12] por el diamante del Cristo interno.

Encomendad vuestro espíritu al Padre diciendo: "¡Oh Padre mío, en tus manos encomiendo mi espíritu!"[13] La clave consiste en que a menos que seáis como los niños, no entraréis en el Sanctasanctórum de las iniciaciones del templo conmigo;[14] [no entraréis a menos que tengáis las] cualidades infantiles de la confianza, la inocencia y la pureza que sólo conocen el amor de Dios y confían en ese amor.

Ahora vienen mis legiones de ángeles pues no os dejaré en la duda o la desesperanza este día. En consecuencia, acuden con espadas a liberaros de la mundanidad, del orgullo intelectual, de los entrampamientos de la mente carnal y de todas esas cosas que os han alejado de la dulce inocencia de vuestra infancia y de la sencilla fe que conocíais.

Yo, Jesús, he recorrido la Tierra de arriba a abajo colocando mi Presencia Electrónica [ante la gente] para que todos vean al Cristo. Y vosotros, los santos, habéis revelado a millones vuestro camino a niveles internos.[15]

Todos saben que es hora de la llegada del Hijo del hombre. Sin embargo, no sabrán cómo o dónde o cuándo a menos que algunos de vosotros entréis en la alegría de Dios, sabiendo que el portal a la alegría es el dolor. Pero es un dolor peculiar, amados, y además, os lo digo, con toda seguridad podéis soportarlo.

En el gran misterio del amor os llamo pues habéis amado y valorado las vidas de los santos. Habéis amado cada uno de mis pasos, en los que colocasteis vuestros propios pies. Habéis sorbido las palabras. Os habéis empapado de la gloria de mi luz liberada, a medida que una y otra vez habéis recibido mi testimonio.[16] El testimonio no está en el mero dictado verbalizado. Está en la luz que fluye y fluye otra vez y vuelve a fluir, amados, hasta tocaros y deja un resplandor en vuestro templo que no puede ser eliminado. Está allí como el aura brillante de aquel que ha tocado mi vestido y, sí, más aún, de aquel que ha tocado mi corazón.

Envío fuego rubí este día para curar, para disociar los átomos que no están en armonía, para reagrupar los átomos y formar los cimientos del hombre sano que ha de sanarse en esta vida.

¡Oh Imán del Gran Sol Central del Rayo Rubí, trae los fragmentos del yo dispersos por los cuatro rincones de los universos, de vuelta al imán del corazón!

Bendito, si deseáis estar completos, debéis desarrollar el corazón como un imán de modo que todo lo que lleve vuestra huella impresa, e incluso fragmentos del alma perdida aquí y allá, vuelvan a vosotros como si ascendieran en espiral al centro de un gran sol. Sin la calidad del imán de rayo rubí del corazón, que es la expresión misma de la rosa, no podéis convertiros aquí abajo en ese "fulgor en medio del fuego",[17] que atrae a vosotros los componentes de la individualidad de modo tal que la integridad divina aparezca aquí abajo, como Arriba.

Sólo basta una ojeada al rostro de un santo, un Cristo, un portador de luz por parte de aquellos que están abiertos y escuchan y anhelan y llaman a su Dios, para que sepan. Para saber que es posible.

Algunos de vosotros tuvisteis este efecto en aquellos que os miraron y vieron mientras caminabais en medio de una multitud pensando que pasabais inadvertidos. Vosotros mismos podéis recordar cómo habéis visto, una o dos veces en esta vida, a alguien cuyos ojos os dijeron que Dios habitaba en su templo. Y habéis sido estimulados al comprender que esa pureza de corazón ha hecho que ese individuo sea un ser luminoso en la Tierra. Y habéis dicho: "Es allí a donde voy, por la gracia de Dios, pues veo que es posible mediante su Espíritu".

"¡Santidad a Yahveh!"[18] es un mandato extremadamente poderoso para establecer y restablecer el fuego y el imán del corazón pues es [vuestra] declaratoria de que aquí abajo toda santidad es del SEÑOR. Y esta santidad se convierte en el deslumbrante sol [al interior de vuestro corazón] que aumenta y aumenta y aumenta...

Hay muchas maneras de ascender a Dios. Pero si tuviera que hacerlo nuevamente, seguiría prefiriendo alcanzar la victoria en la Tierra [mediante la cual y a través de la cual] todas las afirmaciones, todos los ejemplos y actos públicos puedan ser registrados en el akasha para que otros puedan saber "Si doy los mismos pasos [y] tomo la misma postura, yo también llegaré a la fuente de verdad en el templo etérico de Palas Atenea. Llegaré al punto del Logos y del Logos Solar."

Todo lo que se realiza aquí abajo, amados, aumenta vuestra [auto]maestría, [la que os permite] ayudar a otros, y acelera todo el ímpetu mundial para ingresa ahí. Todas las cosas que son verdaderamente permanentes ocurren en niveles internos y no veis los signos de ellas hasta que la victoria está casi completa en lo físico.

Gran parte de la preparación interior se da entre los santos en la Tierra que se convirtieron en santos sólo a partir de las migajas que caen de la mesa del Maestro.[19] Pero gracias al fuego de su corazón y de su amor, vieron que una migaja *es* la hogaza entera. Y aunque les entregué la hogaza entera, no pudieron recibirla en su conciencia exterior, pues la hogaza entera de la doctrina divina es inaceptable a su programación de esta vida, a sus sistemas de creencias.

Sin embargo, en el interior, amados, saben la verdad y, por consiguiente, continúa el progreso. Y finalmente, cuando llega el momento de entrar al templo del Cristo donde yo mismo me inicié, no hace falta demasiado para liberarlos por medio del imán del amor de mi corazón de los patrones mentales de una teología desgastada. Recordad esto, amados, cómo una migaja ha dado a tantos el amor para vivir como yo deseo que vivan. Y en consecuencia, por mérito, por determinación y por fe han llegado al lugar en el que finalmente pueden equilibrar la llama trina mediante la plenitud la iluminación [crística].

Así, mucha sabia enseñanza se ha brindado en mi templo. Y os llamo a mi templo de iniciación. Podéis pedir ser llevados allí por la noche, porque cuando veáis lo que es la sabia enseñanza y la integréis, vosotros encontraréis también el equilibrio de la llama trina.

Algunos tienen un karma que les impide entrar, pues no estudian seriamente las enseñanzas ya dadas en lo físico a través de esta portavoz. Que se entienda que estas enseñanzas y dictados son una preparación para vuestro trabajo de templo interior. De quienes mucho reciben, mucho se espera, en efecto.[20]

Que os convirtais en maestros del mundo, como dije antes. Pero por encima y más allá de todo aquello por lo que os llamo, digo, que seáis todo amor, todo amor y todo amor.

Yo, Jesús, comparto con vosotros ahora mi Cuerpo y mi Sangre, porque a través de esta sabiduría os doy verdaderamente mi vida y mi corazón como la Palabra implantada. Recibid, pues, la Sagrada Comunión, que yo os sirvo personalmente a través de las manos de mis ángeles.

Os sello en el camino de iniciación de acuerdo con vuestra voluntad, la que, confío, será la voluntad de Dios en este día y para siempre.

Os sello, amados, en aquello que deseáis pues puedo daros sólo aquello que deseáis de Dios. Digo, expulsad deseos menores para que todas vuestras energías puedan fluir hacia el único y enorme deseo que todo lo consume: *Dios, Dios, Dios.*

15 de abril de 1990
Domingo de Pascua
Rancho Royal Teton
Park County, Montana

Comentario

Que ninguno se atreva a medir su sitio sino, en su lugar, que se sepa que esta vida es de perpetua búsqueda y encuentro, de autovaciamiento y de aumento del Espíritu Santo.

Jesús

En esta alocución, Jesús habla a aquellos que escucharon sus llamados anteriores, que los han comprendido y respondido. Son referidos por consiguiente como "los llamados de Dios". Como respondieron a los llamados del Maestro, ahora Dios los llama y están con Jesús en el templo de iniciación.

La rosa del corazón

Jesús nos convoca a expandir el corazón y la llama del corazón. La rosa es el símbolo del chakra del corazón, y el chakra del corazón con sus doce pétalos debe ser expandido conforme recorremos este camino con Jesús. Él habla de la maestra ascendida Rosa de Luz, quien ha ofrecido ayudarnos en la expansión del chakra del corazón.

Rosa de Luz dice: "Así, vengo nuevamente, y mi misión es acudir y hablar con vosotros, pues Saint Germain me llamó a ser vuestro mentor especial del corazón. Por consiguiente, traigo mis ángeles de la rosa de luz, y colocamos sobre vuestro chakra del corazón la forma-pensamiento y la manifestación de la rosa de luz que despliega pétalos que son la multiplicación por doce del chakra del corazón, amados, pues los pétalos aumentan a través de la llama de la misericordia, compasión y la sabiduría.

"Por tanto, he venido en este día, como estaba previsto por la Gran Ley, para comenzar el proceso de tutoría del corazón y la apertura de la rosa del corazón, y no es que no hayáis sido enseñados por Dios por medio de muchas huestes ascendidas. Y Saint Germain mismo os ha dado sus meditaciones del corazón,[21] las que deben ser recitadas.

"Aun así comprendemos las preocupaciones, el dharma del día y las exigencias de la hora. Por consiguiente, es necesario desarrollar formas-pensamiento, amados, que podréis visualizar entonces y que podréis anclar mediante mantras. Permitid que los mantras de Maitreya y Manjushri[22] os den el equilibrio del corazón, y así podáis visualizar la más hermosa rosa de luz dorada asistiéndoos a desplegar los pétalos del chakra del corazón.

"Que cada despliegue del pétalo del corazón sea un fortalecimiento del pétalo y de su liberación de luz.* Que haya maestría divina de los pétalos, lo que significa una liberación de luz

---

* La emanación luminosa del chakra del corazón es la conciencia crística que irradia el equilibrio de poder, sabiduría y amor de la llama trina.

cada vez mayor, que requiere, como se os ha explicado ampliamente, una mayor protección y, del mismo modo, una espiral de logros crecientes en la llama de la maestría divina."[23]

Rosa de Luz nos ofrece meditaciones y visualizaciones que pueden ayudarnos a expandir el corazón. "Así, comienzo por aconsejaros exhalar las fragancias de amor y de sabiduría a través del corazón. Y sentid, cuando exhaléis, amados, que estáis enviando esa luz por el mundo hasta envolverlo y que luego regresará a vosotros multiplicada en especie. [inhalación profunda]

"Ahora exhalad, pero visualizad cómo la sagrada respiración atraviesa corazón y vedla como una bruma que es en realidad un fuego sagrado teñido de rosa dorado que envía un misil de esperanza a todo el planeta...

"Entonces, amados, sabed que el aliento de vida misma, así como la respiración del fuego sagrado que invocáis para que cargue el aliento de vida y los átomos, células y electrones, es capaz de encender y de volver a encender y de expandir e intensificar la llama trina. Por consiguiente, que el aliento de vida sea un instrumento en el equilibrio de la llama trina. Por lo tanto, que el ejercicio de respiración de Djwal Kul[24] logre expandir el poder de la luz en los chakras, en los pulmones, en el corazón y en la rosa de luz que visualizáis.

"Dibujad ahora un círculo de luz alrededor de la rosa que visualizáis en el centro de vuestro pecho al nivel del corazón hasta que colme toda la parte superior de vuestro cuerpo. Este círculo de luz alrededor de la rosa es de oro puro. Se extiende hacia un circunferencia más ancha que la rosa misma y es un escudo de protección para que la rosa no pueda ser tocada.

"De seguro habéis oído la advertencia: 'Proteged el corazón.[25] Proteged el lugar sagrado del corazón. Proteged el latido del corazón. Proteged el ave del corazón.'

"El corazón es, en consecuencia, el asiento del fuego sagrado y del agni yoga.[26] El corazón debe ser protegido, amados. Que no sea el corazón perturbado ni sacudido ni apabullado por cosa alguna, sea abajo o arriba. Practicad, pues, la serenidad del corazón, la paz del corazón, la fortaleza del corazón y el estar centrados en Dios en corazón...

"Sentíos vosotros mismos como el fuego envolvente visto por Ezequiel.[27] Sentíos como una espiral que gira hacia adentro, hacia el centro de vuestra Presencia Solar, detrás de la espiral formada por los pétalos de rosa volteados hacia el centro, para comulgar allí con la llama trina, para sentir allí el equilibrio de Alfa y Omega, para ser nuevamente renovados y restaurados, para ser física y mentalmente fortalecidos; y, por encima de todo, para estar centrados en el corazón mismo de vuestro Santo Ser Crístico al visualizar a vuestro Santo Ser Crístico como algo que no está separado de vosotros sino sobre vosotros, siendo vuestros corazones como uno solo.

"Esto, amados, es un ejercicio sencillo pero muchos, que están demasiado relajados en su conciencia y en sus facultades de pensamiento, debido a que a menudo son demasiado 'yin' en sus cuatro cuerpos inferiores y carecen de automaestría divina sobre esa mitigación que proviene del centro, apenas si saben cómo girar en espiral hacia el interior del corazón en dirección contraria a las manecillas del reloj: aparentemente hacia atrás. Por consiguiente, girar en espiral hacia el centro es un ejercicio necesario para que el alma establezca su automaestría crística sellada en el chakra de doce pétalos del corazón.

"Y en consecuencia 'YO SOY Alfa y Omega en el núcleo de fuego blanco del Ser' es el mantra que recitáis además de los mantras de Maitreya y Manjushri. Es una maravilla permanecer silencioso cuando practicáis este ejercicio como santo ritual de introspección. Y conforme llegáis al centro de la forma-pensamiento de la rosa de luz a través de la espiral que os penetra, pasáis más allá a través del chakra del corazón hasta la cámara secreta del corazón, del octavo rayo.* Y aquí tenéis unos instantes para inclinaros ante el Señor Gautama y sus bodhisattvas que se convierten en Budas, quienes son tutores de vuestra alma mientras guardan la llama de la vida para vosotros aquí en el Sanctasanctórum de vuestro templo.

"Así pues, tenéis una poderosa trinidad, amados: de poder, sabiduría y amor en los Señores Gautama, Maitreya y Manjushri. Ved, pues, cómo vienen en la tradición de la Trinidad y cómo el enorme poder del Señor del Mundo es protegido por aquellos que lo flanquean con la adoración del amor y la sabiduría. Así, visualizad vuestra llama trina como animada, encarnada y personificada por estos tres seres, incluso cuando visualizáis a menudo en estas tres plumas al Padre, al Hijo y al Espíritu Santo, o a Brahma, Vishnú y Shiva.[28]

Al adentrarnos en estos ejercicios y solicitar a estos grandes seres que moren con nosotros y nos asistan, podemos ver transformados nuestro corazón y nuestra vida a medida que somos reconstruidos, día a día, a imagen de lo divino.

---

* El chakra de ocho pétalos.

El Sendero de la Cruz Rosa

El Sendero de la Cruz Rosa es el sendero del Sagrado Corazón de Jesús: el sendero del rayo rubí. El rayo rubí es una acción intensa del rayo rosa, el tercer rayo del amor divino. Es el sendero de perfeccionamiento de nuestra alma a través de las iniciaciones del amor. Las pruebas e iniciaciones que debemos enfrentar en este sendero no son distintas de aquellas que han enfrentado los santos de Oriente y de Occidente a lo largo de las eras. El rayo rubí separa, con su ardiente amor intenso, lo Real de lo irreal en nuestro interior y nos prepara a recibir nuevas pruebas de los rayos secretos.

Entre los maestros ascendidos que pertenecen al linaje del rayo rubí están Sanat Kumara, Gautama Buda, Señor Maitreya y Jesucristo. Éstos y otros maestros ascendidos nos inician en el sendero del rayo rubí: el sendero del sacrificio, la entrega, el desapego y el servicio.

Conforme recorramos el camino hacia nuestra ascensión en la luz, atravesaremos por las iniciaciones del rayo rubí. Y conforme recorramos este sendero y asimilemos este rayo rubí, nuestra alma se irá perfeccionando a través de las iniciaciones del amor. Esto nos lleva al matrimonio alquímico, que es la fusión de nuestra alma con nuestro Santo Ser Crístico.

El Sendero de Francisco y Clara

El primer Llamado que nos hizo Jesús en este dictado es "a una vida del Espíritu Santo". Nos dice que para ser llenados con el

Espíritu Santo debemos vaciarnos primero, y nos da el ejemplo de Francisco y Clara, quienes "vieron la pobreza externa como el vacío a través del cual las riquezas internas del Espíritu podrían ser alcanzadas".

Para responder a este llamado, podríamos simplificar nuestra vida, tener menos de nosotros mismos invertido en cosas materiales. Francisco y Clara demostraron un camino inquebrantable de pobreza física, casi oriental en su austeridad. Éste puede ser un camino de liberación del materialismo. Pero los mensajeros enseñan también que lo que llena nuestra conciencia hasta excluir al Espíritu es el aferrarse a objetos materiales, más que las cosas mismas.

El sendero de la ausencia de deseo y del desapego que Gautama nos enseñó también, puede ser recorrido por el discípulo al que se otorga el cuidado de las cosas de este mundo. La clave para recorrer este camino es ver las cosas que nos han sido dadas a guardar como posesiones de Dios más que como posesiones nuestras. Al vernos como guardianes más que como propietarios podemos tomar decisiones sensatas a partir de lo que a Dios le gustaría haber hecho con su abundancia sin preocuparse personalmente por cosas materiales y perder así los más extraordinarios dones del Espíritu.

El Llamado a una vida en el Espíritu Santo

Jesús señala otro elemento de conciencia que obstruiría el ingreso del Espíritu Santo: querer mantener una cierta independencia o aislamiento de Dios. Esto puede provenir del miedo o de experiencias en las que nos hemos abierto a otros con amor, sólo para ser rechazados o recibir heridas a cambio. De algún modo nunca confiamos del todo en el mismo camino nuevamente. Así, vemos la necesidad de curar nuestra alma y nuestra psique.

Una vez que superamos nuestro deseo de aislamiento y hacemos espacio en nuestra vida, ¿cómo sería una vida vivida en el Espíritu Santo? Sabemos que a fin de cuentas sería un sendero en el que caminaríamos y conservaríamos con el Espíritu Santo, y buscaríamos las iniciaciones del Espíritu Santo.

El Maha Chohán es el Representante del Espíritu Santo. Nos imparte su enseñanza sobre los nueve dones del Espíritu Santo[29] y sobre el sendero de iniciación que podemos seguir para recibir esos dones. "Yo soy el Maha Chohán, llamado el Gran Señor, y presido sobre los siete chohanes de los rayos. Cada uno de estos rayos desciende del corazón de la paloma del Espíritu Santo. Y ese rayo, como manifestación para el planeta, es antes que nada la individualización de la llama divina a través de cada uno de los siete chohanes.

"Así, cuando deseáis recibir el Espíritu Santo del primer rayo, invocáis a El Morya. Y cuando deseáis recibir al Espíritu Santo y los dones del segundo rayo, os dirigís al Señor Lanto. Y cuando deseáis recibir los dones del Espíritu Santo en el tercer rayo y su llama, os dirigís al Señor Pablo el Veneciano. Cuando deseéis recibir al Espíritu Santo del cuarto rayo, acudís al corazón de Serapis Bey para que os otorgue estos ardientes dones.

"Cuando deseáis recibir al Espíritu Santo del quinto rayo, solicitadlo al Señor Hilarión a fin de que podáis calificar también para recibir sus dones. Cuando deseáis al Espíritu Santo del sexto rayo, entonces apeláis al corazón de Nada para recibir sus dones. Cuando deseáis al Espíritu Santo del séptimo rayo, acudís al Señor Saint Germain y a su corazón.

"Así, está bien desear al Espíritu Santo en cada uno de los siete rayos y graficar a los chohanes y sus rayos en vuestro reloj cósmico comenzando en la línea de las doce en punto para terminar en la línea seis.

"De ese modo, mediante incrementos de fuego sagrado, recibís esta luz. Esa que recibís debéis guardarla y atesorarla. Si disponéis de tesoros en la Tierra, los ladrones vendrán y los robarán, las polillas y la herrumbre los corromperán.[30] Pero, amados, mientras estáis en la Tierra, se espera de vosotros que protejáis las cosas terrestres y que seáis un guardián[31] justo y sabio de todas las formas de energía. Lo mismo es cierto sobre aquellas que podéis recibir del Espíritu Santo. Pues el Espíritu Santo, ni siquiera en una séptima parte de su medida, no debe ser mal usado, no debe ser violado.

"Por consiguiente, es prudente establecer la disciplina de invocar aquello que uno pueda conservar y de conservar aquello que uno haya invocado. Conservar las gemas sagradas, amados, es la marca del equilibrio, del autodominio, de la objetividad. Pues cuando uno se pone demasiado subjetivo, los propios puntos de vista se vuelven tortuosos y entonces uno puede perder el don atesorado mientras defiende las bagatelas de la vida.

"Cuando deseéis recibir el poder del tres veces tres y la omnipotencia en el cielo y en la Tierra que fueron dados a Jesucristo al finalizar su misión en Galilea,[32] apelad a mi corazón, amados. En mi corazón está la síntesis de los siete rayos y de los nueve que precipitan estos dones.

"Vendré a vosotros, entonces, con un sendero de iniciación que podríais ver como real, como realizable, y para que podáis ver vuestro corazón, vuestra alma y vuestra mente concentrados en el punto de luz en que las tres llamas de la llama trina se hacen una. Salgo desde vuestra llama trina encarnado la totalidad del amor. Y la totalidad del amor es la enunciación de los dones y de los llamados de los miembros del cuerpo, el cuerpo místico de Dios.

"Estad contentos con dominar uno de los cargos, uno de los niveles de servicio... incluso uno de los rayos. Pues cuando lo hagáis, amados, vendrá el resto. Permaneced en un estado de descontento cuando sepáis internamente que no contáis con la maestría de uno de éstos. Pues es entonces que sois vulnerables y es entonces que Gautama no puede entrar ni acercarse tanto como desearíais que lo hiciera.

"Sí, podría enseñaros, amados. Sí, podría consolaros. Sí, podría escuchar vuestras plegarias y estar con vosotros. Pero el otorgamiento de fuego, amados, se da siempre y sólo de acuerdo al deseo más profundo del alma, que excede y debe exceder todos los demás deseos. Porque veréis, amados, si vuestra copa de deseo por la llama que yo traigo —¡oh, miradla ahora!— no es la copa que está llena, entonces podéis tomar esta copa cuando no haya otra que tomar. Pero en cuanto la copa de vuestro más grande deseo os sea ofrecida, soltaréis la que yo traigo y tomaréis la que más deseáis.

"Así, el comienzo del camino del Cristo y del Buda debe ser la evaluación interna del alma basada en el autoexamen: '¿Qué es lo que más deseo?' Y si la respuesta es el Espíritu Santo y los nueve dones, entonces comprended, amados, que sostendréis ese deseo frente a todos los ofrecimientos de todos los otros mundos y todos los otros niveles, incluso frente a los karmas cuyo momento de manifestación llega. Cuando todo vuestro deseo y todos vuestros logros consistan en alcanzar el Espíritu Santo, entonces, amados, os aseguro, alcanzaréis esta meta.

"Tal era el deseo en el corazón del niño Mark Prophet. Habiendo perdido a sus padres terrenales, buscó con todo su corazón a su Padre celestial y a su Señor y Salvador y, sin saberlo, a mí misma. Este niñito, amados, se arrodillaba cada hora en el piso duro del altar de su ático, al calor del verano y en el frío del invierno, para implorar a Dios que viniera a él, que le diera esos dones del Espíritu Santo. Era ése su mayor y único deseo. Rodeado por pobreza y habiendo quedado huérfano de padre, él y su madre se abrieron paso durante la Depresión y nada se interpuso entre él y su mayor deseo.

"Estos dones yo se los otorgué, ungiéndolo cuando joven. Estos dones él los conservó hasta la hora de su ascensión."[33]

Cada uno de los señores de los siete rayos tiene un sendero de iniciación que nos abre a fin de que podamos recibir los dones del Espíritu Santo en ese rayo. El libro *Lords of the Seven Rays* es un buen lugar para comenzar tu relación con estos siervos del Señor. Descubrirás que, conforme leas sobre un maestro en particular al que te sientes cercano y estudies sus dictados, el maestro pondrá en ti su atención y desarrollarás una relación constante. Como en cualquier relación, la nuestra con los maestros se nutre y se sostiene a través del amor.

Enseñanzas sobre la sabiduría en el Templo de Iniciación de Jesús

El segundo llamado que nos hace Jesús en este dictado es "Os llamo a mi templo de iniciación". Nos está extendiendo nuevamente la invitación a hacer el viaje a su retiro para que recibamos su enseñanza e iniciación.

Lo único que tienes que hacer es aceptar su invitación y hacer el llamado para que tu alma sea llevada a su retiro. Allí, él te iniciará personalmente en los misterios de su Sagrado Corazón y te dará las claves para que pases tus pruebas en el plano físico.

Jesús nos dice: "Hay muchas enseñanzas sobre la sabiduría que se imparten en mi templo... y cuando veáis lo que son las enseñanzas sobre la sabiduría y la integréis, también vosotros encontraréis el equilibrio de la llama trina".

Sed todo amor

La tercera solicitud que hace Jesús es: "Por encima y más allá de todo aquello por lo que os he llamado... sed todo amor".

Jesús nos habla "del corazón y de la esencia del amor de toda la ley" y nos remite a la vida de los santos que han estado dispuestos a recorrer el camino de la Cruz rosa y a convertirse en la encarnación de amor.

Habla de Santa Teresa de Lisieux como alguien que estuvo en la Tierra y que ascendió y no ascendió al mismo tiempo, pues recorrió el camino de la Cruz rosa. Ella era todo amor.

Pensamos también en San Juan de la Cruz y en San Francisco como en personas que conocieron la perforación del corazón en las iniciaciones del amor divino. Podemos leer la vida de estos santos y así obtener un parámetro para nuestro propio camino con Dios. En este día y en esta era, el mundo no promueve un camino de santidad, pero al leer sobre aquellos que han recorrido este camino encontramos que seguimos los pasos de muchos que nos han antecedido.

Autovaciamiento

Mientras piensas en el ejemplo de Francisco y de Clara, considera qué puedes hacer para simplificar tu vida, para estar menos preocupado por cosas mundanas, para crear el vacío que pueda ser llenado por el Espíritu Santo.

Pide ser llevado al retiro de Jesús

Antes de irte a dormir, pide a los ángeles que te lleven al templo de iniciación de Jesús. (En el Capítulo 4 hay un ejemplo de oración que podrías utilizar.)

Recuerda tener cerca de tu cama lápiz y papel para que escribas todo lo que puedas recordar de tu experiencia interior en cuanto te despiertes. Es posible que no recuerdes en forma específica la experiencia en el retiro (aunque mucha gente lo ha hecho en más de una ocasión) pero en ocasiones las percepciones que tenemos al despertar —acerca de la vida, el sendero o los retos que enfrentamos— representan la porción de nuestra experiencia en los retiros que nos es dada para traerla de vuelta a la conciencia externa.

Es importante poner estas cosas por escrito en el momento en que son tan vívidas que crees que nunca las olvidarás. Porque con frecuencia descubrimos que la memoria falla y, durante la noche oscura en que lidiamos con el karma o los retos de la vida, en ocasiones puede resultar difícil recordar haber tenido alguna vez una experiencia espiritual. Son éstos los momentos en que tu diario y tu testimonio personal de la realidad del sendero pueden ser de enorme ayuda.

Meditación del Corazón de Saint Germain

Jesús y Rosa de Luz nos piden que practiquemos las meditaciones del corazón de Saint Germain. Son servicios de oraciones, meditaciones, decretos y cantos dirigidos por Saint Germain para abrir y expandir la llama del corazón. Puedes adquirirlos en formato de audiocinta y de CD en inglés y, de ese modo, puedes pronunciarlos mientras escuchas la grabación junto con la mensajera y muchos otros discípulos.

Saint Germain nos dice: "No descuidéis mis Meditaciones del Corazón, pues conforme incrementéis el fuego del corazón, amados, yo incrementaré mi presencia en vuestro corazón. El aumento de la llama trina es vuestra llave para acceder a la omnipotencia en el cielo y en la Tierra,[34] que se os dará como parte de las iniciaciones del Espíritu Santo, como el poder del tres veces tres".[35]

Ejercicio de Respiración de Djwal Kul

Conforme buscamos expandir la rosa del corazón, Rosa de Luz nos dirige a un ejercicio de respiración para aumentar la luz en nuestros chakras: "Por tanto, que el ejercicio de respiración de Djwal Kul aumente el poder de la luz en los chakras, en los pulmones, en el corazón y en la rosa de luz que visualizáis".

El Maha Chohán nos pide también que practiquemos este ejercicio como un medio para internalizar la luz del Espíritu Santo: "Benditos, en la realidad de vuestro avance al lado del Espíritu Santo, estoy a vuestro lado, el Maha Chohán, para que la vida triunfe en vosotros. ¡Oh, mantened la llama de la vida y sabed que el aliento que ha de respirarse sobre vosotros a la hora del descenso de vuestra alma hacia la forma es, verdaderamente, el aliento del Espíritu Santo!

"Conforme pasen los años, por la ausencia de mantras u oraciones, el aliento de fuego sagrado deja de ser natural para el cuerpo y debe ser invocado nuevamente por vosotros. Para lograr este fin, el maestro ascendido Djwal Kul dictó el *Intermediate Studies of the Human Aura* a fin de que podáis contar con un ejercicio sencillo que os permita recuperar el aliento del Espíritu Santo."[36]

Este ejercicio puede ser encontrado en *The Human Aura*, de Kuthumi y Djwal Kul, libro 2, capítulo 8. Sólo se requiere de unos cuantos minutos para realizarlo y puede practicarse diariamente para fortalecer e integrar el aura y los chakras.

Pronuncia los mantras de Maitreya y Manjushri

En la iconografía tibetana, Maitreya, el bodhisattva del amor y la acción, y Manjushri, el bodhisattva de la sabiduría, son descritos a menudo a la derecha y a la izquierda de Gautama.[37] Rosa de Luz explica que estos tres personajes conforman una trinidad de llamas de poder, sabiduría y amor comprendidos en nuestra propia llama trina. Y nos pide que pronunciemos los mantras de Maitreya y de Manjushri para expandir nuestra propia llama del corazón.

Mantras a Manjushri:
Om Ah Ra Pa Tsa Na Dhih
(mantra de Manjushri para desarrollar la sabiduría)
Om Wagi Shori Mum
("¡Salve al Señor del Discurso! ¡Mum!")
Mantras a Maitreya:
Namo Maitreya
("Homenaje al sagrado nombre de Maitreya.")
Maitri Maitri Maha Maitri Svaha
("Amabilidad amorosa y enorme amabilidad amorosa, otórgame eso por favor, Maitreya")
o
("Maitreya, Maitreya, lo adoraré.")

Rosa de Luz nos pide que pronunciemos también este mantra:
YO SOY Alfa y Omega en el núcleo de fuego blanco del Ser.

Pronuncia los mantras de Jesús

Jesús nos da dos mantras en este dictado. Son oraciones cortas que puedes pronunciar a cualquier hora del día o de la noche. Mientras esperas que cambie la luz del semáforo o que se descargue la página web o en cualquier momento libre, puedes hacer el llamado y volver a conectarte con el corazón de Jesús.

¡Santidad a Yahveh!

Jesús nos dice que este mantra es "un *fíat** extremadamente poderoso para establecer y restablecer el fuego y el imán del corazón, pues es vuestra declaratoria de que aquí abajo toda santidad es del SEÑOR".

"¡Oh Padre mío, en tus manos encomiendo mi espíritu!"

"A menos que seáis como los niños, no entraréis en el Sanctasanctórum, de las iniciaciones del templo conmigo; no entraréis a menos que tengáis la cualidad infantil de la confianza, la inocencia y la pureza que sólo conoce el amor de Dios y confía en ese amor."

---

* Los *fíats* son siempre exclamaciones del poder, la sabiburía y el amor crísticos afirmados conscientemente y aceptados en el aquí y el ahora.

Una oración del Maha Chohán

El Maha Chohán ha dictado una oración que podemos usar para invocar su Presencia a fin de amplificar el amor al interior del corazón. Pronuncia esta oración cuando medites en la llama interior.

Amado Maha Chohán, quiero ser una llama de consuelo en todos los aspectos de la vida. Quiero que la llama de mi corazón fluya diariamente hacia el Sol que se eleva: para inundar el mundo que me rodea con tu maravillosa llama de consuelo, para entrar en la conciencia del fatigado, del pobre y del ignorante e infundirles un sentido de la divina bondad de Dios.

Reconozco que, como una manifestación de Dios, juego un papel muy importante en el despertar de la conciencia de la humanidad. Porque cuando pienso, envío las flechas de mi amor en todas direcciones.

Seré un eterno cupido para Dios. Llenaré mi carcaj con flechas de amor de Dios. Las lanzaré hacia todos los corazones que encuentre, hasta que el mundo esté tan imbuido de consuelo y amor que el ejemplo perfecto de la curación de Cristo se extienda a través de mí por toda la Tierra.

No miraré a los hombres en busca de imperfecciones, mortalidad, vulgaridad o manchas, dudas, temores o posibilidades negativas. No moraré en una conciencia condicional sino en una conciencia de que ¡Dios existe ahora! ¡Dios vive ahora!

Y así como el SEÑOR vivió, así vivo yo. Y como yo vivo, así vivo para él. Y conforme vivo para él, estoy decidido a ser un ser ascendido. ¡Estoy decidido a ser un maestro ascendido!

He tenido muchas encarnación en este planeta. He sido víctima de la vagancia y de la miseria humanas. He aceptado el polvo del camino de la humanidad, el cochambre y la inmundicia del mundo.

Llamo ahora a los ángeles de la pureza para que purifiquen mi conciencia de todo aquello que no sea de luz. ¡Límpienme y háganme tan blanco como la nieve![38]

¿Cómo responderás al llamado de Jesús?

"Os Llamo a una vida en el Espíritu Santo."
"Os Llamo a mi templo de iniciación."
"Por encima y más allá de todo aquello por lo que os he llamado... que seáis todo amor."

¿Qué significan para mí estos llamados?
¿Qué haré para responder a estos llamados?

"Convertíos en agentes del Cristo Cósmico... para que los hijos de luz puedan ingresar en este rebaño."
"Os Llamo... al perfeccionamiento del alma como mi apóstol."
"He venido a llamaros a ser mis pastores."

¡Convertíos en agentes del Cristo Cósmico!
Yo, Jesús, os he llamado
¡El perfeccionamiento del alma como mi apóstol!
¡Alimentad por piedad a mis ovejas!

Ahora bien, desde el corazón de un cosmos os saludo, amados, en esta hora en que guardáis vigilia por los siervos de Dios en la Tierra. Vengo este día a vosotros al tiempo que envuelvo al planeta en mis ropajes.

Vengo, pues, sosteniendo el equilibrio en la Tierra para toda condición adversa que observáis y algunas que no observáis. Vengo para tenderos incluso el hilo de contacto con mi corazón por medio del cual deberíais convertiros también en agentes del Cristo Cósmico para sostener este equi-

librio con ese fin y con el propósito de que los hijos de la luz puedan entrar en este rebaño.

Son éstos las "otras ovejas"[1] y por eso estas almas las reúno. Pongo mi sello en ellas pero vosotros debéis ser pastores y salir a reunirlas. Por consiguiente todos [vosotros] que trabajáis aquí y más allá que no tengáis mejor ocupación seréis ahora enseñados por Dios para que podáis convertiros en voceros de la Gran Hermandad Blanca, de mí mismo [e] incluso de Magda.

Benditos, la Ley decreta que no podemos dejar pasar la hora en que estéis equipados para pronunciar la Palabra, para consolar, aconsejar, advertir, educar y ayudar a cruzar a ese niño-hombre los rápidos y finalmente el mar de samsara.

Estoy con vosotros en esta hora gracias al imán de amor del Gran Sol Central. Desimanto de vosotros todas esas cosas de las que deseáis ser librados,[2] esas cosas con las que habéis terminado por completo.

Sí, amados, si podéis decir a este o aquel estado de conciencia "¡Ya basta! ¡No lo quiero más!" sintiéndolo verdaderamente con el fuego de vuestro corazón, lo retiraré de vosotros este día. Lo haré con toda seguridad. Pues la noche ha terminado y el día ha llegado, y es el día de júbilo del descenso de Cristo a vuestro templo.

¡Yo soy ese Cristo! Vosotros sois ese potencial crístico que emerge ahora hacia la plenitud de vuestra misión. Los signos en los cielos y en la Tierra apuntan todos a este día como el día en que el Hijo de Dios aparecerá ante vosotros. Por consiguiente ¡que no cese vuestra boca! ¡Que se destapen vuestros oídos! ¡Que vuestra lengua reciba el fuego de los serafines[3] para consumir todos los malos usos de la Palabra hablada!

Yo, Jesús, os he llamado. Y en esta hora seréis mi manifestación a donde quiera que vayáis. Esta oportunidad os llega, amados. Por consiguiente os conmino a montaros sobre la cresta de la ola; pues cuando la ola de esta dispensación se vaya, ya no será una elección posible. Y, en consecuencia, asimilaos al esquema cósmico a modo de no poner en riesgo vuestra misión y caer en la posibilidad de volveros inadaptados en lo que al esquema divino concierne.

Hay un excelente panorama de vida. Este panorama en desarrollo es un gigantesco mural que se encuentra en el gran vestíbulo de un edificio magnífico en Sirio. Antes de que abandonarais esa Estrella Divina hace eones, estudiasteis ese mural y todos sus portentos para vuestra vida y para el futuro. En paredes sucesivas en otros vestíbulos, el mural presenta opciones y alternativas [que muestran] cuál debe ser el resultado para aquellos que eligieron un camino inferior y cuál será la gloria del SEÑOR para aquellos que continúan ascendiendo, afirmándose, avanzando por el camino elevado, primero a través de las colinas y las montañas y luego hacia lugares más altos de soledad donde sólo Dios y el hombre son conocidos.

Por consiguiente, las consecuencias de todas las acciones y alternativas han sido hechas del conocimiento de todos los hijos e hijas de Dios e incluso de los hijos de la luz en su tiempo y en su estación.

Cada uno, en su propio corazón y en su justo momento, es un profeta de su destino pues lee el mismo registro escrito en sus entrañas. Y por lo tanto, las consecuencias de las elecciones son siempre conocidas y la gente sabe qué es lo que debería haber hecho incluso en el momento en que no lo hizo.

Así, amados, hay una corriente en los asuntos de hombres y ángeles. Yo vengo en esa corriente de luz. Incluso le doy vida.

Que contempléis cómo enviar mejor el mensaje que se os ha traído. Que comencéis a escribir la historia de vuestra propia convicción, de vuestra propia conversión, del conocimiento interior de vuestra Presencia YO SOY, de vuestra propia confirmación en este camino a través de vuestro propio pronunciamiento externo e interno de esa Palabra que habéis oído resonar desde el altar y que, sin embargo, se origina también en vuestro propio Espíritu del YO SOY.

Espero que comprendáis cómo llegasteis a conocer la verdad de los misterios de Dios. Contemplad paso a paso lo que se requirió y luego entenderéis lo que tantas almas necesitan como puntos de transición y de comprensión y luego un relajamiento de la intensidad (un ir hacia adentro, un retiro quizás, un viaje al rancho*).

Sí, amados, las almas tienen necesidad del alimento necesario, de la luz y del contacto con las estrellas y de un mayor sentido de amor y de pertenencia al cuerpo místico de Dios, el que está en verdad en el cielo y en la Tierra. A través de la compasión y de la llama del amor, a través de la identificación con individuos que están en un cierto lugar del Sendero, podéis organizar personalmente esas enseñanzas que sabéis son clave como puntos cruciales del camino.

Ésta es, con toda seguridad, el momento de perfeccionar al alma como uno de mis apóstoles. Os llamo a esto, amados,

---

* Rancho Royal Teton, en Corwin Springs, Montana.

porque ha llegado la hora. Esta oportunidad llega en un momento cósmico.

Os digo, amados míos, que deseo traeros la comprensión de la primera resurrección.[4] El poder de esta resurrección, amados, es otorgado a vosotros por el Espíritu de la Resurrección cuando usáis el mantra de la resurrección escrito por vuestro amado Mark.

Tomad ese mantra, junto con mi mantra "¡YO SOY la resurrección y la vida!" y sabed que la llama de la resurrección debe arder primero en vuestro corazón en forma congruente con la llama trina y luego [debe] encender las células y los átomos que se han convertido en cálices para esa longitud de onda, [a través de la cual] se encienden los chakras. Así, preparad este templo corporal [a través de la llama de la resurrección], a través de la llama violeta y a través del agua pura y de la dieta pura que necesitáis.

Así, amados, comprended que podéis recorrer la Tierra en el Espíritu de la Resurrección, pero la verdadera iniciación de la resurrección vendrá a vosotros sólo después de que hayáis buscado y logrado esa fusión [de vuestra alma] con vuestro Santo Ser Crístico y esa fusión conmigo mismo. Porque cuando contengáis los fuegos de la resurrección, amados, poseeréis el poder (dado a vosotros como un don) a través del cual podréis dotar otras partes de vida de una inmortalidad semi permanente, [aunque] esa total inmortalidad no es definida sino hasta que se logra la ascensión.

Sin embargo, amados, si deseáis la ascensión, debéis buscar la resurrección. Y si deseáis la resurrección y recorrer la Tierra como resucitado, entonces, amados, debéis buscar esa fusión [de vuestro corazón con mi corazón].

Os contaré sobre [el alma] que logra la fusión y otra que no la logra. La que la logra tiene un sentido de su propia pecaminosidad, de su propia impureza y de su propia falta de valía en ese bajo estado de la carne y, sin embargo, con confianza en el noble propósito y designio de los Elohim, [ella] abraza en efecto su verdadera identidad y rompe en efecto los grilletes y las barreras y los confinamientos y la prisión de la psique del yo inferior.

[Ella] busca entrar, hila en efecto el traje nupcial, perfecciona ese manto sin costuras día tras día, recuerda que la manifestación, aun cuando pueda estar en el bajo estado de la carne, contiene sin embargo esa perla, contiene sin embargo el fuego, y por consiguiente intensifica ese fuego, no tiene pretensión alguna de ser perfecta pero entiende que YO SOY el Todo y que [YO SOY la] perfección en ella: que el receptáculo menor es la nada mientras YO SOY el Todo.

He dado esta enseñanza a Catalina[5] y a otros santos. Aquellos que lo han comprendido verdaderamente no se han sentido degradados cuando reconocieron que eran la nada y que yo, el Cristo en ellos, era el Todo. Pues comprendieron el proceso de desplazamiento, el proceso de transmutación, y, por consiguiente, pudieron asumir la dignidad y la integridad del hijo, de la hija de Dios.

Son éstos aquellos cuyos pies han sido lavados y cuya sangre ha sido purificada. Son aquellos que participan de esta fusión por adoración, por amor, a través de sus lágrimas y lavando mis pies con esas lágrimas y con el cabello.[6]

Amados, os digo que aquel que no entra es aquel que se toma a la ligera la imagen que tiene de sí mismo de que la definición del chela es la perfección. Pero [en la mente de aquél] la cualidad de perfeccionamiento no es el perfeccionamiento del corazón sino el perfeccionamiento del desempeño, el perfeccionamiento del movimiento, el perfeccionamiento del habla.

Ahora bien, si este [perfeccionamiento de las formas] fuera realizado para gloria de Dios y [de acuerdo con] la verdadera comprensión interior y profunda de la luz que habita en el interior, sería una meta valiosa. Pero aquellos de quienes hablo son los que vienen y van como tiranos, incluso como marionetas, y por consiguiente son rígidos, de coyunturas rígidas, rígidos de mentalidad, marchan con un sentido de orgullo espiritual que ignoran por completo poseer. No se han dado cuenta que no han comprendido lo fundamental y no pueden atravesar por el ojo de una aguja más de lo que el camello puede entrar por él...[7]

¡Que esos chelas que están imitando la fantasía de los caídos y los modos del hombre mecanizado dejen de hacerlo! ¡Que aquellos que admiran el mundo y sus niveles de perfección material recuerden que [lo mundano] no ha ingresado, he aquí, en eones! Sin embargo pueden hacer bien las cosas. Puede pensarse bien de ellos. Puede parecer que tienen ingenio. Pero cuando se va el ingenio, amados, está la mente de Cristo y muchos no la tienen.

Que entendáis que la falta de comunicación es un signo de la supresión de la Palabra misma y [de] la negación de esa Palabra. Falta de comunicación de la verdad, de los detalles necesarios para que la vida continúe y para hacer que marche una organización. Falta de comunicación con el corazón de los maestros ascendidos, con los seres queridos, con amigos, con extraños o con la mensajera.

Esta falta de comunicación, amados, indica que no hay lazo: hay un corte. Y en ese estado de conciencia, los individuos creen que la salvación puede ser ganada moviéndose de manera robótica, y [entonces] se enojan cuando, a pesar de que pueden ser robóticamente perfectos, han fallado en complacer a su Dios. Ésa fue la conciencia de Caín, y su oblación fue rechazada.[8]

Considero necesario pronunciar este mensaje frente a todos aquellos que vendrán a este punto del Sendero en el que deben hacer el esfuerzo, con el total fervor del fuego del corazón para trascender ese estado anterior de la condición de *Homo sapiens* e ingresar en el verdadero camino, el camino interior con Dios: alejándose de la cantidad conocida de mecanismos de una creación mecánica hacia los ámbitos desconocidos de la forma libre y de la absoluta libertad divina del electrón mismo, que es el signo del hijo de Dios que nunca pierde la armonía con la voluntad o la geometría de Dios y sin embargo es siempre nuevo, siempre creativo, siempre está acercándose a la misma ecuación con un nuevo impulso y una nueva energía y desplazándose con los ciclos [de la perfección de Dios, no del hombre].

Para ése sabe que nada puede nunca ser igual como [lo fue] ayer. Ayer no es suficientemente bueno pues la Tierra y la galaxia entera se desplazan a tremendas velocidades hacia nuevas dimensiones, longitudes de onda, horarios, opciones.

Así, amados, ¡conoced los signos! ¡Seguid a vuestro amado Melchor[9] y comprended que en muchas instancias la astrología os señala los límites hacia, así como el ilimitado potencial para, la libertad y la acción creativa. Ocupaos de estar en sintonía [con el flujo y reflujo de los ciclos] y de montar la cresta de esta ola!

Soy Jesús, vuestro Señor. He venido a llamaros a ser mis pastores. ¡He venido a conminaros![10] He venido a advertiros que aquellos de vosotros que no estudien mis Llamados conforme han sido emitidos en ciclos de dictados pueden venir a este lugar [de mi llamado presente] donde consideráis no estar listos.

Amados, eso no es un estado aceptable de conciencia. Si no estáis listos, ¡debéis alistaros en los próximos cinco minutos! ¿Comprendéis?

Debéis hacer que esos cinco minutos sean quinientos o cinco mil años pero debéis decidir que hay un resorte enroscado en vuestro cuerpo causal que puede ser desatado tan pronto como declaréis:

> ¡No hay más noche aquí!
> ¡Pues YO SOY la manifestación de esa Ciudad Santa
> donde estoy!
> Y no postergaré mi unión con mi Dios
> o con esa Ciudad [Cuadrangular]
> o con mi Cristo o con mi Madre Divina.
> ¡Entro al Espíritu de la Resurrección ahora!
> Y si en mi retraso y en mi distracción
> mi entrada puede causarme algún dolor,
> ¡entonces le doy la bienvenida!
> Pues comprendo que si estuviera listo,
> ¡entonces el espíritu que está en contra del Cristo vivo
> en mí
> debe ser quebrantado!

Benditos, los tiempos y los ciclos vienen una y otra vez pero nunca son los mismos. Hemos hablado y hablado una y otra vez. La recompensa por nuestras palabras debe estar con nosotros y a la mano. Y si pretendéis ataros a esa estrella del destino en movimiento que está sobre vuestra cabeza, entonces debéis hacerlo rápidamente. Pues las estrellas del destino se desplazan constantemente. Son brillantes en los cielos en este momento pero puede sobrevenir un periodo en que la Tierra misma deba atravesar la noche oscura del Espíritu, en que no veréis más la estrella. Sólo la veréis en la memoria de Dios.

Comprended este principio y comprended que, en efecto, hay urgencia. Hay una advertencia y las cosas están bullendo en la Tierra. Y todo lo que puedo deciros como profecía en esta hora es cuándo ocurrirán las cosas en la Tierra a partir de este día y en adelante ocurrirán rápido y repentinamente. Toda vuestra preparación tendrá que haber precedido esos sucesos pues no habrá tiempo para prepararse o para reaccionar sino sólo para ser.[11]

Sed, pues, en el corazón del Buda, en el stupa del Buda. Haced de vuestro propio cuerpo causal de luz y de vuestra aura ese retiro, ese lugar de descanso, ese lugar de samadhi y [ese lugar de] la invocación de la Palabra, su entonación en el sonido del Om. Que contengáis en vuestro espacio la casa del Buda.

¿Qué digo? Digo: ¡que el aura sea expandida! ¡Que sea incrementada por el fuego de la Kundalini, por el fuego de los chakras! ¡Utilizad el fuego que tenéis mientras tenéis esa luz! Expandid las dimensiones de vuestro campo áurico a fin de que contengáis la casa entera del Buda donde os encontráis y a fin de que en esa bóveda y en ese campo de fuerza de luz entren almas menores desde varios planos que podrían estar protegidos el día de la aparición del SEÑOR.[12]

Pues el día del SEÑOR habrá una tremenda luz y un estallido cósmico de energía, y es para la aniquilación de quienes hacen mal uso de la luz [hombres mecanizados]. Y es para la purificación de todo el cosmos material, para el descenso de los Budas y bodhisattvas de Maitreya, de Gautama, de Sanat Kumara y de mí mismo.

Sí, amados, vengo a vosotros ahora como me veis en la postura de mi budeidad:[13] para que podáis ver a mi alrededor y en mi interior esos anillos de luz y esa presencia en la que pensáis cuando pensáis en el Señor Gautama. Me revelo a vosotros, pues, en la presencia búdica para que podáis retener esa imagen de mí, pues aquellos que pertenecen al mundo cristiano no lo harán. Y en consecuencia debe haber algunos que comprendan el significado de mi budeidad. Debe haber algunos que aspiren a ser bodhisattvas que podrían ser vinculados a las capas de mi cuerpo causal que son mi manifestación búdica.

Así pues, conoced el camino del bodhisattva. ¡Conoced la dulzura y la compasión, la paz, la fiereza, la fortaleza, la *virya!*[14] Conoced la sabiduría. Conoced la capacidad para gobernar la ciudad porque sois dueños de vosotros mismos.[15] Conoced la geometría de Dios y expandid [vuestra conciencia del alma] en ella como un Miguel Ángel.

Comprended que podéis conocer muchas cosas más allá de lo que suele existir en vuestra mente [consciente] externa. Sí, podéis establecer contacto con el nivel de genio. Y si no tenéis [desarrollado ese nivel de genio en vuestros cuatro cuerpos inferiores], ¡entonces dejad que la llama violeta consuma todos los registros de ira, de odio y de miedo [que impiden su desarrollo]! Pues estas [vibraciones], amados, consumen con toda seguridad la finura [y el refinamiento] de la mente de Dios en vuestro interior: esa calidad penetrante, esa manifestación [de los rayos como agujas] que es capaz de explorar un cosmos y traer de regreso descubrimientos y nuevas dimensiones de pensamiento.

Habéis sido limitados por los caídos y por vosotros mismos. ¡No aceptéis más esa condición limitada! No necesitáis hacerlo. Pues cuando salgáis de este cuerpo que portáis, cuando llegue el día en que seáis llamados a ingresar en las octavas de luz, en un abrir y cerrar de ojos, cuando tengáis todo el conocimiento sobre todas las cosas en Dios, vuestra Presencia YO SOY, os diréis a vosotros mismos:

"¡Debí haber hecho fíats más fervientes para romper esta barrera del sonido y de la mente que existía a mi alrededor como una banda de hierro! Pude haber recorrido la Tierra en mayor plenitud de mi cristeidad sólo con que hubiera reconocido que las leyes existían para ser aplicadas y el llamado existía para ser pronunciado. Y en consecuencia pude haber sido más [la manifestación] de Dios sólo con que hubiera trascendido la densidad de mi yo inferior."

Desearéis haber encarnado más de Dios cuando ya no haya oportunidad para ello pues habréis sido llamados a la resurrección y a la ascensión.

Así, amados, os ofrendo este saludo y este mensaje en esta hora para que podáis comprender de una vez por todas que el cielo está listo a conferiros guirnaldas llenas de flores verdaderamente hermosas en una primavera eterna. Si pensáis en el día más hermoso de primavera [que podáis imaginar] y en los cantos de las aves y en los brotes y en el sol en el cielo y en toda la alegría de la naturaleza, estáis imaginando, entonces, la octava etérica.

Pensad, pues, en esa oportunidad que tenéis en esta hora. Pensad, pues, en caminar y en hablar conmigo. Pensad en lo que debemos hacer para reunir esas almas de luz. Pensad en ello, amados, pues son invocadas y son tocadas.

Ahora digo: ¡Reunidlas *por piedad!* ¡Alimentad *por piedad* a mi ovejas! Pues es la ley del cosmos que aquéllos en esta octava deben ocuparse de reunirlas. Puedo hacerlo todo, y mucho por vosotros y a través de vosotros, pero sólo vosotros y nadie sino vosotros podéis alimentar a mis ovejas.[16]

Hagamos un inventario, pues, cada uno, en esta hora. Que sea rechazado lo negativo en tanto limitación en lugar de hacerlo condenándolo como un pecado. Mirad sencillamente aquello que os limita y ved de qué modo es una creación de la mente o de otras mentes y de la programación. Yo, Jesús, os digo que estáis con Dios y sois en Dios el Ilimitado. Espero que descubráis esto y os convirtáis en un *avatar*.[17]

Sí, dije "convirtáis". Pues el proceso de conversión es la realización en la manifestación externa de aquello que es, fue y por siempre será vuestra verdadera manifestación divina [interior]. Así pues, he dado a conocer muchos niveles de mi cristeidad, de [mi] budeidad y de mi divinidad a lo largo del camino de la vida, y ésta es la naturaleza de la gran espiral evolutiva de la vida a través de un cosmos.

Que el concepto que tiene el hombre mecanizado acerca de la religión os diga simplemente que Cristo es, pues yo diré que incluso el YO SOY EL QUE SOY no es sencillamente lo que es. Pues el YO SOY EL QUE SOY está siempre en movimiento e incluso, mientras pronuncio la Palabra, el YO SOY EL QUE SOY se ha transformado un millón de veces y ha liberado toda suerte de rayos de luz [y de espirales de la mente de Dios]. No hay sino revelación progresiva y realización de Dios [progresiva] donde estáis.

No impidáis el proceso, amados, y no os permitáis calcificaros en un cierto molde a partir de ahora y hasta la hora de vuestra victoria.[18] Pues si lo hacéis, amados, es posible que no alcancéis la victoria sobre la muerte y el infierno; pues la calcificación es la señal y el signo de que os habéis sellado en un cierto nivel. Todos los que hacen esto ingresan a la espiral de mortalidad: de desintegración, enfermedad y muerte.

Por consiguiente, sabed esto, que vuestro reto como hijos de Dios que sois es moveros en las espirales creativas del ser todos los días y no aceptar las derrotas de ayer o sus limitaciones como si tuvieran algún poder sobre el Sol al alba, el Sol de vuestro Ser Crístico, que se eleva cada día al alba hasta el cenit de los cielos, allí donde exclamáis:

¡Oh SEÑOR, YO SOY EL QUE SOY,
La plenitud de vuestra resurrección y de vuestra vida
en mi interior en este día!
¡Y YO SOY el que vive para siempre en vos
y en el Sol Central y en la Tierra!
Mirad, YO ESTOY con Lanello:
¡en todas partes en la conciencia de Dios!

Os deseo una feliz Misa de Cristo, siempre avanzando en la plenitud del Cristo en vosotros. Amén.

25 de diciembre de 1990
Navidad
Rancho Royal Teton
Park County, Montana

Comentario

¡Yo soy ese Cristo! Vosotros sois ese potencial crístico que emerge ahora hacia la plenitud de vuestra misión.

Jesús

El primer Llamado de Jesús en este dictado es a "convertirnos en agentes del Cristo Cósmico". En tanto maestro ascendido que ocupa el cargo del Cristo Cósmico, el Señor Maitreya nos enseña el mismo sendero de cristeidad individual que enseñó a Jesús hace más de dos mil años.

Jesús es uno con el corazón de su gurú, Maitreya, y nos llama a sumarnos también a esa unidad. Maitreya, en tanto gurú de Jesús, proporciona un hilo de contacto con el corazón de Jesús. Nosotros, en tanto discípulos del maestro Jesús, recibimos a nuestra vez ese hilo del corazón de Jesús y, así, podemos también convertirnos en representantes de Maitreya.

Jesús nos llama a mantener el equilibrio para toda condición errónea en la Tierra a fin de que los portadores de luz tengan la oportunidad de ingresar. ¿Qué significa "mantener el equilibrio"?

Significa mantener una luz en la Tierra. Conforme intensificamos y expandimos nuestra llama trina y encarnamos más de la luz crística, esta luz puede sostener un mundo. Así como Jesús declaró "Yo soy la luz del Mundo",[19] así nos llama a ser esa luz ahora. Ése es el verdadero significado de ser un Guardián de la Llama.

También significa cargo un cierto peso del karma mundial. Jesús nos ha pedido que asumamos nuevamente el karma que él ha cargado por nosotros durante dos mil años. Ha cargado este karma para que tuviéramos la oportunidad de recorrer el camino espiritual y de llegar al lugar en el que podríamos ser capaces de equilibrar ese karma y no caer bajo su peso. Tenemos también la oportunidad de asumir una porción de karma que no es el nuestro a fin de que otros renueven la oportunidad de ingresar. A fin de hacerlo, debemos tener un impulso de luz que sea lo suficientemente grande para soportar este peso.

"El perfeccionamiento del alma como mi apóstol"

En un dictado previo, Jesús nos llamó a ser sus discípulos: a estudiar sus enseñanzas y a entrar en una relación directa con él. Ahora nos está llamando al apostolado: tomar lo que hayamos internalizado de su sendero y de su enseñanza y salir al mundo como su representante a compartir esa enseñanza con los demás.

Nos dice que necesitamos prepararnos para esta misión, y la misión no es sólo impartir las enseñanzas sino también "consolar, aconsejar, advertir, educar y llevar a ese niño-hombre". Es claro que un conocimiento intelectual o la impartición de las enseñanzas no bastará para tal misión. Es la enseñanza que podemos aplicar y hacer real en nuestra vida lo que puede marcar la diferencia con respecto a otros.

Jesús nos pide que escribamos la historia de nuestra propia convicción, de nuestra conversión y de nuestra propia confirmación del Sendero. Si hablamos desde el poder de nuestra propia experiencia, entonces lo que tenemos que decir llegará a nuestra audiencia. Es por esto que se dijo de Jesús que hablaba "como alguien con autoridad"[20] y no como los escribas, quienes conocían las palabras de las escrituras pero no habían internalizado la Palabra.

El manto de apóstol

Jesús nos llama a ser sus apóstoles pero corresponde a cada uno de nosotros responder a ese llamado y reclamar ese cargo. Y a medida que asumimos ese cargo, recibimos también el manto asociado a él. Un manto es una capa de luz, una red o un campo de fuerza luminoso que es dado a un individuo al ser patrocinado por la Gran Hermandad Blanca o por un maestro ascendido. Usado en niveles internos, el manto contiene claves específicas que constituyen una fórmula de luz, jeroglíficos del Espíritu: una calidad de luz necesaria para cumplir con el cargo.

El apóstol Pablo, quien fue un excelente predicador de la Palabra de Cristo y quien es ahora el maestro ascendido Hilarión, explica que Dios colocará el manto de apóstol sobre nosotros si hacemos nuestra parte: "El instrumento de la jerarquía es un instrumento delicado. Y si no descuidáis los requisitos del servicio, descubriréis que Dios vendrá a vosotros y vivirá a través de vosotros, y sentiréis los hombros anchos y la túnica del apóstol sobre vosotros. Sentiréis el manto de Elías o Eliseo caer sobre vuestros hombros.[21] Mantendréis elevada vuestra cabeza porque os erguís donde el Señor se yergue."[22]

La vida de San Pablo es un excelente ejemplo del sendero de apostolado. Vemos cómo un solo individuo, uno con el Señor y dotado de poder por el Espíritu Santo, puede en efecto cambiar el mundo. Hilarión nos pide que estudiemos el ejemplo de Pablo y de los apóstoles como parte de nuestra propia preparación para ser apóstoles de Jesucristo. "Ahora pues, amados, debéis saber de memoria el Libro de los Hechos, capítulo por capítulo, pues así sabréis y creeréis que los hechos de los apóstoles pueden ser repetidos por vosotros hoy en día."[23]

Hilarión nos ofrece su ayuda y su manto de apóstol si nosotros damos los primeros pasos: "Yo traigo ese poder, amados, pues mi corazón ha sido besado por mi Salvador. Y estoy unido a él y os ayudaré a unir vuestra alma a vuestro Santo Ser Crístico a través de Jesucristo.

"Y os ofrezco mi corazón. Os ofrezco mi manto. Os ofrezco el cetro del Señor en este día si no hacéis más que colocaros en ese camino para recibir la tutoría y la enseñanza divina a fin de que conozcáis en efecto las escrituras y las impartáis en el Espíritu Santo... Amados míos, es el evangelio de salvación lo que debe ser predicado en todas las naciones antes de que llegue el fin,[24] el fin de la oportunidad para las almas de luz de ser reunidas con su Señor. Por consiguiente, comprended que muchos piensan que es el mensaje cristiano ortodoxo el que tenía que ser predicado en todas las naciones, pero os digo que son los verdaderos misterios de Jesucristo lo que debe ser predicado."[25]

La llama de la resurrección

Jesús nos pide más adelante que invoquemos la llama de la resurrección a fin de que podamos recorrer la tierra portando el poder de esa llama. Gautama Buda habla del tremendo efecto que puede tener en este planeta la llama de la resurrección y de por qué es tan esencial que nos esforcemos por prepararnos vibracionalmente para estar a la altura de esta llama conforme desciende:

"Vengo en la hora en que los fuegos de la resurrección ya no pueden ser retirados del cuerpo planetario, amados. Y el efecto de esta llama sobre el ambiente en que desciende puede ser comparable a la energía liberada en la fisión del átomo.

"Gracias a la llama de resurrección no sólo rodó la piedra sino que, amados, las rocas fueron partidas en dos, desplazadas las montañas, descendieron el trueno y el relámpago; y aquello que era mortal fue hecho a un lado cuando Jesús caminó por la Tierra para completar su periodo vital y su servicio, para encarnar enteramente el Espíritu de la Resurrección. El bendito, como el Hijo del hombre, demostró lo que deben demostrar las evoluciones del planeta en esta hora.

"Así, amados, sabed que tal falta de preparación, como la que podéis apreciar por parte de la vasta mayoría de las personas en la Tierra para la experiencia de resurrección puede ser por sí misma la causa del surgimiento de cataclismos, guerras, conflictos o enfermedades cuando los fuegos de la resurrección sean liberados. Comprended que hay que lidiar ahora con la falta de preparación de la humanidad al finalizar los 25 800 años de ciclos de la venida de los Budas y de los bodhisattvas.

"No es que la calamidad no pueda ser pospuesta. ¡Es *que la resurrección no puede ser pospuesta*! Y la Segunda Venida de Maitreya y de Jesucristo estará en el corazón de todos.

"Benditos, la resurrección no puede salvar aquello cuya vibración no equivalga a la resurrección. Debéis proporcionar la polaridad negativa, el Omega, para la polaridad positiva, el Alfa, de la llama de resurrección. Y, así, os fundiréis con Cristo cuando ese fuego de la resurrección descienda."[26]

Jesús explica que mientras llega la plenitud de la experiencia de resurrección como una iniciación definida en el Sendero, somos llamados a recorrer la Tierra con una porción de esa llama, y podemos experimentar esa llama al repetir los mantras que la invocan. (Véase Ejercicios espirituales.)

El llamado a "ser mis pastores"

El tercer llamado de Jesús en este dictado es a ser sus pastores. Él entiende la condición humana y sabe que podríamos considerar que no estamos listos para este llamado. Pero no nos permitirá usarlo como excusa. Dice que debemos estar listos "en los próximos cinco minutos" y que en esos cinco minutos podemos realizar la preparación que habría tomado quinientos o cinco mil años. (¿Cuántas vidas nos hemos tardado en responder al llamado del Maestro?)

Jesús dice que este milagro puede ser realizado si tenemos la determinación y pronunciamos el fíat de que la luz descienda de nuestro cuerpo causal. Esta luz puede transformarnos al instante. Dice que hay una urgencia, y es importante que logremos aprovechar este ciclo pues puede llegar un momento en la Tierra en que "no habrá tiempo para prepararse o para reaccionar sino sólo para ser".

Entonces el Maestro continúa suplicando: "Ahora digo: ¡Reunidlas por piedad! ¡Alimentad por piedad a mi ovejas! Pues es la ley del cosmos que aquellos que están en esta octava deben ocuparse de reunirlas. Puedo hacerlo todo y mucho por vosotros y a través de vosotros pero sólo vosotros y nadie sino vosotros podéis alimentar a mis ovejas".

He aquí una clave de Jesús para ser un pastor: "Sabed, pues, amados, que ser un buen pastor es ofrecer la palabra de amabilidad y de compasión una y otra vez. Sea que viajéis hacia niveles más bajos en el plano astral con el arcángel Miguel o a niveles más altos del plano etérico, recordad ofrecer amabilidad a todos. Pues nunca sabéis cuándo aquellos que se han alejado del centro del Ser, bajo la influencia de magos negros y ángeles caídos, se derretirán por la ternura de vuestro corazón que dice 'No importa qué tan inmundo u oscuro se haya vuelto éste o lo enormes que hayan sido sus errores, le ofreceré una palabra de amabilidad.'"[27]

Cada uno de nosotros necesita de una estrategia personal sobre el modo en que cumpliremos con los llamados de Jesús.

Puedes ser un pastor si estás dispuesto a encarnar un fragmento de la enseñanza del Maestro y a ofrecerla a otro de corazón a corazón. Observa cuando ese otro reciba esta Verdad y ve cómo la luz del Maestro puede transformar una vida.

Mantén el equilibrio en la Tierra

Tómate algún tiempo para considerar las siguientes preguntas:

¿Qué significa para ti mantener el equilibrio en la Tierra "para toda condición adversa que observáis y algunas que no observáis"?

¿Cómo puedes mantener este equilibrio en forma más eficaz?

Una dispensación del Maestro

Como gracia y bendición, Jesús nos da la siguiente dispensa en este dictado: "Estoy con vosotros en esta hora gracias al imán de amor del Gran Sol Central. Desimanto de vosotros todas esas cosas de las que deseáis ser librados, esas cosas con las que habéis terminado por completo.

"Sí, amados, si podéis decir a este o aquel estado de conciencia '¡Ya basta! ¡No lo quiero más!' sintiéndolo verdaderamente con el fuego de vuestro corazón, lo retiraré de vosotros este día. Lo haré con toda seguridad. Pues la noche ha terminado y el día llega, y es el día de júbilo del descenso de Cristo a vuestro templo."

Incluso si no estuviste presente cuando este dictado fue pronunciado originalmente, hoy puedes pedir esta dispensación a Jesús. Si es la voluntad de Dios, él responderá a tu solicitud.

Escribe tu historia personal

Responde a la solicitud de Jesús y escribe la historia de tu convicción, tu conversión y tu confirmación personales del Sendero:

"Que contempléis cómo podéis transmitir mejor el mensaje que se os ha traído. Que comencéis a escribir la historia de vuestra propia convicción, de vuestra propia conversión, del conocimiento interior de vuestra Presencia YO SOY, de vuestra propia confirmación de este sendero a través de vuestro propio pronunciamiento exterior e interior de esa Palabra que habéis oído resonar desde el altar y que, sin embargo, se origina también en vuestro propio Espíritu del YO SOY.

"Espero que comprendáis cómo llegasteis a conocer la verdad de los misterios de Dios. Contemplad paso a paso lo que se requirió y luego entenderéis lo que necesitan tantas almas como puntos de transición y de comprensión."

Pronuncia los mantras a la llama de la resurrección

Jesús nos pide que invoquemos la llama de la resurrección a través del empleo de mantras de resurrección. Puedes repetir estos mantras en forma individual en cualquier momento del día o puedes realizar todo el ritual descrito aquí. La mensajera sugiere practicar este ritual durante 15 o 33 días para resolver problemas personales y planetarios.

Ritual de la llama de resurrección

La oración del discípulo
Por Jesucristo

¡No hay más noche aquí!
¡Pues YO SOY la manifestación de esa Ciudad Santa
donde YO SOY!
Y no postergaré mi unión con mi Dios
o con esa Ciudad Cuadrangular
o con mi Cristo o con mi Madre Divina.
¡Entro al Espíritu de la Resurrección ahora!
Y si en mi retraso y en mi distracción
mi entrada puede causarme algún dolor,
¡entonces le doy la bienvenida!
Pues comprendo que si estuviera listo,
¡entonces el espíritu que está en contra del Cristo vivo
en mí
debe ser quebrantado!

Amada Llama de Resurrección
(escrito por Mark L. Prophet)

Amada, poderosa y victoriosa Presencia de Dios, YO SOY en mí, mi muy amado Santo Ser Crístico y Santos Seres Crísticos de toda la humanidad, por y a través del poder magnético de la inmortal y victoriosa llama trina de Amor, Sabiduría y Poder anclada en mi corazón, YO SOY quien invoca la Llama de la Resurrección desde el corazón de Dios en el Gran Sol Central, desde los amados Alfa y Omega, amado Jesucristo, amada María Madre, amados arcángeles Gabriel y Uriel, los ángeles del Templo de la Resurrección, amado Lanello, todo el Espíritu de la Gran Hermandad Blanca y la Madre del Mundo, vida elemental: ¡fuego, aire, agua y tierra!

> Amada Llama de Resurrección,
>   Destella tu Luz a través de mí;
> Amada Llama, resucitación,
>   Te canto alabanzas en mi corazón.
>
> Blanco resplandor del Cristo brillante
>   Del fuego de Dios YO SOY,
> Tu bendita Pureza expande
>   Y libérame de erróneos deseos.
>
> Amada Llama de resurrección,
>   Elévame y elévame a la altura del Amor;
> Bendita Llama, regeneración,
>   Guía a los hombres con toda tu Luz.

YO SOY, YO SOY, YO SOY tu cáliz libre
>A través de tu sustancia cristalina clara
Todos pueden ver el lirio de la llama
>Del Cristo de eternidad aparecer.

¡Brillando, brillando, brillando!

¡Y con plena Fe acepto conscentemente que esto se manifieste, se manifieste, se manifieste! (3x), ¡aquí y ahora mismo con pleno Poder, eternamente sostenido, omnipotentemente activo, siempre expandiéndose y abarcando el mundo hasta que todos hayan ascendido completamente en la Luz y sean libres! ¡Amado YO SOY! ¡Amado YO SOY! ¡Amado YO SOY!

Afirmaciones transfiguradoras de Jesucristo

YO SOY EL QUE SOY

YO SOY la puerta abierta que ningún hombre puede cerrar

YO SOY la luz que ilumina a todos los hombres que vienen al mundo

YO SOY el camino

YO SOY la verdad

YO SOY la vida

YO SOY la resurrección

YO SOY la ascensión en la luz

YO SOY el cumplimiento de todas mis necesidades y requisitos del momento

YO SOY abundante provisión vertida sobre toda vida

YO SOY vista y oído perfectos

YO SOY la manifiesta perfección del ser

YO SOY la ilimitada luz de Dios manifestada en todas
partes

YO SOY la luz del Sanctasantórum

YO SOY un hijo de Dios

YO SOY la luz en santo monte de Dios

Resurrección

YO SOY la llama de resurrección,
arde la pura luz divina a través de mí.
Ahora YO SOY el que eleva cada átomo,
libre de toda sombra YO SOY en mí.

YO SOY la luz de la total Presencia divina,
YO SOY el que vive siempre en libertad.
Ahora la llama de vida eterna,
victoriosa, siempre alzad.

Mantra de resurrección

¡YO SOY la resurrección y la vida!

La afirmación del discípulo
Por Jesucristo

> ¡Oh SEÑOR, YO SOY EL QUE SOY,
> la plenitud de vuestra resurrección y de vuestra vida
> en mi interior en este día!
> ¡Y YO SOY el que vive para siempre en ti
> y en el Sol Central y en la Tierra!
> Heme aquí, YO ESTOY con Lanello:
> ¡en todas partes en la conciencia de Dios!

¡Y con plena fe acepto conscientemente que esto se manifieste, se manifieste, se manifieste! (se repite tres veces), ¡aquí y ahora mismo con pleno Poder, eternamente sostenido, omnipotentemente activo, siempre expandiéndose y abarcando el mundo hasta que todos hayan ascendido completamente en la Luz y sean libres! ¡Amado YO SOY! ¡Amado YO SOY! ¡Amado YO SOY!

¿Cómo responderás a los llamados de Jesús?

"Volveos agentes del Cristo Cósmico... para que los hijos de la luz puedan ingresar a este rebaño."

"Os llamo... al perfeccionamiento del alma como mi apóstol."

"He venido a llamaros a ser mis pastores."

¿Qué significan para mí estos llamados?

¿Qué haré para responder a estos llamados?

Capítulo 12 Capítulo 12

"¡Bebed esta copa de mi cristeidad!... Sed instrumentos de mi luz... para los jóvenes de todo el mundo, para los niños golpeados y maltratados."
"Ved el gran llamado... a encarnar esa luz, ese YO SOY EL QUE YO SOY, esa porción de Cristos que os corresponde reclamar."
"Salvad al desposeído y a la gente de la calle de esa sensación de abyecta autonegación... Convertíos para servir a aquellos que sienten que son los pobres de espíritu."

Bebed esta copa de mi cristeidad
¡Prosigamos con la ciencia del ser!
El avivamiento del corazón

Amados míos,

Os llamo benditos de Dios pues ésta es la naturaleza —la verdadera naturaleza— de vuestra alma. Desciendo a esta ciudad, consagrada a mi Madre, para arrancaros el velo,[1] a fin de que podáis ver cara a cara[2] y conocer a vuestro Dios.

Soy Jesús, vuestro hermano, y verdaderamente soy el Salvador pero no puedo salvar aquello que no considere que merece ser salvado. Hablo al alma, pues, que puede descubrir su valía en el espejo de esta cristeidad, que yo encarno:

Todos vosotros estáis hechos a imagen y semejanza de Dios desde el principio. Quizás habéis pecado, amados, pero no sois "pecadores"[3] por siempre. Estáis ascendiendo en los ciclos del ser. Estáis destinados a la inmortalidad. Estáis destinados a despojaros de esta espiral mortal y a entrar en las espirales de la llama de ascensión.

Sí, mi Magda* está conmigo y estamos en la gloria del cuerpo de fuego blanco. Y traemos a esta ciudad, y a todos los siervos de Dios en ella, verdaderamente la comprensión del cielo nuevo y de la tierra nueva.[4] No todos lloraréis pero seréis transformados, y esa transformación por el Espíritu Santo puede llegaros siempre que estéis verdaderamente listos para recibirla.

¡Que los muros de la doctrina se vengan abajo! Entrad por las puertas de mi corazón, pues es mi corazón la puerta abierta por la que entráis al Sanctasanctórum. ¡Lavad vuestros vestidos, oh amados míos! ¡Recibid el fuego del Purificador y abandonaos ahora mismo a esa sensación de éxtasis ante mi Presencia!

Mi Presencia está sobre todos y cada uno de vosotros. Sin embargo cada uno absorberéis mi luz en tanto seáis capaces de establecer un sentido de coigualdad conmigo desde el comienzo. ¿No hemos nacido todos del mismo cuerpo de fuego blanco de Dios? ¿No es el Verbo, la Palabra viva, la fuente de toda creación?

Os digo, o sois hijos e hijas de Dios, o no lo sois. Y digo que lo sois, entonces ¡deshaceos de las mortajas infernales que os han sido colocadas durante siglos de encarnaciones!

---

* Magda, hoy ascendida, es la llama gemela de Jesús. Encarnó como María Magdalena y, más recientemente, como Aimee Semple McPherson.

¡Elevaos en el misterio y la espiral de la llama de resurrección! ¡Elevaos en vibración y en conciencia y en unidad y reclamad vuestra filiación! Y luego andad a probarlo, a poner el ejemplo. Disponeos a regresar sobre vuestros pasos, vuestras huellas kármicas, una por una, quitándoos las madejas de un yo inferior e internalizando esa Palabra.

Para este fin he nacido y para esta causa vine al mundo: para entregaros el gran misterio del Cristo. Sin embargo, se han llevado esa poderosa presencia.

Oh amados, recibid la Comunión como mi Cuerpo y mi Sangre en esta hora. Viene de Alfa hasta Omega, pues lo he dicho:

"YO SOY el Alfa y la Omega, el comienzo y el final."[5] Por consiguiente soy uno en vosotros al comienzo y al final de los ciclos del Padre y de la Madre. Estoy allí para la re-creación de vuestros mundos. Estoy allí para la resolución interna. He venido a completaros.

¡No os resistáis a vuestra totalidad! Allí donde no haya un punto de luz en vosotros desde el comienzo, no habrá punto a partir del cual esa totalidad pueda expandirse. Así, como la semilla de Dios en el hombre crece y madura y da paso a un nuevo recién nacido, así la semilla de luz contiene el cosmos entero de vuestro devenir.

¿No es la Naturaleza vuestro maestro, amados, a este respecto? Del mismo modo toda la vegetación proviene de su semilla, como sus semejantes[6] en su propio tiempo.

Así vuestra alma está lista, amados, pero el recubrimiento de la mente intelectual, la mente dubitativa, la mente temerosa coloca ese muro entre vosotros y yo. Y, amados, debo dejar a vuestro libre albedrío el que derrumbéis ese muro. Pero establezco un avivamiento en vuestro corazón para que la fe pueda surgir en vosotros y sepáis que Dios también os ha conferido la vida eterna.

¡Prosigamos con la ciencia del ser! Prosigamos con nuestra razón de ser y sepamos que en un estado de pecado y de sentido de pecado, de lucha y de sentido de lucha, no existe el cáliz que necesitamos en la Tierra para llevar la luz que neutralice los impulsos de la oscuridad que se mueven en la Tierra.

Verdaderamente la Madre Divina llora por los suyos, en el campo de batalla de la vida. Verdaderamente, amados, ¡que descienda la luz! ¡Que sea dirigida hacia el Medio Oriente para que se consuma ese añejo conflicto! Aunque terminara mañana la guerra, la guerra continuaría, amados, pues árabes y judíos siguen disputando la ocupación de la tierra, asuntos religiosos, asuntos de abastecimiento y economía.

¡Corazones benditos, esto no debería ser! Sin embargo, las enraizadas divisiones entre esos pueblos se han mantenido por siglos y milenios conforme reencarnan una y otra vez sólo para no abandonar las causas de su división original.

Ahora vengo. Vengo a tocar a la puerta de todos y cada uno. Vengo de nueva cuenta con mi llama, la llama de amor divino que todo lo consume. Vengo a curar al herido y el deseo de venganza. Sin embargo, amados, comprended que es necesaria la respuesta del libre albedrío. Es un requisito. Puesto que Dios ha dotado a todas sus criaturas con el libre albedrío, éstas deben ejercitar ese libre albedrío para recibir la transferencia de luz que puede, en efecto, en un pestañear de ojo,[7] producir la curación de registros antiguos.

Así, amados, algunos gritan con ira en contra de Dios: "¿Por qué lo permites, Dios?" Dios [lo permite porque primero] permitió el libre albedrío. Y el resto es responsabilidad del hombre. Comprender esto es comenzar el verdadero camino de una responsabilidad cósmica de todos vuestros pasos día a día.

Vengo a deciros que mis enseñanzas ciertamente se perdieron y que hoy son restauradas. Casi ya no hay tiempo, amados, pues demasiado se ha perdido a lo largo de los siglos y se ha hecho mucho karma por los pecados [de omisión], como se ha comentado esta noche.

¡Así, corazones amados, convertíos en seres luminosos! Que encarnéis la luz y que brilléis tan intensamente[8] que sepan que esta luz interior es verdaderamente la transferencia de mi corazón, que es verdaderamente el signo de que sois en efecto discípulos[9] y que todos pueden serlo y que ninguno, ni siquiera el pecador más contumaz, es dejado a un lado. Todos pueden entrar [si se arrepienten de sus actos].

Pero, amados, si no podéis ver y aceptar mi cristeidad, ¿cómo podréis ver y aceptar la vuestra? Incluso aquellos que pueden ver mi Presencia no pueden aceptar que esta Presencia es también la Presencia de Dios en ellos y que esto es la esencia y la razón de mi venida. Ésta, pues, es la mentira de la división [que el Cristo puede estar y está en Jesús pero que el Cristo no puede estar y no está en vosotros].*

---

* Esta mentira establece una división entre vosotros y Jesús, y entre vosotros y Dios. El Santo Ser Crístico en tanto Mediador, en tanto punto de Realidad en vosotros, es la verdadera clave para tu unión con Dios, con Jesús y con el Espíritu Santo. Del mismo modo, Jesús el Cristo es la clave para que te fundas con tu Santo Ser Crístico y tu alma se una con Dios.

El avivamiento [del corazón], amados, [si ocurriera] en los millones de habitantes del planeta Tierra que ya son siervos de Dios, fieles ya, podría propiciar un tremendo cambio en el mundo, incluso la curación de la economía, incluso una mitigación de aquellas cosas proyectadas para esta década sobre las que habéis sido enseñados.

Un cambio en la conciencia sobre la Tierra por la sencilla aplicación de las enseñanzas que he traído al mundo, acarrearía la curación de las naciones y una liberación de todas las iglesias.

Verdaderamente vengo, en esta hora, con pesar por ver cómo los hijos de luz en cada continente y en todos los credos han sido privados de mi ofrecimiento de la copa de la Identidad.

¡Bebed esta copa de mi Cristeidad! Bebed de ella todos[10] y no temáis entrar en unión mística con vuestro Dios.

Sois del Padre-Madre, que os ama con profundo amor, que no os condena, que no os llama "pecadores", sino que os llama de vuelta a casa. "¡Venid a casa, hijos nuestros!", dicen. Y traigo su mensaje.

Oh queridos, vosotros que sois amados no os descorazonéis por la condena del mundo. Pues yo, Jesús, he vencido al mundo[11] y vosotros lo haréis también. Que recibáis los mantras de la llama violeta y conozcáis el valor supremo de dar a Dios la alegría de vuestro corazón y voz en invocación y plegaria. Esto entreteje la conexión entre Dios y el hombre y entre el hombre y Dios. Y el alma está hilando su traje nupcial a través de la oración, a través del Ave María.

Corazones benditos, bebed de esta copa de mi Identidad y reconoced el potencial divino en vosotros mismos y en to-

dos aquellos con quienes os topáis, y ved cómo el mundo absorbe la sensación de éxtasis de la santidad de Dios.

¡Oh amados, retrocedamos una era! ¡Miremos cómo es consumida la oscuridad por el fuego sagrado de nuestro amor! Verdaderamente somos uno en la llama viva del amor.

Dirijo la luz de mi corazón hacia la juventud de todo el mundo, hacia los niños golpeados y maltratados. Dirijo la luz hacia ellos. ¿Seréis los instrumentos de mi luz sobre ellos, las manos, pies y corazón de Dios extendidos para salvar a los niños?, ¿para impedir que lleguen hasta ese punto en que se convierten en parte de los muchos que consumen drogas y marihuana y sustancias poco edificantes?

¡Sed mis manos y pies, oh amados! ¡Acudid en mi nombre y despertadlos, avivadlos, hablad con ellos! Mientras pronuncio en voz alta "¡Lázaro, sal fuera!",[12] así hablo a las almas de la juventud:

"Tengo un camino y deseo llevaros a ese camino para reuniros con Dios. No me he alejado de vosotros. También yo conocí la infancia y la juventud en medio de la adversidad y retos incontables. Mi amor está con vosotros, con todos y cada uno."

¡Oh padres y maestros y sabios entre vosotros, a todos os digo, id tras la juventud, que ha sido traicionada! Son ellos los crucificados en la cruz en esta hora y el Cristo está crucificado en ellos. Y no son alimentados con el pan de vida; en consecuencia no son alimentados con el cuerpo y la sangre de mi enseñanza a través de la cual, en el proceso de asimilación, pueden llegar a comprenderse a sí mismos, también, como extensiones del Altísimo.

¿No veis de qué modo las fuerzas de la muerte y del infierno se concentran en la destrucción de la juventud y cómo la gente es hipnotizada a fin de que los descuide y no les dé la verdadera enseñanza y una razón para vivir en lugar de morir?

Hay un suicidio psicológico y un suicidio espiritual que precede a la destrucción del cuerpo día a día y gota a gota por el consumo de drogas. ¡Orad por ellos! Dedicad vigilias de oración por ellos. ¡Id tras ellos y salvad a aquellos que se han perdido![13]

Verdaderamente declaré "¡YO SOY la luz del mundo!"[14] Pero también dije "Vosotros sois la luz del mundo. No puede ocultarse una ciudad situada en la cima de un monte".[15] Mientras YO ESTOY en el mundo, YO SOY la luz del mundo, amados, pero ya no soy de este mundo y por consiguiente vosotros, mis discípulos, [que estáis en este mundo] debéis encarnar esa luz, ese YO SOY EL QUE YO SOY, esa porción del Cristo que os corresponde reclamar.

Ved el gran llamado y ved cómo las doctrinas de pecado y el sentido de pecado privan a la mayoría de las personas de este planeta del sentido de autoestima [que necesitan] para avanzar en mi nombre. Que todo esto, con el sonido de los siete arcángeles y las huestes del SEÑOR, sea arrancado de aquellos que saben en lo más hondo de su corazón que Dios es real y es real en ellos.

Salvad a los desposeídos y a los niños de la calle de ese sentido de abyecta autonegación. Nadie les dice que merecen seguirme en la resurrección. Su estadía en la Tierra se desvanece. ¿Qué ocurrirá a esas almas cuando abandonen esta vida? (Una vida que ha terminado en la inutilidad, en la

falta de voluntad, en la falta de sentido del ser de aquellos que vegetan en las calles de las ciudades del mundo.)

¡Extended vuestra mano, amados míos, y mi mano se extenderá hacia vosotros! Convertíos esta noche para servir a aquellos que sienten que son los pobres de espíritu y están listos para convertirse en los ricos de espíritu.

Os reclamo como apóstoles de Cristo, como revolucionarios que buscarán llevar a cabo mi revolución para la mujer, la Mujer arquetípica que da luz al hijo del hombre, la Mujer en cada uno de vosotros que da a luz al Cristo del corazón.

Todos sois femeninos por naturaleza y sois todos masculinos. Sopesad, pues, los asuntos de vida y muerte y el más allá y avanzad en mi nombre y a mi servicio. Yo estaré con vosotros, y donde estén dos o tres reunidos en mi nombre[16] veréis la multiplicación de vuestras fuerzas por mi Presencia.

Estoy anclando una luz en esta ciudad para revertir las espirales de violencia, de crimen, de adolescentes perdidos en las luchas callejeras, cuando podrían estar recorriendo el camino de los elevados Himalayas y podrían conocer las Grandes Luminarias de todos los siglos de Oriente y de Occidente.

¿Dónde están los modelos para ellos? ¿Quién les enseñará que yo mostré el Camino? ¿Quién irá y hará algo semejante imitando el amor de mi corazón y luego se erguirá en las ciudades y en el campo y en cada rincón de todos los caminos de la vida como mi representante, como mi discípulo?

Oro porque digáis "¡Nosotros lo haremos!", amados míos.
["¡Nosotros lo haremos!"]

En esta hora, pues, os sello en el poder de la Trinidad, en el poder de la Madre. Como Arriba así abajo, llevo el yo superior e inferior a una mayor proximidad por mi intercesión y mi mediación.

En el amor eterno de nuestro Dios Padre-Madre, yo, Jesús, me inclino ante su luz en vuestro interior.

15 de febrero de 1991
Centro de Convenciones de Pasadena
Los Ángeles, California

Oh queridos, vosotros que sois amados, no os descorazonéis por la condena del mundo. Pues yo, Jesús, he vencido al mundo y vosotros lo haréis también.

Uno de los mensajes más importantes en este dictado es acerca de cómo "las doctrinas de pecado y el sentido de pecado han privado a la mayoría de las personas de este planeta del sentido de la autoestima" para que sean capaces de recibir el verdadero mensaje de Jesucristo: que el Cristo en Jesús es el mismo Cristo que vive en todos nosotros. Una sensación de indignidad puede impedirnos recibir a Jesús o a nuestro propio Ser Crístico.

Puesto que buscamos recorrer el camino con Jesús, es muy importante conocer la diferencia entre indignidad y humildad. En la humildad renunciamos al yo inferior y permitimos que Dios entre en nosotros. En la indignidad nos identificamos con el yo inferior y mantenemos fuera a Dios. Madre María habla acerca de las consecuencias de aceptar la limitación de la indignidad:

"Vuestra autoestima define y limita vuestra expresión. Si pensáis que tenéis valor más allá de un cierto nivel, entonces no os desempeñaréis por encima de ese nivel; porque, de hacerlo así, todas las teorías de la mente carnal se desmoronarían y deberíais miraros como el Cristo vivo. ¿Lo veis, amados? Cuando cultiváis cualquier sentido de indignidad, o de falta de mérito, entonces ése es el nivel más alto de expresión que alcanzáis. Y vosotros determináis esto cada día.

"Puesto que os habéis dicho 'No merezco ser ese Cristo, no merezco ser uno con Madre María', actuáis en consecuencia y ponéis ese techo por encima de vuestra cabeza. Bien, amados, ese techo no es inamovible. Alguna vez midió tres metros y medio de alto, luego fue de dos metros setenta y cinco centímetros, luego de dos metros. Y muy pronto, si permanecéis en esa celda de indignidad, descubriréis que la habitación se encoge y conoceréis el síndrome del hombre encogido, de la mujer encogida.[17]

"¿Entendéis lo que estoy diciendo, amados? Aquellos que dejan de crecer dejan de ser. Y, por consiguiente, si permitís que persistan estas condiciones y patrones de negatividad por mucho más tiempo, descubriréis que se convertirán en la ley de vuestra vida, y tendréis una tremenda batalla surgiendo de ellas. Si alguna vez perdéis el contacto directo con nuestra Hermandad a través de la mensajera o de vuestra propia Presencia divina, debido a un sendero de iniciación, al karma, o a lo que sea, entonces sabréis qué oportunidad habréis perdido."[18]

Madre María desea que nos demos cuenta de que es Dios en nosotros lo que es valioso, no el morador del umbral ni nuestro ego. Si tenemos sentimientos de indignidad, pertenecen a nuestro yo humano, no a nuestro Yo Real. Si te sientes atrapado por estos pensamientos y sentimientos limitantes, el primer paso es reconocer que lo son. Pide a los maestros que te ayuden y busca terapia para llegar a la causa y núcleo del problema a fin de que averigües por qué te identificas con una baja autoestima.

En *Messages from Heaven,* un alma que ha realizado recientemente la transición a los retiros etéricos de la Hermandad ofrece su perspectiva sobre el problema de la indignidad:

"La indignidad que no se supera ha estado presente generalmente en más de una vida. Todos hemos realizado actos que no están a la altura de Dios o de lo contrario no seguiríamos encarnados. Algunas personas temen ser plenas. Si se desprendieran verdaderamente de su sensación de indignidad tendrían que reconocer su totalidad en Cristo.

"La indignidad crea un tremendo bloqueo entre el individuo y la realización de su plan divino. Cuando te aferras a tu indignidad es como si estuvieras diciendo 'Creo en mi morador (el yo sintético o la mente carnal) más que en mi Santo Ser Crístico'. Es también una negación de la justicia divina. Confía en que recibirás oportunidades para resolver cualquier violación de las leyes divinas. No necesitas imponerte una cadena perpetua. Pregúntate: ¿Por qué no estoy dispuesto a perdonarme y a confiar en la justicia divina?"[19]

Los sentimientos de culpa, de vergüenza y de indignidad debidos a que hemos pecado y producido karma negativo pueden desembocar en una baja autoestima. Es muy importante trabajar en ello porque si nos aferramos a esta imagen de nosotros mismos (consciente o inconscientemente), podemos quedar atrapados en patrones y hábitos negativos y en continua recurrencia de nuestros errores pasados. Incluso cuando pedimos perdón a Dios, los pensamientos y sentimientos negativos sobre nosotros mismos pueden no permitirnos recibir su perdón y la curación que viene de su mano. Podemos quedar atrapados en una rutina que puede impedirnos internalizar la Palabra y experimentar el amor divino que Jesús tanto desea darnos.

Salvemos a los niños y a los jóvenes

El primer Llamado de Jesús es: "Bebed esta copa de mi cristeidad... Sed los instrumentos de la luz de mi corazón... hacia la juventud de todo el mundo, hacia los niños golpeados y maltratados". Aun cuando Jesús nos llama, nos reconforta: "Bebed de ella todos y no temáis entrar en unión mística con vuestro Dios".

Nos damos cuenta de que, a fin de ser instrumentos eficaces de la luz de Jesús para los niños y para los jóvenes, debemos deshacernos de nuestro temor a no estar a la altura de esta tarea. Los estados de conciencia negativos nos impiden emprender acciones y convertirnos en las manos y los pies de los maestros para rescatar almas. Debemos reconocer nuestro propio potencial divino así como el potencial divino en todos aquellos con quienes nos topamos si pretendemos ayudarlos a que manifiesten ese potencial.

La adversidad que enfrenta la juventud del mundo es algo que vemos en las noticias casi diariamente. Trátese de adicción a las drogas, abuso infantil, embarazos de adolescentes, o niños que son abandonados en África debido a un alto porcentaje de padres que mueren de sida, nuestros niños y jóvenes están haciendo sonar una alarma y clamando por nuestra ayuda.

Jesús nos pregunta: "¿No veis de qué modo las fuerzas de la muerte y del infierno se concentran en la destrucción de la juventud y cómo la gente es hipnotizada a fin de que los descuide y no les dé la verdadera enseñanza y una razón para vivir en lugar de morir?"

La Elohim Astrea habla del peligro que corre la juventud y de la necesidad de multiplicarnos para ayudarlos: "Les digo nuevamente como antes ya lo han oído, ¡*ninguno* es tan crucificado en la Tierra en estos tiempos como los niños pequeños! *Están* desprovistos del verdadero amor del Cristo vivo y de la Madre Divina.

"¡Alimentémoslos! ¡Consolémoslos! ¡Enseñémoslos! Enseñémosles a leer y escribir. Enseñémosles las sensibilidades internas del corazón. Enseñémosles a conocer a los ángeles y a los seres elementales, gnomos, salamandras, ondinas, sílfides, todos aquellos que prestan servicio al jardín de Dios en la Tierra. Enseñemos a los niños a ser sensibles con la Madre Tierra, a mantener su cuerpo en equilibrio, a abrevar de sus facultades intuitivas a fin de que puedan ser la total expresión de la Madre.

"Cuidémoslos, amados. Su visión interior se ve atacada por la televisión. Su cuerpo es destruido por un alto contenido de azúcar y cafeína en las bebidas que ingieren.

"Oh benditos, sin la fortaleza de un cuerpo físico balanceado para fortalecer la mente, ¿dónde aparecerá el cáliz de ese niño cuando llegue a su adolescencia y más tarde? Si el cuerpo no tiene suficiente fuerza y equilibrio, la oportunidad que tiene el alma de alcanzar la cristeidad puede perderse por toda una vida.

"Cuidemos de estos pequeños. Son nuestros líderes y vuestros padres y madres del mañana. Alimentemos a mis ovejas, a estas almas que se acercan confiadas. Y, sin embargo, ni padres ni maestros saben a menudo lo que hacen al no lidiar con ellos como deberían."[20]

La fuerza oscura se concentra en destruir a nuestros niños y a nuestros jóvenes porque ellos tienen la luz pura de Dios y están destinados a tomar su adecuado sitio y a conducirnos a la era dorada de Acuario. Otra razón más insidiosa es que los ángeles caídos necesitan su luz para sostenerse. Estos caídos no tienen luz propia porque se rebelaron en contra de Dios y eligieron separarse de él. Ahora, toman la luz de Dios de nuestros niños involucrándolos en drogas, rock, alcohol y tempranos encuentros sexuales.

Así como dar pasos prácticos para ayudar a nuestros niños y jóvenes, Jesús nos ruega que oremos por nuestra juventud y que dediquemos vigilias de oración por ellos. Ellos necesitan tener una visión de quiénes son en Dios y ser inspirados para convertirse en todo aquello que Dios pretende que sean.

Encarnar esa luz

El segundo llamado desde el corazón de nuestro amado Jesús es a "encarnar esa luz, ese YO SOY EL QUE YO SOY, esa porción del Cristo que os corresponde reclamar". Nuevamente, a fin de que recibamos este portentoso llamado, debemos sentirnos lo suficientemente valiosos para reclamarlo. Con que sólo pudiéramos acordarnos de mantener fijo en la mente y en el corazón que lo verdaderamente valioso es "Dios en mí" y con que mantuviéramos nuestra atención fija en nuestro Yo Verdadero y nuestra poderosa Presencia YO SOY, realizaríamos enormes progresos. Este proceso es sencillo pero sabemos que, en la práctica, es difícil permanecer concentrado y vivir de acuerdo con la conciencia superior. A fin de lograr un contacto sostenido con nuestro Yo Superior, debemos estar dispuestos a reservar diariamente un tiempo y dotarlo de un anhelo.

Los maestros nos han dicho que nada pueden hacer en la octava física sin nuestras plegarias e invocaciones y sin nuestra disposición a avanzar y cumplir su dirección de acuerdo con la voluntad de Dios. Somos indispensables para el esfuerzo de las huestes celestiales por cumplir la obra de Dios en la Tierra.

Salvar a los desposeídos y a los niños de la calle

El último llamado en este mensaje es: "Salvad a los desposeídos y a los niños de la calle de ese sentido de abyecta autonegación... Convertíos para servir a aquellos que sienten que son los pobres de espíritu".

Jesús nos está pidiendo no sólo que nos confrontemos con nuestro propio sentido de indignidad sino también que rescatemos a otros cuya carga es aún más pesada que la nuestra respecto a este estado de conciencia. Nos llama a proporcionar no sólo ayuda física sino a ofrecer la solución espiritual. Jesús desea que vayamos a decir al desposeído y a los niños de la calle que merecen seguirlo en la resurrección. Por medio de nuestro propio servicio a aquellos que son menos afortunados podemos incluso ser sanados de nuestro propio sentido de indignidad.

Los maestros ascendidos nos han animado siempre a proteger la vida donde quiera que nos encontremos. La mensajera ofrece el siguiente consejo a aquellos que respondan a este llamado de Jesús:

"Toma quizás un día de cada mes o un día de cada dos meses para ir a trabajar con gente que atiende a los desposeídos y a los niños de la calle. Experimenta la vida a todos los niveles y aprende cómo alcanzarla a todos los niveles. Y reconoce, cuando estés lidiando con gente de la calle, que estás lidiando con gente que tiene una enorme depresión y una ausencia de voluntad para vivir entre la mayoría.

"Para ayudarlos verdaderamente, una vez que hayas acudido a consolarlos personalmente, debes volver a casa y dirigirte a tu armario, y debes orar y pronunciar el decreto a Astrea en su favor, para que sean liberados de estas entidades de depresión y de las cargas que pesan sobre su alma. No puedes salvar a las personas sólo con gestos humanos de amabilidad física. Es indispensable la oración ferviente eficaz."[21]

Jesús, a través nuestro, desea abrazar al desposeído y a los niños de la calle de todo el mundo. En un dictado pronunciado en Sudamérica, Saint Germain habló de nuestra responsabilidad de preocuparnos por los desposeídos en esas naciones, especialmente por los niños. Dijo: "Os digo que entre estos niños os toparéis con almas avanzadas bajo la apariencia de mendigos. Verdaderamente, nunca sabéis cuándo podéis estar dando la espalda a un Cristo Niño. Pero si os preocupáis por todos los niños sin discriminación, no perderéis a ninguna alma que tenga el potencial para contribuir poderosamente al florecimiento de esta civilización.

"Regadas con amor y alimentadas con sabiduría, estas preciosas flores del corazón de Dios sabrán que las habéis dotado de poder con la gracia de Dios, a tal punto que llevarán a sus comunidades y a sus países a nuevos niveles de oportunidades para todos. ¡No, no debéis descuidar a los niños! Pues son vuestra herencia más valiosa. Y debéis reconocer que son la esperanza del futuro."[22]

Astrea y su círculo y espada de llama azul

Pureza y Astrea son los Elohim del cuarto rayo de pureza. Astrea explica que Jesús invocó en su obra de sanación: "Recuerdo en este momento... el episodio que ocurrió en la época de Jesús cuando el joven yacía en la tierra echando espuma por la boca. Los discípulos habían intentado una y otra vez sacar al demonio de ese muchacho, y puedo deciros que se habían empeñado al máximo. Pero carecían de fe y carecían del conocimiento de nuestra octava de luz.

"Si mi círculo cósmico y la espada de llama azul hubieran sido invocados alrededor de ese muchacho por cualquiera de esos discípulos, habrían descubierto que ese demonio lo habría abandonado al instante sin permanecer allí ni un solo segundo. Ése era el poder de luz que Jesús mismo invocaba. Invocaba esa energía de la llama azul, e inmediatamente ésta cumplía el destino que Dios pretendía que fuera el suyo. Y, así, el muchacho fue liberado efectivamente y sanado de esa condición."[23]

Cuando son invocados, Pureza y Astrea acuden con su círculo y espada de llama azul para liberar almas que están atrapadas en el plano astral y para atar a los demonios y desencarnados que las acechan. Por sólo vivir en el planeta Tierra, especialmente en las grandes ciudades, todos nosotros pescamos cierta vibración y cierta energía del mundo. Astrea puede ayudarnos también con ello manteniéndonos libres de esta sustancia que puede acumularse como una suerte de tizne astral en el aura.

Astrea explica la importancia de pronunciar su decreto: "¡Necesito vuestra ayuda! ¡Recluto vuestra ayuda! Os digo, probadme. ¡Ved lo que tendrá lugar cuando uséis el círculo y la espada de llama azul! Ved cómo un ciento de entidades puede ser atado por nuestras legiones en respuesta a vuestro llamado al pronunciar ese decreto a Astrea. Yo soy la Madre Estelar. Veréis cómo ese amado puede ser liberado y mantenerse libre y cómo se volverá a la dignidad de un hijo de luz y encontrará su misión antes de que sea demasiado tarde...

"Así, amados míos, si mantenéis la vigilia por un ser amado o por varios seres amados, sabed que el poder del círculo y la espada de llama azul funcionará mientras oréis por ellos cada día, ¡y por todos los demás hijos de Dios en este planeta, que están esclavizados igualmente!

"Yo, Astrea, os hago este ofrecimiento: Orad por vuestros seres amados; colocad tantas fotografías como gustéis en vuestro altar. Y cuando oréis por ellos, orad también por todos los demás que pueden ser librados en este planeta por Astrea. Yo colocaré mi Presencia Electrónica sobre todos ellos, un millón de millones de veces, y más si es necesario. Es ésta la capacidad de un ser cósmico que es uno con Dios, y por tanto, plenamente Dios en manifestación. Sólo necesito el llamado de corazones únicos en la Tierra."[24]

El decreto a Astrea es una herramienta clave que podemos usar para responder a los llamados de Jesús a fin de ayudar a los niños y a los jóvenes, a los desposeídos y a la gente de la calle. El Morya nos ha dicho que este decreto a Astrea (véase Ejercicios espirituales) es el mantra más poderoso a la Madre Divina que se nos haya dado.[25]

El poder del rosario

En este dictado, Jesús habla de la oración del Ave María. Se trata de otra devoción a la Madre Divina, y a María como representante de esa presencia universal de la Madre que siempre busca salvar a sus hijos.

El Ave María ha sido pronunciado durante siglos por devotos de la Madre en Occidente. Madre María nos ofrece ahora una nueva forma del Ave María para una nueva era. Explica que no debemos afirmar nuestra naturaleza pecaminosa sino, por el contrario, nuestra justa herencia en tanto hijos e hijas de Dios. Tampoco debemos concentrarnos demasiado en la hora de la muerte sino, más bien, en la hora de la victoria. Así, nos pide que oremos:

> Ave, María, llena eres de gracia. El Señor es contigo. Bendita eres entre todas las mujeres y bendito es el fruto de tu vientre, Jesús.
>
> Santa María, Madre de Dios, ruega por nosotros, hijos e hijas de Dios, ahora y en la hora de nuestra victoria sobre el pecado, la enfermedad y la muerte.

Madre María nos da también varios rosarios escriturales, que entretejen el Ave María y otras oraciones con lecturas de las escrituras. Nos dice que si rezamos el rosario tendremos el acceso al poder de luz en su cuerpo causal:

"Os doy acceso a través del rosario a mi cuerpo causal, para esas catorce estaciones obtenidas a través de mi larga historia espiritual... Os transmito esto para que mi cuerpo causal pueda acercarse al mundo físico y a los problemas físicos a través de vuestros propios cuerpo y corazón físicos...

"He añadido las fuerzas de mis ángeles y las de las bandas de Rafael a los ejércitos del Fiel y Verdadero y de Maitreya y Sanat Kumara y el arcángel Miguel para librar la guerra a niveles internos con estas fuerzas, principados y poderes ocultos, y maldad espiritual en lugares elevados...[26]

"Llamo vuestra atención, pues, hacia el rosario como nunca antes. Pues es la única plegaria que atrae el poder universal de Omega: fuego Omega, luz Omega. El poder de la Madre moviéndose con las fuerzas de la Trinidad es la dimensión perdida en la victoria de Armagedón."[27]

Saint Germain nos dice: "Cuando pronunciáis el Ave María, incluso entonces la llama violeta es liberada. Porque Madre María ha determinado, en acuerdo con nosotros, con el Consejo de Darjeeling, que, en respuesta al Ave María pronunciado por aquellos en la Nueva era, habrá en consecuencia una liberación desde su propio corazón de su propio poderoso *momentum* de la llama violeta, desde su propio cuerpo causal de luz".[28]

El Ave María se ofrece, pues, a María como representante de la Madre, y a la Madre Divina en todos sus representantes. Es también una devoción a la luz de la Madre que hay en el interior de todos nosotros, conocida en Oriente como *Kundalini*, la energía que se eleva desde el chakra de la base de la columna hasta la coronilla. Esta oración es la manera segura y natural para que los devotos occidentales purifiquen sus chakras y eleven la luz de la Kundalini.

Ejercicios espirituales

Sana la condición de indignidad

Éstos son pasos prácticos que puedes dar para sanar la condición de indignidad:

1. Prueba repetir la siguiente afirmación durante varias semanas: "Cristo en mí es valioso" o "Señor, YO SOY valioso, hazme aún más valioso".

2. Tómate algún tiempo para meditar en los conceptos de humildad y de indignidad. ¿Cuál te parece que es la diferencia entre ambos? ¿Cuándo incurres en una o en la otra? Escribe tus ideas en tu diario.

3. Pronuncia el decreto 20.09, "Arrojo al morador en el umbral". (Véase capítulo 8.) Invoca la atadura de todo sentido de indignidad de interna y externa.

4. Usa los decretos de la llama violeta para la transmutación de todo sentimiento de indignidad y cualquier causa que contribuya o condición kármica que surja de alguna vida en toda la línea que se remonta a tu primera encarnación en la Tierra. "Mírate a ti mismo de pie ante Saint

Germain y Porcia (la llama gemela de Saint Germain) en una habitación con paredes de amatista. Extiéndeles tu carga —tu fardo de indignidad— y obsérvalos arrojarla a la llama violeta de una vez y para siempre. Luego avanza libre para servir a la luz".[29]

5. Pide a los maestros que te muestren todo aquello en tu psique que esté impidiendo que te liberes de esta energía negativa.

6. Si descubres que una sensación de indignidad está limitando tu sendero y que eres incapaz de lidiar con ella eficazmente por ti mismo, busca guía o consejo espiritual.

En ocasiones nos resistimos a asumir ciertos estados de conciencia que nos pesan. Nos resistimos a hablar con un consejero sobre nuestros pesares y nuestra psique porque es doloroso hacer el trabajo interior. Y sin embargo, si confiamos en lo que los maestros nos han dicho, sabemos que al otro lado de cualquier dolor que atravesemos está la bendición de nuestra unión con nuestro Santo Ser Crístico.

Ayuda a salvar a los niños

Considera lo que puedes hacer para responder al llamado de Jesús a contribuir a salvar a los niños. ¿Tienes hijos propios? ¿Tienes amigos que tienen hijos? Si es así, tienes oportunidades a la mano. Existen además muchas organizaciones que cuentan con programas dirigidos a los niños en las cuales puedes ofrecer tu ayuda como voluntario; entre ellas, escuelas, iglesias, organizaciones juveniles como los Boy Scouts, museos y bibliotecas.

Y, por supuesto, existe siempre la enorme necesidad de orar para la protección de los niños. Puedes nombrar a los niños y a los jóvenes y sus problemas especiales después del preámbulo de cualquier decreto. También puedes pronunciar el siguiente decreto de El Morya.

Protege a nuestra juventud

¡Amado Padre Celestial! ¡Amado Padre Celestial!
¡Amado Padre Celestial!
Asume hoy el mando sobre nuestra juventud
Destella a través de ellos el rayo de la Oportunidad
Emite la poderosa fuerza de la Perfección
Amplifica la inteligencia cósmica a cada hora
Proteje, defiende su designio Divino
Intensifica el propósito divino
¡YO SOY, YO SOY, YO SOY
El poder de la Luz infinita
Resplandeciendo a través de nuestra juventud,
Revelando pruebas cósmicas
Aceptables y verdaderas,
El pleno poder de la Luz cósmica
A todo niño y hombre-niño
En América y en el mundo!
¡Amado YO SOY! ¡Amado YO SOY! ¡Amado YO SOY!

Reza el rosario a Madre María para que rescate a las ovejas descarriadas

La Madre Bendita nos da su Ave María y el rosario de la Nueva Era para que oremos en favor de todos los portadores de luz y para la elevación del rayo femenino en esta era. Puedes pronunciar esta oración varias veces al día.

Ave María

Ave, María, llena eres de gracia, el Señor es contigo. Bendita eres entre todas las mujeres y bendito es el fruto de tu vientre, Jesús.

Santa María, Madre de Dios, ruega por nosotros, hijos e hijas de Dios, ahora y en la hora de nuestra victoria sobre el pecado, la enfermedad y la muerte.

Emprende acciones en favor de los desposeídos y la gente de la calle

1. Averigua cuáles son las organizaciones en tu zona que proporcionan asistencia a los desposeídos. Ofrece tu tiempo como voluntario un día o dos al mes en algún sitio en que trabajes con los desposeídos. Observa el efecto de tu amor y de tu preocupación en su vida.

2. Reza tus oraciones diarias a Astrea y al arcángel Miguel para que liberen a estas personas de entidades de depresión y de su sentimiento de indignidad a fin de que reciban la luz de Jesús y de su propio Santo Ser Crístico.

Al pronunciar tu decreto a Astrea, visualiza el círculo y la espada de llama azul rodeando la situación o circunstancia por la que ofreces este decreto. Ve el círculo de llama azul —una llama ardiente azul zafiro con una blanca brillantez como de diamante— rodeando al individuo por la cintura, rodeando al grupo de individuos, rodeando ciudades enteras, o estados o naciones, o rodeando toda la Tierra. Velo como un anillo de fuego que gira parecido a una sierra eléctrica mientras va eliminando capas y capas de densidad y discordia.

Ve cómo la espada de llama azul, perpendicular al círculo de llama azul, destruye matrices de oscuridad y atrae elementos del ser para que regresen a su diseño divino original.

Mientras pronuncias este decreto para ti mismo o para una, puedes visualizar a Astrea sosteniendo la espada de llama azul paralela a la columna vertebral a cinco centímetros de distancia, para desimantar el ser y la conciencia de todo aquello que no sea de Dios, todo aquello que no sea diseñado por Dios.

Decreto a la amada poderosa Astrea
"La Madre Estelar"

En el nombre de la amada, poderosa y Victoriosa Presencia de Dios, YO SOY en mí, Poderosa Presencia YO SOY y Santos Seres Crísticos Guardianes de la Llama, portadores de Luz del Mundo y de todos los que van a ascender en esta vida, por y a través del poder magnético del fuego sagrado investido en la Llama Trina que arde dentro de mi corazón, invoco a los amados poderosos Astrea y Pureza, arcángel Gabriel y Esperanza, amado Serapis Bey y a los serafines y querubines de Dios, amado Lanello, todo el Espíritu de la Gran Hermandad Blanca y la Madre del Mundo, vida elemental: ¡fuego, aire, agua y tierra!, para que coloquéis vuestros círculos cósmicos y espadas de llama azul en, a través y alrededor de:

Inserto 1

mis cuatro cuerpos inferiores, mi cinturón electrónico, mi chakra del corazón y todos mis chakras, toda mi conciencia, ser y mundo.

Soltadme y liberadme (3x) de todo lo que sea inferior a la perfección de Dios y al cumplimiento de mi plan divino.

> 1. Amada Astrea, que la Pureza de Dios
> Se manifieste aquí para que todos vean
> La voluntad de Dios en el resplandor
> Del círculo y espada de brillante azul.
>
> Primer estribillo:* Responde ahora mi llamado y ven
> A todos envuelve en tu círculo de luz.
> Círculo y espada de brillante azul,
> ¡Destella y eleva, brillando a través!

---

*Pronuncia todo el decreto una vez utilizando el primer coro después de cada verso. Luego pronuncia los versos nuevamente utilizando el segundo coro después de cada uno. Concluye utilizando el tercer coro después de cada verso.

2. De patrones insensatos a la vida libera,
Las cargas caen mientras las almas se elevan
En tus fuertes brazos del amor eterno,
Con misericordia brillan arriba en el cielo.

3. Círculo y espada de Astrea, brillad,
Blanco-azul que destella, mi ser depurad,
Disipando en mí temores y dudas,
Aparecen patrones de fe y de bondad.

Segundo estribillo: Responde ahora a mi llamado y ven,
A todos envuelve en tu círculo de luz.
Círculo y espada de brillante azul,
¡Eleva a toda la juventud!

Tercer estribillo: Responde ahora a mi llamado y ven,
A todos envuelve en tu círculo de luz.
Círculo y espada de brillante azul,
¡Eleva a toda la humanidad!

¿Cómo responderás al llamado de Jesús?

"¡Bebed esta copa de mi cristeidad!... Sed instrumentos de mi luz... para los jóvenes de todo el mundo, para los niños golpeados y maltratados."

"Ved el gran llamado... a encarnar esa luz, ese YO SOY EL QUE YO SOY, esa porción del Cristo que os corresponde reclamar."

"Salvad al desposeído y a la gente de la calle de esa sensación de abyecta autonegación... Convertíos para servir a aquellos que sienten que son los pobres de espíritu."

¿Qué significan para mí estos llamados?

¿Qué haré para responder a estos llamados?

Capítulo 13

Capítulo 13

El llamado a "abrazar el llamado superior en Dios"
y a "pronunciaros en defensa de la vida".

¡Elevaos al llamado superior en Dios!
La salvación por medio de mi Sagrado Corazón
El fuego de Pentecostés para el juicio del aborto
y del abortista

Soy yo. YO SOY el que ha venido este día a mostraros mi cuerpo de luz: ya no más las huellas de los clavos, ya no más las marcas de la crucifixión, pues YO SOY en la luz y en la gloria del Cristo vivo, a quien Dios colocó donde sois como YO SOY.

YO SOY ese Cristo vivo que viene a vosotros, y yo vengo a los míos, aquellos cuyo corazón es un templo y me invitan a entrar.

YO SOY el Fiel y Veraz.[1] Estando mis ejércitos conmigo, desciendo este día para la resurrección y la vida de todas las almas que buscan entrada [a la octava física] a través del los portales de nacimiento. Venimos a apoyar a la mujer en su misión de parir al Divino Hijo del Hombre en cada niño que Dios ha creado.

YO SOY Jesús, vuestro Maestro, y podéis llamarme Rabbuní[2] si queréis. Vengo, amados, en respuesta al llamado, los sinceros llamados de millones que desean revocar la maldición de muerte que pesa sobre la mujer y que lleva ya dieciocho años[3] extendida al niño que lleva en su vientre, esa porción de sí misma más preciosa incluso que su propia alma: el alma que deberá convertirse incluso en la conciencia viva y actuante de Dios Todopoderoso.

Vengo a atar al Jinete de la Muerte a través de vosotros, amados. Que seáis la voz de aquellos silenciados que esperan, que lloran y se conduelen por la oportunidad perdida de estar a vuestro lado, de ser como un hijo en vuestros brazos, de estar este día en alguna de mis iglesias —por todo el mundo— y en aquellas de religiones distintas al cristianismo.

Anhelan ser acunados por madre y padre. Que así sea. Que algún día, como habéis orado, todas las almas abortadas puedan ser ahora recibidas porque la gente está despierta y el Espíritu Santo las ha iluminado.

Y os prometo que el día de Pentecostés de 1991 conoceréis el descenso del Espíritu Santo con todo el fuego del juicio sobre la semilla de los malvados, quienes han descendido de Herodes para apagar la llama crística en aquellos que vienen a salvar al mundo y a quienes por su mano se les niega la entrada.

Os prometo que el día de Pentecostés, si os preparáis, recibiréis una porción de la gloria de mi cuerpo causal de luz y la conservaréis si estáis listos para conservarla. Y conoceréis el poderío que del Espíritu Santo[4] se obtiene, como lo conocieron los discípulos, como lo conocieron los apóstoles, como lo conoció el círculo interno.

Dotados de poder por ese Espíritu, deberéis hacer lo que otros no han hecho, y esto es cambiar la conciencia de la nación y de las naciones.

Yo, Jesús, os llamo. ¡Alimentad a estos mis corderos y enviadlos a su morada terrenal! ¡Que sea santificada la morada que es el templo del hombre y la mujer! Que sea purificada y que los usos del fuego sagrado sean purificados. Y que se conozca al SEÑOR al interior de este templo, que es mi templo.

¡Pues mi casa se ha convertido en cueva de bandidos![5] ¡Y expulso a los mercaderes (que administran sus molinos de aborto) del templo del Dios vivo! Pues han cometido en contra del Espíritu Santo el pecado que no se perdona sino hasta que es repudiado y repudiado diez mil veces diez mil. Tienen mucho que hacer antes de que puedan ser recibidos como uno de estos mis pequeños. Benditos corazones de luz, os enlisto en el ejército de los Cristos para que vayáis y reclaméis la vida en beneficio de aquellos que están desamparados. Os pido y os imploro con el mismo fervor con el que imploré a Pedro: ¿Apacentaréis a mis corderos?[6] ["¡Sí!"]

Amados míos, es un llamado superior y os hablo de este llamado superior, pues defender la vida y no permitir que os distraigan ni caer en fanatismo, ira, odio y generación de odio sino manifestar la plenitud del Cristo vivo —que es el fuego de la Madre Divina e incluso la "ira" de la Gran Kali—, esto es tener el centro del ser libre de Dios! Y esto es así, amados, porque oráis de rodillas para que mi Sagrado Corazón sea vuestro propio corazón.

Éste es el día de la salvación mediante ese corazón. Si deseáis alcanzar esta victoria, y alcanzarla plenamente, de modo

que a una nación y a muchas naciones pudiera serles ahorrado el karma del asesinato de sus propios hijos, entonces os digo: ¡debéis tener la Palabra sembrada![7]

Debéis tener mi sagrado corazón. Debéis desear que este corazón ardiente more en vosotros y visualizarlo al interior de vuestro propio pecho y saber que el fuego ardiente será una señal para todos aquellos que pertenecen al Anticristo. Y será dibujada la línea divisoria mucho más claramente de lo que la habéis visto dibujada hasta ahora.

Amados, ¡triunfar en la defensa de la vida exige que abracéis el llamado superior en Dios y en Cristo y que estéis dispuestos a sacrificar "todas estas cosas" por ese llamado!

Os digo que aquellos que dieron voz a las palabras correctas no están dispuestos a sacrificar la conciencia humana para obtener la victoria. Y, así, las fuerzas que hablan en mi nombre no tienen el fervor de mi llama y no han conseguido impedir 25 millones de abortos* en Estados Unidos de América en estos dieciocho años.

Benditos, sabedlo y sabedlo bien: se ha llegado a tal punto [en el aborto de la vida humana] que si esto continúa y continúa y continúa Dios no librará a este pueblo poderoso de este karma. Pues tal como se os ha enseñado, el SEÑOR Dios prefiere que el castigo caiga sobre aquellos a los que él ama a fin de que no se les permita que progrese más su [injusta] causa, no sea que al permitir que progrese crean que su causa es jus-

---

* Para el 2001, se habían realizado más de 40 millones de abortos en los Estados Unidos.

ta. Por consiguiente, la Ley, la Ley misma, debe [reprender a los hijos de Dios y] detener al malhechor.

Y aquellos que se proclaman en defensa de la vida deben saber también que no han hecho ni dado lo suficiente, que no se han elevado hasta el verdadero corazón de mi amado San José, mi verdadero y noble padre. No se elevaron para reclamar su llama violeta y para usarla.

No han invocado a San Miguel Arcángel con el fervor necesario para que sus legiones puedan recibir el poder de aquellos individuos encarnados para avanzar y acabar con este dragón del Anticristo que devora a los santos inocentes y a seres de enorme luz que luchan por ingresar en la comunidad de las naciones, pero quienes han sido detenidos, detenidos por los caídos y por esa ignorancia que todavía lo permea todo en las naciones [concerniente al crimen del aborto].

Y aquellos que están ciegos son los que no ven mi propia vida en cada recién nacido. ¡He aquí que ése soy yo! Y os sonrío a través de los ojos de un bebé recién nacido. Y por consiguiente aquellos que me negaban así lo han hecho [al abortar ese bebé] y sin embargo son quienes dan testimonio de mí.[8]

Que sepa ese clero liberal en todas las naciones y de todas las religiones del mundo que ha negado la vida de Dios en la descendencia de sus hijos e hijas, y que se enfrentarán al juicio de los falsos maestros y de los falsos pastores y de los falsos profetas *¡y no escaparán a su karma!*

Sufren, pues, los pequeños que se acercan a mí y a vosotros. Que haya centros de asesoría familiar llamados "La vida engendra vida". Y si lo deseáis, buscad consejo para formar agencias de adopción a fin de que podáis ofreceros a recibir a los hijos de aquellos que no son capaces de conservar a sus bebés [y los dan a quienes los amarán y cuidarán por ellos].

Benditos, debe haber oficinas, debe haber adjuntos en nuestros centros de enseñanza y grupos de estudio donde la información de los maestros ascendidos de Saint Germain en lo relativo al alma y esas enseñanzas como las que la mensajera os ha dado [sobre el aborto][9] se enseñen a aquellos que acuden. Debéis poner una señal en vuestra puerta para que se sepa que estáis allí listos a aconsejar a otros [respecto a la santidad de la vida desde la concepción].

Hay muchos psicólogos y practicantes de la salud mental en esta comunidad. Algunos de entre ellos pueden dar servicio y ofrecer parte de su tiempo libre a asesorar a jóvenes mujeres y a familias enteras para ayudarles en la planeación [familiar][10] y para mostrarles la realidad de la continuidad del alma. [Pueden enseñarles] que el alma necesita y desea —y es ordenada por Dios para que así lo haga— encarnar en ese momento, ese momento cósmico en la eternidad que es ordenado para esa persona por mi Padre y por mi Madre, [quienes son] también vuestro Padre y vuestra Madre.

Pues provenimos de la misma semilla, y esa semilla es el Cristo eterno; negarla en vosotros mismos es negarla en mí, y negarla en mí es impedir que se manifieste en vosotros, amados.

¡Y, así, dejad que las falsas doctrinas se vengan abajo! ¡Dejad que la falsa doctrina que sostiene que el alma es creada en el momento de la concepción sea despojada de su "realidad"! Y volvamos a los primeros principios. Volvamos a Orígenes.[11] Volvamos a mis palabras escritas en el akasha, que llegaron a vosotros a través del Espíritu Santo.

Todos y cada uno de vosotros podéis recibir mis palabras a través del Espíritu Santo —si estáis dispuestos a sacrificaros [a fin de] recibir ese Espíritu Santo—, originalmente pronunciadas y escritas en la arena, escritas en el akasha. Vuestro Santo Ser Crístico es uno con mi Cristo. No hay sino un cuerpo universal de Cristo, que todos compartimos, y por consiguiente mis palabras ya están escritas en vuestro corazón. Así, el Espíritu Santo puede enviarlas. Y así vuestra mensajera puede interpretarlas.

¡Pero el SEÑOR Dios está hablando a su pueblo en este día y yo estoy hablando a su corazón! Y debe mostrárseles la locura de su proceder cuando despilfarran la luz que está en sus chakras. ¡Deben oír la Palabra del SEÑOR! ¡Deben ver al SEÑOR mismo! ¡Y deben vivir pues han oído, han visto y han sido testigos![12] Y vosotros sois testigos y tenéis mi testimonio.

Por consiguiente, vosotros que conocéis el Evangelio Eterno que entrego en esta era para la eternidad, vosotros que sabéis cuáles doctrinas deben ser arrancadas de esos individuos que son devotos y que sin embargo no conocen su limitación y la limitación que les ha sido impuesta por la ortodoxia, vosotros, amados, ¡hoy debéis elevaros al llamado superior!

Os he llamado por muchos meses y por muchos años. Entended que existe una limitación sobre aquellos [que sirven bajo el yugo de la ortodoxia] que desean servirme, amarme y salvar a los míos. Es el prejuicio de la mente. Es el miedo a creer esas cosas que les dije en su corazón, miedo a ser mal vistos por la Iglesia.

¡Corazones benditos, amemos este día! ¡Unámonos a la fiesta del amor! Y liberemos un amor en su plenitud, tan poderoso que elimine el miedo[13] en aquellos que están deseando buscarme y conocerme y recorrer el camino a Emaús conmigo[14] y que se saldrían de sus iglesias y me seguirían por los caminos de la vida para atraer a aquellas almas que pueden todavía salvar una era y pueden todavía hacer que termine la sola posibilidad de la guerra nuclear y los drásticos cambios en la Tierra y todas esas predicciones kármicas que con seguridad vendrán, os lo digo, si esta nación no deja de practicar el aborto, el aborto legalizado y patrocinado por el gobierno y sostenido [por los impuestos].

Corazones benditos, es el karma de un pueblo. Se está volviendo pesado, y cada vez más pesado, hasta que no haya poder alguno que impida que descienda

Por consiguiente, si sentís amor por aquellos que están en encarnación que han sido desviados del camino [por la decisión de la Suprema Corte de legalizar el aborto] y por esas jóvenes que están pariendo bebés, incluso a edad muy temprana, como María me dio a luz de su vientre, [debéis aseguraros que] estas jóvenes conozcan la verdad pues la verdad está en su corazón. Sólo necesitan que se les diga una vez. Pues estas jóvenes doncellas, amados, son con toda seguridad de mi corazón y con toda seguridad desean conocerme verdaderamente.

Me presento a ellas, amados, y me presento a ellas a través de vosotros. Deben recibir una enseñanza que puedan comprender. Deben contar con un camino espiritual en lugar de tener un camino que consista en un ritual de muerte. La religión no es necesariamente espiritualidad. ¡De modo que dejad que el camino espiritual les sea abierto! ¡Que sus ojos espirituales sean abiertos!

¡Hay tantas que ellas tienen el valor de tener a sus pequeños frente a toda adversidad y obligaciones! Corazones benditos, loo a los ángeles que las cuidan y a sus corazones puros que dan a luz almas. Y están dando a luz almas de luz y muchas de ellas están siendo criadas en casas donde hay luz y donde hay oportunidad.

Ha llegado en efecto la hora de postrarse de rodillas diariamente para orar a mi Madre a fin de que podáis recibir de su parte el poder del Corazón Inmaculado. Es el día y es la hora de hacer penitencia por el pecado de una nación, de expiar ese pecado al pronunciar la Palabra y predicarla.

¡No temáis la reacción del mundo! ¡No temáis volveros impopulares! ¡No temáis ser despreciados! ¡Sólo llamadme y llamad al arcángel Miguel y a las huestes del SEÑOR para que os protejamos, y para que protejamos los oídos y los corazones que deben conocer esta verdad!

Pues tienen sed de ella, tienen hambre de esta verdad y *deben saber* que esta alma es una parte integral de este cuerpo, de esta mente, de esta memoria, de este cuerpo de los deseos, y todo ello se junta en ese embrión, en ese feto en el vientre, amados.

Ahora os digo: si todo este impulso de muerte e infierno es trastocado, ¡nada será imposible para la Iglesia de Dios en la Tierra, para su pueblo! Pues esto [el aborto de los no-natos] es la más mortífera de las conspiraciones en contra de la humanidad y de los hijos de luz. Es mayor que la guerra nuclear misma pues la destrucción del núcleo de vida que es Dios resulta el crimen más horrendo que es (o puede ser) practicado, cometido, con la eternidad como telón de fondo.

Antes de que sea demasiado tarde, amados, os digo: tomad mi cayado este día, tomad mi mano. Caminaré a vuestro lado.

¡YO SOY ÉL! YO SOY Jesús y cumpliré mi promesa. Estaré a vuestro lado en la defensa de la vida: toda vida, cualquier trozo de vida. Dondequiera que defendáis el derecho a la vida como la más completa expresión de Dios encarnada en un cuerpo saludable, una casa armoniosa y un camino de luz, dondequiera que defendáis el derecho del individuo a conocer la verdad de mi mensaje, en todas las eras, que es el camino de la resurrección y de la ascensión en la luz, *¡estaré con vosotros!* Ésta es mi promesa. No la perdáis regresando a viejos patrones.

Así pues, comulgo con vosotros cuando oráis ahora arrodillados para ser librados de antiguos patrones que os alejan del Cristo y os llevan a la conciencia humana. [La congregación se arrodilla.]

Mis ángeles acuden y os atienden y los ángeles de Magda acuden. Y ahora, amados, conoced la presencia de mis legiones. Pues ellas mismas son seres con maestría y sirven a vuestra alma, protegen vuestra alma.

Renunciad en esta hora a vuestras cargas, a vuestras preocupaciones, a vuestras ansiedades, a vuestros temores relativos al futuro, amados... a vuestros temores que provienen de vuestro pasado e insisten nuevamente y a vuestra resistencia a dar el siguiente paso en el Sendero, que exigirá nuevos niveles de compromiso de vuestra maestría, de vuestro corazón en expansión y cada vez menos atención hacia el yo egoísta.

Oh alma mía, oh alma mía, os hablo, a cada uno de vosotros. Vosotros sois mi novia. Sois mi amada. Os estrecharé en nuestra relación entre Maestro y discípulo. Digo: ¡que se produzca un cambio permanente en este día! Yo, Jesús, lo declaro ante vosotros.

¡Es por el poder de mi llama de resurrección, liberada este día desde el Gran Sol Central, que *sois curados*! Y yo, Jesús, os digo: sois *curados* en este momento si así lo aceptáis.

Aceptadlo, amados. ¡Llamadme! ¡Llamad a Dios ahora mismo! Y no os avergoncéis pues estáis en el Templo Hermoso de la octava etérica en este momento y podéis recibir bendiciones sin límite. [La congregación ofrece invocaciones individuales a Jesús y a Dios para recibir bendiciones sin límite.]

Ahora os comando en el nombre de mi Dios y vuestro Dios: ¡Elevaos en la renovación de vuestra cristeidad! ¡Elevaos en el prodigio y la gloria de la Presencia Crística sobre vosotros! Ved cómo vuestra alma es ataviada con vestidos de luz, vestida por ángeles.

Que conozcáis el significado de la caminata superior con Dios. Que mantengáis ese paso y mantengáis esa palabra, ese pensamiento y ese sentimiento. Arrojadlos a la llama violeta pero no deis un paso atrás, no caigáis en antiguos patrones.

Luchad si debéis hacerlo, esforzaos si queréis superar patrones del pasado. ¡Corregíos a vosotros mismos! ¡Llamadme! ¡Llamad a vuestro Santo Ser Crístico! Pues os he dicho: "Negociad hasta que vuelva".[15]

Por consiguiente podéis llamarme y decir: "Oh Jesús, mi Señor y mi Maestro, ¡ocupa mi mente! ¡Ocupa mi cuerpo de la memoria! ¡Ocupa mi corazón! ¡Ocupa mi alma! ¡Ocupa mi templo, mi cuerpo físico que está preparado para ti!"

Y podéis llamar a vuestro Santo Ser Crístico para que entre a estos tabernáculos del ser, para que entre y prepare el camino para mí, incluso mientras servís como mi asistente, como doncella del Señor, para que podáis recibir a ese Cristo en vuestro corazón.

Oro para que sepáis que esas dispensaciones de Dios son limitadas de acuerdo con las propias limitaciones que os imponéis cuando no recibís nuestra Palabra y no os eleváis hasta ella ni comprendéis que un dictado en sí es el pináculo: es la corona sobre el pronunciamiento de oraciones, decretos dinámicos y mantras y sobre la imploración a Dios...

Benditos, es éste el verdadero momento. Es en efecto el momento de que arrojéis la red de la conciencia que habéis hilado cuidadosamente mediante vuestras plegarias y sepáis que el poder de Dios es capaz de derribar la enseñanza errónea [de la ortodoxia] sostenida por demasiado tiempo, que es la enseñanza del hombre y no la de Dios.

Por consiguiente, ¡traed las redes! ¡Traed los peces! ¡Alimentad a mis ovejas, amados! Allí están. Están esperando, están sufriendo. Están muriendo en todas las naciones. No os olvidéis de ofrecer la plegaria a través de la cual ellas podrían ser llevadas a octavas de luz para avanzar en el Sendero antes de que deban descender nuevamente para participar una vez más en la batalla de Armagedón.

Para muchos en la Tierra, apenas una línea divide a la vida de la muerte. Que sepáis cuántos sufren en esta hora y ofrezcáis desde vuestro corazón el más grande amor que el mundo haya conocido. Y ese amor es el amor de Cristo y de mis discípulos... de Cristo y mis discípulos.

"¡Oh, bebed de la fuente de la cual he bebido y sed como yo!": las palabras que pronuncié registradas por Tomás.[16] Que se conviertan en vuestras palabras. Cuando alguien reconozca vuestra luz, decidle: "He bebido de la fuente de la poderosa Presencia YO SOY, verdaderamente del YO SOY EL QUE YO SOY. He bebido de la fuente de mi Santo Ser Crístico. He bebido del corazón de mi Señor y Salvador Jesucristo. ¡Estoy ahíto! ¿Queréis hartaros, amigo? Venid y bebed conmigo; venid ahora y comed".

Así, ofreced al amigo en el camino mi copa, mi pan, mi corazón. Pero, por encima de todo, no lo dejéis sin la enseñanza, amados, pues sin ella será desviado una y otra vez...

Se hace tarde, amados. Es demasiado tarde como para ser sólo un discípulo a medias. Es la hora en que el Rey de reyes, el Señor de señores; en que Sanat Kumara, el Anciano de Días, se acerca y los corazones y las almas son escogidas.

¡Partid todos en misión y conservad mi Presencia con vosotros! Esta Comunión es para que seáis enviados a los más lejanos rincones de la Tierra y a vuestro propio patio trasero.

YO SOY Jesús, siempre con vosotros, y digo: "¡Adelante, soldados cristianos!"

Recibid ahora la Santa Comunión y quedaos para recibir al Espíritu Santo como nunca antes en este Pentecostés de 1991. [Se sirve la Santa Comunión.]

31 de marzo de 1991
Domingo de Pascua
Rancho Royal Teton
Park County, Montana

Comentario

¡YO SOY ÉL! YO SOY Jesús y cumpliré mi promesa.
Estaré a vuestro lado en la defensa de la vida:
toda vida, cualquier trozo de vida.

Al leer este dictado vemos cara a cara el muy grave karma del aborto de almas por venir. Para el año 2001, más de 40 millones de almas habrán sido abortadas sólo en Estados Unidos.

Jesús nos dice que la clave de todo el problema del aborto es la comprensión espiritual del alma y su destino. La mensajera explica: "¿Qué es el aborto? No es sólo el aborto de un cuerpo: es el aborto del plan divino de un alma cuyo templo corporal está siendo nutrido en el vientre. Es el aborto de un llamado individual; pues Dios elige el momento especial en la historia de cada alma para que vuelva a la Tierra a participar en el plan divino de las décadas y los siglos."[17]

Jesús nos llama a "abrazar el llamado superior en Dios" y a "pronunciarnos en defensa de la vida". A fin de asumir la responsabilidad de defender la vida, debemos comprender la enseñanza de los maestros sobre el aborto y, de ese modo, podremos compartirla con otros. También tenemos que realizar el trabajo espiritual —que Jesús dice es central para dar un giro a la situación— y necesitamos estar conscientes de los sucesos y asuntos a fin de que nuestra labor de oración pueda ser dirigida de manera inteligente.

Fundamental en la comprensión del tema del aborto es la idea de la continuidad del alma: el concepto de que el alma ha vivido antes y vuelve nuevamente a cumplir un llamado y una misión especiales. Saint Germain nos dice que "la primera y mayor contribución de Dios al hombre es *el regalo de la vida* como un continuo: la identidad que es preservada a través de la chispa divina, la llama trina de vida. Y la segunda, que está relacionada con la primera, es el *regalo del libre albedrío* mediante el ejercicio del poder, de la sabiduría y del amor que elige la vida eterna paso a paso".[18]

El alma viene también con deudas por pagar de vidas previas y, a fin de graduarnos en la escuela de la Tierra y volver a Dios, el alma debe realizar su misión especial y saldar ese karma. Muchos en la antigua iglesia cristiana comprendieron el concepto de karma que habían aprendido de Jesús.*

La ley del karma puede ser resumida en las palabras del apóstol Pablo en su carta a los gálatas: "Pues lo que uno siembre, eso cosechará".[19]

Si le es negada una oportunidad para vivir en la Tierra, entonces el alma no es capaz de saldar esta deuda kármica hasta que esté disponible otra oportunidad de vida. De este modo

---

* Si se desea aprender más sobre las enseñanzas de Jesús sobre el karma y la reencarnación, véase *Reincarnation: The Missing Link in Christianity*, de Elizabeth Clare Prophet y Erin L. Prophet.

se retrasa la evolución del alma y, cuando se niega el ingreso a la Tierra a tantas almas, también se retrasa la evolución espiritual del planeta como un todo, puesto que estos individuos y este *mandala** de almas que debían ser pioneras en muchos campos, están incompletos o ausentes en definitiva.

Así, vemos que el aborto es algo que nos afecta a todos. Cuando consideramos cuántos millones de personas debían haber encarnado pero no lo consiguieron, nos damos cuenta de que algunas de ellas en nuestro propio mandala del alma, que debían estar trabajando a nuestro lado —incluso un alma gemela o una llama gemela—, pueden no estar aquí.

El karma por aborto

Jesús nos da algunos lineamientos para cuando asumamos la defensa de la vida. Nos dice que no debemos ser fanáticos, enojarnos o proyectar odio hacia aquellos que están perpetrando la práctica del aborto. Nuestro papel es encarnar al Sagrado Corazón de Jesús, ser sus manos y pies y llevar a la gente la iluminación del Espíritu Santo. Debemos también estar dispuestos a hacer trabajo de oración sacrificial para proteger a las almas por venir. Y si, por un momento, dudaras que la oración puede producir una diferencia, escucha las palabras del maestro ascendido Saint Germain:

"Bien he observado a lo largo de los siglos la importancia del servicio de la oración constante. El ofrecimiento diario de

---

* Grupo de almas que vienen con una misión común.

peticiones salva la vida de millones, alarga la vida de otros millones y bendice toda la vida sin límites.

"La oración abre la puerta a la intervención de Dios en los asuntos humanos. Proporciona un camino a través del cual los maestros ascendidos y los seres cósmicos que desean servir al planeta Tierra y sus evoluciones pueden recorrer los pliegues de la justicia universal y rendir asistencia especial, porque fueron llamados para hacerlo. Pues la Ley decreta que algunos miembros de la humanidad deben solicitar a las huestes celestiales, deben invitarlas a intervenir, antes de que se permita a éstas interceder en beneficio de la humanidad."[20]

Madre María habla de la gravedad del problema del aborto y del juicio (regreso del karma) que cae sobre el individuo y sobre las naciones:

"Yo soy vuestra Madre y la Madre de todos aquellos que me reciban. Incontables ángeles y siervos de Dios están conmigo al preocuparnos por los enfermos, los moribundos, los niños sin hogar y los nonatos que nunca alcanzarán la encarnación debido a que sus propios padres y otros que se comprometen a traerlos a este mundo no cumplen sus promesas. Y debido a esas promesas incumplidas, tantas almas que un día podrían corregir los errores, incluso de la civilización occidental, no encarnaron.

"¡Sobre este asunto soy drástica! Soy drástica porque se está negando la entrada al siglo XXI a muchos de los grandes que debían encarnar. En el pasado fui blanda al pronunciarme. Hoy envío una advertencia firme. Dejemos en claro que las almas están destinadas a encarnar *cuando Dios lo ordena* y no de acuerdo con la conveniencia de otros. Benditos, si las décadas por venir traen cataclismo y rebelión en la Tierra será porque la ira de Dios* ha descendido.

"Hasta ahora, Dios, Elohim, ha contenido esta ira a fin de que podáis corregir los errores de esta civilización. Pues por medio de vuestra invocación a la llama violeta todavía hay tiempo para que podáis expiar los pecados de este mundo. Pero la puerta abierta de la oportunidad está a punto de cerrarse. Y aquellos que egoístamente se regodean en su lujuria, aquellos que no tienen tiempo de amar a un niño o de traer niños a este mundo (a pesar de que ellos mismos llegaron a través de madre y padre) serán juzgados cuando ese día y esa hora desciendan finalmente. Y os digo que habrá un juicio planetario sobre aquellos que se hayan negado a traer niños** o que los hayan abortado.

"El aborto es verdaderamente el crimen más profundo del siglo pues es el asesinato de almas, no sólo de cuerpos. Los niños que nacen finalmente, que a menudo intentan varias veces ingresar a este mundo a fin de realizar su misión, pueden convertirse en niños enojados. Pues, lo creáis o no, ellos *recuerdan* sus abortos. ¡Los recuerdan, amados! Y estas almas abortadas se rebelan ante esta injusticia, y gritan de angustia rogando piedad desde el vientre de su madre. Sabed esto y enseñad esto a fin de que todos acaten el plan de Dios para cada alma en la Tierra."[21]

---

* Ira de Dios: El término utilizado en la Biblia para denotar el karma de la humanidad cuando Dios permite que éste regrese de acuerdo con los ciclos de la Ley en lugar de retenerlo en un acto de piedad.

** Cuando éste era el mandato de su karma y su misión en la vida.

Saint Germain ha hablado también de la seriedad del aborto y del karma resultante: "De la boca de la mensajera digo en este día, ante una cámara de televisión, el proclamado juicio de Dios sobre cualquier nación que apruebe una ley que autorice el asesinato a través del aborto. La nación que permita que estas leyes sean consignadas en los libros, y en consecuencia gobierne sobre la vida misma, es juzgada. Y a menos que sea revertido, el cataclismo ha sido siempre el juicio sobre aquellos que defienden la muerte, por su egoísmo y mezquindad, en lugar de la vida en el sentido sacrificial."[22]

Jesús nos dice: "Dios no detendrá el karma de un pueblo poderoso. Pues tal como se os ha enseñado, el SEÑOR Dios prefiere que el castigo caiga sobre aquellos a los que él ama a fin de que no se les permita que progrese más su injusta causa, no sea que al permitir que progrese crean que su causa es justa. Por consiguiente la Ley, la Ley misma, debe castigar a los hijos de Dios y detener al malhechor".

Hay muchas maneras en que puede regresar este karma. Algunas sobre las que hablaron los maestros con relación al aborto, son condiciones extremas del clima, epidemias y enfermedades, guerra y problemas en la economía y una insensiblidad general hacia la vida que desemboca en un incremento del asesinato y del crimen en general.

¿Qué puedo hacer si he abortado?

Jesús habla de las almas de luz que necesitan oír su mensaje en defensa de la vida. Habla también de aquellos que han sido desviados y se practicaron un aborto sin comprender el verdadero problema. Una enorme presión a partir de las circunstancias o de otras personas puede resultar también en que una madre tome la decisión de abortar incluso cuando su corazón la llevaría a dar vida. Éstas son las palabras de consuelo desde el corazón de Madre María para aquellos que tuvieron un aborto:

"Si el aborto ha entrado a vuestra vida, digo, invocad la llama violeta para que cure al alma dolorida por la interrupción de su misión. Invocad la ley del perdón para vosotros mismos. No os condenéis pues yo, María, no os condeno, pero os exhorto a buscar cuanto antes la oportunidad de servir a la vida y de cuidar a los niños a fin de que podáis aprender a amar vuestro propio niño interior y equilibrar el karma del aborto.

"Y orad para que, a su debido tiempo, podáis tener una familia y traer al alma o las almas que abortasteis por ignorancia en un momento en que estabais quizás perturbados, mal encaminados, enfrentados a una elección sin contar con los datos sobre la vida que estaba gestándose en vuestro vientre... o quizás sabíais y negabais lo que sabíais."[23]

Si eres una mujer que abortó o un hombre que animó a una mujer a abortar, la mensajera te asegura que, hayas o no sabido sobre el pecado del aborto en ese momento, no va a impedir tu ascensión en esta vida si te entregas a Dios en un servicio que pueda equilibrar ese karma. Tal servicio incluiría ayudar a niños de alguna manera, trabajar con niños, orar y pronunciar decretos a favor de la juventud o concebir un hijo si es la voluntad de Dios.

Pronúnciate por la defensa de la vida

Jesús delinea los pasos prácticos que podemos dar para responder a este llamado. La esencia de la misión es "transformar la conciencia" de la gente. Comienza con la educación: enseñar a la gente la continuidad del alma y la misión única de todas y cada una de las almas por venir. No consiste sólo en dar las enseñanzas a las personas, sino también en prestar cuidados y asistencia, de persona a persona, a aquellos que se sienten presionados para tomar una decisión a favor del aborto, sea por ignorancia o porque sienten que no tienen alternativa.

He aquí algunos pasos que puedes dar para responder al llamado de Jesús. Lo primero es el trabajo espiritual:

1. Jesús nos pide que oremos de rodillas para que su Sagrado Corazón sea el nuestro.
2. Invoca la llama violeta para que transmute la causa y el núcleo del aborto y el dolor experimentado por las almas abortadas.

3. Llama al Arcángel Miguel y dota de poder a sus legiones "para ir y acabar con este dragón del Anticristo que devora a los santos inocentes y a seres de enorme luz que han luchado por ingresar en la comunidad de las naciones pero a quienes se les ha impedido". (Úsese el decreto al arcángel Miguel, página 75.)

4. "Postraos de rodillas diariamente para orar a mi Madre a fin de que podáis recibir de su parte el poder del Inmaculado Corazón." Reza el Ave María y el Rosario.

5. Pronuncia el llamado al Juicio de Jesús para el juicio de las fuerzas oscuras y los ángeles caídos que promueven la práctica del aborto. (Véase página 421.)

6. "Es el día y es la hora de hacer penitencia por el pecado de una nación, de expiar ese pecado al pronunciar la Palabra y predicarla." Considera cómo puedes responder a éste y otros llamados previos de Jesús a fin de transmitir a los demás sus verdaderas enseñanzas sobre el karma, la reencarnación, la llama violeta y el sendero espiritual.

Jesús nos llama también a dar los pasos prácticos para ayudar a aquellos que pueden estar pensando en abortar. Nos pide que integremos centros de asesoría familiar llamados "La vida engendra vida" y agencias de adopción. ¿Hay Guardianes de la Llama u otros individuos en tu área que pudieran trabajar contigo para establecer estas agencias?

Si quieres responder a este llamado, pide a Jesús que te ponga en contacto directo con todos aquellos con quienes se espera que trabajes para hacer que suceda. Cuando Jesús emite el llamado, comprendemos que tiene un plan. Además, junto al llamado, Jesús ofrece un ímpetu de luz que puede constituir la manera de instrumentar ese plan si podemos "pescarlo" y utilizarlo.

Si no eres capaz de establecer tu propia organización, probablemente habrá agencias y organizaciones existentes en tu área que proporcionen estos servicios y donde podrías ofrecer tus servicios para responder al llamado de Jesús.

Llama al Gran Director Divino para detener las espirales

En 1973, la Suprema Corte de Estados Unidos inició la espiral del aborto legal en su territorio. Esta espiral puede ser detenida y revertida, y el Gran Director Divino nos da una clave para hacerlo:

"Pedid, pues, al Todopoderoso que detenga esos ciclos que no son de luz y que continúan en el mundo, en vuestra conciencia y en el cuerpo planetario. La poderosa Presencia YO SOY tiene la autoridad y el poder de detener y revertir instantáneamente cualquier ciclo y borrarlo por completo, para desintegrarlo hasta la línea doce del reloj.

"Es como si vieras una película al revés. De pronto, los personajes regresan a los agujeritos de los que salieron e invierten el orden de sus actividades. Éste es el proceso de transmutación. Es así como la energía es liberada de un ciclo imperfecto.

"Os digo que debéis demandar y exigir, en el nombre del Cristo, que todos y cada uno de los ciclos de cada célula y de cada átomo de vuestro cuerpo que no reproduzcan los ciclos perfectos de la conciencia crística sean disueltos ahora, sean detenidos y revertidos ahora por la autoridad de vuestra Presencia divina.

"Si tan sólo hacéis esta invocación todas las mañanas, descubriréis en muy poco tiempo que sólo prevalecerán los ciclos de la vida inmortal y vuestro plan divino será cumplido y vuestra ascensión prevalecerá."[24]

He aquí una oración de Lanello para detener las espirales:

¡En el nombre de mi poderosa Presencia YO SOY y del Gran Director Divino, en el nombre de Jesucristo, demando y exijo que se detengan las espirales de karma negativo en toda mi conciencia, mi ser y mi mundo! [incluyendo las siguientes condiciones: _____].

Demando y exijo que todos y cada uno de los ciclos de cada célula y de cada átomo de mi cuerpo que no reproducen los ciclos perfectos de la conciencia crística sean disueltos ahora, sean detenidos y revertidos ahora por la autoridad de mi Presencia divina. Y, en el nombre de Jesucristo, demando y exijo ¡que se manifiesten los ciclos de vida inmortal y mi plan divino, y que mi ascensión prevalezca![25]

Meditación en el Sagrado Corazón de Jesús

Jesús dijo: "Debéis tener mi Sagrado Corazón. Debéis desear que este corazón ardiente more en vosotros y visualizarlo al interior de vuestro propio pecho y saber que el fuego ardiente será una señal para todos aquellos que pertenecen al Anticristo".

Tómate un tiempo para visualizar el Sagrado Corazón de Jesús sobrepuesto a tu propio corazón. Ve y siente este corazón arder intensamente dentro de tu propio pecho. Sostén esta visualización y luego repite varias veces las siguientes palabras suavemente: "En el Sagrado Corazón de Jesús yo confío".

Es posible que desees incluir esto como parte de tus devociones diarias o utilizar esta visualización mientras pronuncias decretos cada día.

Ofrece un Rosario a Madre María diariamente

Consagra tu rosario para la protección de las familias y de las almas que están en el vientre. Pide a Madre María que interceda en la mente y en el corazón de aquellas almas que pueden ser convertidas y entender su llamado para dar vida.

Perdón por el aborto

Si tuviste un aborto o animaste a alguien a que lo hiciera, tómate la oportunidad de buscar el perdón y los medios para saldar ese karma. Los siguientes pasos pueden resultarte útiles:

1. Escribe una carta a Dios pidiendo su perdón. Dile qué piensas y qué sientes sobre esa situación y hazle saber lo que harías para buscar el perdón y el equilibrio del karma implícito. Consagra la carta y quémala para que los ángeles puedan entregarla.

2. Pronuncia la oración "Perdón para aquellos que han tenido un aborto".

3. Pronúnciate por la defensa de la vida como se mencionó anteriormente.

4. Si estás casado, considera si puedes sostener económicamente otro niño en tu familia, sea a través de un embarazo o de una adopción.

5. Encuentra maneras de ayudar y servir a los niños. Hay muchas organizaciones que requieren de asistencia voluntaria en sus programas de ayuda a niños y familias.

Finalmente, acepta el perdón que procede del corazón de Dios y está dispuesto a perdonarte y a perdonar a los demás. En ocasiones sentimos que no podemos perdonarnos. Si te sientes muy acongojado, considera las palabras de Kuan Yin:

"Y ahora que habéis hecho de Él la pieza central de vuestro ser, ahora que habéis comprendido que la palabra Cristo es verdaderamente la identificación de vuestra alma, una con Jesús, no sólo podéis convertiros en un repositorio de la piedad de Cristo y en un dador de la piedad de Cristo, sino que podéis ser humildes ante Dios, podéis perdonaros a vosotros mismos: sí, perdonaos así como ahora podéis aceptar el perdón de Dios. Es ésta la clave para los cimientos del camino del bodhisattva, el camino del Buda."[26]

Oración por el perdón de aquellos que han abortado

En el nombre del YO SOY EL QUE YO SOY, invoco la ley del perdón para mí mismo y para todos y cada uno de los hijos de luz que alguna vez se hayan sometido a, o consentido un, aborto, o que hayan animado un aborto sin tener conciencia de lo que hacían. ¡Pido que toda esa causa, efecto, registro y memoria sea atada!

¡Invoco la liberación del alma abortada! ¡Invoco la liberación de la madre y del padre! ¡Invoco la elevación de su conciencia hacia un nuevo servicio por la vida, hacia una renovada oportunidad para servir a la liberación de la vida!

Invoco la oportunidad divina para que esa alma encarne si todavía no lo ha hecho. Invoco el sendero de la paz, la iluminación, la ministración y el servicio para que sea el medio para que los hijos de Dios que fueron arrastrados a la cultura de la muerte y desean ahora abrazar la cultura de la Madre Divina en vida puedan expiar sus pecados.

Por consiguiente, Señor Cristo, te pedimos el pronunciamiento de tu Palabra sobre aquellos cuyo corazón está turbado por el aborto en su propia vida. Pronunciad la Palabra, ¡oh Señor!, conforme la articulamos: Tus pecados te son perdonados. Ve y no peques más. Ve y sirve para la liberación de la vida! Ve y sé una madre del mundo, un padre de la vida en gestación. Y, así, nutre y anima a la vida para que sea libre, toda vida manifiesta en cualquier sitio.[27]

¿Cómo responderás al llamado de Jesús?

El llamado a "abrazar el llamado superior en Dios" y a "pronunciaros en defensa de la vida".

¿Qué significa para mí este llamado?
¿Qué haré para responder a este llamado?

Os llamo al arrepentimiento.

"El momento de la elección"

Es un momento de oportunidad. Es el momento del descenso también del Señor Gautama Buda. Así pues, recibidme puesto que soy también el Buda y sabed que os he llamado desde tiempos inmemoriales a este momento en que podéis terminar lo que habéis comenzado.

Conoced, pues, en forma preeminente los ciclos cambiantes y sabed que existe un momento para el llamado. Existe un momento para hacer a un lado el desafío en contra del SEÑOR Dios y su Hijo, [quien sin embargo vive] en vuestro interior y dentro de mí. Es el momento, pues, de aceptar plena responsabilidad de vuestra palabra y de vuestra obra, de tener humildad para recibir y conocer el verdadero perdón y la verdadera derrota, punto por punto, de aquello que fue forjado en el dolor y en la pena.

He venido para restaurar y para redimir cada ergio de luz que habéis despilfarrado. He venido como un imán del Sol a reunir todos los elementos de vuestro ser que habéis dispersado descuidadamente a los vientos, de vuelta al vórtice del remolineante Sol del Ser y del sol del alma en el chakra de la sede del alma.

Soy vuestro Jesús. Os pertenezco, si deseáis tenerme, y me pertenecéis, amados. Y si tengo algo que decir al respecto, digo que, en verdad, ¡deseo teneros! Deseo teneros en la rosa de Sarón de mi corazón. Deseo teneros en la luz de mi cuerpo causal. Deseo arroparos en el ropaje envolvente de mi Madre. Deseo renovaros en el fuego del aura del Sol, que os habéis dejado arrancar por la locura de seguir a falsos maestros.

Sí, amados míos, hay un momento para la reconciliación con vuestro Dios. Vengo a anunciarlo a vosotros este día. Pues el encuentro entre los signos de los cielos y los signos en la Tierra abre así una puerta que no ha sido abierta a vosotros individualmente ni a los que vivieron en esa antigua civilización de la era dorada en el 33 000 a.C. No ha sido abierta [a vosotros] desde la hora de su caída.

Así, los ciclos giran en una órbita amplia, amplia. Comenzad, pues, a imaginar y a comprender que el amplio movimiento circular de los ciclos del karma, de la iniciación, de la luz y del descenso de la luz, cierra el círculo en esta hora del cambio de las eras.

¡No os dejéis engañar por aquellos que niegan la ley de los ciclos! Pues he puesto la ley de los ciclos en vuestro interior[1] y he escrito las entradas y salidas de vuestra alma dentro y fuera de la casa del Dios Padre-Madre. Y cada vez que os habéis alejado del centro, habéis creado otra amplia órbita que debe ser recorrida nuevamente para volver. Lo mismo ocurre con la ley del universo y los planetas en sus órbitas. Lo mismo ocurre con el regreso a casa de los hijos e hijas de Dios.

Ahora, pues, no os equivoquéis: os llamo al arrepentimiento. Es arrepentimiento de la violación de la Ley del Uno, la transgresión de la ley del amor. Que si sembrasteis cualquier cosa contradictoria al amor, la cosechéis rápidamente y la arrojéis al fuego, como la cizaña que habéis sembrado en medio del buen trigo en vuestro propio campo de conciencia y en los campos de los demás.

¡Vigilad el pensamiento! ¡Vigilad el pensamiento! ¡Vigilad el pensamiento mientras éste se aleja de vosotros! Por lo tanto, permitid que flechas de llama violeta sigan a los pensamientos enviados que no han estado a la altura de vuestra propia dignidad en Cristo.

Sí, amados, ¡vigilad el sentimiento! ¡Vigilad el sentimiento! ¡Vigilad el sentimiento! Permitid que toda la energía del agua de vida fluya libremente como llama violeta para que persiga y consuma todo mancillamiento de la prístina pureza de las blancas nieves del fuego del cosmos.

Dejad que todas estas cosas vuelvan, y almacenad el fuego del corazón, para que cuando vuelvan el fuego las *consuma* y vosotros no seáis consumidos por siembras anteriores. A menos que almacenéis el fuego de la resurrección en este día y en esta hora, ¿qué diréis cuando debáis enfrentar la noche oscura del alma y la noche oscura del Espíritu, el eclipse del sol de la Presencia?

¿Dónde seréis encontrados, amados?

¿Dónde *seréis* encontrados si no tenéis el fuego para recibir el fuego de oscuridad que hace mucho pervertisteis a partir de la misma luz?

Habéis sembrado. Este día mirad el sol y volved sobre vuestros pasos de vuelta al centro del Ser y sabed que debéis cosechar conforme avanzáis. Es alegría y causa de regocijo el arrojar al fuego sagrado todo lo que no es digno de permanencia en Dios.

"Ésto, no aquello." Así discrimináis los recuerdos. Así discrimináis los registros y el pasado y, por consiguiente, retenéis aquellos que son dignos de ser convertidos en átomos permanentes en vuestro ser y en el reino de la conciencia de Dios.

Yo soy Jesús el Cristo. He estado con vosotros desde hace mucho más de lo que diré este día; pues deseo un acortamiento de los días del elegido[2] y, con seguridad, no arrojaros esa condena que proviene sólo de los ángeles caídos. Y no deseo que os condenéis a vosotros mismos por saliros del camino de la vida, de la verdad y del amor.

Sin embargo, mirad, ¡estáis cansados de vuestro errar en el desierto de Sin![3] Comprended, pues, que el alma ha sufrido lo suficiente fuera del círculo del Padre y de la Madre, del Hijo y del Espíritu Santo. Os exhorto a entrar, por doloroso que sea el proceso, y más doloroso para aquellas almas que desean acelerar el proceso de regreso.

Sin embargo, como enseñé a mi mensajera, el dolor es el otro lado de la dicha. Disponeos experimentar el dolor para trascender el yo inferior y para ingresar en la dicha de la unión con mi corazón.

Así se hace sencillo el camino. Experimentad el cese de todo lo que pretende limitaros y no eludáis la responsabilidad de cuestionar la arrogancia del antiguo yo, de desafiar al adversario, de enfrentar a aquellos que quieren obstaculizar vuestros nuevos comienzos hacia el cumplimiento de ciertos fines que están por venir.

Deseo encontraros, antes de que haya concluido este año, con seguridad en el fuego, en el fulgor en medio del fuego de la llama de la resurrección. Deseo veros recorrer la Tierra con el sentido de la dignidad de vuestra cristeidad. Deseo veros purificados por la luz, purificados por el fuego del Refinador.

Pues ¿quién quedará el día de la llegada de mi mensajera?[4]

Así pues, que se cumpla y que los antiguos profetas regresen también al punto de partida, que conozcan su redención y sepan que sus profecías se acercan. Todas las cosas regresan al punto de partida y se enroscan en el centro.

Sabed, cuando veáis la luz y la ola del Sol Central acercarse, que ésta es vuestra ola y ésta es la embarcación de Maitreya para que podáis cruzar el mar de samsara e ingresar a través de los nuevos portales de luz a la Ciudad Santa.

Soy vuestro Jesús. ¿Deseáis tenerme? ["¡Sí!"]

¡Así sea, Señor Gautama Buda ! ¡Así sea, Señor Sanat Kumara! ¡Recolectemos las perlas y las almas perladas que ahora pueden venir a los pies de su Santo Ser Crístico para ser totalmente purificadas, para ser puestas en curso y para iniciar un curso del que no hay retorno ni arrepentimiento, sino sólo un avance cada vez más creciente por el altar espinal hasta que la luz, toda la luz, llene en efecto este templo!

¡Avanzad con un sentido de entusiasmo para encontrar a aquellos que son de mi casa de la realidad divina! Avanzad con una aceleración con las buenas nuevas del Evangelio Eterno que os he predicado, que he demostrado y que ha manifestado en numerosas eras doradas del pasado. Y vosotros que buscáis sabed que habéis sido parte [de esta prédica, de esta demostración de la ley de la cristeidad, de esta escenificación del Eterno Evangelio] y no estaréis satisfechos a menos de que despertéis a semejanza de vuestro Santo Ser Crístico.

¡Blandid, pues, la espada del Espíritu! ¡Atad a todos y cada uno de los enemigos que quieren separaros de vuestro Dios! Que sea este vuestro camino. Expulsad el estruendo y el ruido de este mundo y todos los artefactos de una era electrónica que atraen vuestra atención y que impiden que vuestro corazón, vuestro oído interno y que vuestra mente escuchen el Gran Silencio, entren en el Gran Silencio.

Atesorad cada movimiento de vuestra respiración, la inhalación y la exhalación, como una vida entera en uno de estos ciclos. Atesorad los momentos para la reconsagración del yo, para la expiación; pues la expiación es un proceso necesario. Al expiar el karma, o pecado, entráis en esa unión con vuestro Dios, y ningún hombre tomará vuestra corona.[5] Ninguna mujer tomará vuestra corona. Ninguna fuerza del mal os arrebatará vuestra corona.

Sed sellados, pues, en la totalidad de vuestro cuerpo causal. Sed uno en el Espíritu con vuestra llama gemela y sabed que mi corazón es la puerta abierta por la que seréis protegidos y preservados para el día y la hora en que seáis llamados: llamados a realizar vuestra misión, llamados a pronunciaros, en vuestro mejor momento de la declaración de la Palabra, cuando podéis pronunciaros ante el mundo y dar testimonio de la gloria de Dios que verdaderamente ha venido para vuestra salvación en esta era...

Son éstos, días de recuento y responsabilidad. Y los falsos pastores predican desde sus púlpitos la *no* responsabilidad, ¡cuando yo no la prediqué! ¡No, jamás dije que no haya responsabilidad de los malos usos del reino de Dios, que es su vasta conciencia!

No, amados. ¡Permitid que el verdadero Evangelio que es eterno sea predicado! ¡Abrid vuestra boca! Recibid el fuego del Espíritu Santo para la purificación del chakra de la garganta, como lo recibieron los antiguos profetas a fin de que podáis hablar y [hablar] sólo a través del Espíritu Santo y no a través de espíritus malvados.

Digo: ¡sed purificados este día! ¡Dejadlos salir! Y sabed que es hora de recorrer una línea recta para que otros conozcan el camino que deben emprender y el camino que vosotros conocéis, y que conduce con seguridad al centro de vuestro Dios.

No miréis ni a derecha ni a izquierda. Sabed que, en efecto, podéis brincaros pasos en esa escalera en espiral gracias a la aceleración del mantra, a la presencia de la Madre en vuestro interior, a la absoluta piedad del corazón que perdona y perdona y perdona. Y "mía es la venganza", dijo el SEÑOR.[6]

Así, dad amor y ¡sabed que podéis en efecto vencer al destino y a vuestro karma! ¡Podéis trascender! ¡Podéis avanzar! Podéis moveros y podéis desafiar la profecía y hacerla fracasar y colapsar ante vosotros mientras las legiones de luz marchan.

Sí, "santos de Dios" os llamo, pues habéis sido calificados de "pecadores" por demasiado tiempo. Ahora poneos el atuendo de santo y sabed que no es ni un martirio ni una experiencia aburrida, sino la más gozosa de las experiencias en la eternidad entera: sentir el fuego de Dios brillando en vosotros y conocerlo como el poder que puede desafiar a la corrupción hasta que la corrupción sea consumida por el fuego sagrado mismo...

Os he llamado. Que sepáis que es vuestro turno de llamar, de llamarme y de llamarme nuevamente, exclamando:

¡Oh Jesús, ven a mi templo!

Oh Jesús, mi Señor, recíbeme como uno de los tuyos.

¡Os responderé! ¡Seré vuestro tutor! ¡Os reprenderé! Os conduciré firmemente y os mostraré el camino [por el que debéis] caminar, de un modo en que no habíais caminado en esta vida.

¡Sí, os hablo a todos! Que ninguno se sienta tan autosuficiente que no pueda volver a ser niño para aprender de mí y dar esos seguros y ciertos pasos, [pues habiéndolos dado] podría saltar más tarde y llegar a la puerta.

Sí, amados, éste es el momento de la elección. ¡Llegó el momento! Elegid hoy y vivid por siempre.

28 de abril de 1991
Hotel Sir Francis Drake
San Francisco

Comentario

Son éstos, días de recuento y responsabilidad.
Jesús

En este dictado Jesús habla de una civilización de la era dorada. El año era 33 000 a.C.; el lugar era la Atlántida. Jesús, debido a su enorme talento espiritual, era gobernante.

Habla de la ley de los ciclos y de los amplios ciclos de karma e iniciación que convergen en este punto como oportunidad en el tiempo y en el espacio. Después de un ciclo muy largo, la historia de esta edad dorada, perdida para el registro histórico, puede ser revelada.

Antes de este dictado, la mensajera dictó la conferencia de "La edad de oro de Jesucristo en la Atlántida". Es importante revisar brevemente esta conferencia para comprender mejor la enseñanza que Jesús nos ofrece en este dictado.

En esta historia de la Atlántida, vemos a muchos que se alejan de Dios, e incluso de Jesús personalmente. Jesús dice que es hora de la reconciliación con Dios, y nos llama al arrepentimiento. Y así entendemos que la reconciliación y el arrepentimiento pueden exigirnos ir más a fondo en nuestro interior y volver a visitar antiguas escenas donde quizás nos alejamos del Sendero por vez primera.

La mensajera nos habla de este gran pueblo y de esta gran tierra en el pináculo de su civilización, con Jesús entre ellos:

La era dorada de Jesucristo en la Atlántida

"Jesús era el emperador de esa era dorada en la Atlántida en el 33 000 a.C. Su consorte era su llama gemela, a quien hoy conocemos como la maestra ascendida Magda. Ambos gobernaban porque en esa civilización eran los más elevados representantes de Dios encarnados.

"En esta era dorada, más del 50 por ciento de la población se elevó a la unión con el Santo Ser Crístico y recorría la Tierra como Cristos. Todo el pueblo de esta civilización conocía y aceptaba la voluntad de Dios. Jesús y Magda no tuvieron que imponer regla alguna sobre la gente, porque todos estaban en sintonía con su Fuente Divina.

"Nadie dependía de los demás para obtener sus alimentos. Cada ciudadano de esta civilización era capaz de procurarse su propia comida y también de levitar; además eran capaces de hacer levitar objetos. Incluso aquellos que todavía no estaban completamente revestidos de su cristeidad, tenían estas habilidades pues conocían y practicaban las leyes por medio de las cuales podían realizar estas cosas. Mantenían el vínculo del alma con su fuente divina y aplicaban el poder, la sabiduría y el amor de su Presencia YO SOY a todos los aspectos de su vida con alegría y gratitud.

"Había diez millones de habitantes en esta civilización: un grupo de almas destinadas a encarnar bajo la tutela de Jesucristo y que habían encarnado muchas veces anteriormente. Algunos llegaron de la Escuela de Misterios de Maitreya, habiendo fracasado en sus pruebas, y se elevaron a la unión con su Ser Crístico una vez más; ahora tenían la oportunidad de ascender si cumplían con los requisitos.

"El veinte por ciento superior de las personas se dedicaba a la meditación y al culto y también a enseñar a los demás. El 80 por ciento inferior se ocupaba de diversas cosas. La ciudad capital estaba construida en mármol blanco y oro. Era posible acercarse a jardines y monumentos lo mismo por aire que por tierra.

"En una plaza pavimentada con mármol blanco en el centro de la ciudad capital ardía la llama de la resurrección. Tenía un brillo translúcido color madreperla y medía 45 metros de diámetro. Los ciudadanos podían atravesarla sin quemarse. De este modo recargaban su cuerpo, revigorizaban sus células y podían sanar de cualquier enfermedad que llevaran en el cuerpo. Otros menos evolucionados podían pararse en las lenguas de la llama que se alejaban del centro en espirales como extensiones menos concentradas de la llama de resurrección.

"En el gran templo de la ciudad capital, ardía otra llama. Tenía 55 metros de alto y 18 metros de ancho. La llama, como la anterior, no tenía fuente de combustible, era una llama 'no alimentada', sostenida por la devoción de la gente.

"Luego de que Jesús reinara durante 450 años, la gente comenzó a ser corrupta. Las semillas de corrupción fueron sembradas por uno llamado Xenos, quien era consejero en jefe del emperador. Con el paso del tiempo, Xenos se cansó de conceder la gloria a Dios por los logros de la civilización. Xenos razonó en su corazón que si podía atraer gradualmente a la gente para que actuara de acuerdo con su baja naturaleza animal él sería capaz de controlarlos porque, una vez que hubieran consentido en hacer descender el fuego sagrado, el descenso de Kundalini, perderían la capacidad de proveerse a sí mismos.

"Así, comenzó por mostrar a la gente cómo adornarse y glorificar su cuerpo. Jesús nada hizo para evitar las evidentes estratagemas de Xenos. Se contuvo para permitir que la gente enfrentara esta prueba que debía ocurrir. Tendrían que haberse dado cuenta de las maquinaciones de Xenos, especialmente aquellos que estaban iluminados.

"Un día, Jesús vio que el 50 por ciento inferior de la población ya no era capaz de proveerse de alimentos. Habían seguido al falso gurú, el falso sacerdote Xenos. Ahora Xenos, junto con una banda de ángeles caídos que había reunido a su alrededor, estaba produciendo alimentos para ellos.

"Para cuando habían transcurrido 50 años, sólo el 20 por ciento de la población encarnaba al Cristo. El otro 30 por ciento había perdido el vínculo con su Santo Ser Crístico. Es éste un récord escalofriante pero debemos oírlo porque uno de los mayores problemas que todos enfrentamos actualmente es comprender la naturaleza, la lógica, el *modus operandi* del mal encarnado. No podemos creer que exista el mal encarnado. Sin embargo, Xenos eligió conscientemente encarnar en ese momento, no la luz, sino la oscuridad. Había elegido usar sus poderes ocultos, su carisma, para hacer de la gente sus esclavos en lugar de liberarlos como verdaderos discípulos de Jesús.

"Las personas habían alcanzado la perfección de su cuerpo físico y dominaban elementos de la octava física. Ahora, bajo la influencia de un falso gurú, quedaron atrapados en esos cuerpos. Los usaban para controlar a otras personas. Se volvieron adictos al sexo y al placentero derroche del fuego sagrado.

"A lo largo de ese periodo de 50 años, la ira de la gente se desbocó en contra del emperador, y su corazón no estaba en paz con Dios ni con su Hijo, a quienes habían servido fielmente durante siglos. La gente también estaba enojada en contra del veinte por ciento superior de la población que todavía encarnaba su cristeidad.

"Finalmente, una vez que ya no tuvieron en sus manos el poder del destino, Xenos los convenció de rebelarse en contra del gobierno (personificado en Jesús) porque el gobierno (en la persona de Jesús) supuestamente no estaba apoyándolos. Xenos organizó un ejército con estos 'parias'.

"Jesús y Magda salieron de la Atlántida con los dos millones de entre sus súbditos que conservaban el vínculo con su Santo Ser Crístico. Se dirigieron a la tierra de Suern, que corresponde a las actuales India y Arabia. Xenos ocupó el asiento del Cristo, Jesús, y tomó su lugar. La alguna vez dorada civilización descendió gradualmente hacia la barbarie, conforme la gente —lo que les resultaba imperceptible— se volvía densa e insensible hacia la vida. Prevalecieron el robo y la anarquía hasta el punto en que incluso Xenos perdió el control. Con el tiempo, las ciudades desaparecieron y se desmoronaron.

"Quizás estás preguntándote '¿Cómo pudo Jesús permitir que ocurriera tal cosa?' ¿Por qué Dios permite que ocurra cualquier cosa mala? La respuesta es tan simple como puede parecerlo: *libre albedrío*. Hay una ley de la jerarquía, y la jerarquía equivale al rango completo de maestros no ascendidos, maestros, seres cósmicos, arcángeles y toda la jerarquía de siervos de Dios, de luz. Y esa ley supone que Dios envía a sus Siervos Hijos a la Tierra —grandes avatares, Budas y Cristos— para que reinen sobre la gente tanto como la gente los acepte y obedezcan la Ley del Uno.

"La Ley del Uno es la ley de vuestra Presencia YO SOY: un Dios, un Cristo, un Hijo y un cáliz. Y ese Uno es multiplicado millones y millones de veces, uno para cada torrente de vida en la Tierra. Eso no significa millones de dioses o millones de Cristos. Es la individualización de la llama divina en cada uno. Esas llamas se juntan y así hay nuevamente una sola llama y un solo Dios. El tiempo y el espacio nos hacen ver una separación que en realidad no existe en la conciencia de Dios.

"Las personas fueron influidas por falsos maestros. Pero siguen siendo responsables de sus actos. En todas las épocas, las personas tienen libre albedrío para superar las pruebas o para fracasar. Sus pruebas suponen defender su derecho a ser discípulos del Hijo de Dios y herederos conjuntos con Jesucristo y de su filia.

"¿Defiendes diariamente tu derecho a ser discípulo del Dios vivo, de Jesucristo o de Gautama Buda o de un maestro ascendido o de tu propio Santo Ser Crístico? Cualquier cosa que permitas se interponga entre tú y tu Dios es un quebranto a esa confianza sagrada. Vuestra razón de ser es permanecer unido a ése al que puedes llamar maestro, ése que te conducirá por el sendero de la ascensión.

"Dios nos ha prometido que podemos ser herederos, con Jesús, de ese Cristo que el manifestó. Pero debemos hacerlo nosotros mismos. Debemos realizar sus obras y seguir sus pasos. La Ley dice que si fracasamos en nuestra prueba debemos aprender nuestra lección de los explotadores. Si damos la espalda al Dios vivo y verdadero entonces debemos enfrentarnos a un falso maestro, un mago negro que tendrá todos los poderes de Cristo y, sin embargo, los utilizará para subyugarnos en lugar de hacerlo para elevarnos y hacernos independientes.

"Entonces nos alineamos con los explotadores y los corruptores y con los ángeles caídos hasta que ese karma de la prueba que fallamos se consuma y clamemos por el Dios vivo y por su verdadero heredero. Si nosotros no cuestionamos a los falsos maestros y no nos proclamamos a favor del Hijo que Dios nos envió, nuestro propio Santo Ser Crístico, entonces ese Hijo debe retirarse. Y es así como nos desvinculamos del Santo Ser Crístico: al negar la voz interior de la conciencia que nos habla tan claramente, con una orientación divina tan clara.

"Así, el Cristo retrocede porque nuestra vibración y nuestra conciencia son totalmente opuestas a esa misma luz. De ese modo hay una separación y esa separación aumenta hasta que se rompe el vínculo porque nuestra atención ha sido puesta en cualquier otro sitio.

"Los atlantes rechazaron al gurú vivo y lo reemplazaron con el falso gurú. Jesús estaba con ellos encarnado. Sin embargo dieron su voto a Xenos, el ladrón que les robó su vida y su luz y cortó el vínculo con Dios. [Vemos repetirse el patrón en una encarnación posterior cuando el pueblo votó para que Barrabás fuera liberado y Jesús fuera crucificado.[7]] Y, como ha ocurrido en tantas ocasiones en la historia, cuando la gente pierde su luz, la luz desciende por el altar espinal. Cuando esto ocurre, ya no son capaces de oír a su Dios. Ya no escuchan la voz de su Presencia YO SOY, aunque sus emisarios se les presentan frente a frente.

"De los dos millones que partieron con Jesús a Suern, la mitad ascendió en esa vida. La otra mitad de los dos millones ha seguido evolucionando en la Tierra hasta nuestros días. La mayoría está encarnada justo ahora: los antiguos atlantes vienen nuevamente a cumplir su destino en estos tiempos. Son éstos las corrientes de vida más altamente evolucionadas sobre la Tierra y, sin embargo, la mayoría perdió su vínculo con su Santo Ser Crístico.

"Jesús dijo que algunos de ellos serán salvados cuando acepten y entiendan que él es necesario para que ellos salven su alma nuevamente para que se unan al Cristo. Él viene a restablecer ese lazo."[8]

Cómo enfrentar las pruebas del Sendero

Vemos en esta historia que la pérdida del vínculo con el Santo Ser Crístico, el descenso de la conciencia, no ocurre de la noche a la mañana. Ocurre poco a poco, casi imperceptiblemente. Es así como podemos apartarnos también del Sendero. No de un solo golpe sino muy sutilmente nos alejamos de nuestro equilibrio crístico y perdemos la perspectiva que tuvimos algún día. Somos jalados por nuestros sentidos externos, y el ego comienza a gobernar. Reunimos a nuestro alrededor a otros que apoyan nuestra posición y nuestro estado de conciencia, y así nos sentimos justificados. Encontrar a otros que estén de acuerdo con nosotros no significa, sin embargo, que estemos en el camino correcto. Como dice el libro de los Proverbios: "Hay caminos que parecen rectos, pero, al cabo, son caminos de muerte".[9]

Los antiguos atlantes se enfrentaron a su prueba. Se encontraron con su karma, que se remontaba a muchas eras anteriores de la historia, al momento en el que se habían alejado del Cristo. Se enfrentaron también a la prueba, como en el Jardín del Edén, del tentador, quien ofrecía una alternativa al camino del Gurú verdadero.

También nosotros nos enfrentaremos a estas pruebas. Quizás una de las razones por las que Jesús trae el registro de esta era dorada a nuestra conciencia es que podamos comprender el karma pasado que sobrevendrá y los errores que cometimos a fin de que aprendamos de ellos. Con una comprensión de las enseñanzas y del Sendero, podemos tomar una decisión consciente para hacer una elección distinta en esta ocasión.

Jesús busca que nos preparemos para estas pruebas. Nos exhorta a que "aniden en nosotros los fuegos del corazón" a fin de que tengamos el fuego espiritual necesario para consumir el karma que está regresando a nosotros personalmente. Todos y cada uno debemos atravesar la noche oscura del alma y la noche oscura del Espíritu: debemos estar listos.

Como vimos en el capítulo 7, en el ascenso a la perfección, el alma atraviesa lo que San Juan de la Cruz describe como la "noche oscura". La primera noche oscura es experimentada cuando un individuo se encuentra con el regreso de su propio karma personal, la creación humana que por un tiempo opaca casi por completo la luz del Ser Crístico y la Presencia YO SOY. Esta noche oscura del alma es la preparación para la noche oscura del Espíritu, que supone la prueba suprema de cristeidad enfrentada por Jesús en la cruz cuando exclamó: "Dios mío, Dios mío, ¿por qué me has abandonado?" En esta iniciación, el alma es completamente separada de la Presencia YO SOY y de la jerarquía celestial y debe atravesar por la crucifixión y por la resurrección, sostenida solamente por la luz acumulada en su propio corazón sagrado, mientras mantiene el equilibrio para el karma planetario.

El amado El Morya nos muestra el modo como podemos acercarnos a estas iniciaciones victoriosamente y atravesarlas como un remolineante fuego sagrado de luz diamantina y así evitar demasiado sufrimiento:

"Sí, amados, al amar la voluntad de Dios y su Ley, que es verdaderamente la ley del amor y la sabiduría profundas, tendréis entonces la valentía, tendréis valor para emprender el camino de la noche oscura del alma y la noche oscura del Espíritu. Y os convertiréis en ese remolineante fuego sagrado de luz diamantina, pues mi corazón diamantino está sobrepuesto en vosotros a tal punto que literalmente pasaréis por esta noche oscura del alma y por las iniciaciones de la noche oscura del Espíritu.

"No languideceréis. No atenuaréis este sufrimiento a través de vuestro karma. Tampoco sufriréis pues tendréis esa poderosa espada en la mano y acabaréis con cada enemigo y emitiréis un rayo tan concentrado y con tanto control divino, del séptimo rayo de la llama violeta a través del chakra del tercer ojo, que veréis la separación del Mar Rojo de vuestro propio karma que regresa, ¡la separación del Mar Rojo de los caídos! ¡Y marcharéis en medio de él triunfalmente! Y montaréis vuestro corcel, y no él a vosotros. Y digo que es cierto, ¡y que debéis hacerlo! ¡Debéis apresuraros pues *la aceleración es la clave*!

"Pasad por ello. Acabad con ello de una vez por todas. Convertíos en el maestro de vuestra vida. Acudid a ese lugar en el que puedo hablar a través vuestro, en que puedo habitar en vosotros, en que puedo liberar los ímpetus de los más altos niveles de las octavas etéricas a través de vosotros. Y, por consiguiente, juntos, gurú y chela unidos, pasaremos por esta Tierra y dejaremos los cimientos para nuestros hijos y los hijos de nuestros hijos, a fin de que ellos puedan construir esa civilización dorada."[10]

Jesús, el Enviado

Jesús no nos abandonó desde esa antigua era dorada de la Atlántida. Regresó a la Atlántida nuevamente en muchas ocasiones para establecer la ley, para enseñar a la gente, para buscar que volvieran a conectarse con sus seres crísticos. Vino hace dos mil años, en su última encarnación, a abrir el sendero de la cristeidad para todos. Y aquí está hoy en una misión de rescate. Está buscando específicamente al millón de almas que alguna vez estuvieron ligadas a su corazón, y llama también a todas las otras almas que abrirán su corazón, escucharán su voz y serán convertidas en esta hora de oportunidad suprema.

La mensajera nos explica la importancia de la misión de Cristo a lo largo de las eras: "Una de las razones por las que doy esta conferencia es porque creo que muchos portadores de luz están en el movimiento de la Nueva Era, y muchos de ustedes se han apartado de sus iglesias ortodoxas porque no podían aceptar la doctrina ortodoxa. No podían aceptar lo que los predicadores les decían sobre Jesús, el Hijo único de Dios, y que ustedes eran sólo unos miserables pecadores, etcétera, etcétera.

"Y por eso han ido en busca de una enseñanza verdadera y de una comprensión verdadera y, en el proceso, rechazaron un Jesús hecho por el hombre que fue creado por el catolicismo romano y traído hasta nuestros días a través del protestantismo. No es éste el total y vivo Gran Gurú Jesucristo que conozco. La plenitud de la importancia de este Hijo de Dios y su grandeza y el poder que ha tenido a través de las eras para liberarnos, se completa por medio de esta vasta comprensión de la continuidad de su presencia en la Tierra con nosotros.

"Dios encomendó a este Hijo de Dios que nos volviera a unir con esa Presencia Crística. Y Dios nos ha dicho: 'Éste es el maestro ascendido en particular, éste es el Hijo de Dios específico que ungió para esta tarea. Si no os postráis de rodillas y reconocéis la luz en él como la salvación de vuestra alma, entonces no seréis capaces de elevar la luz en vosotros mismos. Debéis primero reconocerlo a él, y a la luz que hay en él, y luego él os ayudará a elevar la luz en vosotros.' Es éste el verdadero mensaje y la comprensión de por qué... debemos recibirlo de él y por qué él es el Salvador y el Señor de todos los pueblos de la Tierra que desean reconstruir, o construir por vez primera, ese vínculo.

"Creo que una falsa doctrina de ortodoxia que nos ha sido transmitida es la causa de la separación de judíos y gentiles, de cristianos y musulmanes, porque hicieron un dios de un Jesús de carne y hueso y negaron esa individualidad de la llama de Dios a todos los demás.

"Creo que si estas enseñanzas verdaderas de Jesucristo fueran conocidas... el mundo entero comprendería la necesidad de cruzar la puerta abierta que él abrió, quien la ha dejado abierta para nosotros durante tanto tiempo...

"¿Por qué lo necesitamos? Porque hemos despilfarrado nuestra luz. Soltamos la mano de nuestro Ser Crístico. Y ya no podemos sostenernos solos. A través del corazón de Jesús llegas al corazón de cualquier maestro ascendido, ya sea Gautama Buda o Maitreya o Sanat Kumara o cualquier otro santo.

"Pero Jesús dice 'Yo soy la puerta abierta que ningún hombre puede cerrar. Yo soy la puerta abierta a esta unión de vuestra alma. Y ningún hombre entrará por ninguna otra puerta...'[11] Y ése es su mensaje."[12]

Os llamo al arrepentimiento

El llamado de Jesús en este dictado se expresa muy sencillamente como el llamado al arrepentimiento. Al principio, la respuesta a este llamado podía parecer ciertamente fácil cuando se lo comparaba con llamados previos a salvar a niños y jóvenes o acabar con el aborto. Y sin embargo el llamado al arrepentimiento nos lleva realmente al núcleo mismo de nuestro ser. No es menos difícil que el trabajo externo en el mundo.

Al ponderar nuestra respuesta a este llamado debemos considerar el verdadero significado del arrepentimiento. ¿Qué es lo que requiere de nuestro arrepentimiento?

Jesús dice: "Os he llamado desde tiempos remotos hasta esta hora para que podáis terminar aquello que habéis comenzado". Nos dice que los ciclos han cambiado y que "hay un momento en que se lanza el llamado. Hay un momento para hacer a un lado el desafío en contra del SEÑOR Dios y su Hijo, quien sin embargo vive en vosotros y en mí".

Al mirar parte de la antigua historia de nuestra alma, quizás tengamos una idea más clara de por qué necesitamos arrepentirnos. No se trata sólo de los errores cotidianos y de las decisiones equivocadas. En el remoto pasado pudimos haber hecho una elección errónea que estableció el curso de nuestra evolución desde entonces. A menos que podamos establecer un nuevo curso para nuestra vida volviendo al punto crucial, confrontando la misma decisión y haciendo la elección correcta —y los ciclos kármicos nos ofrecen esa oportunidad—, podríamos encontrarnos actuando otra vez según patrones viejos.

Cuando nos arrepentimos sentimos remordimiento y pedimos perdón a Dios. Deseamos verdaderamente expiar nuestros errores pasados. Renunciamos a nuestros pecados y karma negativo al depositarlos en el altar.

San Patricio habla de la importancia de la confesión como parte del proceso de arrepentimiento: "Por consiguiente, tened valor y reconoced el poderoso propósito de la confesión. Reconocedlo en esta hora: los pecados de todos los hombres, sean recientes o antiguos, acumulan y así impiden que todas las alianzas de Dios se manifiesten. ¿Por qué ocurre esto? Porque Dios ha hecho una alianza con su amado Hijo, que es nuestro propio Ser Crístico, quien merece toda ofrenda y la totalidad de la ciencia del Ser.

"Esta ofrenda al Cristo, por su gracia, se derrama en vuestra alma cuando el alma está lista para, y es capaz de, recibirla, ataviada con el vestido de bodas. Así, vosotros, que habéis ganado el vestido de bodas, si el vestido se mancha, confesad vuestros pecados en una carta sellada dirigida a Dios Todopoderoso, al corazón de Cristo, y quemadla después. Y si deseáis que la Madre de la Llama lo sepa también para que ore por vuestra salvación, podéis escribidle también por medio de otra carta.

"Y, así, amados corazones, comprended que la confesión, remisión de los pecados, el arrepentimiento en suma, os restaura de nuevo a esa alineación con el cáliz del ser que es Cristo. Pues Cristo es el cáliz de cristal, Cristo es el Santo Grial, y la luz que es vertida dentro se convierte en el néctar que bebéis.

"Amados corazones de la llama viva, por consiguiente, no sólo una vez en la vida sino, diariamente, arrojad el pasado y el presente al fuego sagrado para que el llamado pueda llegar y ser atendido como si fuera el llamado de vuestro Señor. Y sois verdaderamente su receptáculo, su representante, su instrumento y su mensajero siempre que conserváis vuestra alma sin la mancha del mundo.

"Corazones benditos, es eficaz para la vida espiritual comprender el significado de esta confesión. Pues verdaderamente, a la prístina claridad de la mente que ayuna y ora semanalmente y arroja esos pecados al fuego sagrado, viene en efecto la presencia de los ángeles santos y el reconocimiento de la voz de Cristo y la independencia interior en el YO SOY EL QUE YO SOY."[13]

San Patricio sugiere que pongamos por escrito nuestra confesión en una carta dirigida a Dios. Es positivo que pongamos por escrito exactamente aquello a lo que deseamos renunciar. Ayuda a objetivarlo de un modo tal que podemos verlo como algo separado de nosotros mismos. Al consignar esta carta al fuego físico, tomamos la decisión consciente de poner en la llama las cosas que hemos escrito. Los ángeles llevarán la matriz etérica de la carta a los maestros, quienes pueden trabajar con nosotros para ayudarnos a sanar y a saldar el karma.

Después, invocamos la llama espiritual para que consuma estas cosas que hemos confesado. Pronunciamos nuestras oraciones y nuestros decretos a la llama violeta e invocamos la transmutación de cualquier carga que hayamos puesto sobre cualquier parte de la vida. De ser posible, ofrece reparación a una persona a quien hayas dañado. Pide perdón a cualquiera a quien hayas hecho mal y busca deshacer el daño que hayas causado.

El Morya nos dice: "Si estáis fuera de la Ley, sea humana o divina, debéis confesar rápidamente vuestros pecados a las personas indicadas, rectificar, corregir tales condiciones y alinearos. Pues el pecado no confesado, la postura ilegal no reconocida, aunque nadie la conozca, impide que el karma descienda y, por lo tanto, impide la expiación de ese karma... incluso *aunque pronunciéis los decretos de la llama violeta diariamente.*

"Hacer lo correcto respecto a todas las cosas y con todas las personas, encarnadas o no, es indispensable pues la alineación con mi corazón o con el mensajero encarnado no puede ser firme cuando hay tales obras, acciones y registros que no están de acuerdo con la Ley."[14]

Finalmente, una vez que nos hayamos confesado y recibido el perdón, no olvidemos las palabras de Jesús: "Vete y en adelante no peques más".[15]

Escribe una carta de confesión

Conforme buscas responder a este Llamado de Jesús al arrepentimiento, puede ser muy valioso que escribas una carta de confesión que incluya todo aquello que, habiendo ocurrido en tu vida hasta el momento presente, quisieras confesar y poner en la llama. Será una carta de ti a tu Maestro. Nadie más la leerá.

Al escribir una carta de confesión, es importante ser específico. A medida que escribas la carta, es posible que vengan a tu mente incidentes concretos. Escríbelos, no a gran detalle, pero lo suficiente para identificar el pecado por omisión o por comisión.

Jesús nos dice: "Es un gozo y causa de regocijo arrojar al fuego sagrado todo aquello que no merece permanecer en Dios. 'Esto, no aquello.' Así discrimináis los recuerdos. Así discrimináis los registros y el pasado y, por consiguiente, retenéis aquellos que son dignos de ser convertidos en átomos permanentes en vuestro ser y en el reino de la conciencia de Dios".

Es posible que requieras de unas cuantas horas para terminar la carta, o quizás prefieras volver a ella periódicamente a lo largo de una semana. Cuando hayas terminado tu carta, quémala en el fuego físico mientras consignas su contenido al fuego espiritual. Entrega conscientemente todo apego a estas cosas y al antiguo estado de conciencia que te llevó a esas desviaciones del Sendero.

Luego, invoca el fuego sagrado. Invoca la llama del perdón. Pide perdón a Dios y a tu prójimo y envía la llama de perdón a todos aquellos a quienes hiciste mal y a todos aquellos que alguna vez te hicieron mal. Envía la llama violeta hacia situaciones específicas para que transmute la carga colocada sobre ti o sobre algún otro. Llama a Astrea para que purifique los registros y te libere de esas energías. Llama al arcángel Miguel para que te proteja y selle tu determinación de no repetir los errores del pasado y de establecer un nuevo rumbo para tu vida.

Quizás desees repetir este ritual de vez en cuando. Cuando escribas una nueva carta, ya no es necesario que incluyas incidentes que hayas incluido en la precedente. Ya habrán sido entregados y arrojados a la llama. Sin embargo, incluye cualquier cosa ocurrida desde la última carta y que haya venido a tu memoria, no incluida en la carta anterior.

Ritual de perdón

El perdón es una parte importante del ritual de arrepentimiento. Es una cualidad de la llama violeta y una clave para la era de Acuario. Buscamos el perdón para nuestro propio karma y para las cargas que hemos colocado en otros; también necesitamos perdonar a quienes nos echaron a cuestas sus cargas. En la parábola del siervo sin entrañas[16] Jesús enseña la importancia de perdonar a los demás. También debemos perdonarnos y ser capaces de aceptar el perdón de Dios cuando nos es dado. No creas la mentira de que no mereces ser perdonado.

1. Piensa en aquellos a quienes necesitas perdonar y permite que pasen frente al ojo de tu mente. Esto incluye a todos y a cualquiera que debas perdonar: miembros de tu familia, amigos, compañeros de trabajo, los maestros ascendidos, el Dios Padre-Madre y, particularmente, tú mismo.

2. Pide a tu Santo Ser Crístico que traiga a tu conciencia a cualquier persona a quien posiblemente debas perdonar en ésta o cualquier otra vida pasada. Puedes incluso hacerte consciente de algún registro antiguo de la Atlántida o de la Lemuria que está listo a ser transmutado. Tu Ser Crístico traerá esta información a tu conciencia externa si así se lo pides.

3. Conforme estas personas o situaciones acudan a tu mente, envíales tu perdón conscientemente. Envía la llama violeta como un acto de perdón a las personas involucradas. Utiliza el decreto "La Ley del Perdón" u otro decreto de la llama violeta para reforzar esta acción. Ve cómo esta llama violeta disuelve cualquier resentimiento, ira o falta de resolución que puedas tener sobre estas situaciones.

4. Kuan Yin nos pide: "Invocad la ley del perdón. Miraos a vosotros mismos bañados con un santo ungüento de fuego púrpura, en un bálsamo de rayo violeta. Miraos a vosotros mismos recibiendo esa piedad en proporción a como la dais, pues es Ley que cosecharéis piedad sólo

si sembráis piedad".[17] Utiliza esta visualización al pronunciar el siguiente decreto que invoca la llama del perdón:

La ley del perdón

Amada, poderosa y victoriosa Presencia de Dios, YO SOY en mí, amado Santo Ser Crístico, amado Padre Celestial, amado Gran Consejo Kármico, amada Kuan Yin, Diosa de la Misericordia, amado Lanello, todo el Espíritu de la Gran Hermandad Blanca y la Madre del Mundo, vida elemental: ¡fuego, aire, agua y tierra!

En el hombre y por el poder de la Presencia de Dios que YO SOY y por el poder magnético del fuego sagrado del que estoy investido, invoco la Ley del Perdón y la Llama Violeta Transmutadora para toda transgresión de tu Ley, toda desviación de tus alianzas sagradas.

Restableced en mí la Mente Crística, perdonad mis caminos errados e injustos, hacedme obediente a vuestros preceptos, dejad que camine humildemente con vosotros todos mis días.

En el nombre del Padre, de la Madre, del Hijo y del Espíritu Santo, yo decreto por todos a los que haya ofendido alguna vez y por todos los que me hayan ofendido alguna vez:

¡Fuego Violeta,* envuélvenos! (3x)

¡Fuego Violeta, guárdanos! (3x)

¡Fuego Violeta, libéranos! (3x)

---

* Aquí se puede usar "llama de Misericordia" o "llama morada".

YO SOY, YO SOY, YO SOY el que está rodeado
por un pilar de Llama Violeta.*
YO SOY, YO SOY, YO SOY quien abunda en
puro Amor por el gran nombre de Dios.
YO SOY, YO SOY, YO SOY completo
por tu patrón de Perfección tan bello.
YO SOY, YO SOY, YO SOY la radiante llama
del Amor de Dios que desciende gentilmente por el aire.

¡Desciende a nosotros! (3x)
¡Resplandece en nosotros! (3x)
¡Satúranos! (3x)

Y con plena Fe...

San Patricio nos llama a confesarnos y a perdonar diariamente. Un excelente momento para hacerlo es por la noche
antes de dormir. Revisa tu día, confiesa aquello puso en peligro tu sendero e invoca la llama del perdón.

Ora fervientemente al corazón de Jesús

En este dictado Jesús nos da dos mantras que podemos utilizar. Pronúncialos con todo el fervor de tu corazón mientras

---

* Se puede usar "llama de Misericordia" o "llama morada" en lugar de
"llama violeta."

oras a Jesús en respuesta a su llamado: "Os he llamado. Y espero que sepáis que os corresponde llamar, llamarme una y otra vez, exclamando":

¡Oh Jesús, ven a mi templo!
Oh Jesús, mi Señor, recíbeme como uno de los tuyos.

Puedes también usar estos mantras mientras te desplazas de un lugar a otro o en cualquier momento del día.

¿Cómo responderás al Llamado de Jesús?

"Os llamo al arrepentimiento."

¿Qué significa para mí este llamado?
¿Qué haré para responder a este llamado?

Capítulo 15

Capítulo 15

"El llamado del amor":
la "extensión de vuestro corazón,
de vuestras manos y vuestro pronunciamiento de mi Verdad...
para todos los que han sido parte de mí y de mi vida."

El llamado del amor
En preparación para el día de la boda
Tu matrimonio con Jesucristo

Mis amadas novias, os recibo en mi corazón en preparación para el día de la boda. Vengo a vosotras a medida que vosotras venís a mí. Y en esta hora el amor insufla nuestros corazones conforme mi Sagrado Corazón envuelve al vuestro. En este momento, preparamos en la cámara nupcial vuestra alma para la entrada, que con seguridad tendrá lugar, mientras vosotras hiláis y seguís hilando vuestro traje nupcial. Los dones de la llama violeta que se os han dado son también para el hilado de este traje. Se le llama el cuerpo solar inmortal.

Y recordáis también la parábola de aquel que llegó al festín nupcial sin llevar traje de boda y fue arrojado a las tinieblas de afuera.[1] Pues, veréis, vuestra boda debe tener lugar en la octava etérica, y para estar en esa octava debéis tener el ajuar espiritual adecuado: el traje de boda y el velo de novia.

Estos vestidos, amados, son los vestidos que vais a perfeccionar. Pues como se os ha dicho, hay rasgaduras en vuestro ropaje causadas por toda suerte de intrusiones, desgarraduras que provienen de encuentros en el plano astral o de un violento mal uso de la luz, de los ritmos del Anticristo, y toda suerte de ataques en contra de vuestra alma.

Yo, Jesús, deseo asistiros en vuestros preparativos, pues la fecha de la boda está fijada y yo, vuestro Señor, espero que estéis en esa cámara secreta a la hora concertada.

En efecto es una bendición: el regalo de Omri-Tas, su presencia y su llama, de Saint Germain, la formación de la Cruz de Malta y su multiplicación de vuestros llamados a la llama violeta [por el mar de llama violeta].[2] Seguramente tendréis la sabiduría y el regocijo en mí para usar esta llama violeta industriosamente a fin de que el ropaje pueda quedar terminado, ser reforzado y nunca más sometido a las desgarraduras de las octavas inferiores.

Puede ser un poco difícil de visualizar pero, sin embargo, amados, debéis invocar la armadura del arcángel Miguel y los serafines de Dios, no sólo para la protección de vuestra alma y vuestros cuatro cuerpos inferiores, sino también para la protección de este ropaje: [el cuerpo solar inmortal] en tanto ropa interior de humildad, y también del ropaje de honor exterior.

¿Pues acaso el honor no nace de la humildad?

Pues cuando uno viene a comprender el honor de Dios, ¿acaso no se humilla ante la gran luz, la deslumbrante luz blanca de la presencia de la llama de honor cósmica?

El honor, pues, es un homenaje que rendís al Cristo vivo que YO SOY y a vuestro Dios. Es honrar la luz que no tiene mancha ni mácula, la luz que es la fuerza que mantien unido al cosmos el material.

El honor es una fortaleza más allá de otras fortalezas. El honor es pureza. El honor es la majestad de Dios. Es la visión única y la adoración del único Dios verdadero. El honor es unidad. Es la completud.

Uno no puede ingresar a sus linderos sin la comprensión definitiva de la humildad, pues es humildad delante de Dios y de la llama viva. Es una modestia con propósito: que el yo inferior sea sellado y surja el Yo Superior. Equivale a lo que dije a vuestra Catalina: "Yo el Todo: tú la nada; Yo el Todo: tú la nada".[3]

Así, cuando me lo digáis, decid: "Oh Jesús, mi Señor, tú el Todo y yo la nada. ¡Tú el Todo y yo la nada!" Y conforme lo decís, amados, mi Presencia Crística se convierte en mi totalidad en vosotros, y el yo mortal se desintegra y el Verdadero Yo se manifiesta. Es una acción yin y yang de Alfa y Omega.

Oh Jesús, mi Señor, tú el Todo de mí: yo la nada. Toma mi nada, oh mi Señor, y permíteme ser el todo de ti mismo. Sé el Cristo en mí, mi Señor, y seré digna, digna de ser tu novia, pues eres tú el Cordero y eres digno ante el trono de Dios.

Es así, amados, la transformación del yo por medio del desplazamiento y la sustitución. Es el honor de Dios.

En el santuario del amor comulgo con vuestro corazón; primero con el corazón, amados. Ahora sentid mi sagrado corazón pues deseo que examinéis conmigo los elementos del corazón que requieren curación, transmutación.

Ofrezco a vuestra vista, ahora, fracturas en el mandala del corazón, violaciones de los doce pétalos del corazón. Os permito ver el desequilibrio de la llama trina y registros del pasado que os muestran claramente cómo debido a elecciones anteriores habéis reducido esa llama, en lugar de incrementarla. Os muestro esto con amor, amados, pues el amor imparte verdad y visión.

Al tener ahora la visión, tal como os la muestro, de vuestro Santo Ser Crístico, podéis ver qué tanto estáis reflejando ese Yo y cómo podéis reflejar más al meditar sobre los elementos del Ser Crístico y de la llama crística que no están presentes en el espejo del yo.

Os abrazo, amados, os fortalezco mientras miráis y veis. Que sea un estudio objetivo y científico de quién y qué sois hoy y todo lo que podéis ser mañana.

¡Oh mi Santo Ser Crístico —tú el Todo y yo la nada— sé tú yo mismo como la santa llama crística que arde en el altar de mi corazón para mi Jesús, mi Novio, mi Señor!

La dulzura es, en efecto, el sabor de la llama crística viva. Saboread, pues, la esencia de mí mismo. Sabed que también esta porción de vuestro Santo Ser Crístico.

Conocedme entonces como vuestro dulce Jesús, pero conocedme también como vuestro consejero, confesor y corrector. Vengo también para domar al yo inferior, llamado el sinvergüenza.

Sí, amados, ésta es una sombra, una forma marchita, un ropaje que ya no se usa pero que todavía permanece en vuestro clóset. Os animo a sacarlo y verlo. Ved esta parte del yo irreal, la parte no tan agradable [de vosotros]. Tomadla. Os la entrego ahora y os exhorto a que la arrojéis a la llama violeta. ¡Terminad con ella! ¡Y ved cómo la llama se regocija al consumirla!

¡Oh, qué dones maravillosos de la llama violeta impartí a mis discípulos y a otros de entre vosotros en diferentes eras, pues habéis estado en los templos de la llama violeta de la Atlántida! ¡Con razón estáis tan felices de ofrecer [los decretos de] la llama violeta en esta encarnación! Habéis anhelado [la llama violeta], habéis estado sedientos de ella, la habéis buscado al beber el vino y compartir el pan de la Comunión. Habéis esperado [que os llegara] la dispensación nuevamente y llegó y os habéis convertido en los devotos del séptimo rayo.

Que también os convirtáis en novias del jerarca del séptimo rayo, Saint Germain. Que os convirtáis en novias del Espíritu Santo, como María Madre se convirtió en la novia del Espíritu Santo.

Sí, amados, cuando todo el caos y la noche vieja y Armagedón amenaza desde fuera como una violenta tormenta invernal, ¿acaso no es bueno comulgar en la cámara secreta del corazón y conocer un compartimiento de eternidad que será un día la vastedad del espacio interestelar sólo para vosotros y para mí, y para vosotros y vuestra llama gemela?

¡Buscad el matrimonio con el Cristo! El resto de las cosas vendrá a vosotros. ¡Buscad el sagrado corazón! Buscad mi sangre y mi cuerpo. ¡Buscadme en todas partes!

Cada vez que encontréis un rincón del yo donde los rayos de luz penetran ahora y halléis los esqueletos en vuestro armario, visualizad mi rostro y mi cuerpo, mi Presencia allí.

Recordad las iniciaciones a las que me sometí en mi encarnación final para que podáis conocer el patrón, la preparación del alma a través de la llama violeta [para sus propias iniciaciones]: el perdón de las aguas de la conciencia humana cuando se convierten en vino, la santificación del matrimonio como sacramento eclesiástico y nupcias del alma con su Señor. Recordad el sendero y la iniciación de la alquimia de la provisión y la multiplicación de los panes y los peces por el poder de Alfa y Omega.

Recordad todos estos pasos mientras sois todavía capaces de poner el corazón, la cabeza y la mano en equilibrio por medio de la llama violeta. [Pues ésta es la meta y el mandato de la encarnación física de vuestra alma.] Recordad el punto en que os haréis congruentes con la perfección de vuestro patrón interno por medio de esa guía divina.

Recordad, pues, la transfiguración cuando el alma ingresa, y recibe la impresión del patrón perfecto [de su Santo Ser Crístico] para ser puesta en acción. Recordad la crucifixión, pues Cristo en vosotros debe ser crucificado todavía. Sí, recordad vivir en el corazón de la Tierra en la presencia de la llama de la resurrección como yo lo hice. Recordad la resurrección. Recordad los 40 días de instrucción profunda en el templo interior. Recordad la ascensión.

Son éstas las iniciaciones clave y hay muchas en medio. No os resistáis a ellas, ¡no os resistáis a mí! ¡No os resistáis a mis huellas en las arenas! No os resistáis a mí, amados.

Y conoced por supuesto la confesión del alma y el sagrado sacramento [de la penitencia]. Conoced el bautismo. Conoced la Comunión. Sabed que podéis ser parte de órdenes santas y mantener sin embargo los ritos del matrimonio y de la familia en la santidad de Dios. Recordad la aparición del alma en la primera inhalación y la partida del alma en la última exhalación.

La consagración de estos rituales, amados, viene a formar parte de la más grande espiral [que es la unión de vuestra alma con mi sagrado corazón], y está allí como una matriz completa cuando sois recibidos como mi novia y la novia del Cristo vuestro.

Este momento de la fusión de corazones es un momento que se presenta después de los exámenes finales, por así decirlo, del registro de vuestra vida, de cuando os apartabais del camino y volvíais a ingresar, os apartabais del camino y volvíais a ingresar, hasta que finalmente todo deseo de apartaros es consumido y vuestro único y principal anhelo es permanecer unidos a mi corazón y nunca jamás violar ese voto secreto de nuestra unión. Por este llamado descendí a rescatar vuestra alma, que ha roto el vínculo con mi corazón.

He venido, amados. No os retraséis y retraséis más [en el camino exterior] hasta las eras futuras a lo largo de los corredores de la eternidad. Tomad [esta iniciación] en esta hora. ¡Oh, tomadla! Tomadla y haced mucho bien para que mi sagrado corazón se convierta en vuestro corazón.

Tened por seguro que ésta es la clave para que os convirtáis en un candidato a la ascensión. Con seguridad no podéis ascender si primero no estáis unidos a ese corazón. Sabedlo oportunamente: que todos los días de vuestra vida debéis impartir a muchos la llama del amor que es el vínculo de nuestra unión.

Os invito a la cámara nupcial para que podáis llevar en vuestro ser y vida ese amor especial que todos reconocen y conocen como mi amor. Cuando estáis unidos a mi corazón tenéis también al Espíritu Santo, cuyos dones podéis incrementar y multiplicar.

Deseo que seáis, por así decirlo, vendedores de Dios,[4] del sendero de la unión crística, del amor mismo. El mundo no ha probado la dulzura de este amor y las almas que lo perdieron hace tanto tiempo no pueden recordar su sabor.

¡Dejad que lo conozcan a través vuestro, amados! ¡Dejad que lo conozcan! Dejad que conozcan un amor que vuelva a encender el deseo en su interior de ir también en busca de ese amor, de buscarme y encontrarme incluso cuando juego con ellos a las escondidillas para poner a prueba su verdadero deseo, para ver si serán disuadidos por una búsqueda más fácil y el encuentro de alguna manifestación menor.

Inspiradlos a buscar el amor verdadero, el amor verdadero a Cristo. Inspiradlos a través de vuestra alegría y de vuestra paciencia, de vuestra debilidad así como del poder fortalecedor de los Elohim sobre vosotros, que tomáis sabio dominio sobre los territorios del cuerpo terrenal en el sentido de los territorios de la mente y el corazón y los dominios de la conciencia en tanto compartimentos del ser.

Sí, amados, permitid que mi amor en vosotros sea la fuerza irresistible del cosmos que atrae almas que no pueden ser atraídas por otro medio que no sea mi amor. Por haber sido golpeadas y maltratadas en tantas circunstancias, por haber sido traicionado su amor una y otra vez, estas almas necesitan el consuelo de mi amor en vosotros.

Yo, la totalidad del amor en vosotros; vosotros, la totalidad del amor en mí. ¡Que sea esto el imán del Sol Central y vuestra ofrenda de gratitud en el altar de Dios para que ahora podáis conocer, ser e ingresar al ciclo dorado del sol!

¡Oh, qué precioso encuentro de corazones se ha producido en este lugar! Que os convirtáis, en tanto núcleo de portadores de luz de todo el mundo, en el mandala de mi sagrado corazón: el patrón, la forma, la unión, el corazón del cuerpo místico.

¡Oh, conoced este encuentro de amor, amados, y corred al altar nupcial de vuestra alma con Cristo!

Ésta es mi voz [con la que os hablo], éste es mi mensaje pues hablo con la ternura de la Madre Divina y la serenidad del Padre, quien en efecto supervisa los preparativos de vuestra alma.

Yo soy vuestro Jesús si así lo queréis. Y si lo hacéis, os aconsejo: bebed, bebed, bebed rápidamente el elíxir de la llama violeta para disipar todo olvido, para recordar todo aquello por lo que hemos pasado juntos desde el comienzo de nuestra salida desde el Sol Central.

Llamo a todos aquellos que han sido parte de mí mismo y de mi vida. Los llamo a través de vosotros y llamo directamente a su corazón. ¡Llamo y llamo y llamo nuevamente! Es el llamado del amor.

Que los muchos que no me han recibido y alguna vez me conocieron, sean alcanzados por la extensión de vuestro corazón, de vuestras manos y de vuestro pronunciamiento de mi verdad.

En efecto conocéis y tenéis mi verdad, amados. La verdad es una fuerza activadora del Espíritu Santo en vuestra vida. ¡Dejad que os lleve a donde quiera y desplazaos conforme os desplace! Dejad que hable a través de vosotros o permaneced en silencio. Dejad que dé testimonio de mí.

Soy testigo del Dios de amor. Sed testigos de mi llama, de mi ofrenda de salvación a través del sendero del riguroso discipulado en los rituales del amor que evoluciona y se convierte en Amor.

¡Oh, Espíritu Santo, oh, la totalidad de Dios, descended sobre todos y cada uno, de acuerdo con la voluntad del Espíritu Santo!

Yo, Jesús, permanezco en el templo del Sol Central incluso mientras estoy aquí. Y establezco, por consiguiente, un arco [de luz hacia] vuestro ser, a fin de que podáis ver, atisbar y recordar la gran catedral que es llamada el Templo Hermoso. Os aseguro, amados, que el día de vuestra boda seréis hermosos en el Templo Hermoso.

Sello vuestros votos y os envío de nuevo al viaje de la vida con todo el entusiasmo del amor que compartimos por los siglos de los siglos.

¡Amén! ["Amén."]

14 de octubre de 1991
Hotel Hilton del Aeropuerto de Nueva Orleans
Nueva Orleans, Louisiana

*Permitid que mi amor en vosotros
sea la fuerza irresistible del cosmos que atrae almas
que no pueden ser atraídas por otro medio que no sea mi amor.*

Jesús

El Llamado del amor es el llamado de Jesús a preparar nuestra alma para nuestro día de boda. Y nos dice que desea ayudarnos en la preparación para esta iniciación. Dice: "La fecha de la boda está fijada y yo, vuestro Señor, espero que estéis en esa cámara secreta a la hora concertada".

Cómo prepararnos para el día de nuestra boda

Jesús nos dice que, a fin de prepararnos para el día de nuestra boda —el matrimonio alquímico de nuestra alma con el corazón de nuestro Santo Ser Crístico y con el Sagrado Corazón de Jesús—, debemos interiorizarnos hasta encontrar esos elementos del yo que requieren de curación y de transmutación. También debemos hilar nuestro traje de boda, nuestro cuerpo solar inmortal pues nuestra alma debe ser revestida con este traje de luz para la ceremonia nupcial. Muchos maestros ascendidos nos hablan de este vestido de bodas y del proceso de hilado.

Serapis Bey, en su *Dossier on the Ascension*, enseña que la parábola del vestido de bodas se relaciona con el cuerpo solar inmortal. Sanat Kumara nos dice que el cuerpo solar inmortal es hilado a medida que recitamos con devoción mantras, canciones y decretos.

La Diosa de la Luz ofrece la siguiente descripción hermosa del cuerpo solar inmortal: "El alma es el aspecto femenino de vuestro ser. El alma es la novia que espera para unirse con el Espíritu y la mano del Cristo. Y así, sea que ocupéis una forma masculina o femenina para los propósitos de polaridad en este mundo, sabed que el vestido de bodas es hilado a partir de esta misma matriz que aquí coloco por el cetro de mi autoridad. Y ese vestido de bodas es como ese precioso ropaje envolvente con que María arropó al pequeño Niño. Es un traje de luz que el alma debe usar. Como véis, habéis recibido capas de piel, cuatro cuerpos inferiores que sirven de ropaje a vuestra conciencia para que permanezcáis en el tiempo y el espacio en la Materia y obtengáis dominio sobre vosotros mismos. Pero cuando es conquistado ese autodominio, las capas de piel deben dar paso a ese cuerpo superior de luz, ese cuerpo solar inmortal, conciencia del Hijo y unigénito del Uno, del Dios Padre-Madre...

"Al invocar vuestro propio cuerpo solar inmortal, invocad, pues, la convergencia de ese patrón sobre vuestra propia aura. Pedid, pues que se llene el patrón con hilos de luz, con los velos de la Madre, con los hilados del alma y las virtudes de vuestro cuerpo causal. Y ved cómo, aunque el patrón es el mismo, no hay dos de entre vosotros cuando venís a presentaros ante los Señores del Karma que hayáis hilado el mismo vestido de bodas. Pues cada vestido ostentará el diseño de la flor de la identidad de vuestra alma, la sinfonía de vuestra llama geme-la, la nota clave de vuestra vida y el sello de vuestro plan divino realizado."[5]

Gautama Buda describe el cuerpo solar inmortal como "el atuendo del alma para la vida eterna". Explica que "está com-puesto por un número infinito de puntadas y, si fuera físico, sería un tejido muy grueso, de varios centímetros de grosor... La esfera de luz del chakra de la base proporciona el hilo para este tejido, y es muy abundante a menos que sea desperdicia-do en actos impíos y herejes...

"Con acciones, con palabras mientras os ocupáis de los asun-tos del Dios Padre-Madre, estáis hilando y tejiendo ese atuendo; y lo que fue astral desaparece. Es desplazado, pues este cuerpo [el cuerpo solar inmortal] es luz. Tiene fortaleza, resistencia, brillo de madreperla infinito. Conoced y admirad la belleza de este atuen-do. Atesoradlo. Es el hilado de muchas vidas. Algunos hilan lenta-mente, y otros lo hacen rápidamente. Algunos vuelven a su tejido en todo momento libre. Algunas lo dejan de lado por años."[6]

El Maha Chohán nos habla de la experiencia de llevar este vestido: "Sabréis que el alma está hilando el vestido de bodas por la sensación de comodidad alrededor de vuestra forma, que equivale a la de una cobija que envuelve a un recién naci-do. Es la sensación de estar en el calor de Dios, en la cobijita del nuevo bebé. Es la sensación del flujo de luz alrededor del aura de la cabeza. Es la sensación de ser arropado y dejar de estar desnudo, descubriéndose en la conciencia de pecado y acercándose a la conciencia de la hoja de parra."[7]

El alma y el matrimonio alquímico

El Morya explica que el alma es el aspecto no permanente del ser: "Dios es un Espíritu, y el alma es el potencial vivo de Dios. La demanda del alma de tener libre albedrío y su separación de Dios trajo como resultado el descenso de este potencial hacia el humilde estado de la carne. Sembrada en el deshonor, el alma está destinada a ser elevada en honor hasta la completud de ese estado divino, que es el único Espíritu de toda vida. El alma puede perderse; el Espíritu nunca muere...

"El alma, pues, permanece como un potencial caído que debe ser imbuido con la Realidad del Espíritu, purificada a través de la oración y de la súplica, y regresada a la gloria de la que descendió y a la unidad del Todo. Este reencuentro del alma con el Espíritu es el matrimonio alquímico, que determina el destino del yo y lo hace uno con la Verdad inmortal. Cuando este ritual se cumple, el Yo superior es entronizado como el Señor de la Vida, y el potencial de Dios, realizado en el hombre, se descubre como el Todo que todo lo abarca."[8]

La mensajera explica que el alma, a pesar de haber nacido en la mortalidad, puede volverse inmortal mediante el matrimonio alquímico: "Podemos pensar en el alma como en una esfera transparente y brillante que está evolucionando, o involucionando, constantemente. El alma es la parte mortal de nosotros que puede volverse inmortal: que debe volverse inmortal para sobrevivir. Para lograr la inmortalidad, el alma debe ser fundida, o vinculada, a su Yo Superior, que es su Santo Ser Crístico. Sí, hasta que este vínculo tiene lugar, el alma es transitoria y, por consiguiente, puede perderse. Es por ello que las almas que no están unidas a su Yo Superior están en riesgo en el planeta Tierra".[9]

Nuestra alma es el aspecto femenino de nuestro ser con relación al Espíritu, que tiene polaridad masculina. Por eso, a menudo nos referimos al alma como "ella". El alma reside en el chakra de la sede del alma y se prepara para convertirse en la novia de Cristo.

Los maestros ascendidos nos dicen que nuestra alma es como un niño y necesita del alimento, de la protección y de la guía de nuestro Yo Superior. Sin embargo, el ego humano busca también dominio sobre el alma. Se convierte en el padre no amoroso, impidiendo a nuestro Yo Superior, nuestro Padre-Madre celestial, dirigir nuestra alma.

El alma no está íntegra (sana) debido a muchas experiencias y elecciones pasadas, incluyendo traumas, violencia y abuso mental, emocional o físico. El alma tiene heridas y cicatrices que deben ser curadas. La Diosa de la Sabiduría nos dice que incluso pudieron haberse perdido algunos fragmentos del alma: "En algunos casos, el alma, su campo de fuerza, ha quedado escindida por miedos muy intensos del pasado, experiencias traumáticas en las que podríais decir que el alma ha sido sepultada muy hondo en las profundidades del inconsciente, como un niño asustado. El alma debe ser recuperada".[10] Estos fragmentos de nuestra alma permanecen allí hasta que trabajamos conscientemente para sanar estos traumas del pasado.

A medida que hacemos nuestros decretos a la llama violeta con toda diligencia y la dirigimos hacia los registros de dolor, esas partes de nuestra alma pueden ser curadas y traídas de vuelta al chakra de la sede del alma.

El sendero del amor

En este dictado Jesús habla a menudo del amor. Nos llama a un sendero de amor, a tender la mano a aquellos que han sido parte de sí mismo y de su vida. Desea que su amor arda en nosotros como una conflagración sagrada y que, encendidos con el amor de Dios, tendamos la mano para encender a otras almas con este amor divino que nos ha consumido.

A fin de satisfacer esta petición y ser la totalidad del amor que hemos recibido, primero debemos ser capaces de amar y de abrazar compasivamente a nuestra propia alma. Debemos sentirnos valiosos y ser capaces de recibir el amor que Dios nos tiene, y luego podremos compartir ese amor con otros.

La mensajera ofrece once claves para dar y recibir más amor. Día a día, conforme nos esforzamos para abrir nuestro propio corazón y el corazón de otros, nos convertimos en instrumentos de Jesús en la medida en que somos cada vez más capaces de responder a sus llamados. Conforme nuestro corazón se abre, Dios llena nuestro cáliz con más de su luz, más de su amor, bendiciéndonos y, a través nuestro, a otros.

1. **Ábrete a la exploración de las raíces de tu dolor interior y de tu sentimiento de culpa**. Sólo podemos llegar muy

lejos en el sendero espiritual si no excavamos profundamente en nuestra psique.

2. **Despréndete del pasado**. Si apelas continuamente al pasado, no eres libre para seguir adelante.

3. **Perdona**. En primer lugar, en último término y siempre: perdona, perdona y perdona.

4. **Usa la llama violeta para transmutar las cargas del corazón**. En ocasiones puedes sentirte sobrecargado sin saber por qué. Puede deberse a que tus cargas surgen de tu inconsciente para revelarte sucesos de vidas pasadas. Si esto ocurre, indica que el Maha Chohán está abriendo una rendija a fin de que puedas comprender el karma pasado y la forma en que puedes equilibrarlo actualmente.

5. **Haz más grande el imán de tu corazón activando la alegría y la gratitud**. La alegría va de la mano con el amor. La alegría es contagiosa y es magnética. Si estás alegre, puedes dar y recibir más amor.

6. **Ten una perspectiva a partir del corazón**. Practica ver, pensar, hacer a través del corazón.

7. **Estírate un poquito cada día**. Saint Germain dice que si quieres expandir el amor en tu corazón, entonces "acudid y buscad a aquellos que necesitan de vuestro amor y ofreced copa tras copa el elíxir del amor a todos aquellos que reciban vuestro amor".[11]

8. **Establece relaciones verticales y no horizontales**. Muy a menudo intentamos establecer el contacto en forma horizontal, directamente de una persona a otra. A fin de tener una conexión profunda y verdaderamente satisfactoria con cualquier persona, tenemos que movernos

verticalmente: a través del nexo con nuestro Yo Superior y el Yo Superior de la otra persona. Cuando tiendes la mano a otro, en realidad estás dando tu amor a Dios, pues sirves al Dios que vive en su interior.

9. **Protege al corazón de las fuerzas del antiamor**. El corazón es extremadamente sensible a todo tipo de vibraciones. No permitas que sea bombardeado por sonidos disonantes o discordantes. Protege al corazón pronunciando los decretos al arcángel Miguel.

10. **Cultiva la suavidad**. La suavidad es la mayor de las fortalezas. La suavidad es una actitud nutricia, dadora. En lugar de reaccionar a la ira o a las emociones de otro con más ira o emociones, cultivar la suavidad significa responder desde una posición centrada, desde una perspectiva del corazón.

11. **Ámate y nútrete a ti mismo**. Jesús dijo: "Amarás a tu prójimo como a ti mismo".[12] ¿Cómo podrías amar a tu prójimo verdaderamente si no te amas primero a ti mismo?[13]

Djwal Kul nos dice: "El amor es algo que no se queda quieto pero que debe ser practicado. Podemos afirmar que Dios es amor. Luego debemos dar la vuelta y ser ese amor en acciones convirtiéndonos en el guardián de nuestro hermano".[14]

Meditación en el Ser Crístico

La mensajera nos enseña la naturaleza de nuestra relación con nuestro Ser Crístico y nos ofrece una meditación y una visualización para que nos amoldemos a ese Cristo que está en nuestro interior: "El apóstol Pablo fue el primer místico que escribió sobre el concepto del Cristo interior que se forma en nosotros. Escribió en Gálatas: 'Hijos míos, por quienes sufro de nuevo dolores de parto, hasta ver a Cristo formado en vosotros. Y no vivo yo, sino que es Cristo quien vive en mí.'[15] Pablo proclamó al Cristo como la herencia de todos los cristianos...

"Si tienes un Santo Ser Crístico, entonces ¿por qué necesita Cristo ser formado en ti? El Santo Ser Crístico está por encima de ti en planos más elevados. Cuando visualices al Cristo que se forma en ti, velo como puntos de luz que se unen y se concentran, y que estaban originalmente dispersos y se encontraban en forma de vapor, sin forma ni estructura. Conforme comiences a saber quién es Cristo y qué es Cristo —sus atributos, sus obras, sus palabras, cómo vive diariamente—, estará formándose en ti el concepto de Cristo, tu imagen de Cristo, el Cristo que adora, el Cristo que es tu hermano, maestro y amigo.

"Y así, diariamente, ese Cristo se está formando en ti, concentrándose como luz cada vez más hasta que la presencia misma, el contorno y verdaderamente la forma de tu Santo Ser Crístico son duplicados aquí abajo. Pablo dijo que Cristo vivía en él y descubrió que cuando Cristo vivía en él, él ya no vivía en sí mismo. Dijo 'Vivo, pero no soy yo sino Cristo el que vive en mí'. Y así dejaba de ser 'Yo, Pablo'. Era 'Yo, Pablo, uno con el Cristo.'" [16]

Usa esta meditación y esta visualización para ayudarte a atraer la luz de tu Santo Ser Crístico.

Pronuncia las oraciones de Jesús

Jesús nos da dos oraciones en este dictado. Pronuncia estas oraciones conforme ingreses en un estado profundo de unidad con él.

> Oh Jesús, Señor mío, tú el Todo de mí: yo la nada. Toma mi nada, oh Señor mío, y déjame ser el todo de ti. Sé el Cristo en mí, Señor mío, y seré merecedor: merecedor de ser tu novia, pues eres el Cordero y eres merecedor ante el trono de Dios.

Jesús nos dice que, conforme pronunciamos esta oración, "mi Presencia Crística se convierte en mi totalidad en vosotros y el yo mortal se desintegra y el Yo Verdadero se manifiesta. Es una acción yin y yang de Alfa y Omega".

Oh, mi Santo Ser Crístico —tú el todo y yo la nada—, ¡sé yo mismo como la santa llama y crística que arde en el altar de mi corazón por mi Jesús, mi novio, mi Señor!

Reemplaza tu yo irreal por una visualización de Jesús

¡Jesús nos dice que lo busquemos en todas partes! Y nos enseña, cuando somos confrontados con un aspecto de nuestro yo irreal, a reemplazarlo por una visualización de sí mismo. Dice: "Cada vez que encontréis un rincón del yo donde los rayos de luz penetran ahora y halléis los esqueletos en vuestro armario, visualizad mi rostro y mi cuerpo, mi Presencia allí".

Hila el traje de bodas

Jesús nos pide que llevemos a cabo dos acciones específicas con la Ciencia de la Palabra Hablada a fin de hilar nuestro traje de bodas. La primera es la acción de la llama violeta. Trata de pronunciar todos los días tus mantras a la llama violeta destinados al hilado de este cuerpo solar inmortal. ¡Es, además, la manera más práctica y eficaz de adelantártele a tu karma!

La llama violeta es la más física de todas las llamas. Cuando la invocamos, se produce transmutación a todos los niveles. La llama violeta no sólo expele toxinas anidadas en nuestros órganos físicos, sino también transmuta los karmas y traumas de nuestra vida presente y de vidas pasadas registradas en nuestros cuerpos etérico, mental, emocional y físico.

Jesús nos pide también que visualicemos e invoquemos la armadura del arcángel Miguel y a los serafines para la protección del cuerpo solar inmortal. Puedes incluir este llamado y esta visualización en tus decretos diarios al arcángel Miguel (véase página 75).

Para la acción de la llama violeta, puedes usar el decreto "YO SOY la llama violeta" (véase página 119) o cualquiera de los muchos decretos de la llama violeta que nos han dado los maestros. He aquí otro: "Radiante espiral de llama violeta". Usa el preámbulo y cierre de "YO SOY la llama violeta" con este decreto.

Radiante llama violeta espiral

En el nombre de la amada, poderosa y victoriosa Presencia de Dios YO SOY en mí, de mi propio amado Santo Ser Crístico, amado Lanello, todo el Espíritu de la Gran Hermandad Blanca y la Madre del Mundo, vida elemental: ¡fuego, aire, agua y tierra!, yo decreto:

¡Radiante espiral de la Llama Violeta,
Desciende y destella a través de mí!
¡Radiante espiral de la Llama Violeta,
Libera, libera, libera!

¡Radiante llama Violeta, oh ven,
Impulsa y destella tu Luz en mí!
¡Radiante llama Violeta, oh ven,
Revela el Poder de Dios para todos!

¡Radiante llama Violeta, oh ven,
    Despierta la Tierra y libérala!

¡Resplandor de la Llama Violeta, ven,
    Estalla y embulle a través de mí!
¡Resplandor de la Llama Violeta, ven
    Que todos te vean, expándete!
¡Resplandor de la Llama Violeta, ven
    Establece tú, Misericordia aquí!
¡Resplandor de la Llama Violeta, ven
    Transmuta ahora todo el temor!

¡Y con plena Fe acepto conscientemente que esto se manifiesta, se manifieste, se manifieste! (3x), ¡aquí y ahora mismo con pleno Poder, eternamente sostenido, activo omnipotentemente activo, siempre expandiéndose y abarcando el mundo hasta que todos hayan ascendido completamente en la Luz y sean libres! ¡Amado YO SOY! ¡Amado YO SOY! ¡Amado YO SOY!

¿Cómo responderás al llamado de Jesús?

"El Llamado del amor": la "prodigalidad de vuestro corazón, de vuestras manos y vuestro pronunciamiento de mi Verdad... para todos los que han sido parte de mí y de mi vida."

¿Qué significa para mí este llamado?
¿Qué haré para responder a este llamado?

Cap

Capítulo 16

*El llamado a prepararse para la iniciación
del descenso a los infiernos.*

El descenso a los infiernos

YO SOY el Novio, sin embargo no vengo a media noche[1]... felizmente para vosotros.

Amados, he elegido venir en este cuadrante del día de Acción de Gracias[2] para que aquellos que han creado el día con sus tempranas celebraciones sepan que el que consume su fe[3] permanece. Pues los primeros serán los últimos, mientras que los últimos serán los primeros.[4] Así entrad, los frutos primeros, y cumplid hasta el final.

Vengo a plantar mi cayado de pastor en vuestro cuerpo de los deseos y en el plano astral de la Tierra. Sí, amados, también vosotros debéis pasar a través del plano astral y del mar astral. Mejor hacedlo mientras tenéis cuerpo físico, para que no se os requiera que os quedéis allí una vez que ya no tengáis cuerpo. Pues cuando poseéis un cuerpo físico, contáis con la opción de anclar por completo la mente de Cristo. Pero entonces el talento está fijo. Y, en consecuencia, dejad que el que está inmundo siga siendo inmundo; dejad que el que es puro siga conociendo la pureza a la hora de pasar.[5]

Se os han dado muchas oportunidades para equilibrar el karma en esta vida. Y [se os ha dado] un camino tan claro como la clara corriente del Río de Vida. Ahora contad las bendiciones de la armonía divina, la gratitud divina y la justicia divina. Estos tres, amados, son el signo de la victoria sobre el plano astral.[6]

Sí, felices seréis cuando os encontréis con el Novio, quien os recibirá como suyos y en consecuencia os guiará por las escaleras que conducen a las profundidades mismas del subconsciente y del inconsciente. Entonces, con vuestro Novio, el Novio que viene este día en mi persona vended la muerte y el infierno mientras el tiempo sigue estando con vosotros, mientras el aliento del Espíritu Santo está con vosotros y mientras el fuego puede ser intensificado en el corazón.

Conoced bien las enseñanzas de Phylos: Todo progreso cesa en el momento en el que el alma deja este cuerpo.[7] Así, esperaréis y esperaréis nuevamente y quizás buscaréis hacer penitencia en algún nivel del plano astral o del etérico si os habéis preparado bien.

Sin embargo, amados, ¿cuántas miles de veces más cuenta la victoria en la octava física? Difícilmente puedo decirlo. Por consiguiente, conoced la verdad y dejad que la verdad os haga libres. Y sabed que la espada de la verdad es la llama de la verdad en acción. No existe mejor defensor de la verdad de vuestro ser inmortal que Palas Atenea.

Por consiguiente, disponeos a explorar y a ponderar vuestro yo, a luchar cuando veáis la punta del iceberg, y sabed que mucho permanece en el inconsciente. Estad dispuestos a asumir y lidiar con estas cosas.

¿Por qué hablo de ello?

Debido a la mucha autoindulgencia y disposición a morar en sueños de irrealidad y encantamientos que os han lanzado aquellos que saben que la forma de desviar a un guardián de la llama es entretenerlo en pensamientos, ideas, sentimientos fantasiosos, ensoñaciones fantasiosas: en soñar en cosas que podrían ser, que uno hará algún día, haciendo que pasen los momentos, los segundos y los minutos que son copas que podrían contener el infinito.

Conocer el infinito requiere de sólo 60 segundos pero, ¿en qué consiste la preparación para los 60 segundos, amados?...

Recuperad, pues, el tiempo perdido, pues éste es un momento en que muchos portadores de luz deben estar listos para el descenso a los infiernos. He esperado mucho tiempo que estéis preparados. Por lo tanto, si no estáis preparados, preparaos rápidamente pues os llevaré con las legiones de los siete arcángeles. Se requiere que muchos en esta vida desciendan a niveles en los que no moraríais habitualmente, pues allí habéis dejado registros y lo peor de vuestro karma y esas cosas que deben ser transmutadas o, de lo contrario, terminarían por manifestarse como calamidades en poco tiempo en vuestra vida...

Orad todos los días para que el SEÑOR os dé la resurrección y la vida. Orad todos los días por la armadura de San Miguel Arcángel y del Santo Justinius, con la que descenderéis esa escalera conmigo. Podemos hacerlo una y otra y otra vez, diez mil veces, cada año.

¿Os desgastaréis? ¿Se os secarán y cuartearán las manos? ¿Se separarán vuestras uñas de vuestros dedos conforme os acerquéis al calor del mismísimo infierno?

Os lo digo, amados: disponeos a descender hacia vuestro inconsciente y subconsciente pero [permaneced] arropados con el Sol de la poderosa Presencia YO SOY. Esto podéis hacerlo y debéis hacerlo y, a través de ello, tener una resurrección gloriosa, una resurrección *gloriosa*, es decir no meramente "una resurrección mejor",[8] sino una que sea gloriosa.

Recorred la Tierra, pues, como vencedores de la muerte y del infierno. Y para conocer la diferencia entre el Mal absoluto y el Bien absoluto, amados, entrad verdaderamente en el fuego sagrado que consume la simpatía con el yo de la conciencia humana.

Oh, amados, examinad los sentimientos. Ratificad aquellos que constituyen el deseo de Dios. La alegría de vuestra alma y el deseo de Dios es que seáis el Cristo como YO SOY.

Apresuraos, pues. Apresuraos, pues, a hacer las paces con Dios. No permitáis que ninguna perturbación ni erupción que proceda de lo profundo de vosotros os robe la gran cita de amor con vuestra propia mente crística.

Y recordad que sois puestos a prueba día a día para ver si seréis movidos. Pues cuando las hordas del infierno os ladren y aúllen, cuando se os acerquen arrojándoos lodo caliente como [lo hicieron] en contra de Gautama, cuando lleguen estas tentaciones, amados, y realicen un último intento de arrancaros del altar de Dios, entonces digo: Asumid vuestra posición y recordad que la Presencia de Dios descenderá sobre vosotros en ese momento. El manto de la Gran Hermandad Blanca caerá sobre vosotros y también el manto de la mensajera, quien sigue mis pasos permaneciendo con aquellos que están perdidos, las ovejas que se han descarriado o aquellas que han sido capturadas por los lobos...

A través de [la verdadera y viva relación gurú-chela] aquello que hemos establecido, amados, podéis conocerme como Maestro y puedo llamaros mis discípulos, y podéis tener mi amor directo, mi propio corazón, mi Cuerpo y mi Sangre. Sí, amados, *ésta* es la Iglesia viva pues los maestros ascendidos se desplazan por ella y los chelas y los discípulos han tocado el borde de las vestiduras de Dios.

Donde otros, amados, no invocan la llama violeta o pronuncian los decretos que vosotros pronunciáis y que también pronuncian los niños, tomamos de vuestra reserva de luz —como sabemos que desearíais que lo hiciéramos— esas energías que son necesarias a muchos corazones de buena voluntad que todavía no saben cómo orar y hacer descender verdaderamente el fuego de Dios. Ésta es, en efecto, una dispensación.

Muchos de vosotros estáis atados, por vuestra propia voluntad y vuestro propio consentimiento en niveles internos, a individuos de gran luz quienes, sin embargo, no cuentan sino con oraciones fragmentarias de la antigua dispensación. Y habéis ofrecido sostenerlos en su grande y poderoso esfuerzo por la Tierra a través de constantes vigilias de decretos. Cuando no tengáis tiempo de venir a la corte pues os sentís pesados y sobrecargados, sabed que vuestra luz se ha ido hacia ellos y que es tiempo de renovar vuestra copa y atraer más fuego de Dios.

La clave para atraer ese fuego, amados, es también la llama de la devoción y adoración de la que este día ha hablado la mensajera. El lazo de amor con Dios os proporciona un gran imán por medio del cual podéis atraer más y más y más luz. Y conforme adquirís la maestría a través del aliento sagrado de esa luz y ese fuego, amados, conoceréis el aumento de la luz en el aura.

Observad, pues, cómo el ovoide de luz se expande y continúa expandiéndose y cómo sois capaces de dar más y cómo debéis defender más esa misma luz y mantener vuestra posición en el Sendero y vuestra vibración...

Conoceréis a las huestes del SEÑOR. La mayoría de vosotros os habéis preparado diligentemente con el empleo casi incesante del decreto al arcángel Miguel, el rosario del arcángel Miguel y las audiocintas del amado El Morya. Esto os ha puesto en una posición, amados, en que me resulta seguro guiaros hacia las profundidades. Y cuando vayáis allí, amados, y, cuando trabajemos juntos con la asistencia de poderosos ángeles, seréis liberados, a menos, es claro, que volváis a los comportamientos de autoindulgencia en niveles emocionales y astrales.

Sois un creador y un co creador. Así como podéis destruir, de igual manera podéis recrear las condiciones previas. Por consiguiente, proteged la llama, proteged la conciencia y tomad los momentos extra de que disponéis para sellaros en el maravilloso poder de Dios.

Que la libertad de culto renazca, pues los signos de los tiempos y los signos en los cielos lo auguran: experimentar severas persecuciones hasta alcanzar una libertad sin precedente. Ha llegado la hora de cumplir la astrología como cumplís la profecía: actuando, actuando rápidamente, buscando la oportunidad y sacándole el mejor provecho.

Así, en ocasiones el llamado es una acción, amados. La acción misma os permitirá ser el realizador de vuestro destino, en lugar de mirar la astrología y pensar sencillamente que ocurrirá porque el augurio está allí.

El augurio, amados, es como el potencial. El potencial crístico está siempre con vosotros. Lo que hacéis de él y con él, desde el amanecer hasta el anochecer, a lo largo de todas vuestras horas de vigilia y luego por la noche fuera de vuestro cuerpo, le da forma a la historia.

El potencial no garantiza nda. El augurio astrológico no garantiza nada. Son estos signos de los tiempos. El karma positivo o negativo no garantiza nada, sino lo que hacéis con ello en el nexo del espacio y el tiempo mientras tenéis aliento, vida, cuerpo, mente, razón y experiencia.

Sí, amados, las horas pasan velozmente. Las arenas descienden con ritmo regular. Ingresad al marco del tiempo y venced a los Hados.

Conoced esa eternidad en 60 segundos. Sí, amados, puede hacerse. Dejad que comience la preparación...

Todo está bien, amados. Todo está bien. Ingresad ahora al amor del Cristo, el Santo Ser Crístico, que ahora os presenta la llama del amor pacífico y la paz amorosa.

Es éste un día de paz y un día para contemplar la preservación de América en todos los niveles del ser. Podéis hacerlo preparando vuestros cuatro cuerpos inferiores, vuestra alma y vuestro espíritu, vuestra mente y vuestro corazón para que podáis ser la encarnación del Verbo, YO SOY EL QUE YO SOY, y en consecuencia hacer posible en favor de millones aquello que podía haber sido lo imposible.

Dios honrará al Cristo único que nació entre vosotros, o a los muchos [Cristos]. Es vuestra la elección, amados. Aseguraos de no descuidar vuestra cristeidad física.

18 de noviembre de 1991
Día de Acción de Gracias
Rancho Royal Teton
Park County, Montana

Comentario

Ahora contad las bendiciones de la armonía divina,
la gratitud divina y la justicia divina.
Estas tres, amados, son el signo de la victoria sobre el plano astral.

Jesús

Jesús nos llama a "prepararnos para la iniciación del descenso a los infiernos". Revestidos con la armadura del arcángel Miguel y preparados con el círculo y la espada de Astrea y la llama violeta, estamos listos para responder al llamado del Maestro y acceder, junto con las legiones de los siete arcángeles, a niveles del plano astral. Jesús explica que esta preparación es importante porque "se requiere que muchos en esta vida desciendan a niveles en los que no moraríais habitualmente, pues allí habéis dejado registros y lo peor de vuestro karma y esas cosas que deben ser transmutadas o, de lo contrario, terminarían por manifestarse en poco tiempo como calamidades en vuestra vida".

El cristianismo enseña que, entre su crucifixión y su resurrección, Jesús descendió a los infiernos, donde predicó y llevó la salvación a las almas que estaban prisioneras allí. El apóstol Pedro afirmó que Jesús "fue también a predicar a los espíritus encarcelados".[9] La tradición del descenso triunfal de Jesús a los infiernos es afirmada en el Credo de los Apóstoles, afirmación de los preceptos fundamentales de la creencia cristiana que, en su forma más antigua, puede ser rastreada hasta el siglo II. La versión católica del credo afirma que Jesús "fue crucificado, muerto y sepultado. Descendió a los infiernos y al tercer día resucitó entre los muertos".

Los Elohim del tercer rayo, Heros y Amora, explican que "el descenso de Jesús a los infiernos" fue un descenso a niveles del plano astral del planeta Tierra. "La mensajera os ha dicho que existen 33 niveles en el infierno, cuya vibración va descendiendo, del mismo modo como hay 33 niveles de iniciación que suben las octavas etéricas superiores hasta la ascensión.

"Develo para vosotros, pues, un laberinto de las capas del infierno sobre esta Tierra y, como van hacia abajo, es casi como si viajarais a través de catacumbas. Aquellos de vosotros que habéis recorrido las catacumbas en Roma y habéis tenido que comprender cómo pudieron sobrevivir allí los cristianos, debéis saber también que estos fieles (muchos de los cuales han estado esperando en la octava etérica en el estado resurrecto hasta que vosotros lleguéis también a ese lugar en el sendero de la iniciación de vuestra alma en la llama de la resurrección) pasaban simultáneamente por esta iniciación del descenso a los infiernos; sin embargo, algunos de ellos pasaron el resto de su vida en las catacumbas en esas condiciones de frío y oscuridad.

"Sabed, pues, que este descenso a los infiernos del Señor Jesucristo fue un descenso a cada uno de los 33 niveles y que, en efecto, predicó la reprimenda de la llama viva de la Verdad a todos los que moraban en ellos. Cualquiera que fuera el nivel o estado de conciencia en que los encontrara, el Señor predicó su mensaje en los dientes mismos de su enviciamiento, en la mayor oscuridad y en sus profundidades."[10]

Los planos físico y astral se traslapan

Los maestros ascendidos enseñan que, aun cuando el plano astral es un nivel más allá de lo físico, su existencia se traslapa con el plano físico. La mensajera describe los niveles del astral y explica lo que se encuentra en esos niveles: "Así, podemos ver que es posible que una porción de nuestra vida se traslape con, y ocupe el primer nivel, del plano astral: son los mundos de ilusión, rock, sensualidad y drogas. Cada vez más y más profundamente en esa oscuridad, podemos descender a los niveles dos, tres, cuatro, cinco, seis, siete.

"Y cuando llegamos al nivel siete, estamos en esa frontera en que podemos, avanzar por los niveles de la muerte y el infierno que están relacionados con el conjunto atlante.* Está muy oscuro al nivel ocho y sigue oscureciéndose gradualmente hasta el fondo mismo donde las corrientes de vida que han cometido crímenes en contra de la humanidad aguardan durante ciclos antes de comparecer ante la Corte del Fuego Sagrado y los 24 ancianos.

---

* Nivel del plano astral en que las almas recalcitrantes provenientes de la época de la Atlántida eran detenidas a fin de impedir que reencarnaran por un cierto ciclo de tiempo.

"He visto, gracias a los llamados que he hecho para atar a ciertos individuos que habían sido perpetradores de mal en contra de la humanidad, que ellos habían estado en ese nivel 33. Y como su tiempo había concluido e hice los llamados a Dios, fueron atados y sacados de ese nivel en el que habían entrado y salido de encarnación durante muchas, muchas vidas hasta que murieron en su vida en el siglo xx."[11]

Transmuta toda atadura al plano astral

La mensajera enseña que debemos estar decididos a alcanzar la octava etérica en el momento de nuestra transición. Y debemos también hacer los llamados mientras estamos todavía en la octava física para transmutar con la llama violeta cualquier karma que nos retenga y ate al nivel astral:

"Si transmutáis vuestro karma hecho con el plano astral, con las personas que viven en el plano astral y pertenecen a él, entonces, como podéis ver, ya no tenéis las ataduras ni la obligación de ingresar a ese plano a fin de pagar vuestras deudas. Es preferible por mucho pagar aquellas deudas mientras os encontráis en encarnación física porque, cuando estáis fuera de encarnación, es mucho más fácil que os perdáis en el plano astral mientras estáis tratando de equilibrar allí el karma. La enseñanza católica es correcta. Existen niveles como el limbo: niveles primarios, secundarios y terciarios de gradaciones del infierno de menor intensidad. Llegar allí no significa un retorno garantizado. Por ello, mientras tenemos vida y aliento, queremos ofrecer nuestros servicios para liberar a la vida, pronunciar nuestros decretos a la llama violeta y a Astrea y retirar nuestras energías de ese nivel." [12]

La mensajera explica que "es misión de la mensajera y de todos los que siguen el sendero de la iniciación crística siguiendo los pasos de nuestro Señor 'descender a los infiernos', *i.e.*, el plano astral, con Jesús para rescatar almas de luz, para reprender y predicar el arrepentimiento a los caídos y para invocar el juicio y la atadura de aquellos que permanecen en la conciencia de muerte —destructores confesos de vida".[13]

El arcángel Miguel nos previene para que nos vistamos con la armadura completa de Dios a fin de que podamos lidiar con estos niveles de oscuridad. "Así, debéis ser sensatos y daros cuenta de que el sólo hecho de que contéis con el tubo de luz y con la acción de mi llama azul y de mi espada, no es garantía de que si descendéis a los infiernos y jugáis con los fuegos del infierno y decís 'Soy inmune' no quedaréis atrapados en una situación en la que os encontraréis mal equipados para enfrentaros a las fuerzas desatadas en vuestra contra.

"Por consiguiente, el sabio busca la montaña sagrada de Dios y el Sanctasanctórum de su propia Presencia YO SOY, y permanece en guardia. Ésta es la primerísima lección que se les da a los ángeles de nuestros bandos y a vosotros que deseáis servir con nosotros a niveles internos. Habéis oído la afirmación 'Los tontos se apresuran donde los ángeles temen andar'. Hasta que sepáis firmemente el modo de invocar protección espiritual en los planos físico, astral, mental y etérico, y estéis seguros de que tenéis puesta la armadura de los ángeles del primer rayo, no vayáis tan desprevenidamente a lugares de oscuridad." [14]

Por esto es esencial que los portadores de luz invoquen la protección de este poderoso arcángel, pronunciando su decreto diariamente. (Véase capítulo 2) Al pronunciarlo, visualiza al arcángel Miguel de pie frente a ti. Ve mentalmente su espada de intensa y ardiente llama azul protegiéndote y liberándote de toda sustancia astral no deseada. Mírate revestido con la armadura de los ángeles.

Saint Germain nos conmina: "Debéis creer en vosotros mismos. Y debéis creer que Dios en vosotros puede atar y vencer a la muerte y el infierno. Ésa es la ecuación. Y si lo creéis con todo vuestro corazón, vuestra mente y vuestra alma, los ángeles caídos no serán capaces de ir en contra de vosotros. Sí, ésa es la ecuación. Tratad de creer en vosotros mismos; pues cada hijo e hija de Dios que cree en Dios y cree en sí mismo puede obtener la victoria".[15]

Está dispuesto a descender a tu inconsciente y subconsciente

Como parte de nuestra preparación para la iniciación del descenso a los infiernos, Jesús nos pide que descendamos por la "escalera en forma de espiral" que nos conduce a nuestro subconsciente e inconsciente. Estas capas de nuestro ser deben ser purificadas a fin de que no haya punto de vulnerabilidad, ningún imán en nuestro interior de vibración semejante a estos niveles en que debemos acompañar a Jesús.

Lanello habla de este proceso de descenso por la escalera en forma de espiral de nuestro propio ser a fin de realizar este trabajo interior: "El Espíritu Santo es el gran multiplicador, amados. Por consiguiente, comprended que cuando vuestro corazón es un pozo de fuego vivo, la multiplicación de ese fuego es también infinita. Pero si acechara, de hecho, en algún punto de los pliegues del ropaje del inconsciente, una fuerza de antiamor descuidada, dejada allí mucho tiempo atrás, que habéis buscado transmutar desde entonces sin lograrlo, en ese caso, amados, se produce también una multiplicación de esa sustancia por vuestro vínculo con la Gran Hermandad Blanca.

"Así, debo advertiros, antes de que escribais vuestra primera página en el diario de 1993, que os colocáis en una situación generadora de karma cuando no resolvéis internamente ese punto de ira original (y todas las demás manifestaciones marcianas) que os separa de vuestro Dios. Una cosa es nombrar estas condiciones de conciencia para que sean atadas por medio de vuestros decretos y otra muy distinta desearlo verdaderamente: perseguirlas y exorcizarlas.

"Sí, ¡sed el buzo de aguas profundas! Profundizad en esos niveles y solicitad ser llevados esta noche, no a retiros, sino a las cavernas y cañones de vuestros propios subconsciente y cuerpo astral, así como del inconsciente, amados. Pues es el lugar que debéis visitar hoy nuevamente, el lugar al que acudiréis pues aquellos de vosotros que habéis permanecido aquí en la comunidad tenéis la fortaleza para hacerlo.

"Sí, tenéis la fortaleza para descender con la compañía de serafines y miembros de los bandos de los siete arcángeles y para invocar el exorcismo de esos puntos de oscuridad, descuidados, olvidados hace tiempo, que siguen pesándoos como si siguierais llevando una carga en vuestras espaldas desde hace diez mil años. Y así es, en efecto, pero habéis olvidado que to-davía lleváis esa carga.

"Bien, deseo avivar la memoria. Y deseo que ofrezcáis la plegaria y utilicéis este llamado, amados."[16] (Véase Ejercicios espirituales para la oración dada por Lanello.)

Lástima humana y compasión divina

Jesús nos dice: "Recorred la Tierra, pues, como vencedores de la muerte y del infierno. Y para conocer la diferencia entre el Mal absoluto y el Bien absoluto, amados, ingresad verdadera-mente al fuego sagrado que consume la simpatía con el yo de la conciencia humana".

La simpatía con el yo es la actitud que nos permite vivir con nuestras imperfecciones o indulgencias. Cuando sentimos lástima por nosotros mismos nos compramos un helado o ha-cemos algo que nos haga sentir mejor. Nos damos cuenta de que tenemos un problema pero decimos "Pobrecito de mí, ¿qué puedo hacer?"

Siempre es necesario que sintamos compasión por nosotros mismos y que nos demos cuenta de que, aun cuando podemos tener imperfecciones humanas, no debemos regodearnos en ellas. Necesitamos amarnos a nosotros mismos pero, al mismo tiempo, debemos mantener la constante determinación de su-perarnos y de trascender nuestras limitaciones.

Necesitamos también tener compasión por los demás sin por ello caer en la lástima. Los maestros ascendidos aconsejan a menudo a sus chelas que conozcan la diferencia entre la lástima humana y la compasión divina. Cuando experimentamos simpatía por el yo y sentimos lástima por nosotros mismos o por alguien más, estamos aceptando, en cierta medida, la imperfección humana y, en consecuencia, reforzándola y dándole luz. Esta clase de simpatía no tiene la fortaleza necesaria para ayudarnos o ayudar a otro a superar su lado negativo o las cargas que lleva a cuestas.

La verdadera compasión proviene del corazón y proporciona la fortaleza del Cristo para establecer contacto con el punto del Cristo en otra persona, a fin de ayudarla a superar cualquier condición negativa.

Reza la oración de Lanello para descender
por la escalera en forma de espiral

Lanello nos ha dado una oración para ayudarnos a transmutar los registros del antiamor enterrados muy en el fondo de
nuestro propio subconsciente e inconsciente. Nos pide que re-
cemos esta oración durante 33 días consecutivos y que invoquemos su asistencia para hacer este trabajo interior, tan
importante para nuestro Sendero.

Oración para descender por la escalera
en forma de espiral

Llamo ahora a mi amado Lanello, mi mentor del Espíritu. Llamo a El Morya, al arcángel Miguel y a los Señores del Karma, a
mis propios Santo Ser Crístico y Presencia YO SOY y a todos
los que me asisten en mi camino.

Condúzcanme ahora, ¡oh santos de Dios!, por la escalera
en forma de espiral hacia las profundidades del subconsciente,

el cinturón electrónico, el plano astral y el inconsciente. ¡Llévame allí, oh Dios! Con querubines que me cubran y guíen mis pies, mi corazón y mi mente.

Por consiguiente, invoco la armadura de los serafines y del arcángel Miguel y el casco y el escudo del Señor y la espada de llama azul. Y pido ser guiado por el Maha Chohán con relación a aquello de lo que podré ser liberado, y realizaré ese exorcismo bajo la tutela de Jesucristo vivo, mi Señor.

Llamo, pues, para que día a día, durante 33 días, logre destruir esas sustancias que moran en mi interior y no me aceleren en mi camino hacia la gloriosa libertad de Dios que busco, sino que, por el contrario, retrasan mi paso.

Y, por lo tanto, oh Dios, renuncio a esa porción de mí mismo que no te ayuda ni a ti ni a mí. Pido ser liberado de todos los individuos de los que fui parte alguna vez, cuando la voluntad de Dios dicte que debo ser liberado. Pido ayuda para aquellos a quienes puedo ayudar y pido mantenerme vinculado a los que debo seguir relacionado de acuerdo con la voluntad de Dios. E invoco que todo el karma sea saldado por medio de la llama violeta.

Es mi más profundo deseo, ¡oh poderosa Presencia YO SOY!, ser liberado ahora del exceso de equipaje, convertirme en un mejor siervo del Señor Sanat Kumara y ser liberado para ayudar a los demás: libre de divisiones en mi propia psique, libre de los estorbos de la conciencia humana, a fin de no escatimar la dádiva perfecta a nadie, amigo o enemigo o extraño, que toque a mi puerta. Encomiendo esta plegaria al corazón de Dios para su adjudicación. Y ruego por la separación del camino de lo Real y de lo irreal en mi interior, para que la Victoria triunfe a través de mí.

Como un humilde peregrino en el camino de la vida, sello mi oración este día, ¡oh Dios! ¡Ayúdame Dios! ¡Ayúdame Dios! ¡Ayúdame Dios![17]

Invoca la protección del Arcángel Miguel diariamente

Los Ejercicios espirituales del capítulo 2 incluyen un decreto al arcángel Miguel. Muchos discípulos de Jesús pronuncian este decreto durante veinte minutos o más cada mañana. Es un ritual maravilloso para comenzar el día con los arcángeles y para asegurar que contamos con su protección constante.

He aquí un decreto corto al arcángel Miguel que es ideal para orar cuando estás de viaje. Visualiza la presencia del Arcángel Miguel a tus dos costados mientras pronuncias este llamado.

Protección de viaje

San Miguel delante, San Miguel detrás,
San Miguel a la derecha, San Miguel a la izquierda,
San Miguel arriba, San Miguel abajo.
¡San Miguel, San Miguel, donde quiera que voy!

¡YO SOY su amor protegiendo aquí!
¡YO SOY su amor protegiendo aquí!
¡YO SOY su amor protegiendo aquí!

Reza la oración del Papa León XIII

"Un día, cuando el Papa León había terminado la misa, se quedó de pie en el altar como si estuviera en trance. Más tarde explicó que había escuchado a Satanás hablar a Nuestro Señor. Satanás pidió 75 años para intentar destruir a la Iglesia. El Señor dijo: 'Tienes el tiempo; tienes el poder. Haz lo que quieras.' El Papa comprendió que si el diablo no lograba su propósito al llegar el término de ese lapso, padecería una derrota devastadora. Comprendió también que, por medio la oración, el sacrificio y una vida vivida como buenos cristianos, podemos contrarrestar el poder del diablo y sus agentes humanos. Así, el Papa León compuso una oración para invocar la intercesión del arcángel Miguel, que fue pronunciada al término de la misa durante 78 años. Esta práctica fue descontinuada después del Concilio Vaticano II. La oración del Papa León XIII, revisada y actualizada por la mensajera para los estudiantes de los maestros ascendidos, está incluida en el Rosario del Arcángel Miguel para Armagedón".[18]

Antes de rezar esta oración es importante invocar la protección del arcángel Miguel. Pronuncia el decreto "Protección de viaje" o algunos otros decretos dirigidos a él.

San Miguel Arcángel, defiéndenos en Armagedón

San Miguel Arcángel, defiéndenos en Armagedón. Sé nuestra protección contra los malvados y las trampas del diablo. Que Dios lo reprenda, rogamos humildemente, y tú, oh Príncipe de las huestes celestiales, por el poder de Dios, ata las fuerzas de la muerte y el infierno, la semilla de Satanás, la falsa jerarquía del Anticristo y todos los espíritus malignos que vagan por el mundo para arruinar a las almas. Y llévalos a la Corte del Fuego Sagrado para que sean sometidos a su juicio final [incluyendo: (inserta tu oración personal opcional aquí)].

Arroja a los oscuros y su oscuridad, a los malhechores y sus palabras y actos malignos, causa, efecto, registro y memoria, al lago del fuego sagrado "preparado para el diablo y sus ángeles".

En el nombre del Padre, del Hijo, del Espíritu Santo y de la Madre, amén.

Reza el Rosario del Arcángel Miguel para Armagedón

El Rosario del Arcángel Miguel es un servicio de oraciones, decretos e himnos para invocar la asistencia del arcángel Miguel, las huestes del SEÑOR y los nueve coros de ángeles para la resolución de problemas personales y planetarios y para la atadura de las fuerzas del mal que atacan a los niños y a los jóvenes del mundo. Ponte en contacto con The Summit Lighthouse para obtener un folleto de este rosario, sea solo o acompañado por una audiocinta de la mensajera donde guía a los estudiantes de los maestros en este servicio.

¿Cómo responderás al llamado de Jesús?

El Llamado a prepararse para la iniciación del descenso a los infiernos.

¿Qué significa para mí estellamado?
¿Qué haré para responder a este llamado?

Capítulo 17

Os Llamo al corazón de Dios.

La Rosa de Navidad
"Os llamo al corazón de Dios"

Sí, YO SOY el que ha venido. Y en esta hora de mi venida envuelvo a la Tierra en la rosa de mi corazón. Dejad que sus pétalos lleguen a vuestro ser más interno pues toco a todos aquellos que guardan mi llama de amor. Así, ¡sed como madera ardiente!

Recibid pues la llama de la Rosa de Navidad y sabed, amados, que sin compasión no hay salvación para el alma que está perdida; no habría manera de que tendierais la mano y llevarais la corriente de amor que rescataría a un pobre desgraciado, atrapado en las zarzas del plano astral, quizás no a consecuencia de su karma actual sino de la añeja batalla entre las fuerzas de luz y las fuerzas de la oscuridad.

Aseguraos de que algunos que permanecen atrapados en las zarzas, amados, sean reconocidos como incansables guerreros que se aprestan a acabar con los caídos a fin de que otros puedan formar anillos alrededor del Sol Central, y cantar himnos de alabanza a mi corazón y al corazón de Dios. Por consiguiente, amados, no señaléis con un dedo acusador a aquel que ha sido manchado por la batalla misma.

Sí, la batalla continúa a muchos niveles y los mejores de entre los hijos y las hijas de Dios descienden el día de Navidad para atar a los caídos y la semilla de Satanás, cuya hora ha llegado: pues es Navidad.

Sí, amados, os deseo una muy, muy santa Misa Navideña en esta hora. Y vengo a celebrar con vosotros el nacimiento del Cristo único de vuestro corazón, uno a uno a uno. Vengo a adorar el cuerpo de Dios que es uno y sin embargo está individualizado.

Y estoy viendo con todo el poder de mi ser emerger al Cristo de vosotros mismos, de mí mismo, pues uno somos. ¡Y la vida toda no es sino una y Dios es uno! Aun cuando haya un millón de millones de veces un millón de millones de rayos de luz de ese Cristo, no hay sino uno.

Vengo a celebrar ese nacimiento o quizás su nueva concepción y subsecuente gestación. Cualquiera que sea vuestro nivel en el Sendero, amados, tomo mi vara, incluso mientras la vara de Aarón se convierte en la vara de José [y mido vuestro progreso en este día].

Sí, la vara amados, es la vara de medir.

¿Dónde estáis este día?

¿Dónde está la línea que denota progreso?

Pues las líneas aumentan desde el nacimiento hasta la transición.

Deseo veros llegar al extremo opuesto de la vara, que en mi mano se convierte en el cayado del pastor, maravilloso símbolo del fuego sagrado de la Kundalini que se ha elevado. Deseo ver ese brote en la base del cerebro y continuar hasta el punto del tercer ojo. Es un camino difícil, amados, pues el fuego trae a la superficie aquellas cosas que deben ser lanzadas a las llamas, consumiéndose a medida que el fuego se eleva, elevándose a medida que se consumen.

Así, medid vuestra vara, amados, y sabed que la vara de Aarón augura en efecto el momento en que tomáis dominio en vuestro ser crístico de todas las cosas que hay en la Tierra, y con mi amada Madre colocáis la luna bajo vuestros pies y ya no sois más jalonados de aquí para allá por el cuerpo emocional de la conciencia masiva o por las olas del mar. Y cuando no haya más noche ni mareas, contemplaréis la mar en calma.[1]

¡De allí la quietud del cuerpo de los deseos! ¡De allí el poder que encuentra el cuerpo de los deseos al interior de todos los chakras!...

Sí, amados, paso a paso os nutrís y regáis aquí, en la encarnación física, nuestro jardín e incrementáis la manifestación de luz en vosotros mismos, con el supremo propósito de disponer de esos medios para extenderlos a otros. Dejad que el fuego sagrado sea contenido.

Sed el observador, pues, primero de vosotros mismos, de la inhalación y de la exhalación. Buscad el equilibrio y el aquietamiento de las fuerzas, la observación del aliento, la observación de la mente. Esto significa percibiros a vosotros en el corazón mismo de vuestro Santo Ser Crístico. Y este Santo Ser Crístico desciende hasta vosotros en momentos de gozosa devoción, en las horas del Armagedón en que libráis supremas batallas en contra de los demonios y desencarnados, que son del Anticristo.

En efecto, amados, ser el observador y mantener el punto de equilibrio interior es algo que hoy podéis lograr, pero el día de mañana constituirá un nuevo nivel y un nuevo reto, mucho más grande que el último. Así será hasta que alcancéis la unión absoluta con el Dios absoluto.

Vendrán las pruebas pero, oh, qué alegría saber que después de subir por la columna, al final de esa escalera, podréis lograr una maestría cada más mayor al interior de estos cuatro cuerpos inferiores, y así mostrar alegremente a muchos que el camino que seguís proporciona alegría y maestría y no es la *vía dolorosa*. ¡No es un camino de pesar!

Pero ese [camino] no excluye el dolor y el sufrimiento de la superación. No excluye la lucha con el ser inferior y las hordas del infierno. Todas estas cosas tendrán que pasar.

Pero ¿y qué? Contáis con todo el Espíritu de la Gran Hermandad para reforzaros, y con seres cósmicos a todo lo largo del camino de vuelta hasta el Gran Sol Central. Ninguna prueba es otorgada sin que exista una fuerza poderosa de ángeles que refuercen vuestra voluntad y vuestra determinación.

Corazones benditos, *luchad con uñas y dientes* en la batalla, remontadla y conoced la suprema dicha de la unión. Esta unión podéis lograrla diariamente: ¡*diariamente*, digo! ¡No la pospongáis!

La dicha de la unión con la Fuente de Dios a través de vuestra poderosa Presencia YO SOY puede ser percibida y conocida por todos y cada uno de vosotros diariamente. Y el momento para interrumpir el día y entrar al corazón de Dios sin fallar es justo antes de que os retiréis a descansar y cerréis vuestros ojos para soñar el sueño del amor de Dios, para viajar hacia templos de luz cada vez más altos en la octava etérica, incluso antes de realizar vuestra ascensión.

Las puertas se os abren conforme echáis los cimientos para no perder lo que habéis construido, como hacen en cambio los niños que juegan a construir torres y luego las derrumban. Esta torre que construyas debe ser resistente. Debe estar bien diseñada y bien sellada.

Sabed, pues, que una vez al día debéis detener el ciclo [y el reciclaje de la mente], que gira, y gira, y gira, o de lo contrario os encontraréis enroscando una espiral de estrés y tensiones de vida alrededor de vuestra médula espinal. Y ese ímpetu debe colapsarse [un día] cuando entréis al corazón de la eternidad…

En este momento, pues, contemplad la asimilación de mi Palabra como mi Cuerpo y mi Sangre, de mi Palabra como Alfa y Omega, comienzo y final de los ciclos de vuestro ser.

Sí, amados, es un momento para contemplar que en este plano finito hay un comienzo y un final. Hay una *n.* y una *m.* en cada tumba pero no estáis confinados a ese marco de tiempo.

El tiempo es el aliado y el enemigo. Utilizadlo sabiamente y romperéis sus barreras y seréis eternos. Utilizadlo mal y seréis enterrados junto con la forma corruptible y os encontraréis en el plano astral.

Aprovechad las horas y romped su cáliz. Dejad que la hora se vuelva infinita en esos momentos en que entráis a Dios, tranquilos en el silencio de vuestra habitación, cuando os sentáis sobre vuestra cama y contempláis la fuente del ser.

Es ésta la clave que os doy para que enfrentéis todos los retos diarios y de muchas vidas. Conocer esa comunión, amados, es recordar la dicha y la Ley del Uno, ser despojado de todo deseo equívoco y de toda búsqueda desmedida de aquellas cosas que no son de Dios.

Cuando deseáis a Dios y conocéis a Dios, casi nada más os importa. Es la falta de conciencia del ser en Dios lo que os lleva a tales desviaciones y os ciega a las distintas atracciones: atracciones que provienen del mar astral, atracciones que provienen de la vibración lunar.

Sí, amados, he venido a llamaros en repetidas ocasiones. Muchas veces he venido. Pero en este día os llamo sencillamente al corazón de Dios. Y os pido que os detengáis y descubráis de un modo muy verdadero esa unidad, para que nunca volváis a ser apartados de la base firme de vuestra divinidad.

En esta octava, oh amados, ¡sed ese Dios y no os sintáis satisfechos hasta que hayáis tocado a ese Dios! Sabréis que ese Dios os ha tocado cuando sintáis el pleno fulgor de la compasión y de la alegría, que trasciende toda adversidad y cualquier medio utilizado en contra vuestra por aquellos que están atrapados en la red del mar astral.

Y tienen muchas trampas. Pero si, cuando tocan a vuestra puerta, decís simplemente "No estoy, no estoy" [no les dais posibilidad de entrar]. Por consiguiente, no respondéis a la puerta, no respondéis en lo absoluto, puesto que no están tocando en la puerta correcta.

Cuando se elevan al nivel de la puerta que abre al reino de Dios y vosotros estáis en ese reino, entonces podéis retar a los espíritus, ponerlos a prueba para ver si vienen de Dios[2] y despedirlos. Pues incluso los ángeles caídos intentarán remontar hasta vuestro trono de unidad con la Fuente de Dios.

Sí, amados, no pronuncio meras palabras. Os hablo de un misterio, de un sendero, de una búsqueda y de un encuentro.

Os hablo de buscar a Dios hasta que estéis envueltos en Dios, bañados en Dios, hasta que estéis masticando trozos de la conciencia de Dios y sorbiendo el néctar de Dios. Estoy hablando de una experiencia que debéis tener a través de vuestra propia búsqueda, de vuestra propia determinación, ¡de modo que no descanséis hasta que tengáis esta dicha!

Sí, amados, se requiere que deis ese amor que en primer término Dios os ha dado, multiplicado por la llama que Dios colocó en vuestro corazón. Es estar dispuesto a acudir a dondequiera que os llame para realizar cualquier tarea, para hacerla en nombre del SEÑOR; hacedla, amados, pues sabéis que es un medio para alcanzar un fin y sabéis que yo recompenso y que traigo mi recompensa conmigo y que acudo rápidamente,[3] muy rápidamente, cuando cumplís con los requerimientos de la Ley para la armonía de vuestro propio ser.

Es de esta dicha y de este contacto —conocido a todos los niveles del ser y sin embargo deseado— que se tiene sed. Es por eso, amados, que peregrinos, santos, hombres y mujeres santos han dado su vida, han entregado su vida, se han convertido en mártires, no han estado dispuestos a detenerse sino hasta que, a través de la más absoluta determinación para realizar la obra del Hijo, entraron al Mundo del Padre.

No os quedéis cortos al sorber cada día del néctar de Dios. Pues a menudo está allí, listo para que lo toméis, pero cerráis vuestro libro y entráis en contacto con algo mundano, y apenas si notáis a mi ángel que os extiende la copa todavía y, sin embargo, tiene que retirarla pues habéis alejado vuestra atención de la Fuente de Dios. Hablo una y otra vez de la dotación de poder. Hablo del amor como la verdadera dotación de poder. No existe otra excepto aquella que es tomada ilícitamente con intereses egoístas. El verdadero poder es amor y el amor es el poder que cimbra un cosmos, por medio del cual la voz de un niño así dotado puede ser escuchada en una estrella distante…

Yo soy Jesús, vuestro hermano, vuestro amigo, vuestro maestro, avatar de la era, y deseo intensamente fortaleceros para que podáis ser para los muchos lo que yo he sido para vosotros. Seguid adelante, amados, pues vuestro camino va directo a la estrella de la gran, gran esperanza.

Os sello en este momento para que podáis regocijaros, todavía más horas este día, en el verdadero significado de ser la Rosa de Navidad.

Os doy a cada uno de vosotros un beso en la frente de la Rosa de Navidad. Al pequeño niño que está en vuestro interior, a vosotros mismos, cada año de vuestra vida en vuestro cumpleaños [os doy el beso de la Rosa de Navidad y] os sello, todos y cada uno de los años hasta el presente, amados.

Sabed que mi amor es suficiente para que resolváis todos los problemas no resueltos: un problema espiritual, un problema de la psique o de vuestra psicología, un problema de la mente o del corazón o del deseo. Este beso, amados, está allí para que lo aceptéis y para que, con él, aceptéis la curación de las experiencias de esa etapa de vuestra vida.

Esos libros que la mensajera os ha recomendado, también yo los recomiendo. Os ayudarán a recorrer algunos de los laberintos del subconsciente. No tenéis que recorrerlos todos, sin embargo, pues poco a poco encontraréis la clave en los registros del antiguo yo de esta encarnación y de encarnaciones previas, amados, ¡y descubriréis cuál es! ¡Y con esa clave poderosa que es vuestra propia cristeidad, esa poderosa clave, amados, haréis que se colapse el resto! Y ya no tendréis que seguir deambulando.

No cometáis el error de pensar que habéis llegado a la clave. Pues quizás tenéis la clave en vuestra mano, amados, pero a menos que esté en vuestro corazón, a menos que os hayáis convertido verdaderamente en esa persona que es vuestro verdadero yo, deberéis continuar y continuar.

Pues el verdadero descubrimiento resultará en la asimilación de mi Cuerpo y de mi Sangre.

Tomad, comed. Pues éste es mi Cuerpo. Ésta es mi Sangre.

[Consagración de la Santa Comunión.]

25 de diciembre de 1991
Navidad
Rancho Royal Teton
Park County, Montana

Comentario

Cuando el corazón es puro, todos los otros niveles del ser
pueden ser purificados. Por consiguiente, dejad que el corazón
sea puro, verdadero y amoroso, cuando lleva la llama del honor cósmico.
Dejad que el corazón sea la puerta abierta
a través de la cual el Espíritu Santo vendrá a vosotros.
Dejad que el corazón sea la puerta abierta a los exhaustos,
a los pobres, a las masas arremolinadas que anhelan respirar libres.

Jesús[4]

En este dictado, Jesús envuelve dulcemente la Tierra en la rosa de su corazón. Nos pide: "Recibid la llama de la Rosa de Navidad y sabed, amados, que sin compasión no hay salvación para el alma que está perdida".

Nuestro Señor encarna la llama de la compasión y la amabilidad que es la firma de su gurú, Maitreya. Y hoy sencillamente nos llama "al corazón de Dios".

Todos los maestros nos hablan del sendero de la compasión. Lanello es un maestro conocido por su magnánimo corazón, y él explica este sendero como algo muy práctico. "Y donde veáis a cualquier hijo de la luz abanderando una causa, yo digo: Ayudadlo, animadlo y ofrecedle la copa de luz, sin descuidar la copa de agua fresca, el alimento, el reposo y el cuidado. Satisfacer necesidades físicas es una parte esencial de la experiencia del amor. Por consiguiente, corazones amados, reconoced que cuando vuestro cuerpo y vuestra mente tienen necesidades, éstas se manifiestan en el más verdadero sentido del amor, de tal modo que la necesidad no es una espiral descendiente sino una espiral ascendente que exalta y consuela gracias al pacto eterno de la compasión.

”El pacto de la compasión es la clave para la victoria. Cuando invoquéis mi manto de victoria durante este año, oh amados, recordad que fue ganado gracias al pacto de la compasión. Aquellos hacia quienes sentís compasión pueden alcanzar la victoria pues saben que los amáis.

”Amad hoy a alguien. Amad a alguien cada día con el tipo de amor que anhela el alma. Pues el mundo ofrecerá sus amores pero el alma sigue hambrienta, cansada y llorosa: clama por la ternura que la comprenda y no se ocupe meramente de las comodidades de la criatura. Cuando ofrecéis un alimento o cuando proporcionáis ayuda física, es recibida con alegría porque el espíritu que fluye en ella llega al alma, y el alma está en paz y ya no padece la carga de las perturbaciones del mundo.”[5]

Madre María nos aconseja: "Aprended la compasión mirando a través de los ojos del otro, poniéndoos en los zapatos del otro, entrando al corazón y a la mente, por un momento, por un instante, del padre, de la madre, del hermano, de la hermana o del niño pequeño".[6]

Os llamo al corazón de Dios

El Maestro desea que *experimentemos* verdaderamente el amor que Dios tiene para nosotros. A algunos les resulta más fácil que a otros. Sabemos, sin embargo, que Dios ha colocado una llama de amor en nuestro interior, en la cámara secreta de nuestro corazón. Si nos tomamos unos minutos todos los días para poner nuestra atención en esta llama viva, podemos acelerar el sentimiento de amor en nuestro ser. Es una ecuación simple pero en ocasiones ¡no tan fácil de atender en nuestras apretadas agendas!

Jesús pide que "nos detengamos y descubramos de un modo verdadero esa unión" con el corazón de Dios a fin de que "nunca volvamos a ser apartados de la base firme de nuestra divinidad".

Las claves de Jesús para entrar al corazón de Dios

Jesús nos da muchas claves para entrar al corazón de Dios. He aquí unas cuantas:

1. **Entra conscientemente al corazón de Dios diariamente.** "El momento para interrumpir el día e entrar al corazón de Dios sin fallar es justo antes de que os retiréis a descansar y cerréis vuestros ojos para soñar el sueño del amor de Dios, para viajar hacia templos de luz cada vez más altos en la octava etérica". Véase un ejemplo de llamado para ser transportado a los templos de luz en Ejercicios espirituales, capítulo 3.

2. **Aprovecha tu tiempo sabiamente.** Dice Jesús: "Aprovechad las horas… Dejad que la hora se vuelva infinita en esos momentos en que entrais a Dios, tranquilos en el silencio de vuestra habitación, cuando os sentáis sobre vuestra cama y contempláis la fuente del ser."

3. **Busca a Dios con determinación.** "Buscad a Dios hasta que estéis envueltos en Dios, bañados en Dios, hasta que estéis masticando trozos de la conciencia de Dios y sorbiendo el néctar de Dios. Estoy hablando de una experiencia que debéis tener a través de vuestra propia búsqueda, de vuestra propia determinación, ¡de modo que no descanséis hasta que tengáis esta dicha!

4. **Conviértete en Dios en acción.** Entrar al corazón de Dios "requiere que deis ese amor que en primer término Dios os dio, multiplicado por la llama que Dios ha colocado en vuestro corazón. Es estar dispuesto a acudir a dondequiera que os llame para realizar cualquier tarea, para hacerla en nombre del SEÑOR".

Jesús nos dice que sabremos que alcanzamos el éxito en esta búsqueda para entrar al corazón de Dios "cuando sintamos el pleno fulgor de la compasión y de la alegría que trasciende toda adversidad".

Cómo expandir la luz del corazón

Del mismo modo en que extendemos hacia otros la llama del amor en nuestro corazón a través de servicios prácticos, podemos también expandir esa llama e irradiar amor a otros en nuestras devociones espirituales.

Saint Germain nos recuerda: "Todos los reconocimientos ofrecidos diariamente a la llama en vuestro corazón, amplificarán el poder y la iluminación del amor en vuestro ser. Esta atención producirá la sensación de una nueva dimensión para vosotros, si no aparente en lo exterior, sí manifiesta subconscientemente en los pliegues de vuestros pensamientos interiores.

"No descuidéis, pues, vuestro corazón como el altar de Dios. No lo descuidéis como el sol de vuestro ser manifiesto. Tomad de Dios el poder del amor y amplificadlo en vuestro corazón. Enviadlo luego hacia el mundo entero como el baluarte de aquello que vencerá la oscuridad del planeta...

"Recordad que en tanto miréis hacia la luz, dejaréis atrás las sombras. Y la luz está allí, también, para transmutarlas todas."[7]

Saint Germain escribió "YO SOY la luz del corazón", hermosa plegaria para celebrar la llama divina en nuestro corazón y para irradiar el amor de nuestro corazón hacia el resto del mundo. (Véase Ejercicios espirituales.)

Saint Germain nos dio también su Meditación del Corazón como medio para entrar a la cámara secreta de nuestro corazón y comulgar allí en el corazón de Dios. Esta autopurificación es invaluable para aquellos que buscan acelerar el equilibrio de la llama trina y expandir el amor y la compasión de Dios a través de su corazón (véase capítulo 10).

La curación de nuestra psique

Jesús concluye su "Llamado al corazón de Dios" con un regalo de curación para nuestra alma y para el niño que llevamos dentro: "Os doy a cada uno de vosotros un beso en la frente de la Rosa de Navidad. Al pequeño niño que está en vuestro interior, a vosotros mismos, cada año de vuestra vida en vuestro cumpleaños os doy el beso de la Rosa de Navidad y os sello, todos y cada uno de los años hasta el presente, amados.

"Sabed que mi amor os es suficiente para que resolváis todos los problemas no resueltos: un problema espiritual, un problema de la psique o de vuestra psicología, un problema de la mente o del corazón o del deseo. Este beso, amados, está allí para que lo aceptéis y para que, con él, aceptéis la curación de las experiencias de esa etapa de vuestra vida."

Jesús nos encomienda que estudiemos psicología como medio para navegar por "algunos de los laberintos del subconsciente" y encontrar así la clave de nuestra propia cristeidad. El maestro ascendido Kuthumi es maestro en psicología y nos ha ofrecido también ayudarnos en el trabajo con nuestra psique.

Dice: "Así, vengo, como el estudiante dichoso, a anunciaros la dispensación más preciosa, que proviene de Maitreya, que él me otorgó con toda diligencia y la misma preocupación para el mejoramiento de vuestra vida. Esta dispensación es mi tarea de trabajar con cada uno de vosotros individualmente en bien de vuestra salud física y de la curación de vuestra psique, a fin de que podamos llegar rápidamente a la causa y al núcleo de las condiciones físicas, así como espirituales y emocionales, para que ya haya ser retrocesos ni caídas y, con toda seguridad, no deis dos pasos adelante y un paso atrás. Así, a partir de este momento, si me llamáis y tomáis la determinación en vuestro corazón de trascender el antiguo yo, seré vuestro tutor tanto a través de vuestro propio corazón como de cualquier mensajero que pudiera enviar a vuestro camino".[8]

También hay momentos en que la ayuda que proviene del exterior puede ser muy útil para lidiar con asuntos de la propia psique. Madre María explica la importancia de estar dispuesto a aceptar ayuda cuando es necesaria: "Corazones amados, muchos de los que acuden a esta comunidad son quizás 'diamantes en bruto' que no han contado con el tutor perfecto para su alma o con referencias relativas los buenos modales y los comportamientos adecuados. Algunos tuvieron un desarrollo fragmentado de la psique durante la infancia y padecen al lidiar con aquello que está en el subconsciente y que no entienden en lo absoluto. Otros ni siquiera saben cuándo necesitan de orientación o cuándo es necesario acudir a terapia.

"Por consiguiente, aquellos que tienen un corazón amoroso y un corazón sensato deben estar alerta a esta necesidad a fin de que aquellos que requieren de asistencia no renuncien al Sendero antes de tener la oportunidad de intentarlo apoyándose en la comprensión de sabios consejeros, que les mostrarán cómo liberarse de las distintas experiencias del pasado y cómo desenredar de la espiral del ser los impulsos que han resultado de situaciones fragmentadas, especialmente en el nivel emocional, a partir de la infancia.

"Es claro, amados, que no hay sustituto para la llama violeta en estos asuntos. Y aquellos que tienen tales problemas deben estar prevenidos frente a la autoindulgencia extrema, frente al orgullo espiritual y frente a la sensación que dice 'Yo puedo solo. Puedo hacerlo por mí mismo. No necesito de la ayuda de nadie'. Es ésta una actitud mental muy peligrosa, amados, pues nuestro Padre ha creado la vida para que todas las partes que la componen sean interdependientes. Se trata de la ley misma de la armonía, de la química del cosmos. Ninguna manifestación individual de Dios en este nivel de la evolución del alma y en esta octava podría contener todos los elementos necesarios para la total integración de ese Dios en su personalidad."[9]

Así, cuando tenemos un problema que ha durado mucho tiempo y se ha convertido en un obstáculo en nuestro sendero, a menudo es muy benéfico buscar asesoría o terapia, como dice Jesús, para ayudarnos a recorrer el laberinto. Problemas tales como una baja autoestima, la ira o una depresión tienen a menudo causas que residen en la psique, y con frecuencia hay algo que tenemos que aprender a nivel consciente a fin de que nos elevemos a un nivel superior. Aun cuando el trabajo espiritual y la llama violeta pueden ser muy útiles para lidiar con estas situaciones, a menos que seamos capaces de aprender la lección y de hacer un cambio de dirección consciente, es posible que recreemos, sin saberlo, las causas originales.

Si estás en busca de un consejero o terapeuta, pide a los maestros que te guíen a la persona correcta y que trabajen a través de esa persona para ayudarte.

La meditación de la mensajera sobre Dios en tu corazón

"Siente la vibración de Dios en tu corazón. Visualiza la llama trina. El apóstol Pedro habló sobre el hombre oculto del corazón, tu amado Ser Crístico. Puedes visualizar el Ser Crístico en la cámara secreta de tu corazón, y de pronto la cámara adquiere el tamaño del altar y tiene tales dimensiones que puedes entrar en ella y arrodillarte ante el sumo sacerdote de tu templo.

"Visualicemos al amado Jesús cobijándonos con su sombra, con sus brazos a nuestro alrededor, de pie, mucho más alto que nosotros; su Presencia electrónica nos rodea en la omnipotencia del amor, en la omnipotencia de la sabiduría, en la omnipotencia de la voluntad de Dios mismo. Entremos en este momento al cuerpo mismo de Cristo de esta manera y luego entremos al corazón de corazones para comulgar allí en la gloria.

"Cuando pronunciamos el nombre de Dios, se convierte en una afirmación que atrae la luz de Dios hacia el castillo interior de nuestro ser. Y comenzamos a oír el sonido de ángeles que entonan un canto de gloria, de Hogar y de triunfo aquí

—aquí, en el corazón mismo de la Tierra; aquí, en las esferas de la Materia; aquí, donde habitamos con un propósito— porque el reino de Dios que está en nosotros podría manifestarse aquí verdaderamente como el triunfo del Padre con el Hijo a través del Espíritu Santo. En el nombre de la Madre. Amén.

[Aquí repite en voz alta el mantra "¡Oh, Dios, qué grande eres!" con un profundo amor y una enorme devoción a la Presencia YO SOY.]

"Arrodíllate ante el Dios vivo en la persona del Cristo vivo en el altar del Ser y ofrece tu oración y el mandato de luz 'Mantén mi llama ardiendo'. En esta meditación, estás hablando directamente, personalmente, cara a cara con el Cristo amado que vive en tu templo:"[10]

Mantén mi llama ardiendo

En el nombre de mi amada, poderosa y victoriosa Presencia de Dios YO SOY en mí, de mi muy amado Santo Ser Crístico, amada Madre María, amada Kuan Yin, amada Maestra Ascendida Nada, amado Lanello, todo el Espíritu de la Gran Hermandad Blanca y la Madre del Mundo, vida elemental: ¡fuego, aire, agua y tierra!, yo decreto:

Mantened mi Llama ardiendo
Con el Amor de Dios aumentando,
¡Dirígeme y mantenme en mi legítimo lugar!

Presencia YO SOY, siempre cercana,
Mantenme consciente de tu Gracia;

Llama de Cristo, siempre alegrándome,
¡Muestra tu rostro sonriente en mí!

Pronuncia el decreto de Saint Germain "YO SOY la luz del corazón".

"A medida que recitas 'YO SOY la luz del corazón', visualizad una luz que desciende desde tu Presencia YO SOY y de tu Santo Ser Crístico a tu corazón, donde será liberada de acuerdo con la matriz verbal de tu decreto.

"Luego centra la atención en tu corazón. Imagínate el brillo del sol al mediodía y transfiere esta imagen al centro de tu pecho, donde se encuentra el chakra del corazón.

"Ahora contempla miles de rayos de luz que llegan a tu corazón para penetrar y disolver cualquier oscuridad, desesperanza o depresión, primero en ti y después en el mundo entero.

"Proyecta tu amor (que es en realidad el amor de Dios) hacia el mundo. Ve ese amor como intensos rayos láser de un color rosa intenso que eliminan todas las barreras al éxito de tus relaciones, tu familia, tu crecimiento espiritual, tu profesión, tu vecindario o tu nación."[11]

Yo soy la luz del corazón
por Saint Germain

YO SOY la Luz del Corazón
Brillando en las tinieblas del ser.
Y transformándolo todo en el dorado tesoro
De la Mente de Cristo.

YO SOY quien proyecta mi Amor
Hacia el mundo exterior
Para derribar toda barrera
Y borrar todo error.

¡YO SOY el poder del Amor infinito,
Que se amplifica a sí mismo
Hasta ser victorioso
Por los siglos de los siglos!

Llama a Kuthumi para que te ayude en la curación de tu salud psicológica y física.

Haz el siguiente llamado e invita al maestro psicólogo Kuthumi a tu vida para su curación:

En el nombre de mi poderosa Presencia YO SOY y de mi Santo Ser Crístico, llamo al amado Kuthumi para que cure mi salud física y mi salud psicológica a fin de que llegue yo con celeridad a discernir la causa y el núcleo mismos de las condiciones físicas, espirituales y emociona-les en mis cuatro cuerpos inferiores. Que no haya más retrocesos y caídas en mi camino. Te envío mi gratitud por esta dispensación y te pido que seas mi tutor a través de mi corazón y a través de cualquier mensajero que puedas enviar a mi camino. En el nombre del Cristo invoco la llama de la determinación divina para trascender mi antiguo yo.

¿Cómo responderás al llamado de Jesús?

"Os llamo al corazón de Dios."

¿Qué significa para mí este llamado?
    ¿Qué haré para responder a este llamado?

Capítulo 18

Os Llamo a ser esos poderosos electrodos
de vuestro Santo Ser Crístico
y de vuestra poderosa Presencia YO SOY
para que la Tierra pueda recibir la luz.

El descenso de la bruma de fuego cristalino
Desde mi Sagrado Corazón vierto la copa
No pospongáis el día de vuestra iniciación

¡He aquí! ¡He venido para que descienda de la bruma de fuego cristalino a vuestro corazón!

Oh corazones de amor, ¿estáis listos para este fuego? ["¡Sí!"]

Oro, pues, porque entendáis que por medio de este dictado la bruma de fuego cristalino descenderá, gota a gota, hasta el cáliz de vuestro corazón. Coloco en vuestro corazón, gota a gota, la esencia sagrada de mi corazón: fuego cristalino, fuego rubí de mi Cuerpo, de mi Sangre. Esta esencia, pues, concentrada o no, será adecuada a vuestro estadio de preparación.

El amor es la llave que abre mi corazón. Por consiguiente, meditad en el amor en este momento. Meditad en el amor en vuestro corazón, que es mi corazón. Pues yo deseo que nuestros corazones sean uno este día y deseo que meditéis en mi Sagrado Corazón diariamente cuando rezáis y ofrecéis los poderosos decretos a la llama violeta para la transmutación mundial.

Os pido que meditéis todos los días sobre el Inmaculado Corazón de mi Madre y así reconozcáis su corazón y mi corazón como uno solo, como corazones gemelos ofrecidos para la salvación de los portadores de luz en la Tierra y de todos aquellos que voltearán a ver al Hijo de Dios y recibirán así los rayos de luz para que se lleve a cabo una limpieza, una purificación y una acción del fuego sagrado a partir de la cual todos conozcan la fortaleza, la presencia y la voluntad necesarias para dar cada paso de vuelta a Dios.

Mis amados, ¿estaríais dispuestos a ello? [“¡Sí!”]

Os pido, pues, no mermar, no diluir esta manifestación de mi esencia, que yo vierto en vosotros en este día.

Habéis recorrido muchos kilómetros: millones de kilómetros y siglos. De tal modo que habéis llegado al momento en que cuando extendéis la mano para alcanzar la bruma de fuego cristalino, uno responde en efecto. He respondido al llamado; por eso esta conferencia de Semana Santa ha sido llamada *El descenso de la bruma de fuego cristalino*. Quizás os preguntáis qué es esta bruma, qué es el fuego y en qué consiste la cristalización de la llama de Dios en vosotros.

Debe existir, pues, la purificación mediante el agua y mediante la sangre, la purificación mediante el aceite sagrado y el pan sagrado. Pues YO SOY el pan de la vida, que vino desde el cielo.[1] Oro porque comáis este pan y porque sepáis que se está acercando la hora —con seguridad se está acercando a vosotros como una oportunidad, amados— para intensificarse una y otra vez a medida que la espiral ardiente de vuestro ser llega a los chakras superiores.

Así, amados, debéis buscar y aceptar la intensificación de la luz. Y así llegará un momento en vuestra vida, amados, en que ninguna otra cosa satisfará vuestras horas, vuestros momentos o vuestros días, sino sólo la comunión con el Señor. Éstos son los momentos anteriores a vuestro ingreso, cuando la más feliz de las ocasiones, celebrada incluso con los portadores de luz, carecerá de algo a vuestros ojos porque estáis a punto de experimentar el matrimonio con el Cordero, el verdadero matrimonio, amados, por medio del cual quedáis unidos a mi corazón. Así, coloco gota a gota la esencia de la bruma de fuego cristalino en vosotros para que podías ver esto como el deleite anticipado de esa unión.

Tocaréis, amados, y la puerta no se abrirá. Y volveréis a tocar una y otra y otra vez y la puerta no se abrirá. Y podréis estar cargados con el peso de la opresión y de la depresión del mundo mismo.

Sabed esto, amados: no es porque no estéis en el lugar correcto. Estar en el Sendero y bajo la tutela de los grandes maestros de la humanidad: allí es donde pertenecéis. Pero debéis recordar que existe un sendero trazado. Existe la noche oscura del alma,[2] en la cual cargáis no sólo karma personal sino karma planetario. Existe un sendero de iniciación a través del cual llegáis a la Presencia de Dios en un intercambio tan íntimo a cada día, a cada hora [que] brilláis como el esplendor del sol, [la luz] revela, pues, la oscuridad restante y la fealdad de la creación humana. Y así, miráis al Dios absoluto, nuestro Padre-Madre, y el mal uso absoluto de la luz en el mal uso de la energía y de la conciencia del Padre y de la Madre, y difícilmente podéis morar entre estos opuestos.

Por consiguiente, en preparación para la noche oscura del Espíritu, debéis encontrar el equilibrio en el cuerpo, en el alma, en la mente y en el corazón. No debe faltar ninguno. Y el espíritu mismo —el espíritu de un hombre, una mujer y un niño— debe ser fortalecido, encendido y reafirmado. Debéis estar preparados para cualquier reto, para cualquier adversario, para cualquier condena y para cualquier carga, pues, de una oscuridad que no parece tan oscura, de esa noche oscura en que no hay rayos de luz.

Estos momentos y horas antes de la iniciación de la crucifixión y antes de la unión definitiva con mi corazón y el corazón de vuestro Santo Ser Crístico deben ser comprendidos. Pues si no los conocéis, entonces no seréis capaces de interpretar vuestra falta de motivación, la desilusión de vosotros mismos y de los demás en el Sendero. Sabed, pues, amados, que en ese mismo momento, en ese mismo instante en que os sentís secos —como un hoyo seco en la tierra que carece de agua—, en ese momento de resequedad, amados, debéis permanecer firmes para probar el sendero de vuestra condición de chela.

Es un momento en que todos deben contarse como chelas de El Morya, quien os guía en este camino de victoria definitiva. ¡No perdáis el camino, amados! Y no os soltéis de la mano de la mensajera, quien está aquí para permanecer a vuestro lado y para avanzar con vosotros a través de la noche oscura y de la gloria de Dios: sí, la noche oscura y la gloria, la noche

oscura y la gloria. Y estas condiciones alternantes de conciencia os llevan al lugar en que están oscilando a una gran velocidad hasta que finalmente os soltáis y todo es la gloria, amados,
y la oscuridad queda atrás. Pasarán muchas horas, muchos días
y muchos años para algunos de vosotros antes de que todo
esto tenga lugar en vuestro ser.

Vengo, pues, con vuestro amado mentor del espíritu, El
Morya, para aconsejaros este día. Pues hay algunos que, al ver
los abismos de su propia creación humana y los abismos del
planeta Tierra y al atisbar la muerte y el infierno mismos, re-
trocederán y dirán: "No aceptaré la iniciación de la noche oscura del alma este día, o esta semana o este mes o este año,
sino que me mantendré en mi nivel de comodidad y me aisla-
ré de estas verdaderas iniciaciones de los santos".

Sí, amados, vengo a daros un empujoncito. Pues debéis recibir ese empujón y debéis avanzar más allá de ese nivel de vida
y estilo de vida que os habéis agenciado, que incluso habéis
protegido al interior de los muros de esta comunidad, aun en
el exterior, al sembrar los paisajes y los continentes con vuestras llamas y con vuestra presencia por el mundo.

Ya sea enclaustrados o en el trabajo de campo o de ciudad,
ya sea lejos en tiempo y espacio, todos aquellos que sois verdaderos chelas de la voluntad de Dios estáis tan cerca de mí como
el latir de mi corazón y del vuestro, excepto por esto: cuando
ponéis distancia entre vosotros y yo porque deseáis posponer
el día de la iniciación.

Os recuerdo el día en que comenzó mi iniciación [públi-
ca]. Fue allí, en la celebración de la boda de Caná en Galilea.[3]
Allí mi Madre se afanó en asegurarse que yo no negara ni per-

diera la oportunidad para esa iniciación. Sí, amados, no quería comenzar aquel día. Sin embargo, la bendita Madre María me apoyó. Mi querida Madre se mantuvo a mi lado y dio instrucciones a los organizadores del banquete, y así trajeron las botellas de agua, y de esta forma comenzaron los milagros públicos.

Y cuando comenzó esa manifestación pública [de milagros], amados, comenzó la cuenta regresiva hacia la crucifixión. Pero recordad también esto: ¡era la cuenta regresiva a la acción de la resurrección y de la ascensión! Por consiguiente, ya lo veis, no dar el primer paso es ser privado del último. Y así, transcurrieron esos tres años de demostraciones de ley cósmica, de la ciencia misma de la Palabra y el fuego sagrado de la Madre Divina que fue liberado para efectos de curación. ¿Y acaso no obtuve esa experiencia en el Oriente durante esa vida[4] y en antiguas encarnaciones y aun tan recientemente como la encarnación de Eliseo, cuyo tutor fue Elías?

Sí, amados, tenemos nuestro día. ¡Que reconozcáis vuestro día y no lo pospongáis! Pues aquí, en la Escuela de Misterios de Maitreya —la escuela de mi propio amado gurú, a quien llamo Padre—, aprendéis el camino de los adeptos que de otro modo habríais tenido que aprender en los retiros etéricos de la Gran Hermandad Blanca, pero para la dispensación de esta hora y este momento.

Conforme la marea del mar astral sube y se apodera de vosotros, algunos de vosotros olvidáis. Así, a fin de que no olvidéis, vengo a recordaros que no hay un solo chela, sea en la Escuela de Misterios de Maitreya o más allá, en los recintos del mundo, que no cuente con la tutoría más personalizada, con la instrucción, el patrocinio y el intenso amor de mi corazón y del corazón de los maestros ascendidos que se han entregado a vosotros.

Podéis creer que no hacéis progresos aquí o allá. Podéis llegar a desanimaros. Podéis pensar que no tenéis un solo amigo en el cielo o en la Tierra. Pero yo os digo que, cuando os enlistáis como Guardianes de la Llama, cuando os comprometéis a conservar la llama de la vida y la Gran Hermandad Blanca en la Tierra, *contáis con ese patrocinio*.

Podéis "debilitar" el patrocinio al quebrantar las leyes de Dios y el código de conducta de un verdadero discípulo de Cristo, de un verdadero bodhisattva de Gautama Buda. Sin embargo, amados, contáis con los mismos recursos [para "fortalecer" el patocinio] que el resto de los devotos en el mundo: los recursos de confesión, arrepentimiento y penitencia.

Así, no vaciléis en acercaros al altar de Dios. No vaciléis en recibir esa llama viva. No vaciléis en poner en orden todas las cosas de vuestra vida, en pagar vuestras deudas diligentemente, las humanas y las divinas, ni en comunicaros con la mensajera o con los ministros ordenados de esta Iglesia Universal y Triunfante.

Sí, amados, vengo a vosotros. Pues no debe haber dilución; no debe haber simulación. No debe producirse en vuestra vida el alejamiento, la disminución de los decretos, el acortamiento de las horas de servicio en el mundo. Pues, veréis, cuando hacéis esto estáis dando un paso atrás, estáis desacelerando. Y cuando negáis a vuestro Señor la copa llena del fuego de vuestro corazón, cuando no ofrecéis la totalidad de vosotros mismos y de vuestro cuerpo y vuestra

sangre a vuestro Señor, vuestro Santo Ser Crístico, entonces no recibís a cambio el regalo maravilloso y abundante que desciende, al igual que desciende este día.

Ofrezco este consejo a todos los que me escucharán en todo el mundo: el sólo oír las enseñanzas y los dictados y fallar en el cumplimiento de las horas dedicadas a la invocación de la llama violeta puede costaros vuestra ascensión. Y vosotros a quienes me dirijo sabéis a quiénes hablo, y aquellos de vosotros que no habéis diluido vuestros esfuerzos sabéis también dónde encajáis en este sendero de cumplimiento de metas.

Sí, amados, vengo a advertiros que cuando la Tierra oscurezca aún más, como está oscureciendo, vuestra aura debe aumentar en brillo cada vez más y más, en absoluto desafío a ese karma creciente que debe ser consumido por una conflagración mundial de llama violeta, del fuego sagrado y del descenso de la bruma de fuego cristalino.

Ahora bien, en el momento en que descienda la luz del cielo, debe haber electrodos en la Tierra, debe haber aquellos que sostengan el equilibrio Omega en la Tierra, y por consiguiente, ¡ordenáis que el rayo descienda, ordenáis que la bruma de fuego descienda, atraéis el sol del Gran Sol Central! Pues sois capaces de recibirlos en vuestro cuerpo, y ellos atraviesan vuestro cuerpo y penetran la Tierra. Y vosotros permanecéis intactos e ilesos luego de que este rayo y esta bruma de fuego cristalino os penetran, pues habéis elevado y acelerado vuestra vibración hasta ese nivel.

Sí, amados, éste es vuestro llamado en este momento. Y a este llamado os convoco: a ser esos poderosos electrodos de vuestro Santo Ser Crístico y de vuestra poderosa Presencia

YO SOY para que la Tierra pueda recibir la luz, el rayo y el fuego mismo para la recuperación del equilibrio de los elementos, para la limpieza de la contaminación del cuerpo terrestre a todos los niveles de los cuatro cuerpos inferiores de sus evoluciones, para que la Tierra pueda recibir lo que es menester para la regeneración y la resurrección y la venida de la gran era dorada.

Amados corazones de luz, he aquí la fórmula. Es ésta. Si vosotros, portadores de luz que contáis con esta enseñanza, hacéis de vuestro cuerpo el templo vivo de Dios —de modo que el Padre, el Hijo y el Espíritu Santo puedan entrar a esos cuatro cuerpos inferiores, puedan ocuparlos hasta que alcancéis vuestra maestría divina, puedan usaros entonces—, veréis una regeneración y una resurrección de la Tierra, veréis la llegada de un nuevo día y de una era dorada.

Pero si no hubiera suficientes individuos que comprendieran la necesidad de la intensificación, de pasar por la noche oscura del alma y la noche oscura del Espíritu, de pasar [por esas iniciaciones] y de recorrer luego la Tierra —como lo hice yo en mi cuerpo resucitado hasta la edad de 81 años, viajando hacia Oriente y permaneciendo en Cachemira— si vosotros, pues, amados, no estáis dispuestos a recorrer la Tierra en vuestro cuerpo resucitado, como ya se ha hecho antes y puede hacerse en esta era, entonces ¿cómo conseguiremos la resurrección del cuerpo terrestre mismo?

¡No la conseguiremos! Ésa es la respuesta...

¡Oh, venid a mí todos vosotros que vais sobrecargados y que estáis fatigados de trabajar y seguís trabajando! [5] Yo os daré el descanso y la re-creación en mi cuerpo causal si aceptáis ese milagro de gracia, si aceptáis mi Presencia Electrónica. Estoy ansioso de ayudaros, de curaros y de ofreceros el pleno dechado de bendiciones del inmaculado corazón de mi Madre. No tenéis más que abrir la válvula, girar la perilla, centraros en la conciencia, sí, para alcanzar esa atención controlada por Dios en mí y en mi sagrado corazón para que haga por vosotros tales cosas.

He aquí que cuando os dicen "Acudid allí y acudid allá y acudid a ese otro sitio,"[6] yo digo "Venid, venid a mí. Venid a mí y yo os daré la curación, el descanso y el alivio [de vuestras cargas]". Sed, pues, satisfechos, rejuvenecidos y regenerados en este momento, amados, pues habéis trabajado, servido y luchado por largo tiempo.

Salid ahora de esa espiral y permitid que la siguiente espiral de vuestro servicio y de vuestro trabajo se entreteja con mi propia luz, con mis propias energías del cuerpo causal y del vuestro. Dejad que se entreteja con vuestro Santo Ser Crístico mientras decís: "Abbá, Padre. Abbá, Padre".[7] Oh, decidlo, amados, de corazón, y sabed, amados, que el llamado al Padre-Madre, el llamado que a mí va dirigido es el llamado al gurú eterno, vuestro amado Sanat Kumara, quien nos ha patrocinado a todos.

19 de abril de 1992
Domingo de Resurrección
Rancho Royal Teton
Park County, Montana

Comentario

Estoy ansioso de ayudaros, de curaros
y de ofreceros el pleno dechado de bendiciones
del inmaculado corazón de mi Madre.

Jesús

Jesús viene a nosotros con un hermoso regalo: "Por medio de este dictado, la bruma de fuego cristalino descenderá, gota a gota, hasta el cáliz de vuestro corazón. Coloco en vuestro corazón, gota a gota, la esencia sagrada de mi corazón: fuego cristalino, fuego rubí de mi Cuerpo, de mi Sangre".

El Maestro libera su fuego sagrado hacia cada uno de nosotros conforme nos preparamos para recibirlo. Nos carga con la esencia de su fuego sagrado a fin de que podamos responder al llamado "a ser esos poderosos electrodos de vuestro Santo Ser Crístico y de vuestra poderosa Presencia YO SOY para que la Tierra pueda recibir la luz".

Jesús nos pide que permitamos a las grandiosas corrientes de nuestra poderosa Presencia YO SOY y de nuestro Santo Ser Crístico que fluyan a través de nuestros cuatro cuerpos inferiores y chakras. Nos llama a ser pilares de fuego, la morada del Padre, del Hijo y del Espíritu Santo en la Tierra, para que liberemos perpetuamente la luz infinita de Dios a fin de energizar el planeta y sostener el equilibrio de luz en contra de las fuerzas de la oscuridad.

El arcángel Rafael nos ofrece también una visión de lo que significa sostener una luz en la Tierra: "Benditos, sois perlas doradas en la Tierra. Conoced vuestra valía e incrementad las capas de vuestras perlas individuales diariamente por medio de la devoción. Así, rodead ese punto de luz (*i.e.*, el alma) con un ímpetu de devoción cada vez más y más grande. Luego ved y sabed que sois, cada uno, un electrodo en la Tierra para la curación del cuerpo terrestre.

"Conocéis el principio de la luz que dice que dondequiera que haya un devoto allí está la llama de Dios y allí los males del mundo se lanzan a la llama. Por consiguiente, mantened ardiente esa llama como fuego sagrado de la Madre Divina, como llama violeta a fin de que vosotros mismos no seáis vencidos por la oscuridad que debe atravesar hacia el vórtice del pilar de fuego de vuestra devoción. Mantened girando la devoción para que haya transmutación en el mundo."[8]

Así, vemos que literalmente se espera que nuestro chakra del corazón sea un transformador de energía negativa: ¡un oscilante vórtice de intenso fuego violeta que consume karma personal y planetario conforme éstos entran en contacto con la intensa luz de Dios en nuestro corazón! Para que esto ocurra, debemos estar dispuestos a invocar el fuego sagrado diariamente y permitir que aumente la intensidad del fuego.

Madre María nos habla del enorme servicio que podemos prestar si elegimos responder a este llamado: "Y, por consiguiente, mediante vuestro llamado, el arcángel Miguel y los poderosos arcángeles *atan* a ese morador mientras os permanecéis firmes y presenciáis la salvación de vuestro Dios justo en vuestro templo vivo y os convertís sobre la Tierra en un electrodo de fuego vivo semejante al SEÑOR Dios, que está en los cielos y habita en el Sanctasanctórum, en el corazón de la Presencia YO SOY. Ésta es la meta de vuestra caminata con Dios.

"No permitáis que consideraciones menores tomen el lugar de este sendero, de esta comprensión, de esta vigilia. Pues, veréis, tan pronto como obtengáis esta conciencia en la Madre, esta presencia de la Madre, os encontraréis alimentando a las multitudes, atendiendo a millones. Pues la llama del cosmos material* fluirá a través de vosotros como esos ríos de agua viva,[9] y muchos, muchos obtendrán la misma fortaleza interior gracias a vuestra presencia en la Tierra.

"¡Esos días no están lejos de vosotros! No comparéis el sendero de los maestros ascendidos y la Gran Hermandad Blanca con ningún otro camino, de Oriente u Occidente. Que ningún hombre os quite vuestra corona. Que ningún hombre desgarre el velo de la santidad y de la unión de vuestra vida con el Cristo vivo.

"Comprended, corazones amados, que ésta es la nueva dispensación de Acuario. No requiere de siglos, como en el pasado, llegar a esta unión."[10]

Saint Germain dice: "Pues también estáis destinados a ser instrumento del SEÑOR, a recibir la enseñanza y a darla a otros con quienes el SEÑOR os ha asignado para que compartan

---

* Mater = materia, Madre.

con vosotros una célula de conciencia preordenada. Sí, estáis destinados —si hacéis las elecciones correctas— a ser un electrodo de luz cósmica, de energía y de amor de tal modo que el rayo que emerge en el oriente y brilla incluso hasta occidente[11] pueda ser anclado en la tierra gracias a la aparición del Hijo de Dios justo en vuestro propio corazón.[12]

La iniciación de la noche oscura

Comprendemos que, a fin de ser un electrodo para Dios, hay elecciones que debemos hacer. Debemos estar dispuestos a pasar por las iniciaciones que se nos presenten en el sendero. Jesús nos dice: "No pospongáis el día de vuestra iniciación". Aun cuando es el Maestro quien vierte la luz de su Sagrado Corazón durante este dictado, nos corresponde el elegir recibir su luz: "Amados, vosotros debéis buscar y aceptar la intensificación de la luz".

En este dictado Jesús nos recuerda nuevamente que, previo la unión definitiva con su corazón, pasaremos por las iniciaciones de la noche oscura del alma y de la noche oscura del Espíritu. La noche oscura del alma no es sólo el regreso de nuestro karma personal sino también equivale a cargar una porción del karma planetario.

Jesús busca prepararnos para esta iniciación y nos muestra las señales que debemos buscar al enfrentar el reto del karma que regresa: podemos desanimarnos y desilusionarnos de nosotros mismos y de los demás en el Sendero; podemos sentir que Dios, los maestros y los ángeles nos han abandonado; podemos experimentar condiciones alternantes de conciencia que oscilen entre las cargas de esta noche oscura y el gozo en la gloria de Dios. Jesús explica que estas condiciones no significan que estemos en el lugar equivocado. Son, más bien, parte relevante de la iniciación misma.

Serapis Bey describe atinadamente estos sentimientos y el proceso por el que atravesamos conforme nuestra alma se acerca a estas pruebas avanzadas en el Sendero que conduce a la unión con el corazón de nuestro Señor: "Como sabéis a partir de los escritos de San Juan de la Cruz, el acercamiento del alma al Cristo Interno es un proceso doloroso de deseo de ser aceptada que oye sin embargo las palabras 'No todavía, no todavía'. Benditos, no seáis el alma que teme intentar una y otra vez recibir el amor de su Señor. Vuestro Señor os ama, y entre más os acerquéis a esta unidad que os sella, más de vosotros mismos veréis que no puede entrar al Sanctasanctórum.

"Sin embargo, vuestra alma jadea en efecto por el Dios vivo.[13] Y el alma llega al momento en que ningún otro deseo realizado puede equipararse con ser recibida por el Señor. En ese momento, amados, hay una soledad que es indescriptible, pues nadie más puede experimentar con vosotros el duelo del alma que es separada de su Dios y que, sin embargo, está casi dentro. Es por ello que se requiere de consejeros especiales, siervos ministrantes que brinden su consejo a aquellos que podrían sentirse desanimados, por momentos, pues están muy cerca del matrimonio alquímico, y sin embargo no del todo.

"Amados, hasta que el Esposo Divino, el Novio, haya alargado la mano finalmente para decir 'Oh alma, entra', uno se encuentra con el temor de haber sido rechazado, de no ser aceptable, de no estar lo suficientemente puro, de no haber alcanzado ese nivel. En un sentido más humano del término, muchos experimentan el rechazo de un amante, de un amigo o de un padre, hasta el límite de la tristeza y la agonía supremas. Amados, esto nos prepara para las muchas vueltas que uno debe dar hasta que, finalmente, el Novio se adelante con los brazos extendidos para recibir a la expectante novia.

"Vosotros sois, en efecto, las novias expectantes de Sanat Kumara. El sello total no puede llevarse a cabo en un día pero éste es el día en que os sellaréis a vosotros mismos. Es éste el día en que determináis que cuando vuestro Novio pida vuestra mano, ya estaréis decididos. Aceptaréis. Aceptaréis.

"¿Acaso la vida no es una preparación para este momento? Este es el momento de sellar vuestro corazón. Ejerced presión sobre el corazón con las manos, en el chakra del corazón, y sentid vuestras manos presionando el corazón. Y permitid que vuestro corazón conozca vuestra voluntad al presionar con vuestras manos al tiempo que decís:

> ¡Queda sellado este día, corazón mío, en el corazón de Dios!
>
> ¡Queda sellado este día, alma mía, en el corazón de Dios!
>
> ¡Queda sellado este día, mente mía, en el corazón de Dios!
>
> ¡Queda sellado este día, deseo mío, en el corazón de Dios!
>
> ¡Queda sellado este día, visión interna mía, en el corazón de Dios!
>
> Pues no deseo sino ver a mi Dios, a mi Dios.
>
> No temeré el rechazo este día.
>
> No temeré no estar listo.

Aunque visto de harapos…
Sé que mi Novio me esperará
hasta que haya hilado mi manto sin costuras."[14]

Meditación sobre el corazón de Jesús y María

Jesús nos dice "El amor es la llave que abre mi corazón" y nos pide que meditemos en su Sagrado Corazón y en el Corazón Inmaculado de María. La mensajera explica la ciencia de esta devoción como una puerta abierta hacia nuestra propia conciencia crística:

"La meditación en el Sagrado Corazón de Jesús y en el Corazón Inmaculado de María ha sido el desenvolvimiento natural de la devoción de los discípulos de Occidente en cuanto entran en unión mística con el Señor Cristo y, a través de él, con la comprensión de Dios como Madre, Dios como Espíritu Santo y Dios como el Padre Eterno.

"Los místicos de la Iglesia han entrado en la unidad del fuego del corazón, la llama trina en el corazón, pues la fuente de la llama viva, así como la total concentración de la resurrección y la ascensión de Jesús y María, está en el corazón.

"Tanto Jesús como María mantienen un enorme foco en su corazón nada menos que del Gran Sol Central. Y la energía del Gran Sol Central anclada ahí es su ofrenda, su punto ancla de luz, en el que a través de la gracia podemos también alcanzar la conciencia del sol de presión equilibrada, que es la conciencia crística en nuestro corazón.

"Jesús y María se han aparecido a muchos devotos, y la Iglesia Católica reconoce las revelaciones de algunos de estos devotos. Otros mantienen su vigilia y su comunión silenciosa en el corazón...

"Dios ha ordenado a estos dos testigos ser nuestros patrocinadores para la expansión de la conciencia crística, que será anclada en el corazón como su sede de autoridad. El corazón es la fuente de la vida y de él provienen los asuntos de vida.[15] El corazón se sacraliza cuando se eleva la conciencia crística, la mente carnal es destronada y el corazón es convertido en el maestro del templo y en el maestro de nuestra vida...

"Descubrimos, pues, que el corazón es la clave del logro, no el cerebro ni el sistema nervioso ni ninguna otra parte del templo. El corazón amplía y transfiere toda la energía que tenemos disponible a partir de los otros chakras: el chakra de la garganta, el del tercer ojo, el de la coronilla, el del plexo solar, el de la sede del alma y el de la base de la columna vertebral. El corazón contiene el registro de todas nuestras iniciaciones, de todas nuestras victorias. Y meditar en el corazón, el Sagrado Corazón de Jesús... crea un flujo de devoción en forma de ocho.

"El flujo de devoción desde nuestro corazón abre la puerta a la devoción de Jesús que regresa, pues él tiene devoción a nuestro Ser Crístico. Al acelerar la velocidad de la oscilación, entramos en comunión con nuestro Señor. Aun cuando esta comunión es un proceso científico y complejo, lo he explicado en forma sencilla, y la comprensión que tenemos de ella no tiene que ser compleja.

"Cuando enviamos nuestro amor a Jesús, le enviamos todo lo que somos. Nuestra conciencia entera fluye hacia él. Por consiguiente, aunque puede parecer que estamos amando, nuestro amor se convierte en una capa que rodea nuestros miedos, dudas y ansiedades. Estas dudas y ansiedades están contenidas, todas, en nuestra aura, pues nada está oculto al Señor.

"Nuestra energía es transportada a Jesús y pasa a través de su Sagrado Corazón. Al devolvernos su devoción, nos devuelve también nuestra energía, la que ha pasado ya por el transformador de su ser. No sólo ha pasado por ese gran transformador sino que ha pasado también todas las iniciaciones, todos los impulsos y todas las matrices que él ha manifestado a lo largo de sus encarnaciones: no sólo las iniciaciones de sus últimos treinta y tres años sino todas sus experiencias desde el día de su nacimiento en el corazón de Dios…

"Nuestra energía es entonces presionada dentro de un molde, dentro de los cilindros, conos y formas geométricas (de tamaño microscópico) del latido del corazón y del campo de fuerza del corazón del Cristo. Así, tiene la experiencia de haber pasado por las catorce estaciones de la cruz con Jesús y todas sus circunstancias: su presencia en el vientre de María, su infancia, sus curaciones, su agonía y su crucifixión.

"La experiencia de Jesús queda impresa en nuestras células, las células de nuestra energía. Y cuando él nos devuelve esa energía, nos vestimos con incrementos de con su conciencia Crística."[16]

La presencia del SEÑOR en la Tierra

En otro dictado, Jesús ofrece la siguiente visión de nuestro llamado a ser electrodos de luz en la Tierra: "Veis cómo aquellos de nosotros —hablo de vosotros— que permanecemos aquí en vida debemos ser instrumento de las plegarias respondidas y de las profecías cumplidas. Ninguna se responde o se cumple por sí misma, amados. Sois el trabajo artesanal de Dios, y aquí abajo sois el Omega, el cuerpo de la Madre. Y eso equivale al cuerpo místico universal de Dios en la Tierra, como se os ha enseñado.

"¡Dónde aparecerá el SEÑOR si no hay un solo electrodo de luz, una poderosa esfera de luz de cuerpos que hayan dicho 'Somos tu Cuerpo y tu Sangre, oh Cristo Universal de Jesús y de la Gran Hermandad Blanca! ¡Heme aquí, SEÑOR! No puedo tener ningún otro señor."[17]

Ejercicios espirituales

Busca el equilibrio en Cuerpo, Alma, Mente y Corazón

Jesús nos dice que, como preparación para la iniciación de la noche oscura del Espíritu, debemos tener equilibrio en estas cuatro áreas de nuestra vida.

Tómate un tiempo para reflexionar en cada una de estas cuatro áreas. Pide a Jesús y a tu Santo Ser Crístico que te guíe y te hable conforme meditas en las siguientes preguntas:

¿Cuáles son tus fortalezas y debilidades en estas áreas?

¿Tienes equilibrio en cada una de las cuatro?

¿Cuáles áreas necesitan de fortalecimiento?

¿Qué podrías hacer para obtener un mayor equilibrio en cada una de ellas?

Entra en la meditación de la mensajera sobre el Sagrado Corazón de Jesús y el Corazón Inmaculado de María

"Cuando medites en el Inmaculado Corazón de María, puedes visualizarlo como una nebulosa de luz en forma de espiral, y podéis mirar cómo se acerca esa luz desde su corazón hasta el tuyo. Puedes verte entrando a su corazón y verla entrar al tuyo hasta que, nuevamente, se produzca el intercambio cósmico.

"El propósito de la meditación es que el intercambio cósmico sea cada vez más cercano. Aquí estás, fundiéndote con la Madre, la Madre fundiéndose contigo. La Presencia Electrónica de María Madre estará donde tú estés. Y ésta es una ley de la geometría: dos cosas iguales a una tercera son iguales entre sí.

"Éste es un poderoso flujo cósmico. Se mueve, se mueve implacablemente como a la velocidad de la luz. Es un fuego brillante. Es tan brillante que, físicamente, no puedes mirar su luz de modo directo. La llama violeta moviéndose, pues, en el templo mismo del ser, por debajo y por encima del corazón, es la transmutación de todo lo que busca disminuir el movimiento de ese flujo en forma de ocho desde la Madre hasta el Gran Sol Central y de vuelta…

"Pues el vasto cosmos es una panoplia de las manifestaciones más magníficas y portentosas en cambio perpetuo. En ello me he convertido; se ha convertido en mí. He entrado en el gozo de millones de ángeles que ascienden en espiral con estas energías. Les ofrezco la salutación del amanecer. Me ofrecen su salutación conforme me desplazo por esta carretera cósmica de energía. Estoy completamente satisfecha en esta compañía de todas las huestes del SEÑOR.

"Y la ley aquí es que dos cosas iguales a una tercera son iguales entre sí. Y así, cuando, por medio de tu amor y tu devoción, alcanzas la misma frecuencia que María Madre, Gautama, el Señor Maitreya, vuestra Presencia YO SOY, Alfa y Omega, no puedes estar alejado de esta energía o campo de fuerza, y tampoco ellos pueden estar apartados de ti. Y, por consiguiente, éste es el camino que lleva a la unión."[18]

Pasos para convertirnos en poderosos electrodos

Estos son los pasos que Jesús nos recomienda dar a fin de que nos convirtamos en un ardiente electrodo de nuestra poderosa Presencia YO SOY (el Padre) y de nuestro Santo Ser Crístico (el Hijo):

1. Observa las leyes de Dios y el código de conducta de un verdadero discípulo de Cristo. Si cometes un error, sigue el sendero de la confesión, el arrepentimiento y la penitencia a fin de fortalecer el lazo nuevamente. Pon todas las cosas de tu vida en orden y paga tus deudas diligentemente: las humanas y las divinas.
2. Recibe la llama viva. Pronuncia tus oraciones, invocaciones y decretos diariamente. Invoca la luz del Espíritu Santo por medio de la llama violeta.
3. Predica y encarna la Palabra y la Obra: las lenguas hendidas de fuego de Alfa y Omega.
4. Eleva la luz de la Madre Divina como la Kundalini, el fuego sagrado en el chakra de la base de la columna vertebral, mediante la pureza, el control divino, la automaestría divina y la ciencia del mantra y el yoga. Reza los rosarios dedicados a la Madre Divina, a la amada Madre María y a la amada Kuan Yin.

Expande la llama en tu corazón y fortalece el lazo con tu Santo Ser Crístico

La llama que está en tu corazón es una llama viva y un emblema del derecho divino en tu interior. Al afrecer tu devoción a esa llama, ésta puede expandirse y tú fortaleces tu lazo con tu Santo Ser Crístico. Al pronunciar este decreto, envía ese amor a tu Santo Ser Crístico y a tu poderosa Presencia YO SOY.

Introito al Santo Ser Crístico

En el nombre de la amada, poderosa y victoriosa Presencia de Dios YO SOY en mí, de mi amado Santo Ser Crístico, a través del poder magnético del fuego sagrado investido en la llama trina de Amor, Sabiduría y Poder que arde dentro de mi corazón, yo decreto:

1. Santo Ser Crístico encima de mí,
Tú, equilibrio de mi alma,
Que tu bendito resplandor
Descienda y me haga íntegro.

Estribillo: Tu Llama dentro de mí arde siempre,
Tu Paz a mi alrededor siempre se eleva,
Tu Amor me protege y me ampara,
Tu deslumbrante Luz me envuelve.
YO SOY tu triple radiación,

YO SOY tu Presencia viva
Que se expande, se expande, se expande ahora.

2. Santa Llama Crística dentro de mí,
Ven, expande tu Luz trina;
Colma mi ser con toda la esencia
Del rosa, azul, dorado y blanco.

3. Santa conexión con mi Presencia,
Amigo y hermano por siempre querido,
Deja que guarde tu santa vigilia,
Que sea tú mismo en acción aquí.

¡Y con plena Fe acepto conscientemente que esto se manifieste, se manifieste, se manifieste! (3x), ¡aquí y ahora mismo con pleno Poder, eternamente sostenido, omnipotentemente activo, siempre expandiéndose y abarcando el mundo hasta que todos hayan ascendido completamente en la Luz y sean libres!

¿Cómo responderás al llamado de Jesús?

"Os llamo a ser esos poderosos electrodos de vuestro Santo Ser Crístico y vuestra poderosa Presencia YO SOY para que la Tierra pueda recibir la luz."

¿Qué significa para mí este llamado?
¿Qué haré para responder a este llamado?

La gráfica de

La gráfica de

La gráfica de

La gráfica de tu Yo Divino

La Gráfica de tu Yo divino es un retrato de ti y de Dios en tu interior. Es un diagrama de ti y de tu potencial para convertirte en quien eres realmente. Es un esquema de tu anatomía espiritual.

La figura superior es tu "Presencia YO SOY", la Presencia de Dios que está individualizada en cada uno de nosotros. Es tu "YO SOY EL QUE YO SOY" personalizado. Tu Presencia YO SOY está rodeada por siete esferas concéntricas de energía espiritual que forman lo que se conoce como tu "cuerpo causal". Las esferas de energía pulsante contienen el registro de las buenas obras que has realizado desde tu primera encarnación en la Tierra. Son como tu cuenta bancaria cósmica.

La figura del centro en la gráfica representa al "Santo Ser Crístico", al que también se le llama Yo Superior. Puedes pensar en tu Santo Ser Crístico como en tu ángel de la guarda en jefe y tu mejor amigo, tu maestro interior y la voz de tu conciencia. Del mismo modo en que la Presencia YO SOY es la Presencia de Dios individualizada para cada uno de nosotros, así el Santo Ser Crístico es la Presencia del Cristo Universal que está individualizada para cada uno de nosotros. "El Cristo" es en realidad un título dado a aquellos que han alcanzado la unión con su Yo Superior, o Ser Crístico. Es por ello que Jesús fue llamado "Jesús, el Cristo".

Lo que muestra la Gráfica es que cada uno de nosotros tiene un Ser Superior, o "Cristo interior", y que cada uno estamos destinados a hacernos uno con ese Yo Superior, sea que le llamemos Cristo, Buda, Tao o Atman. Este "Cristo interior" es lo que los Upanishads describen misteriosamente como un ser "del tamaño de un pulgar" que "habita en las profundidades del corazón".

Todos tenemos momentos en que sentimos esa conexión con nuestro Ser Superior: cuando somos creativos, amorosos, alegres. Pero hay otros momentos en que nos sentimos fuera de sintonía con nuestro Ser Superior: momentos en que estamos enojados, deprimidos, perdidos. El sendero espiritual consiste en aprender a sostener la conexión con la parte superior de nosotros mismos a fin de que podamos realizar nuestra máxima contribución a la humanidad.

El haz de luz blanca que desciende de la Presencia YO SOY a través del Santo Ser Crístico hasta la figura inferior en la Gráfica es el cordón de cristal (en ocasiones llamado cordón de plata). Es el "cordón umbilical", la línea de vida, que te vincula con tu Espíritu.

Tu cordón de cristal nutre también esa llama radiante de Dios tan especial que está asentada en la cámara secreta de tu corazón. Recibe el nombre de llama trina, o chispa divina, porque es literalmente una chispa de fuego sagrado que Dios ha transmitido desde su corazón hasta el tuyo. Esta llama recibe el nombre de "trina" porque engendra los atributos primarios del Espíritu: poder, sabiduría y amor.

Los místicos de las religiones del mundo han establecido contacto con la chispa divina describiéndola como la semilla de divinidad en su interior. Los budistas, por ejemplo, hablan de la "Semilla de budeidad" que existe en cada ser vivo. En la tradición hindú, el Katha Upanishad habla de la "luz del Espíritu" que está oculta en el "lugar elevado y secreto del corazón" de todos los seres.

Del mismo modo, el teólogo y místico cristiano del siglo XIV Meister Eckhart habla sobre la chispa divina cuando dice "La semilla de Dios está en nuestro interior".

Cuando pronunciamos un decreto, meditamos en la llama que se encuentra en la cámara secreta de nuestro corazón. Esta cámara secreta es tu propia habitación privada para la meditación, tu castillo interior, como lo llamó Teresa de Ávila. En la tradición hindú, el devoto visualiza una isla enjoyada en su corazón. Allí se ve a sí mismo ante un hermoso altar, donde adora a su maestro en profunda meditación.

Jesús habló de entrar a la cámara secreta del corazón cuando dijo: "Cuando oréis, entrad a vuestro armario, y cuando hayáis cerrado vuestra puerta, orad a vuestro Padre que está en secreto; y vuestro Padre que ve en secreto os recompensará abiertamente".

La figura inferior en la Gráfica de tu Yo divino te representa en el sendero espiritual, rodeado por la llama violeta y la protectora luz blanca de Dios. El alma es el potencial vivo de Dios: la parte de ti que es mortal pero que puede volverse inmortal.

El propósito de la evolución de tu alma en la Tierra es crecer en automaestría, saldar tu karma y cumplir tu misión en la Tierra a fin de que puedas volver a las dimensiones espirituales que son tu verdadero hogar. Cuando tu alma emprende al fin el vuelo y asciende de vuelta a Dios y al mundo celestial, te convierte en un maestro "ascendido", libre de las rondas del karma y el renacimiento. La energía de alta frecuencia de la llama violeta puede ayudarte a alcanzar esa meta más rápidamente.

"El llamado que podéis hacerme
—como conclusión de los numerosos llamados que os he hecho—
es el llamado a recorrer la Tierra como mi gemelo."

¿Estáis listos para la Segunda Venida?
Recorred la Tierra como mi gemelo
Sed un ejemplo del Cristo de la Era de Acuario

Guardianes de la Llama de mi padre, Saint Germain, os hago una pregunta: ¿Estáis listos para la Segunda Venida?

["¡Sí!" (ovación de pie de 16 segundos)]

Sentaos, hermanos y hermanas amados.

He escuchado y conocido, he visto con mis propios ojos esta dispensación de un cosmos liberado desde el comienzo hasta la conclusión en este retiro en Atlanta. Y os digo, amados, que deseo ver una poderosa conversión en vuestra aura, en vuestro corazón, en vuestro ser y en vuestra alma. Y así, mi corazón se abre a vosotros ahora.

Pues, como véis, amados, podéis experimentar la segunda venida de mi Cristo, de vuestro Cristo en vosotros. Cuando sepáis que sois valiosos, santos, decididos, portadores de la llama de honor que arde en vuestro corazón, incluso la llama trina, vendré entonces a vosotros en la plenitud del Espíritu Santo para el avivamiento de vuestro corazón. Entraré a vuestro corazón, pues ésta es la verdadera segunda venida de Cristo a la Tierra; la primera venida fue mi encarnación para inaugurar la era de Piscis.

Así, ha habido santos a todo lo largo del camino, amados, y santos hace 50 mil años que también me conocían y me conocieron también en el avivamiento de Cristo en su corazón.

Así, amados, hago de vuestro conocimiento que cuando todo esté listo en vuestro mundo y sintáis la fortaleza del equilibrio en vuestro cuerpo y en vuestro espíritu y estéis listos para que entre en vosotros, el llamado que podéis hacerme —como conclusión de los numerosos llamados que os he hecho— es el llamado a recorrer la Tierra como mi gemelo.

Entendéis el significado de "el gemelo" a partir del Evangelio de Tomás y su interpretación por parte de la mensajera y de numerosos académicos. Sí, amados, vuestro Cristo, mi Cristo. No hay, en efecto, sino un solo Cristo, un Hijo nacido del Dios Padre-Madre, y es la luz eterna personificada y manifiesta dondequiera que el rayo de luz de un hijo o de una hija de Dios haya salido del Sol Central. Es vuestro llamado, amados.

Os he indicado, en mis dictados de años pasados, los pasos y etapas a través de los cuales podéis buscar esa realización y esa unión conmigo [como mi gemelo]. De nada os he privado, amados, pero en ocasiones vosotros mismos os priváis y por consiguiente renunciáis a todo lo que podríais recibir de mí.

Es mi deseo, con el profundo deseo de Dios que llena todo mi ser —y mi ser se manifiesta ahora *llenando* el cosmos material—, es mi deseo caminar a vuestro lado y hablar con vosotros para que vuestro Cristo pueda saludar a mi Cristo y podamos abrazarnos, y para que esa presencia en los dos pueda ser como un solo corazón: vuestro corazón, mi corazón.

Sí, amados, os aliento a buscarme pronto. Cuando entráis en el cuerpo al amanecer y comenzáis a estiraros, a bostezar y a mirar alrededor y decís "¡Ha comenzado un nuevo día!", recordad que allí estoy y dadme la bienvenida en vuestro corazón. Dad la bienvenida a vuestro Santo Ser Crístico para que descienda a vuestro templo y haga allí su hogar.

La visión que os ofrezco es que podéis recorrer la Tierra como maestros, como ungidos, como los santos de Dios, como ángeles o como hermanos y hermanas que podrían impartir una comprensión muy tierna, un apoyo semejante al apoyo mismo de mi Presencia y de mi aura en vosotros, y de vuestra propia Presencia, que es la Presencia de Dios.

Me gustaría veros disfrutar el caminar rodeados por la luz de esa Presencia y del Cristo que mora en vuestro interior *antes* de vuestra ascensión, de modo que podáis renovar los días de hace muchos siglos cuando teníais una mayor luz (antes de que hubiérais producido tanto karma) y recorríais la Tierra estando Cristo con vosotros y en vosotros.

Ya no penséis, pues, que vuestro Santo Ser Crístico debe estar sólo por encima de vosotros, sino pensad que vuestro Santo Ser Crístico puede estar *en* vosotros. Pero sabed también, amados, que cuando el Cristo descienda [a vuestro templo], ya no podréis ser tan humanos como habéis sido antes de que descendiera, pues algunas cosas tendrán que morir para dar lugar al amanecer del nuevo día que nace de vuestra cristeidad personal.

Notad por favor que la mayoría de vosotros practica de uno u otro modo una cierta técnica de evitación a fin de no renunciar a ciertas cosas que os aseguran el "equilibrio humano". Ni siquiera sospecháis que cerráis la puerta y no respondéis cuando yo toco, cuando en su lugar deberíais recibirme para que yo pudiese entrar y mover el mobiliario y cambiar la disposición de los cuadros en las paredes.

Sí, amados, ¿podéis tener realmente Dios y Mamón, o Cristo y Anticristo?

Creo que conocéis la respuesta. [No podéis. Pero abandonar a Mamón y al Anticristo] es un precio menor a pagar por recorrer la Tierra como un haz de luz. Es, sin embargo, el precio definitivo pues no sólo tenéis que hacer a un lado ciertas condiciones de conciencia humana, sino que también debéis saber que algunos serán ofendidos por la luz y la Presencia [y os increparán].

Tendréis que elegir vuestras prioridades. Tendréis que decidir *cómo pasaréis el resto de vuestra vida*. No daréis menos sino mucho más a todos aquellos a quienes amáis y a todos aquellos que no os aman. Pero lo daréis en ciertos términos, términos a través de los cuales mantenéis un nivel de la llama del honor cósmico a fin de que no os comprometáis cuando éste o aquél, con quien estáis vinculados, insista en que seáis "más humanos".

Todos tienen el elemento humano hasta el momento de la ascensión. Mejor, pues, ser un buen ser humano que no ser humano del todo, pues la gente debe ser capaz de identificarse con vosotros. Y podéis lograrlo y seréis muy buenos al hacerlo, y eso sin comprometer siquiera la llama crística en vosotros.

Corazones amados, [el llamado que os hago a recorrer la Tierra como mi gemelo] es una dispensación abierta. Es la dispensación que podéis invocar [tal y como yo os he llamado]. Sugiero que reviséis los llamados que os di en los dictados anteriores a fin de que podáis poner en práctica esos dictados como una base. Os sugiero que os toméis tiempo, si así lo deseáis, para decidir. Pero sabed, amados, que os estáis preparando para vincularos con mi corazón y yo me estoy preparando para recibiros como mis novias.

Vengo a vosotros, por consiguiente, con un enorme amor y una gran devoción. Y mi visión, como he dicho, es veros caminando por la Tierra antes de vuestra ascensión como maestros con toda la dignidad de la luz que Dios ha puesto sobre vosotros, igual que os ha colocado aparte como la Raza YO SOY. Todas las cosas que sois son hermosas, y todas esas cosas, amados, son para que las manifestéis.

No veo sino unas cuantas causas de vuestra separación de Dios. Una es la condenación mundial de los caídos y otra es vuestro fracaso en atar esa condenación y aseguraos que sea consumida por la llama violeta.

Sí, la psique debe ser dominada y sanada.

Sí, la llama violeta puede saturar.

Sí, mi gracia es suficiente para vosotros[1] y vuestra gracia es suficiente para mí.

¡Unamos, pues, nuestras gracias, confesemos a nuestro Señor y mostremos a todo el ancho mundo cuál es el perfil del Cristo de Acuario! ¿No es acaso el perfil del gran adepto que posee muchos talentos —el gran adepto, mi padre, Saint Germain?

¡Oh, sí, amados!

Pensad en las vidas de Saint Germain y en el millar de encarnaciones suyas que no conocéis.

¡Pensad en todo lo que ha hecho y puede hacer!

¡Pensad en su mente multifacética, en su personalidad y en su empuje!

Pensad en Saint Germain y sabréis entonces cuán rico es el perfil del Cristo que él, como Jerarca de la Era de Acuario, y junto a la bendita Porcia, os ha legado.

¡Oh benditos!, ¡qué era puede ser ésta! Que la disfrutéis al máximo en todas las octavas de la vida. Y que seáis, amados, un ejemplo del Cristo de la era de Acuario para todo el mundo. En verdad ese enorme regalo os es dado para darlo a este mundo y al universo.

Me regocijo de estar con vosotros.

Mi ofrenda es total pues nunca ofrezco parcialmente.

¿Deseáis atar al morador en el umbral?

["¡Sí!"]

Contribuiré con una parte de la ecuación pero ésta es una obra que *vosotros* debéis realizar por vuestra parte. Es mejor intensificar la llama violeta y luego lidiar con el morador. Si el morador es atado sigue habiendo un vacío de no cristeidad debido a que os habéis resistido a vuestro Santo Ser Crístico; bien, luego estaréis vacíos tanto del morador como del Cristo. Pero, como os he enseñado, si dejáis la casa vacía, otros espíritus vendrán a ocuparla.[2]

Mejor llamadme, pues, para que ocupe vuestro templo hasta que estéis listos para la plenitud de la segunda venida, pues al menos podría desplazar algo de vuestro morador-en-el-um-

bral mientras vosotros hacéis el trabajo [de decretos] y los ángeles obedecen vuestra orden en este sentido. Mejor, pues, tener
una copa llena que una vacía y que os liberéis del morador día a
día y punto por punto [en lugar de hacerlo todo de golpe].

Digo: que sea atado ahora por mis propios ángeles, por
las legiones del Padre: que sean atados el miedo, la ansiedad
y la duda y asimismo las profundas divisiones de vuestro ser y
la ira [consciente o inconsciente] en contra de la Divinidad. Esto
abrirá el camino a Astrea y a la llama violeta, pero debéis tener
un vínculo muy fuerte con Dios si vais a ir en pos de estos elementos del inconsciente, por así decirlo, de un solo gope.

Poco a poco y día a día pueden irse estas cosas.

Y día a día los elementos de la cristeidad pueden descender.

Sí, amados, YO SOY vuestro Esposo Divino. Anhelo abrazaros
y os abrazaré enteramente cuando hayáis alcanzado por completo un cierto nivel de este logro. No es necesario que seáis totalmente perfectos para recibirme en la segunda venida, pero es
necesario que tengáis la fortaleza y el equilibrio para ocupar la
posición que traigo y para defenderla en contra del enemigo
dentro y fuera.

Que los sabios procedan con precaución y que sepan que
el Espíritu Santo está siempre dispuesto a consolar, a enseñar,
a iluminar, a reprender y a reconducirlos de vuelta en el sendero de la vida.

Hemos venido, pues, a solicitud del Señor Sanat Kumara. Nos
unimos a los Santos Kumaras y a los Patrocinadores de la Juventud. Nos unimos a la amada María, mi madre, a Teresa de Ávila,
al Buda del Rayo Rubí, a Omri-Tas, a los poderosos arcángeles y
a todos aquellos que han sido parte de esta conferencia.

Así pues, para los mansos de Dios, para los maduros, para todos aquellos a quienes amo, YO SOY vuestro Jesús, Hijo de Dios, Hijo del hombre. YO SOY vuestro gemelo en el camino de la vida, y caminaremos juntos y conversaremos hasta que alcancéis la victoria.

Os sello ahora en mi Sagrado Corazón. Lo coloco sobre vuestro corazón, el de cada uno. Regocijaos en mi corazón, amados, pero sabed también que la rasgadura del corazón es la iniciación para la victoria de la ascensión.

YO SOY el que está con vosotros, incluso hasta el total florecimiento de la era de Acuario y el fin de los bajos mundos del materialismo.[3] Pues no estarán siempre, *¡pero la manifestación de luz prevalecerá!*

Pax vobiscum.

12 de octubre de 1992
Viajes de descubrimiento del alma
Hotel Castlegate
Atlanta, Georgia

Comentario

*Sabed, amados, que os estáis acercando a esa etapa
en que puedo llamaros hermano y hermana en el más alto sentido
de la palabra, en el sentido de la palabra en que conocéis a vuestro Cristo
como mi Cristo y en que puedo ver reflejada en vosotros la totalidad
del único Hijo del Dios Padre-Madre, que YO SOY.*

Jesús[4]

Jesús nos hace su final y más profundo llamado de su serie de Llamados en este último dictado. Es la culminación del sendero del discipulado que nos ha abierto a lo largo de todos sus Llamados: que recorramos la Tierra como su gemelo.

Jesús nos dice que ésta es una dispensación abierta. No hay límite de tiempo. Nos advierte sobre el riesgo de evitarla y en numerosas ocasiones nos ha advertido sobre el peligro de la postergación. Y aún más, nos dice que nuestro llamado debería ser hecho cuando estemos listos: "Cuando todo esté listo en vuestro mundo y sintáis la fortaleza del equilibrio en vuestro cuerpo y en vuestro espíritu y estéis listos para que entre en vosotros, el llamado que podéis hacerme —como conclusión de los numerosos llamados que os he hecho— es el llamado a recorrer la Tierra como mi gemelo".

¿Qué significa realmente ser el gemelo de Jesús? Podemos rastrear este concepto hasta los primeros años del cristianismo. Lo encontramos en el Evangelio de Tomás, una colección de frases de Jesús que data de la misma época que los cuatro Evangelios pero que no fue incluido en el Nuevo Testamento. Este escrito es atribuido a Judas Tomás, quien es llamado en el texto el "gemelo" de Jesús. Tomás es el vocablo arameo para "gemelo", y algunos sugieren que Tomás era literalmente hermano de Jesús. Sin embargo, la mensajera explica el verdadero significado de esto como una relación espiritual:

"Algunas personas interpretan erróneamente el concepto de Tomás como gemelo de Jesús, como si significara que se trata de un hermano físicamente gemelo. Pero los gnósticos comprendían que conforme aspiramos a y nos convertimos en nuestro Yo Verdadero, estamos haciéndonos uno con ese Ser Crístico. Nuestro Ser Crístico es también el Cristo de Jesús. Son uno y el mismo. Así, cuando nos hacemos como, o el reflejo de, nuestro Santo Ser Crístico, nos convertimos también en el gemelo de Jesús. Jesús es nuestro modelo. Cuando cumplimos sus máximas, su Palabra y manifestamos su luz, nuestra vibración, nuestro semblante, nuestro amor deberán ser como los suyos. Deberíamos entender y saber lo que Jesús haría y, por consiguiente, hacer también las mismas obras.

"Jesús subrayaba continuamente, en los evangelios gnósticos, que deberíamos beber de la misma fuente de la que él había bebido y, así, hacernos como él. Jesús enfatizó que Dios quería que los discípulos fueran como él, fueran iguales a él y una parte de él, y luego serían uno con el Padre, el Dios Padre-Madre, como él lo fue."[5]

Recorrer la Tierra como gemelo de Jesús en la plena manifestación de nuestra cristeidad es lo que verdaderamente significa la Segunda Venida de Cristo. La mensajera explica lo que realmente significa convertirse en el gemelo de Jesús:

"La académica Elaine Pagels sugiere que los gnósticos pueden haber atribuido el *Evangelio de Tomás* y el *Libro de Tomás* al 'hermano gemelo' de Jesús a fin de 'sugerir que «tú, lector, eres el hermano gemelo de Jesús». Cualquiera que llegue a entender estos libros descubre, como Tomás, que Jesús es su «gemelo», su «otro yo» espiritual'.[6]

"Ésta es una profunda meditación. La mayoría de los cristianos a quienes se ha enseñado que son pecadores y que están marcados por el pecado, a fin de que nunca vuelvan a levantarse, y que pueden ser salvados sólo a través de Jesucristo pero no a través de su propio camino de logros individuales, encontrarán sorprendente y será causa de su regocijo saber que pueden verse a sí mismos como pares e iguales a Jesús, como su hermano gemelo o su hermana gemela.

"¿A quién nos gustaría parecernos más en el mundo entero si no a Jesús? Estoy segura de que todos nosotros aspiramos a ello y estoy segura de que todos nosotros oímos a los demonios condenándonos al decir 'Nunca podrás ser como Jesús. Y si lo intentas, es un pecado, porque es un pecado de orgullo'.

"Nada puede estar más lejos de la verdad, y éste es el meollo del asunto. Es ésta la enseñanza de Jesús que se ha perdido. El resto de lo que se dice y enseña en estos cuatro evangelios gnósticos[7] y los que encontraréis en *The Nag Hammadi Library*[8] está basado en este principio: 'Convertíos en lo que YO SOY. He venido del cielo para mostraros el camino. YO SOY el camino, esa verdad y la vida. Aquel que me siga tendrá la vida eterna. Seguidme en las obras que hago, las palabras que digo, la conciencia que YO SOY'.

"Estas frases del Evangelio de Tomás ofrecen la enseñanza mediante la cual Jesús nos imparte el cómo: cómo seguir sus pasos, cómo entender los misterios, cómo explorar esos misterios, cómo convertirnos en la encarnación de ese misterio…

"Al mirar la Gráfica de Tu Yo Divino (véase página 563) vemos al Santo Ser Crístico encima de nosotros. Es ése el Cristo, el único Hijo de Dios, el único Hijo nacido del Padre, lleno de gracia y de verdad.[9] Ese Cristo individualizado para nosotros se convierte en el muy personal Santo Ser Crístico.

"Cualquiera que sea uno con ese Cristo, que esté completamente fundido con ese Cristo, es también uno con Jesús. Dos cosas iguales entre sí son iguales a una tercera. Cada Santo Ser Crístico es una migaja tomada de la hogaza de la conciencia crística o del Cristo Cósmico del cosmos.

"Así, hay un Cristo Universal individualizado para todos nosotros. Lo que es tan especial sobre Jesús es que ha sido la encarnación de esa Palabra, de ese Cristo, durante eones, y ha sido elegido por el Padre para salvarnos, para que nuestra alma pueda ser salvada y llegue a reunirse con ese mismo potencial crístico.

"Actualmente tenemos ese Cristo como potencial y, cada día, esperamos estar convirtiéndonos cada vez más en su manifestación. En Jesús, Cristo vive y reina como la totalidad de esa manifestación crística en la maravillosa gloria de quien es él y el servicio que ha prestado durante decenas de miles y cientos de miles de años a oleadas de vida de este planeta y a muchos sistemas de mundos. Así, él es verdaderamente nuestro Señor y Salvador y nuestro hermano mayor en el Sendero…

"Se espera que seas la encarnación de Dios. Y en la medida en que personalices e individualices ese Cristo, traerás al universo una manifestación única de ese Cristo. Cada maestro ascendido es diferente y único y sin embargo es la encarnación de esa misma esencia crística. De modo que ser el gemelo de Jesús no significa ser una copia al carbón de él. Significa que asimilaremos sus atributos y sus acciones y su enseñanza. Seremos muy parecidos a él pero tendremos la expresión única que Dios nos ha dado en nuestro proyecto único."[10]

Ha habido santos a través de todas las eras que experimentaron esta Segunda Venida de Cristo en su corazón. Catalina de Siena fue una santa que escribió sobre su experiencia de ser la gemela de Jesús. La autora Carol Flinders describe la experiencia de Catalina:

"En otra ocasión, luego de haber orado 'para lograr un corazón puro', el Señor se apareció a Catalina y le sacó el corazón. Unos cuantos días después se lo devolvió: ¡excepto que era el corazón del Señor, y no el de Catarina, y latía bastante más fuerte que el suyo! Después de este suceso ella sintió que amaba a los demás con el propio corazón de Cristo. El proceso que describió al comienzo de su *Diálogo* iba por buen curso. 'El alma está unida a Dios, al seguir los pasos de Cristo crucificado, y a través del deseo, el afecto y la unión de amor él hace de ella otro sí mismo.'"[11]

Jesús tiene una visión de nosotros

Jesús tiene una hermosa visión que sostiene para nosotros: "La visión que os ofrezco es que podéis recorrer la Tierra como maestros, como ungidos, como los santos de Dios... Me gustaría veros disfrutar el caminar redeados por la luz de esa Presencia y del Cristo que mora en vuestro interior *antes* de vuestra ascensión". Nos pide que ya no pensemos en nuestro Santo Ser Crístico encima de nosotros sino que pensemos y sintamos a ese Cristo habitando nuestro cuerpo que es nuestro templo.

¿Puedes imaginarte encarnando y compartiendo la totalidad del amor de Cristo *antes* de ascender?, ¿recorrer la Tierra con sus poderes curativos para bendecir a toda la humanidad?

Técnicas de evitación

En este dictado Jesús expresa su preocupación por el hecho de que muchos estén practicando técnicas de evitación que les impiden convertirse en la totalidad de su Ser Crístico. Dice: "Notad por favor que la mayoría de vosotros practica de uno u otro modo una cierta técnica de evitación a fin de no renunciar a ciertas cosas que os aseguran el 'equilibrio humano.'" ¿Cómo hacemos esto? Una forma es aferrándonos a ciertos hábitos humanos. No desprenderse de estos hábitos, dice Jesús, puede ser precisamente la causa de que lo saquemos de nuestra vida. Él toca a la puerta de nuestro corazón y no lo escuchamos. No puede establecer contacto con nosotros.

Muy a menudo esta decisión es inconsciente. Sin embargo, Jesús quiere que nos demos cuenta de que tenemos que elegir. Si en verdad deseamos responder a su llamado y recorrer la Tierra como su gemelo, nos dice: "Tendréis que elegir vuestras prioridades. Tendréis que decidir cómo pasaréis el resto de vuestra vida". Este deseo significa deshacerse de ciertas ataduras y actividades humanas que nos impiden recibir la totalidad del Cristo. Se trata de esas cosas que sabemos no están de acuerdo con la llama del honor cósmico y que comprometen la llama crística en nuestro corazón, o pueden ser las preocupaciones y placeres del mundo que no son nocivos pero sencillamente no dejan tiempo ni espacio en nuestra vida para la meditación, la devoción y para atraer la luz de Dios.

Hay razones por las que en ocasiones evitamos el sendero superior, la verdad superior. La mensajera nos ofrece una explicación de por qué ocurre esto: "Tenemos la promesa de Jesús de que nos enviará al Paráclito y al Espíritu Santo,[12] de que encontraremos la verdad y de que, cuando la encontremos, la verdad nos hará libres.

"La verdad es perturbadora porque es alquímica. Es una llama viva. No estamos simplemente encontrando un tratado intelectual cuando descubrimos la verdad del Dios vivo. Encontramos el poder de esa Palabra viva, y, cuando esa Palabra nos llega, es dulce en la boca y amarga en las entrañas,[13] porque produce un cambio en nosotros. Seremos perturbados. Nuestra vida se reorganizará. Descenderá la espada que Jesús dijo que abatiría sobre[14] los hogares divididos, que dividen nuestros propios miembros individuales, que dividen lo Real de lo Irreal.

"Si buscáis la verdad de Jesucristo, esperad encontrarla. Si esperáis encontrarla, esperad ser perturbados. Estad dispuesto al cambio. Estad dispuestos a recorrer la Tierra de arriba a abajo hasta que volváis a ser hechos a semejanza de Dios por medio del sufrimiento, de la adversidad, del amor, de la comunión, de cualquier cosa que os lleve al Salvador.

"Te asombrará lo que es la Verdad al contrastarla con los errores en los que has vivido. Y cuando tengas esa verdad, reinarás sobre todo. Reinarás sobre ti mismo, sobre tu cuerpo, sobre tus órganos, sobre tu salud, sobre tu vida, tus emociones, tu mente. Te convertirás en maestro de ti mismoss y, por consiguiente, serás buscado como líder de hombres y mujeres. Pero en primer lugar, siempre y por encima de todo, debes ser seguidor de Jesucristo…

"[En *El Evangelio de Tomás*, leemos:] 'Jesús dijo… "Habrá días en que me buscaréis pero no me encontraréis".[15] ¿Por qué no encontramos a Jesús? Es karma, la ceguera del karma, el estado de falta de alineación, el estado de resequedad en que Jesús quiere que accionemos la bomba, que intensifiquemos la luz, que suministremos la luz a través de la cual y mediante la cual podríamos verlo. Cuando Jesús se nos aparece, él nos suministra la luz. Amplía nuestra visión. Nos está permitiendo verle.

"Los días en que no lo encontramos son los días en que quiere que encontremos al Cristo en nosotros mismos y le entreguemos el regalo legítimo de nuestra cristeidad. Los ciclos tienen un ritmo. Llegan los días en que no sentís el derramamiento de luz. Son los días en que sois vosotros los que debéis darle luz a Dios."[16]

Cuando no sentimos la Presencia ni la luz de Dios, puede ser porque estamos soportando una carga de oscuridad extra en nuestro cuerpo. Que sea personal o planetaria realmente

no importa. Lo que importa es que aceleremos e intensifiquemos nuestros llamados y atravesemos la densidad que recubre
(por un momento) la luz al interior de nuestro corazón. Considera lo que Jesús tiene que decir sobre la causa de nuestra
sensación de separación y decide hacer el llamado para que
alcances tu victoria:

"No veo sino unas cuantas causas de vuestra separación de
Dios. Una es la condenación mundial de los caídos y otra es
vuestro fracaso en atar esa condenación y aseguraros que está
siendo consumida por la llama violeta."

Oración para recorrer la Tierra como gemelo de Jesús

Amada y poderosa Presencia YO SOY, amado Jesús, séllame en tu Sagrado Corazón y permite que tu corazón sea mi corazón. Permíteme encontrar ese equilibrio perfecto a través del cual podré recorrer la Tierra como tu gemelo. Ninguna alegría será mayor que recorrer la tierra en la totalidad de mi cristeidad, tu cristeidad. Así, abre mis ojos, oh Señor, para que pueda verte cara a cara verdaderamente.

Meditación sobre la entrega

Tómate un tiempo para meditar con una imagen del Maestro Jesús frente a ti.

Céntrate en tu corazón, comulga con Jesús y pídele que coloque su Presencia Electrónica sobre ti. Pídele que coloque su Sagrado Corazón sobre tu corazón. Abre tu corazón al Maestro y permítele conocer tu deseo de hacerte uno con él. Pídele que te muestre esas cosas en tu vida que están impidiendo que entre de manera más plena, las cosas a las que quiere que renunciemos personalmente. Quizás quieras rezar la siguiente oración:

Querido Jesús, deseo encarnar físicamente la totali-dad de mi Santo Ser Crístico y recorrer la tierra como tu gemelo. Muéstrame por favor a qué me estoy aferrando creyendo necesitarlo para mantener mi "equilibrio humano" cuando en realidad no es sino una técnica de evitación y está bloqueando mi comunión con tu corazón. Muéstrame qué es aquello que puedo entregar y que te abrirá la puerta y te permitirá conducirme hacia la congruencia con mi Yo Verdadero y a la unión con tu Sagrado Corazón.

Luego repite tres veces: Que esa mente que estuvo en Cristo Jesús esté en mí.

Ahora, siéntate en silencio durante unos cuantos segundos para meditar en su imagen y en su Sagrado Corazón. Escucha, sé receptivo y mantente abierto a los impulsos de la queda vocecita que está en tu interior.

Reza el rosario la entrega

Madre María nos dice: "¡Entregad! Entregadle a esta ley que está en vuestro interior todo aquello que está en contra de la Madre de Dios, del Yo Verdadero: todos los cismas y divisiones que son fabricados en el subconsciente. ¡Deshaceos de todo eso! Dadle todo a Dios y comprendamos que es como llevar vuestra ropa sucia a la lavandería. La metéis en las máquinas y sale limpia. Así, dais a Dios todo cuanto sois y él os devuelve todo limpio y purificado".[17]

Madre María nos ha dado un rosario que es un ritual de entrega. Al recitar "El decimocuarto rosario catorce: El misterio de la entrega",[18] podemos entrar en el corazón de la llama y en el corazón de la Madre Bendita y comprometernos en el proceso de entregarnos a Dios conscientemente. Si nos resulta difícil entregarnos a Dios, podemos entregar este ritual y pedir a Jesús y a Madre María que nos ayuden a entregar a esos elementos del yo que se resisten a entregarse a un amor superior.

¿Cómo responderás al llamado de Jesús?

> "El llamado que podéis hacerme —como conclusión de los numerosos llamados que os he hecho— es el llamado a recorrer la Tierra como mi gemelo."

¿Qué significa para mí este llamado?
¿Qué haré para responder a este llamado?

El Cristo de Acuario

Al concluir el ciclo de sus llamados, Jesús nos ofrece una visión de lo que puede significar para el mundo que respondamos a sus llamados y nos convirtamos en la totalidad de aquello que desea para nosotros.

Hace dos mil años Jesús vino a inaugurar la era de Piscis. Llamó a sus discípulos para que dejaran sus redes. Los llamó a un sendero de cristeidad. Les dijo: "En verdad, en verdad, os digo: el que crea en mí, hará él también las obras que yo hago, y hará aun mayores, porque yo voy al Padre".[1] El llamado era, en realidad, a seguir sus pasos y a convertirse en el Cristo. La cristeidad de Jesús multiplicará la nuestra y entonces seremos capaces de manifestar las mayores obras superiores que prometió.

Durante dos mil años tuvimos la oportunidad, y el mundo tuvo la oportunidad, de responder a ese llamado. Debería haber sin duda muchos Cristos en el mundo actual. Deberíamos estar en el amanecer de una era dorada.

Si hemos postergado y no hemos respondido al llamado, Jesús viene ahora, a fines de la era, a decirnos: "No es demasia-

do tarde." La puerta sigue abierta. Si entramos y nos convertimos en ese Cristo, podemos todavía cumplir el destino de Piscis. La culminación de la era de Piscis debería ser la conciencia
crística encarnada en muchos hijos e hijas de Dios, y esto debería consituir los cimientos de Acuario. De esto habla Jesús al
acercarse el final de este ciclo: del perfil del Cristo de Acuario.

Cada era se construye sobre los cimientos de la previa. La
misión de Jesús en Piscis era construir a partir de los cimientos de Abraham, de Moisés y de la dispensación de la Era de
Aries. De la misma manera, la misión de Saint Germain como
Jerarca de la Era de Acuario (igual que Jesús ocupó ese cargo
para Piscis) es construir sobre los cimientos de Piscis.

Jesús nos comparte su visión de Acuario como una era dorada y nos abre una puerta para que entremos. Es la puerta de
su corazón, de su vida, que nos ha entregado. Cuando entremos y cumplamos todo lo que Jesús nos llama a hacer, podremos echar los cimientos para el discipulado de la Nueva Era.

1. "¡Venid, dejad vuestras redes! Yo os haré pescadores de hombres."

2. "Tomad la espada del Espíritu y luchad por mi rebaño antes de que se pierda en las garras de los traficantes de drogas y de los traficantes del engaño y la aniquilación."

3. El llamado al sendero de la ascensión.

4. "Os llamo a ser maestros del mundo."

5. El llamado a los diez mil Guardianes de la Llama.

6. "Os llamo a ser mis discípulos."

7. "Os pido que renovéis vuestro compromiso a velar conmigo, mi 'Vigilia de las Horas'."

8. "¡Convertíos en ese Cristo!… Ha llegado la hora de que seáis verdaderos pastores y ministros."

9. El llamado a ser verdaderos pastores de los hijos de Dios.

10. "Os Llamo a la Casa del SEÑOR, vuestra poderosa Presencia YO SOY."

11. "Os conmino a permitir que Cristo descienda a vuestro templo."

12. "Asumid nuevamente el karma que he cargado por vosotros estos dos mil años."

13. "Os llamo a una vida en el Espíritu Santo."

14. "Os llamo a mi templo de iniciación."

15. "Por encima y más allá de todo aquello por lo que os he llamado,… sed todo amor."

16. "Convertíos en agentes del Cristo Cósmico… para que los hijos de la luz puedan entrar en este rebaño."

17. "Os Llamo a… el perfeccionamiento del alma como mi apóstol."

18. "He venido a llamaros a ser mis pastores."

19. "¡Bebed esta copa de mi cristeidad!… Sed instrumentos de mi luz… para los jóvenes de todo el mundo, para los niños golpeados y maltratados."

20. "Ved el gran llamado… a encarnar esa luz, ese YO SOY EL QUE YO SOY, esa porción de Cristo que os corresponde reclamar."

21. "Salvad al desposeído y a la gente de la calle de esa sensación de abyecta autonegación… Convertíos para servir a aquellos que sienten que son los pobres de espíritu."

22. El llamado a "abrazar el llamado superior en Dios" y a "pronunciaros en defensa de la vida".

23. "Os llamo al arrepentimiento."

24. "El llamado del amor": la "prodigalidad de vuestro corazón, de vuestras manos y vuestro pronunciamiento de mi Verdad… para todos los que han sido parte de mí y de mi vida."

25. El llamado a prepararse para la iniciación del descenso a los infiernos.

26. "Os llamo al corazón de Dios."

27. "Os llamo a ser esos poderosos electrodos de vuestro Santo Ser Crístico y de vuestra poderosa Presencia YO SOY para que la Tierra pueda recibir la luz."

28. "Os hago saber que cuando todo esté listo en vuestro mundo y sintáis la fortaleza del equilibrio en vuestro cuerpo y en vuestro espíritu y estéis listos para que yo entre, el llamado que podéis hacerme —como conclusión de los numerosos llamados que os he hecho— es el llamado a recorrer la Tierra como mi gemelo."

27. "Os llamo a ser reyes poderosos eligiendo al, vuestro Santo
Ser Crístico y de vuestra poderosa Presencia YO SOY
para que la Tierra pueda recibir la luz."

28. "Os hago saber que cuando todo esté listo en vuestro mundo y surja la fortaleza del equilibrio en vuestro cuerpo
y en vuestro espíritu y estéis listos para que yo entre, el
llamado que podáis hacerme —como conclusión de los
numerosos llamados que os he hecho— es el llamado a
recorrer la Tierra como mi sendero."

Notas*

N.B: A lo largo de los dictados de este libro, el material entre corchetes denota palabras no pronunciadas y sin embargo implícitas en el dictado, añadidas por la mensajera bajo la dirección de Jesús para mayor claridad de la palabra escrita.

INTRODUCCIÓN

1.   Juan 14, 12.
2.   2 Corintios 1, 11-19.
3.   Juan 15, 1-8.

CAPÍTULO 1

Este dictado de Jesús el Cristo está publicado íntegramente en *Pearls of Wisdom*, vol. 27, núm. 59, 16 de diciembre de 1984. Como prefacio del dictado, la mensajera lee Éxodo 33 y 34.

1.   Mateo 5, 18.

---

* Todas las referencias a la Biblia están tomadas de la edición Desclé de Brower. (N. de las T.)

2.   Saint Germain es el séptimo ángel profetizado en Apocalipsis 10, 7, quien viene a patrocinar la consumación del misterio de Dios, "según lo había anunciado como buena nueva a sus siervos los profetas".

3.   Apocalipsis 3, 12.

4.   Salmos 61, 2.

5.   Mateo 4, 4.

6.   Deuteronomio 5, 9.

7.   Juan 14, 23.

8.   Mateo 28, 20.

9.   Mateo 11, 28-30.

10.   Mateo 4, 18-20.

11.   Elizabeth Clare Prophet, conferencia de Summit University, "The Purpose of the Coming of Maitreya", 16 de marzo de 1985.

12.   Mateo 8, 22.

13.   Elizabeth Clare Prophet, Seminario Juan el Amado, Conferencia núm. 1, 6 de julio de 1982.

14.   Gautama Buda, "The Planetary Initiation of the Ruby Ray" en *Pearls of Wisdom*, vol. 33, núm. 17, 6 de mayo de 1990.

15.   Isaías 1, 18.

16.   Éxodo 3, 14.

17.   Elizabeth Clare Prophet, *Inner Perspectives*, The Summit Lighthouse Library, Corwin Springs, Montana, 2001, pp. 26-28.

18.   Helios, "The Power of the Call" en *Pearls of Wisdom*, vol. 34, núm. 11, 17 de marzo de 1991.

19.   Mateo, 10, 5-6.

20. Esta oración está adaptada a partir de un dictado de Gautama Buda y Saint Germain, "The Teaching Is for the Many" en *Pearls of Wisdom*, vol. 29, núm. 21, 25 de mayo de 1986.

CAPÍTULO 2

Este dictado de Jesús el Cristo está publicado íntegramente en *Pearls of Wisdom*, vol. 30, núm. 18, 3 de mayo de 1987.

1. Marcos 15, 39.
2. 1 Pedro 2, 5.
3. 2 Timoteo 2, 15.
4. Mateo 10, 34.
5. Juan 4, 35.
6. Apocalipsis 19, 9.
7. Juan 21, 15-17.
8. Mateo 10, 34.
9. Y dijo Dios: "Hagamos al ser humano a nuestra imagen, como semejanza nuestra, y manden en los peces del mar y en las aves de los cielos, y en las bestias y en todas las alimañas terrestres, y en todas las sierpes que serpean por la tierra". Génesis 1, 26.
10. Astrea, "I Enlist Your Help", en *Pearls of Wisdom*, vol. 34, núm. 13, 31 de marzo de 1991.
11. Arcángel Miguel, "Charge! Charge! Charge! And Let Victory Be Proclaimed!" en *Pearls of Wisdom*, vol. 17, núm. 15, 14 de abril de 1974.
12. Mark L. Prophet y Elizabeth Clare Prophet, *The Lost Teachings of Jesus*, 4 vols.

13.   Jesús, "The Coming of the Divine Teacher" en *Pearls of Wisdom*, vol. 29, núm. 78, 23 de diciembre de 1986.

14.   Jesús y Kuthumi, *Prayer and Meditation*.

15.   Jesús, "The Point of Dazzling Joy" en *Pearls of Wisdom*, vol. 35, núm. 69, 29 de diciembre de 1992.

16.   Jesús, "The Overcoming Victory of the Light" en *Pearls of Wisdom*, vol. 31, núm. 48, 6 de agosto de 1988.

CAPÍTULO 3

Este dictado de Jesús el Cristo está publicado íntegramente en *Pearls of Wisdom*, vol. 30, núm. 27, 5 de julio de 1987.

1.   Mateo 28, 20.

2.   Romanos 13, 10.

3.   Juan 15, 13.

4.   Gálatas 6, 5.

5.   Juan 9, 5.

6.   Juan 15, 13.

7.   1 Corintios 11, 24.

8.   Arcángel Gabriel, "Called to an Unusual Sacrifice" en *Pearls of Wisdom*, vol. 30, núm. 55, 22 de noviembre de 1987.

9.   Mateo 28, 18.

10.   El maestro ascendido Pablo el Veneciano encarnó como Pablo el Veronés, uno de los principales artistas de la escuela veneciana del siglo XVI. Pablo el Veronés ascendió el 19 de abril de 1588. Como el maestro ascendido, Pablo el Veneciano, es el chohán (señor) del tercer rayo del amor. Su devoción es a la belleza, a la perfección del alma a través de la compasión, a la pa-

ciencia, a la comprensión, a la autodisciplina y al desarrollo de las facultades intuitivas y creativas del corazón por medio de la alquimia del sacrificio del yo, el desapego y la entrega.

Su retiro, el Château de Liberté, está localizado en el plano etérico sobre el río Ródano en el sur de Francia. (Su contraparte física es un castillo hoy propiedad privada de una familia francesa.) Al nivel etérico contiene salones de clase con pinturas y obras artísticas de todo tipo provenientes de todas las épocas, razas y culturas, así como talleres para músicos, escritores, escultores y estudiantes de canto. Aquí los maestros presentan nuevas técnicas en todos los campos del arte.

11. Gautama Buda, "The Teaching is for the Many" en *Pearls of Wisdom*, vol. 29, núm. 21, 25 de mayo de 1986.

12. 1 Corintios 15, 31.

13. Lanello, "How to Ascend" en *Pearls of Wisdom*, vol. 35, núm. 10, 8 de marzo de 1992.

14. Mateo 6, 33; Lucas 12, 31.

15. Lanello, "How to Ascend".

16. Serapis Bey, "Motivation" en *Pearls of Wisdom*, vol. 33, núm. 3, 21 de enero de 1990.

17. Mark L. Prophet y Elizabeth Clare Prophet, *The Masters and the Spiritual Path*, pp. 93-94. Para profundizar en la enseñanza sobre la ascensión, véase *The Masters and the Spiritual Path*, cap. 2, y Annice Booth, *The Path to Your Ascension*.

18. Juan 21, 15-17.

19. Arcángeles Jofiel y Uriel, "Qualifying World Teachers to

Dispense the Illumination of the New Age" en *Pearls of Wisdom*, vol. 28, núm. 5, 3 de febrero de 1985.

20.   Diosa Sarasvati, "We Do Work!" en *Pearls of Wisdom*, vol. 35, núm. 39, 29 de septiembre de 1992.

21.   Lanello, "Through the Heart of the One Sent–the Reigniting of the Flame" en *Pearls of Wisdom*, vol. 24, núm. 62, abril de 1981.

22.   Jesús, 20 de julio de 1979, no publicado.

23.   1 Pedro 2, 5.

24.   Juan 8, 32.

25.   El Morya, *The Chela and the Path*, pp. 102-104.

26.   Elizabeth Clare Prophet, "The Practical Art of Living a Spiritual Life", 12 de abril de 1997.

27.   Extracto de: Elizabeth Clare Prophet, conferencia de Summit University, 21 de septiembre de 1973.

CAPÍTULO 4

El dictado íntegro de Jesús está publicado en *Pearls of Wisdom*, vol. 30, núm. 56, 25 de noviembre de 1987.

"Velad conmigo", Vigilia de las horas de Jesús, emitido por Elizabeth Clare Prophet, es un servicio de oraciones, afirmaciones e himnos conocido en el mundo entero, que en 1964 el Maestro pidió que los Guardianes de la Llama recitaran en forma individual o en grupos. El servicio fue dictado por el maestro ascendido Jesucristo para la protección de la conciencia crística en cada hijo e hija de Dios y en conmemoración de la vigilia que a solas mantuvo el Maestro en el Huerto de Getsemaní cuando dijo:

"Estad atentos y vigilad" Disponible en cuadernillo de 44 páginas y en audiocinta de 90 minutos, B87096.

1. Apocalipsis 21, 2-27; 22, 1-7.

2. Acerca del retiro de Jesús y de su tutoría del apóstol Pablo, véase *Lords of the Seven Rays*, Libro I, pp. 183-88, 199-203, 225.

3. Mateo 5, 14.

4. Jeremías 23, 5-6; 33, 15-16.

5. El Maha Chohán, el "Gran Señor" que preside a los siete chohanes de los rayos, ostenta el cargo de Representante del Espíritu Santo en la jerarquía de la Gran Hermandad Blanca.

6. Juan 8, 31.

7. Eclesiastés 1, 9.

8. Santiago 1, 12; Apocalipsis 2, 10.

9. 1 Juan 5, 6-8.

10. Proverbios 4, 7.

11. Juan 15, 12.

12. Salmos 91, 1.

13. Juan 15, 13; 10, 17; Romanos 16, 4; 1 Juan 3, 16.

14. Previamente al dictado, la mensajera ofreció una conferencia sobre los Años Perdidos y las Enseñanzas Perdidas de Jesús, en la que leyó el poema gnóstico "The Hymn of the Pearl" y el comentario que de él hace G. A. Gaskell en *Gnostic Scriptures Interpreted*. El poema, del que se cree fue compuesto por el apóstol Tomás, retrata el descendimiento del alma desde el plano espiritual más elevado hacia los planos de ilusión con la consiguiente pérdida de la memoria de su origen. Allí se enfrenta al

juicio y a la tribulación de la vida inferior hasta que se responde al llamado desde el Hogar, que resulta en su ascenso, el que culmina en su unión con lo Divino.

15. Juan 20, 17.

16. Mateo 15, 8; Jeremías 6, 13-14; 14, 13-15; 23, 1-2, 9-40; 27, 9, 10, 14, 15; 28; 29, 8, 9, 21-32.

17. El mensajero Mark L. Prophet, quien fundó *The Summit Lighthouse* en 1958, llamado por El Morya a dar a conocer las Enseñanzas Perdidas de Jesús y las profecías de Saint Germain como le fueron dictadas por los maestros ascendidos.

18. Job 19, 26; Juan 14, 12; Romanos 8, 14-17, 29; Gálatas 4, 6, 7; 1 Juan 3, 2.

19. Lucas 19, 13.

20. 2 Timoteo 2, 15.

21. Kuthumi y Djwal Kul, *The Human Aura*, pp. 372-373.

22. *Ibid.*

23. El Morya, *The Chela and the Path*, pp. 19-20.

24. Isaías 6, 8.

25. Jesús y Kuthumi, *Corona Class Lessons*, cap. 25.

26. Elizabeth Clare Prophet, 13 de julio de 1979.

27. Juan 10, 30.

28. Jesús, "Christhood" en *Pearls of Wisdom*, vol. 31, núm. 21, 22 de mayo de 1988.

29. Juan 12, 44, 45, 49, 50.

30. Juan 1, 9.

31. Mark L. Prophet y Elizabeth Clare Prophet, *Pearls of Wisdom*, vol. 27, Libro i, Introducción, pp. 3-4.

32. Juan 10, 30, 38; 14, 9-11, 20; 17, 21-23.

33. Juan 20, 17.
34. Juan 14, 13.
35. *Pearls of Wisdom*, vol. 27, Libro I, Introducción, pp. 6-7.
36. Las antiguas escrituras budistas revelan que Jesús viajó a la India y a los Himalayas entre los trece y los 30 años para prepararse para su misión en Galilea. Véase Elizabeth Clare Prophet, *The Lost Years of Jesus*.
37. Señor Maitreya, "The Mission of Jesus Christ" en *Pearls of Wisdom*, vol. 27, núm. 47A, 26 de septiembre de 1984.
38. Hay otro retiro asociado al retiro árabe de Jesús que no está en uso en estos tiempos. Es un complejo de edificios subterráneos que los maestros sellaron herméticamente antes de que un cataclismo cubriera el complejo con las arenas del desierto. Situado a casi 122 metros por debajo de la superficie, es una cámara enorme con columnas de quince metros de alto decoradas con jeroglíficos. Otras pinturas estilizadas en púrpura y oro cubren las paredes. En una cámara conciliar adyacente, los símbolos cósmicos de las doce casas del sol están incrustados en el piso. El estilo del edificio y el diseño del interior de esta ciudad subterránea son parecidos a las antiguas arquitecturas griega y romana.
39. 2 Corintios 12, 4.
40. Elizabeth Clare Prophet, conferencia sobre la curación y la profesión médica, 3 de julio de 1986.
41. Elizabeth Clare Prophet, *Inner Perspectives*, Summit University, Corwin Springs, Mont., 1991, pp. 391-92.
42. Mateo 26, 40; Marcos 14, 37.

43. Elizabeth Clare Prophet, memorándum al personal de The Summit Lighthouse, 6 de diciembre de 1989.

44. *Ibid.*

45. Jesús, "I Love You", en *Pearls of Wisdom*, vol. 34, núm. 41, 25 de agosto de 1991.

CAPÍTULO 5

Este dictado de Jesús el Cristo está publicado íntegramente en *Pearls of Wisdom*, vol. 30, núm. 74, 13 de diciembre de 1987.

1. El mandato de Jesús comenzó a las 3:13 p.m., tiempo del centro de Estados Unidos.

2. Véase "The Hound of Heaven", poema del inglés Francis Thompson (1859-1907).

3. Lucas 18, 1-8.

4. Elizabeth Clare Prophet, "Teaching on *A Dweller on Two Planets*", parte 16, 10 de agosto de 1990.

5. La ciencia del reloj cósmico, enseñada por Madre María a la mensajera Elizabeth Clare Prophet, es una astrología de la nueva era que proporciona los medios científicos para la comprensión y trazo de los ciclos del karma personal y planetario que regresa a nosotros diariamente como las pruebas y dificultades del sendero de iniciación. Para profundizar en el estudio del reloj cósmico, véase "The Cosmic Clock: Psychology for the Aquarian Man and Woman", en Elizabeth Clare Prophet, *The Great White Brotherhood in the Culture, History, and Religion of America*, pp. 173-206.

6. Elizabeth Clare Prophet, "Teachings of Jesus Christ on Your Path of Personal Christhood", 27 de junio de 1993.

7. Mateo 22, 1-14.

8. Porcia, "The Mother of Aquarius Steps Down from Cosmic Levels", en *Pearls of Wisdom*, vol. 31, núm. 41, 18 de julio de 1988.

9. El Morya, "Chela—Christed One—Guru: Offices on the Path of the Individualization of the God Flame" en *Pearls of Wisdom*, vol. 28, núm. 11, 17 de marzo de 1985.

10. Elizabeth Clare Prophet, "Teachings of Jesus Christ on Your Path of Personal Christhood", 27 de junio de 1993.

11. Arcángel Jofiel y Arcangelina Esperanza, "Is Anything Too Hard for the LORD?" en *Pearls of Wisdom*, vol. 32, núm. 36, 3 de septiembre de 1989.

12. Juan 14, 15.

13. Veáse p. 8.

14. Elizabeth Clare Prophet, "Teachings of Jesus Christ on Your Path of Personal Christhood", 27 de junio de 1993.

15. Elizabeth Clare Prophet, conferencia de Summit University, 6 de noviembre de 1975.

16. Elizabeth Clare Prophet, conferencia de Summit University, 21 de marzo de 1979.

17. Jesús y Kuthumi, *Corona Class Lessons*, p. 220.

CAPÍTULO 6

Este dictado está publicado íntegramente en *Pearls of Wisdom*, vol. 31, núm. 38, 10 de julio de 1988.

1. En la teología católica, la Iglesia Militante es la Iglesia sobre la Tierra cuya función es hacer una guerra constante contra con sus enemigos, los poderes del mal, en

contraste con la Iglesia Triunfante, la Iglesia en el cielo cuyos miembros han alcanzado la unión con Dios.

2.   Esta afirmación del Señor no implica que no haya santos al interior de la Iglesia. Es más bien una generalización, a partir de que el porcentaje que ha quedado en la Iglesia es muy pequeño en comparación con aquellos que están fuera de ella. En este caso las excepciones confirman la regla.

3.   Mateo 21, 12, 13; Marcos 11, 15-17 Lucas 19, 45, 46; Juan 2, 13-17.

4.   Había tradiciones en los siglos I a III relativas a un largo intervalo entre la resurrección y la ascensión. El Padre de la Iglesia Irineo escribió: "De los 40 a los 50 años un hombre comienza a declinar hacia la vejez, época en que nuestro Señor vivió mientras seguía ocupando el cargo de Maestro, como lo testifican incluso el Evangelio y los ancianos; aquellos que fueron conversos en Asia por Juan, el discípulo del Señor, [afirman] que Juan les transmitió esa información" (Contra las Herejías, c. 180). El texto gnóstico *Pistis Sophia* del siglo III (1:1) afirma: "Sucedió que, cuando Jesús se levantó de entre los muertos, pasó 11 años en disertaciones con sus discípulos e instruyéndolos". Véase *The Lost Years of Jesus*, pp. 4-5; *The Lost Teachings of Jesús*, pp. 240-41.

5.   Mateo 7, 15.

6.   En el Evangelio de Tomás, se dice que Jesús instruía a sus discípulos de la siguiente manera: "No soy vuestro maestro. Como habéis bebido os habéis emborrachado con el arroyo burbujeante que yo he medido… Aquel

que beba de mi boca se convertirá en lo que yo soy: Yo mismo me convertiré en él, y las cosas que están ocultas le serán reveladas... el Reino está dentro de vosotros y está fuera de vosotros. Cuando lleguéis a conoceros entonces seréis conocidos y os daréis cuenta que sois hijos del Padre vivo" (logia 13, 108, 3). El Evangelio Gnóstico de Felipe describe al devoto de Cristo que ya no se llama a sí mismo cristiano, "sino un Cristo": "Visteis al Espíritu, os convertisteis en el Espíritu. Visteis al Cristo, os convertisteis en el Cristo. Visteis [al Padre, os] convertisteis en el Padre. Entonces, [en este lugar] lo veis todo y no [os veis] a vosotros mismos pero [en aquél] os veis en efecto a vosotros mismos, y aquello que veis en ello os convertiréis" (67, 26; 61, 29-35, en The Nag Hammadi Library in English [Harper & Row, San Francisco, 1977], pp. 140, 137).

7.   Juan 9:4.

8.   Ray-O-Light, "Keep Moving" en *Pearls of Wisdom*, vol. 25, núm. 29, 18 de julio de 1982.

9.   Jesucristo, "I Love You" en *Pearls of Wisdom*, vol. 34, núm. 41, 25 de agosto de 1991.

10. Elizabeth Clare Prophet, "Krishna, the Divine Lover and Healer of Your Soul", 1º de julio de 1993.

11. Jesucristo, "I Love You".

12. "Krishna, the Divine Lover and Healer of Your Soul".

13. Jesucristo, "I Love You".

14. *Krishna: The Maha Mantra and Bhajans*, audiocinta B92070, disponible bajo el sello de The Summit Lighthouse.

15. Elizabeth Clare Prophet, "Beams of Essential Light" en *Pearls of Wisdom*, vol. 24, núm. 22, 31 de mayo de 1981.

CAPÍTULO 7

Este dictado de Jesús el Cristo está publicado íntegramente en *Pearls of Wisdom*, vol. 31, núm. 83, 4 de diciembre de 1988.

1. Malaquías 3, 1; Mateo 11, 10; Marcos 1, 2; Lucas 1, 76; 7, 27.

2. Habacuc 1, 13.

3. Por consiguiente, el cargo de la mensajera es un escudo que protege los ojos de las personas de la mirada directa del YO SOY EL QUE YO SOY. Así, la mensajera va ante el rostro de la Presencia, tal como las escrituras declaran que Dios envía a su mensajero, el Santo Ser Crístico, delante de las personas para que puedan comulgar con el Hijo, quien es el Mediador Divino entre los estados Absoluto y relativo de la existencia.

4. Isaías 40, 31.

5. Salmos 69, 9; Juan 2, 17; Isaías 9, 7; 59, 17.

6. Lucas 23, 34.

7. Lucas 24, 49.

8. Apocalipsis 9, 1-12; 11, 7; 17, 8; 20, 1-3.

9. Apocalipsis 21, 23.

10. Juan 9, 4, 5; 12, 35.

11. Mateo 22, 29; Marcos 12, 24.

12. Jueces 7, 16-22 (Mateo 9, 16, 17; Marcos 2, 21, 22; Lucas 5, 36-38).

13. Juan 14, 2.

14. Juan 8, 58.

15. El Morya, "A Special Report from the Chief of the Darjeeling Council", en *Pearls of Wisdom*, vol. 37, núm. 1, 2 de enero de 1994.

16. Juan 6, 53.

17. Elizabeth Clare Prophet, "On the Bonding of the Heart of the Guru", 9 de agosto de 1991.

18. Mateo 25, 1-13.

19. *Pearls of Wisdom*, vol. 31, núm. 80, 26 de noviembre de 1988, nota 14. Para otras enseñanzas de la mensajera sobre la noche oscura, incluyendo lecturas y un comentario sobre los escritos de San Juan de la Cruz, véase Elizabeth Clare Prophet, *Living Flame of Love*, álbum con 8 audiocintas, 12 y media hs., A85044; "The Dark Night of the Soul", 12 de abril de 1974. Véase también Arcángel Gabriel, *Mysteries of the Holy Grail*, pp. 173, 368-69.

20. Elizabeth Clare Prophet, "The Dark Night of the Soul", 12 de abril de 1974.

21. Marcos 15, 34; Mateo 27, 46.

22. Elizabeth Clare Prophet, "Roots of Christian Mysticism", parte 2, 28 de junio de 1992.

23. Durga, "The Power of Confrontation" en *Pearls of Wisdom*, vol. 35, núm. 5, 2 de febrero de 1992.

24. *The Living Flame of Love*, álbum de 8 audiocintas, núm. A85044.

CAPÍTULO 8

Este dictado de Jesús el Cristo está publicado íntegramente en *Pearls of Wisdom*, vol. 32, núm. 60, 10 de diciembre de 1989.

1. Segunda Venida de Jesús presagiada. Mateo 24, 27-31; Marcos 13, 24-26; Lucas 21, 25-28; 1 Tesalonicenses 4, 16, 17; Apocalipsis 1, 7.

2. Mateo 26, 26; Marcos 14, 22; Lucas 22, 19; 1 Corintios 11, 24.

3. Juan 5, 25.

4. Mateo 8, 11, 12; 22, 8-14; 25, 30.

5. Segunda muerte. Apocalipsis 2, 11; 20, 6.

6. Apocalipsis 12, 12.

7. Mateo 7, 15; Lucas 11, 39.

8. Mateo 13, 24-30, 36-43.

9. Apocalipsis 1, 7.

10. Salmos 19, 14.

11. Salmos 69, 9; Juan 2, 17; Isaías 9, 7; 59, 17.

12. Génesis 5, 21, 22, 24; Hebreos 11, 5.

13. Juan 21, 15-17.

14. Jeremías 4, 31; Miqueas 4, 9, 10; Juan 16, 21.

15. Mateo 24, 40, 41; Lucas 17, 34-36.

16. "El hombre, como la hierba son sus días." Salmos 103, 15, 16.

17. "Los impíos son como paja que se lleva el viento." Salmos 1, 4.

18. Juan 4, 34; 5, 30, 36; 9, 4; 17, 4.

19. "El manchado": Apocalipsis 22, 11. "Y no te das cuenta de que estás desnudo": Apocalipsis 3, 16, 17.

20. En la novela *The Strange Case of Dr. Jekyll and Mr. Hyde* de Robert Louis Stevenson, el Dr. Jekyll es un ciudadano respetable y virtuoso que está fascinado por la idea de separar el bien del mal en la naturaleza humana. Así,

desarrolla una droga para transformarse periódicamente en Mr. Hyde, una personalidad completamente distinta a través de la cual da paso a sus impulsos malignos. Cuando comete un asesinato, el Dr. Jekyll se da cuenta de que su creación ha trascendido sus propios instintos de bondad. Incapaz ya de recuperar su personalidad original a voluntad, el Dr. Jekyll se suicida justo antes de ser arrestado. El 26 de noviembre de 1987, la mensajera dió una enseñanza sobre la confrontación con el morador en el umbral en la que comentó sobre el relato del Dr. Jekyll y Mr. Hyde, describiendo a este último como la encarnación del morador en el umbral del Dr. Jekyll. Véase Elizabeth Clare Prophet, "The Lost Teachings of Jesus: On the Enemy Within", en dos audiocintas de 90 minutos, A87097.

21.   Jesús, "The Path of the Builders" en *Pearls of Wisdom*, vol. 36, núm. 36, 1º de septiembre de 1993.

22.   Saint Germain, 11 de octubre de 1970.

23.   Juan 12, 35.

24.   Kuthumi, "The 'Second Coming' of the Saints" en *Pearls of Wisdom*, vol. 32, núm. 61, 13 de diciembre de 1989.

25.   Elizabeth Clare Prophet, "On the Defense of Freedom", 1º de julio de 1987.

26.   Apocalipsis 3, 11.

27.   Gautama Buda, *Quietly Comes the Buddha,* Summit University Press, Corwin Springs, Mont., 2000, cap. 11.

28.   Serapis Bey, "The Mobilization of Spiritual Forces", en *Pearls of Wisdom*, vol. 25, núm. 60.

29.   El Morya, "Reinforcements of Reality", 27 de octubre de 1974.

30.   Romanos 7, 19, 20.

31.   Hechos 7, 58-60; 8, 1-3; 9, 1-31; 13-28.

32.   Romanos 8, 6, 7.

33.   1 Timoteo 5, 24.

34.   Elizabeth Clare Prophet, "Christ and the Dweller" en *Pearls of Wisdom*, vol. 26, núm. 38, 18 de septiembre de 1983.

35.   Jesucristo, "The Sanctification of the Heart" en *Pearls of Wisdom*, vol. 31, núm. 88, 26 de diciembre de 1988.

36.   Elizabeth Clare Prophet, "The Path of Twin Flames" en *Pearls of Wisdom*, vol. 29, núm. 25, 10 de junio de 1986.

CAPÍTULO 9

Este dictado está publicado íntegramente en *Pearls of Wisdom*, vol. 32, núm. 65, 31 de diciembre de 1989.

1.   Lucas 19, 13.

2.   Salmos 82, 6; Juan 10, 34; véase la Biblia de Jerusalén.

3.   Juan 10, 1-16, 27, 28.

4.   Mateo 18, 11-14; Lucas 15, 3-7.

5.   Véase Hércules, "We Shall Carry Your Burden", en *Pearls of Wisdom*, vol. 32, núm. 47, 3 de noviembre de 1989.

6.   Véase capítulo 12.

7.   Mateo 19, 28; Lucas 22, 30; 1 Corintios 6, 3.

8.   Isaías 1, 18.

9.   Romanos 6, 6; Efesios 4, 22; Colosenses 3, 9.

10.   Santiago 1, 12.

11.   Elizabeth Clare Prophet, "Lesson Two from the Holy Spirit: The Prerequisites to a Master-Disciple Relationship with

the Holy Spirit", 28 de junio de 1994.

12.   Apocalipsis 1, 4, 8.

13.   Jesucristo, "The Gift of Resurrection's Flame" en *Pearls of Wisdom*, vol. 33, núm. 33, 26 de agosto de 1990.

14.   Jesucristo, 1º de septiembre de 1993.

15.   Mateo 11, 28-30.

16.   1984 *Pearls of Wisdom, Libro II*, Introducción II, p. 63.

17.   Mateo 13, 24-30.

18.   Omri-Tas, "Saturate the Earth with Violet Flame!" en *Pearls of Wisdom*, vol. 27, núm. 50A, 17 de octubre de 1984.

CAPÍTULO 10

Este dictado de Jesús el Cristo está publicado íntegramente en *Pearls of Wisdom*, vol. 33, núm. 16, 29 de abril de 1990.

1.   Véase Ejercicios espirituales.

2.   El Morya, "Bonded to the Lord of the Firs Ray" en *Pearls of Wisdom*, vol. 33, núm. 13, 8 de abril de 1990.

3.   Estigma: la reproducción científicamente inexplicable de las heridas de la Pasión de Cristo en el cuerpo. Los estigmas pueden ser invisibles y el dolor es experimentado sin signo físico o visible alguno, mientras las heridas abiertas o cicatrices son vistas en manos, pies, cerca del corazón, sobre la cabeza, hombros o espalda. Estas heridas pueden sangrar continua o periódicamente, generalmente los viernes o durante la Cuaresma. San Francisco de Asís es del primero que se sabe que recibió los estigmas.

4.   Santiago 1, 21.

5. Salmos 42, 1.

6. Mateo 20, 16; 22, 14.

7. Marcos 16, 14.

8. Romanos 13, 8-10; Gálatas 5, 14.

9. Mateo 6, 24-34; Lucas 12, 22-31.

10. Apocalipsis 12, 10.

11. Mateo 24, 36-41; Lucas 17, 34-36.

12. Isaías 40, 4; Lucas 3, 5.

13. Lucas 23, 46.

14. Mateo 18, 2, 3; Marcos 10, 15; Lucas 18, 17.

15. Véase capítulo 8.

16. Apocalipsis 12, 17; 19, 10.

17. Ezequiel 1, 4.

18. Éxodo 28, 36; 39, 30; Jeremías 2, 3; Zacarías 14, 20.

19. Mateo 15, 25-28; Marcos 7, 27-29.

20. Lucas 12, 42-48.

21. Véase Ejercicios espirituales.

22. Véase Ejercicios espirituales.

23. Rose of Light, "The Opening of the Rose of Light" en *Pearls of Wisdom*, vol. 32, núm. 52, 8 de noviembre de 1989.

24. Véase Ejercicios espirituales.

25. Gautama Buda, "The Initiation of the Heart", en *Pearls of Wisdom*, vol. 31, núm. 84, 10 de diciembre de 1988. Véase también Helena Roerich, *Heart*, Agni Yoga Society, Nueva York, 1975, núms. 15, 105, 113, 206, 254, 350, 415, 423, 453, 547-48.

26. El agni yoga es el yoga de fuego.

27. Ezequiel 1, 4.

28. Rose of Light, "The Opening of the Rose of Light".

29. Los nueve dones del Espíritu Santo son descritos por San Pablo en su primera carta a los corintios: "Porque a uno se le da por el Espíritu palabra de sabiduría; a otro, palabra de ciencia según el mismo Espíritu; a otro, fe, en el mismo Espíritu; a otro, carismas de curaciones, en el único Espíritu; a otro, poder de milagros; a otro, profecía; a otro, discernimiento de espíritus; a otro, diversidad de lenguas; a otro, don de interpretarlas." [1 Corintios 12, 8-10]

30. Mateo 6, 19-30.

31. Lucas 12, 42-48; 16, 1-13; 1 Corintios 4, 1, 2; 1 Pedro 4, 10.

32. Mateo 28, 18.

33. El Maha Chohán, "The Desiring of the Soul That Must Exceede All Other Desiring" en Pearls of Wisdom, vol. 33, núm. 19, 20 de mayo de 1990.

34. Mateo 28, 18.

35. Saint Germain, "Freedom Is Imperiled This Day", en Pearls of Wisdom, vol. 34, núm. 38, 4 de agosto de 1991.

36. El Maha Chohán, "The Mandate of the Holy Spirit" en Pearls of Wisdom, vol. 31, núm. 29, 19 de junio de 1988.

37. Véase Elizabeth Clare Prophet, Introducción i, "Lord Maitreya: The Coming Buddha Who Has Come", en 1984 Pearls of Wisdom, Libro i, pp. 52-53.

38. El Maha Chohán, 2 de julio de 1962.

CAPÍTULO 11

Este dictado de Jesús el Cristo está publicado íntegramente en *Pearls of Wisdom*, vol. 33, núm. 49, 16 de diciembre de 1990.

1. Juan 10, 16.

2. Frecuentemente aparecen voces en el inglés de siglos pasados durante la emisión de los dictados de los maestros ascendidos. Aquí, el maestro elige usar la frase "things of which you desire to be delivered". Aunque sigue siendo utilizada la frase *from which* sería utilizada regularmente en el sentido en que uno es "liberado de" algo, *The Oxford English Dictionary* muestra la forma "of which" como obsoleta. En épocas anteriores, la frase "delivered of" fue a menudo utilizada para significar "ser liberado de, rescatado de".

3. Isaías 6, 5-8.

4. Apocalipsis 20, 4-6.

5. Jesús se apareció en una ocasión a Catalina de Siena mientras ella estaba orando y dijo: "¿Sabes, hija, quién eres y quién soy? Si sabes estas dos cosas, serás bendecida. Tú eres eso que no es; yo soy Aquel que es. Si tienes este conocimiento en tu alma, el enemigo jamás podrá vencerte; escaparás a todas sus trampas; nunca consentirás en nada que contradiga mis mandamientos, y sin dificultad adquirirás todas las gracias, todas las verdades, toda la luz". El biógrafo Igino Giordani escribe que "con esa lección Catalina aprendió lo fundamental: tuvo bases firmes; ya no había más sombras. Yo, nada; Dios, Todo. Yo, el no ser; el Dios, Ser". Veáse Igino Giordani, *Saint Catherine of Siena— Doctor of the Church*, traducción al inglés de Thomas J. Tobin, Daughters of St. Paul, St. Paul Editions, Boston, 1975, pp. 35, 36.

6. Lucas 7, 37-48.

7. Mateo 19, 24; Marcos 10, 25; Lucas 18, 25.

8. Génesis 4, 1-7.

9. El maestro ascendido El Morya encarnó como Melchor, uno de los tres sabios que viajaron para rendir adoración al niño Dios. Estos tres adeptos del Oriente graficaron el momento y lugar exactos del nacimiento de Jesús por medio de la astrología. "Hemos visto su estrella en el Oriente y venimos a adorarlo" (véase Mateo 2, 1-12).

10. Lucas 14, 23.

11. Mateo 24, 15-18; Marcos 13, 14-16.

12. Isaías 2, 10-22; 13, 6-16; 34, 8; 61v2; 63, 4-6; Jeremías 46, 10; Ezequiel 30, 3; Joel 1, 15; 2, 1, 2, 11, 31, 32; Sofonías 1, 7-10, 14-18; Zacarías 14, 1; Malaquías 4; 1 Tesalonicenses 5, 2, 3; 2 Pedro 3, 10-12; Apocalipsis 1, 10; 19, 11-21; Mateo 24, 15-31; Marcos 13, 14-27.

13. Al finalizar su conferencia de la víspera de Año Nuevo, el 31 de diciembre de 1989, Gautama Buda anunció: "Benditos, antes de irme quiero presentaros al Señor Buda Jesucristo, al Señor Buda Kuthumi, quienes están ante vosotros totalmente revestidos de su budeidad y [son completamente capaces de] llevaros por el largo, largo y sin embargo muy corto camino hacia vuestra budeidad" (*Pearls of Wisdom*, vol. 33, núm. 22, 14 de enero de 1990). La mensajera escribe en su Introducción a las *Pearls of Wisdom* 1984: "La iniciación crística es un prerrequisito para la iniciación búdica. Y Jesús es nuestro Salvador, quien, con Kuthumi, ha salvado nuestra alma a fin de que podamos ingresar al sendero más

elevado siguiendo su ejemplo constantemente hasta la puerta de la Ciudad de Luz. Pero mirad nuevamente pues estos amados Instructores Mundiales han alcanzado también su budeidad y así tienen todo el poder para guiarnos a lo largo del camino hasta el trono de Shambala, en Oriente y Occidente" en *Pearls of Wisdom,* Libro I, Introducción I, p. 40., 1984.

14. La palabra *virya* (sánscrito) es traducida de las siguientes formas: como vigor, energía, fortaleza, hombría, celo, poder, diligencia. En las enseñanzas budistas, *virya* es una de las diez *paramitas* ("virtudes perfectas") que uno debe practicar y perfeccionar como prerrequisito para convertirse en bodhisattva.

15. Proverbios 16, 32; 25, 28.

16. Juan 21, 15-17.

17. *avatar* [sánscrito: *avatara* 'Descenso', de *avatari* 'él desciende', de *ava-* 'lejos' + *tarati* 'él atraviesa']: una encarnación divina.

18. Todas las almas de luz tienen un día de victoria designado. Si uno realiza todo lo que Dios le requiere, alcanzará su victoria ese día. De lo contrario, ese día lo encontrará impreparado y transcurrirá como otro día cualquiera.

19. Juan 9, 5.

20. Mateo 7, 29.

21. 2 Reyes 2, 13-14.

22. Hilarion, "The Challenges of Apostleship: The Call, the Conversion, the Working of the Works of the Lord" en *Pearls of Wisdom,* vol. 20, núm. 16, 17 de abril de 1977.

23. Hilarión, "A Campaign on Behalf of the Children of the World" en *Pearls of Wisdom*, vol. 38, núm. 7, 12 de febrero de 1995.

24. Mateo 24, 14; Marcos 13, 10.

25. Hilarión, "Preach the Gospel of Salvation in Every Nation" en *Pearls of Wisdom*, vol. 33, núm. 39, 7 de octubre de 1990.

26. Gautama Buda, "The Resurrection May Not Be Postponed" en *Pearls of Wisdom*, vol. 33, núm. 2, 14 de enero de 1990.

27. Jesucristo, "Close Communion", en *Pearls of Wisdom*, vol. 37, núm. 45, 6 de noviembre de 1994.

CAPÍTULO 12

Este dictado de Jesús con Magda está publicado íntegramente en *Pearls of Wisdom*, vol. 34, núm. 8, 24 de febrero de 1991.

1. Éxodo 26, 31-35; 40, 1-3, 21; Levítico 16, 2,12,15; 21, 23; Mateo 27, 51; Hebreos 6, 19; 9, 1-12; 10, 19, 20.

2. Génesis 32, 30; Éxodo 33, 11; Números 14, 14; Deuteronomio 5, 4; 34, 10; Ezequiel 20, 33-35.

3. Véase Madre María, "The Lost Teachings of Jesus on Women's Rights" en *Pearls of Wisdom*, vol. 33, núm. 41, 21 de octubre de 1990.

4. Apocalipsis 21, 1, 2.

5. Apocalipsis 1, 8, 11; 21, 6; 22v13.

6. Génesis 1, 11, 12.

7. 1 Corintios 15, 51, 52.

8. Mateo 5, 16.

9. Juan 8, 31.

10. Mateo 26, 26-28.

11. Juan 16, 33.

12. Juan 11, 38-44.

13. Mateo 18, 11-14; Lucas 15, 3-7; 19, 10.

14. Juan 8, 12; 9, 5.

15. Mateo 5, 14.

16. Mateo 18, 20.

17. Sanat Kumara, "The Message of the I AM Presence Defeats the Shrinking Man Syndrome" en *Pearls of Wisdom*, vol. 42, núm. 15, 11 de abril de 1999.

18. Madre María, "The Fusion of Your Heart with My Own", en *Pearls of Wisdom*, vol. 33, núm. 48, 9 de diciembre de 1990.

19. Patricia Kirmond, *Messages from Heaven*, p. 103.

20. Astrea, "I Enlist Your Help" en *Pearls of Wisdom*, vol. 34, núm. 13, 31 de marzo de 1991.

21. Elizabeth Clare Prophet, "Teachings of Jesus Christ on Your Path of Personal Christhood", 27 de junio de 1993.

22. Saint Germain, "Preparing for the Seventh Root Race and the Golden Age" en *Pearls of Wisdom*, vol. 39, núm. 14, 7 de abril de 1996.

23. Astrea, en *Keepers of the Flame Lesson* 23, p. 39.

24. Astrea, "I Enlist Your Help" en *Pearls of Wisdom*, vol. 34, núm. 13, 31 de marzo de 1991.

25. El Morya, "The Mission of Twin Flames Today" en *Pearls of Wisdom*, vol. 28, núm. 33, 18 de agosto de 1985.

26. Efesios 6, 12.

27. Madre María, "To Prick the Conscience of the Nations", en *Pearls of Wisdom*, vol. 27, núm. 48, 30 de septiembre de 1984.

28. Saint Germain, "The Opening of the Seventh Seal" en *Pearls of Wisdom*, vol. 30, núm. 37, 13 de septiembre de 1987.

29. Patricia Kirmond, *Messages from Heaven*, p. 105.

CAPÍTULO 13

Este dictado de Jesús está publicado íntegramente en *Pearls of Wisdom*, vol. 34, núm. 18, 5 de mayo de 1991. La lectura escritural de la Mensajera anterior al dictado de Jesús fue Juan 21.

Una fuente recomendada sobre el tema del aborto es "What Women Need to Know about the Soul when Faced with Tough Decisions", Mystic Paths Publishing, 2001, Minneapolis. Para obtener una copia, visite www.soulchoice.org o llame al 1-888-TheSoul.

1. Apocalipsis 19, 11-16.

2. Juan 20, 16.

3. El 22 de enero de 1973, la Suprema Corte promulgó su decisión sobre el caso Roe v. Wade, que legalizó el aborto en los Estados Unidos. La decisión estuvo basada en un implícito derecho constitucional a la privacidad. La corte reglamentó también que el niño no nacido no está incluido en la definición de "persona" y, por tanto, no está protegido por la Constitución. De 1973 al momento del dictado de Jesús de 1991, se habían realizado más de 25 millones de abortos en Estados Unidos. Para 2001,

el total rebasaba los 40 millones. Se estima que cada año se han llevado a cabo de 40 a 60 millones de abortos en todo el mundo desde 1973 a 1991, lo que hace un total de entre 730 millones y 1.1 miles de millones.

4. Hechos 2.

5. Mateo 21, 12, 13; Marcos 11, 15-17; Lucas 19, 45, 46.

6. Juan 21, 15-17.

7. Santiago 1, 21. Véase también Jesucristo, 25 de diciembre de 1985, y Señor Maitreya, 1º de enero de 1986, en 1986 *Pearls of Wisdom*, Libro I, pp. 112-15, 206-12.

8. Juan 5, 39.

9. El 30 de marzo de 1991, la mensajera dirigió un seminario de todo un día, "Life Begets Life", sobre el derecho a la vida y las enseñanzas sobre aborto de los maestros ascendidos.

10. En un dictado emitido el 3 de octubre de 1965, la Diosa de la Libertad afirmó la posición del Consejo Kármico sobre la planificación familiar: "No debéis traer más niños de los que seáis capaces de cuidar y a los que podáis expresar vuestro amor adecuadamente".

Quienes se adhieren al movimiento a favor de la libertad de elección dicen que una mujer debería ser capaz de elegir entre tener o no tener un hijo. Como señaló la mensajera en su seminario "Life Begets Life" del 30 de marzo de 1991: "Todos estamos de acuerdo pero también debemos señalar que esa mujer debe hacer su elección antes de la concepción y no después. Cada vez tenemos más y mejores métodos de control natal. Y el momento de decidir si se está dispuesto a participar en el proceso creativo no es nunca después de la concepción. El aborto no es un método de control natal."

11.   El teólogo del siglo III Orígenes de Alejandría, una encarnación del mensajero Mark L. Prophet, enseñó la doctrina de la preexistencia del alma. Véase *Origen, On First Principles*, 2.9.5-8, traducción al inglés de G. W. Butterworth, Peter Smith, Gloucester, Mass., 1973, pp. 133-37; Elizabeth Clare Prophet con Erin L. Prophet, *Reincarnation: The Missing Link in Christianity*, cap. 16.

12.   Juan 5, 25.

13.   1 Juan 4, 17, 18.

14.   Lucas 24, 13-35.

15.   Lucas 19, 13.

16.   *Gospel of Thomas*, logia 13, 108, en James M. Robinson, ed., *the Nag Hammadi Library in English*, 3ª ed., Apocalipsis, HarperCollins Publishers, Nueva York, 1990), pp. 127, 137, en rústica.

17.   Elizabeth Clare Prophet, *The Astrology of the Four Horsemen*, p. 125.

18.   Mark L. Prophet y Elizabeth Clare Prophet, *Saint Germain on Alchemy*, p. 293.

19.   Gálatas 6, 7.

20.   *Saint Germain on Alchemy*, pp. 65-66.

21.   Madre María, "Planetary Judgement" en *Pearls of Wisdom*, vol. 40, núm. 53, 29 de diciembre de 1997.

22.   Saint Germain, "A Line of Sacred Fire: I Have Drawn It with My Life" en *Pearls of Wisdom*, vol. 25, núm. 15, 11 de abril de 1982.

23. La Virgen María, "I Stand By You: Champion the Cause of the Child!" en *Pearls of Wisdom*, vol. 36, núm. 16, 18 de abril de 1993.

24. El Gran Director Divino, "Arrest the Cycles" en *Pearls of Wisdom*, vol. 26, núm. 36, 4 de septiembre de 1983.

25. Adaptado del dictado de Lanello, "How to Ascend" en *Pearls of Wisdom*, vol. 35, núm. 10, 8 de marzo de 1992.

26. Kuan Yin, "The Gift of Good Friday" en *Pearls of Wisdom*, vol. 36, núm. 24, 13 de junio de 1993.

27. Adaptado de una invocación de Elizabeth Clare Prophet, 3 de mayo de 1980.

CAPÍTULO 14

Este dictado de Jesús el Cristo está publicado íntegramente en *Pearls of Wisdom*, vol. 34, núm. 23, 9 de junio de 1991.

1. Jeremías 31, 33, 34.

2. Mateo 24, 22; Marcos 13, 20.

3. Números 13, 21; 14, 28-35; 20, 1; 27, 14; Deuteronomio 32, 51, 52.

4. Malaquías 3, 1-3.

5. Apocalipsis 3, 11.

6. Romanos 12, 19; Hebreos 10, 30; Deuteronomio 32, 35, 36.

7. Mateo 27, 16-26; Marcos 15, 7-15; Lucas 23, 13-26; Juan 18, 38-40.

8. Adaptado y extraído de Elizabeth Clare Prophet, "The Golden Age of Jesus Christ on Atlantis", 28 de abril de 1991.

9. Proverbios 14, 12.

10. El Morya, "Give Me Your God-Controlled Attention" en *Pearls of Wisdom*, vol. 35, núm. 19, 10 de mayo de 1992.

11. Juan 10, 1-10; Apocalipsis 3, 8.

12. "The Golden Age of Jesus Christ on Atlantis."

13. San Patricio, "I Call the Living Saints" en *Pearls of Wisdom*, vol. 28, núm. 16, 21 de abril de 1985.

14. El Morya, "The Light and the Beautiful" en *Pearls of Wisdom*, vol. 31, núm. 77, 13 de noviembre de 1988.

15. Juan 8, 11.

16. Mateo 18, 21-35.

17. Kuan Yin, "Forgive and Be Forgiven" en *Pearls of Wisdom*, vol. 34, núm. 58, 17 de noviembre de 1991.

CAPÍTULO 15

Este dictado de Jesús el Cristo está publicado íntegramente en *Pearls of Wisdom*, vol. 34, núm. 66, 22 de diciembre de 1991.

1. Mateo 22, 1-14.

2. Véase *Pearls of Wisdom* 1991, pp. 348-49, 355-56, 739-50. Sobre la dispensación de Omri-Tas para multiplicar tus decretos de la llama violeta, véase página 460.

3. Véase Igino Giordani, *Saint Catherine of Siena—Doctor of the Church*, traducción al inglés Thomas J. Tobin, Daughters of St. Paul, St. Paul Editions, Boston, 1975, pp. 35, 36.

4. Véase Og Mandino, *The Greatest Salesman in the World*, Bantam Books, Nueva York, 1968.

5. Diosa de la Luz, "Weaving the Wedding Garment with Crystal Fires and Emerald Rays", 3 de julio de 1974.

6. Gautama Buda, "Once Upon a Footstep" en *Pearls of Wisdom*, vol. 31, núm. 2, 10 de enero de 1988.

7. El Maha Chohan, "Communion of the Holy Spirit with the Souls of Mankind", 11 de abril de 1974.

8. Mark L. Prophet y Elizabeth Clare Prophet, *Climb the Highest Mountain: The Path of the Higher Self*, pp. 8-9.

9. Elizabeth Clare Prophet, "On the Soul" en *Pearls of Wisdom*, vol. 38, núm. 29, 2 de julio de 1995.

10. Diosa de la Sabiduría, "A Page in the Mother's Book of Healing" en *Pearls of Wisdom*, vol. 20, núm. 9, 27 de febrero de 1977.

11. Saint Germain, "Seize the Torch of Aquarius and Run with It!" en *Pearls of Wisdom*, vol. 39, núm. 30, 28 de julio de 1996.

12. Mateo 19, 19.

13. Extraído de Elizabeth Clare Prophet, "How to Give and Receive More Love", 4 de mayo de 1997.

14. Djwal Kul, 28 de diciembre de 1996.

15. Gálatas 4, 19; 2, 20.

16. Elizabeth Clare Prophet, "Roots of Christian Mysticism", 27 de junio de 1992.

CAPÍTULO 16

1. Mateo 25, 1-13.

2. El dictado de Jesús comenzó a las 7:55 p.m.

3. Hebreos 12, 2.

4. Mateo 19, 29-30; Marcos 10, 29-31.

5.   Apocalipsis 22, 11.

6.   Las cualidades de armonía divina, gratitud divina y justicia divina están trazadas en las líneas 6, 7 y 8 en el reloj cósmico, abarcando el cuadrante emocional. Para mayor información sobre el reloj cósmico, véase Elizabeth Clare Prophet, *The Great White Brotherhood in the Culture, History and Religión of America*, cap. 15.

7.   El relato de Phylos el tibetano puede encontrarse en su libro *A Dweller on Two Planets* (Borden Publishing Company). Phylos cuenta su encarnación como Zailm Numinos en el continente de la Atlantida, sus experiencias en la vida después de la vida y su siguiente encarnación en Estados Unidos del siglo XIX. En esa encarnación se enfrentó al karma que había producido doce mil años antes en la Atlantida. Dice Phylos: "Después de la tumba, viene la cosecha, donde ya no se puede actuar Las condiciones terrestres comenzadas en la Tierra... deben ser terminadas en la Tierra. Lo mismo los decretos de karma" (p. 238). Elizabeth Clare Prophet ha externado sus comentarios a propósito de las enseñanzas de Phylos en una serie de conferencias, disponibles a través de The Summit Lighthouse.

8.   Hebreos 11, 35.

9.   1 Pedro 3, 19.

10.   Heros y Amora, *Pearls of Wisdom*, vol. 32, núm. 20, 14 de mayo de 1989.

11.   Elizabeth Clare Prophet, "On Dealing with Death, Discarnates and Malevolent Spirits", Parte III, 22 de agosto de 1991.

12. *Ibid.*
13. *Pearls of Wisdom*, vol. 31, núm. 46, 30 de julio de 1988, nota 2.
14. Arcángel Miguel, "The Summoning: Straight Talk and a Sword from the Hierarch of Banff" en *Pearls of Wisdom*, vol. 28, núm. 10, 10 de marzo de 1985.
15. Saint Germain, "Put in a Good Word for Me!" en *Pearls of Wisdom*, vol. 40, núm. 31, 3 de agosto de 1997.
16. Lanello, "Points of Darkness" en *Pearls of Wisdom*, vol. 36, núm. 2, 10 de enero de 1993.
17. *Ibid.*
18. *Pearls of Wisdom*, vol. 38, núm. 38, 3 de septiembre de 1995, nota 26.

CAPÍTULO 17

Este mandato de Jesús el Cristo está publicado íntegramente en *Pearls of Wisdom*, vol. 34, núm. 67, 29 de diciembre de 1991.
1. Apocalipsis 21, 1, 23-25; 22, 5.
2. 1 Juan 4, 1.
3. Apocalipsis 22, 12.
4. Jesús, "Christhood Is The Call" en *Pearls of Wisdom*, vol. 37, núm. 48, 27 de noviembre de 1994.
5. Lanello, "The Covenant of Compassion" en *Pearls of Wisdom*, vol. 27, núm. 35, 1º de julio de 1984.
6. María Madre, "A Trilogy of the Mother III: The Initiation of the Fusion of Solar Energies" en *Pearls of Wisdom*, vol. 17, núm. 52, 29 de diciembre de 1974.

7.   Elizabeth Clare Prophet, *Saint Germain's Prophecy for the New Millennium*, pp. 343-44.

8.   Kuthumi, "Remember the Ancient Encounter" en *Pearls of Wisdom*, vol. 28, no.9, 3 de marzo de 1985.

9.   María Madre, "The Re-Creation of Self" en *Pearls of Wisdom*, vol. 32, núm. 44, 29 de octubre de 1989.

10.   Elizabeth Clare Prophet, "Messenger's Meditation on God in your Heart" en *Pearls of Wisdom*, vol. 27, núm. 58, 9 de diciembre de 1984.

11.   *Saint Germain's Pophecy for the New Millennium*, pp. 344-45.

CAPÍTULO 18

Este mandato de Jesús el Cristo está publicado íntegramente en *Pearls of Wisdom*, vol. 35, núm. 18, 3 de mayo de 1992.

1.   Juan 6.

2.   Véase capítulo 7.

3.   Juan 2, 1-11.

4.   Véase Elizabeth Clare Prophet, *The Lost Years of Jesus.*

5.   Mateo 11, 28.

6.   "¡Helo aquí! ¡Helo aquí!" Mateo 24, 23-26; Marcos 13, 21, 22; Lucas 17, 20, 21.

7.   "¡Abba, Padre!". Marcos 14, 36; Romanos 8, 14-17; Gálatas 4, 6, 7.

8.   Arcángel Rafael, "Golden Pearls from the Heart of the Earth" en *Pearls of Wisdom*, vol. 35, núm. 2, 12 de enero de 1992.

9.   Juan 7, 38.

10. María Madre, "Marriage in the Church Universal and Triumphant II" en *Pearls of Wisdom*, vol. 27, núm. 2, 8 de enero de 1984.

11. Mateo 24, 27.

12. Saint Germain, "Choose You This Day Whom Ye Will Serve" en *Pearls of Wisdom*, vol. 18, núm. 31, 3 de agosto de 1975.

13. Salmo 42, 1.

14. Serapis Bey, "Motivation", en *Pearls of Wisdom*, vol. 33, núm. 3, 21 de enero de 1990.

15. Proverbios 4, 23.

16. Elizabeth Clare Prophet, "The Science of the sacred Heart", Parte 1, en *Pearls of Wisdom*, vol. 44, núm. 13, 1º de abril de 2001.

17. Jesús, "Must We Have Only a Remnant?" en *Pearls of Wisdom*, vol. 29, núm. 74, 14 de diciembre de 1986.

18. Elizabeth Clare Prophet, "A Special Meditation on the Mother Flame", 2 de julio de 1978.

CAPÍTULO 19

Este mandato de Jesús el Cristo está publicado en *Pearls of Wisdom*, vol. 35, núm. 66, 16 de diciembre de 1992.

1. 2 Corintios 12, 9.

2. Mateo 12, 43-45; Lucas 11, 24-26.

3. Mateo 28, 20.

4. Jesús, "The Igniting of Joy", en *Pearls of Wisdom*, vol. 35, núm. 67, 20 de diciembre de 1992.

5. Elizabeth Clare Prophet, "The Lost Teachings of Jesus on the Gospel of Thomas", 13 de octubre de 1991.

6.   Elaine Pagels, *The Gnostic Gospels,* Random House, Vintage Books, Nueva York, 1981, p. 22.

7.   La mensajera se refiere a *The Secret Book of James, The Gospel of Thomas, The Book of Thomas* y *The Secret Book of John,* cuatro textos gnósticos que se encuentran en Marvin W. Meyer, trad., *The Secret Teachings of Jesus: Four Gnostic Gospels,* Random House, Vintage Books, Nueva York, 1986.

8.   *The Nag Hammadi Library in English,* Harper & Row, San Francisco, 1981.

9.   Juan 1, 14.

10.   Elizabeth Clare Prophet, "The Lost Teachings of Jesus on the Gospel of Thomas".

11.   Carol Lee Flinders, *Enduring Grace: Living Portraits of Seven Women Mystics,* HarperSan Francisco, San Francisco, 1993, p. 114.

12.   Juan 14, 16, 26.

13.   Apocalipsis 10, 9.

14.   Mateo 10, 34.

15.   *The Secret Teachings of Jesus: Four Gnostic Gospels,* The Gospel of Thomas, Dicho 38, p. 26.

16.   Elizabeth Clare Prophet, "The Lost Teachings of Jesús on the Gospel of Thomas".

17.   Elizabeth Clare Prophet, *Inner Perspectives,* The Summit Lighthouse Library, Corwin Springs, Mont., 2001, p. 324.

18.   Elizabeth Clare Prophet, *The Fourteenth Rosary: The Mystery of Surrender,* álbum de dos audiocintas, A91143.

Incluye un cuadernillo con el mismo título con la letra completa de todas las oraciones, devociones y lecturas escriturales, que también está disponible por separado bajo el sello The Summit Lighthouse.

CONCLUSIÓN

1.   Juan 14, 12.

Sobre la autora

Mark L. Prophet y Elizabeth Clare Prophet son pioneros de la espiritualidad moderna y autores reconocidos internacionalmente. Durante más de 40 años, los Prophet han publicado las enseñanzas de los santos y sabios inmortales de Oriente y Occidente, conocidos como los maestros ascendidos. Juntos, han dado al mundo una nueva comprensión de la antigua sabiduría, así como un sendero de misticismo práctico.

Sus libros, disponibles en las mejores librerías de todo el mundo, han sido traducidos a veinte idiomas y se venden en más de 30 países.

De la mano del Maestro se terminó de imprimir
en mayo de 2004, en Encuadernación Ofgloma,
S.A. Calle Rosa Blanca No. 12, col. Santiago,
Acahualtepec, C.P. 09600, México, D.F.